D1751065

Gottfried Keller
Sämtliche Werke

Historisch-Kritische Ausgabe

Herausgegeben unter der Leitung von
Walter Morgenthaler
im Auftrag der
Stiftung Historisch-Kritische Gottfried Keller-Ausgabe

Band 12
Der grüne Heinrich 1854/55

Dritter und vierter Band

Herausgegeben von

Karl Grob
Walter Morgenthaler
Peter Stocker
Thomas Binder

unter Mitarbeit von
Dominik Müller

Stroemfeld Verlag
Verlag Neue Zürcher Zeitung

ÜBERSICHT HKKA

	Einführungsband
	Abt. A „Gesammelte Werke"
1	Der grüne Heinrich. Erster und zweiter Band
2	Der grüne Heinrich. Dritter Band
3	Der grüne Heinrich. Vierter Band
4	Die Leute von Seldwyla. Erster Band
5	Die Leute von Seldwyla. Zweiter Band
6	Züricher Novellen
7	Das Sinngedicht. Sieben Legenden
8	Martin Salander
9	Gesammelte Gedichte. Erster Band
10	Gesammelte Gedichte. Zweiter Band
	Abt. B Sonstige Publikationen
11	Der grüne Heinrich (1854/55) Band I und II
→ 12	Der grüne Heinrich (1854/55) Band III und IV
13	Frühe Gedichtsammlungen
14	Verstreute Gedichte und Erzählungen
15	Aufsätze
	Abt. C Nachlaßtexte
16.1	Studienbücher
16.2	Notizbücher
17.1	Nachgelassene Gedichte I
17.2	Nachgelassene Gedichte II
18	Nachgelassene Prosa und Dramenfragmente
	Abt. D Apparat
19	Der grüne Heinrich (zu Bd. 1–3, 11–12)
20	Der grüne Heinrich (zu Bd. 1–3, 11–12)
21	Die Leute von Seldwyla (zu Bd. 4–5)
22	Züricher Novellen (zu Bd. 6)
23.1	Das Sinngedicht (zu Bd. 7)
23.2	Sieben Legenden (zu Bd. 7)
24	Martin Salander (zu Bd. 8)
25	Gesammelte Gedichte (zu Bd. 9–10)
26	Gesammelte Gedichte (zu Bd. 9–10)
27	Frühe Gedichtsammlungen (zu Bd. 13)
28	Verstreute Gedichte und Erzählungen / Aufsätze (zu Bd. 14–15)
29	Studien- und Notizbücher (zu Bd. 16.1 und 16.2)
30	Nachgelassene Gedichte (zu Bd. 17.1 und 17.2)
31	Nachgelassene Prosa und Dramenfragmente (zu Bd. 18)
32	Herausgeberbericht

Historisch-Kritische Gottfried Keller-Ausgabe
HKKA
Band 12
Der grüne Heinrich *(1854/55) Band III und IV*

Gottfried Keller
Sämtliche Werke
Historisch-Kritische Ausgabe

Strœmfeld Verlag
Verlag Neue Zürcher Zeitung

Gottfried Keller
Sämtliche Werke

Historisch-Kritische Ausgabe

Herausgegeben unter der Leitung von
Walter Morgenthaler
im Auftrag der
Stiftung Historisch-Kritische Gottfried Keller-Ausgabe

Band 12
Der grüne Heinrich *1854/55*

Dritter und vierter Band

Herausgegeben von

Karl Grob
Walter Morgenthaler
Peter Stocker
Thomas Binder

unter Mitarbeit von
Dominik Müller

Stroemfeld Verlag
Verlag Neue Zürcher Zeitung

Erstellt und veröffentlicht mit Unterstützung durch
die Jubilaumsstiftung der Credit Suisse Group,
den Schweizerischen Nationalfonds
zur Förderung der wissenschaftlichen Forschung,
den Kanton Zürich

Eine Gemeinschaftsproduktion von
Stroemfeld Verlag, Basel und Frankfurt am Main
Verlag Neue Zürcher Zeitung, Zürich

Bibliografische Information Der Deutschen Bibliothek
Die Deutsche Bibliothek verzeichnet diese Publikation in der Deutschen
Nationalbibliografie; detaillierte bibliografische Daten sind im Internet über
http://dnb.ddb.de abrufbar.

Bd. 12. Der grüne Heinrich (1854/55) Bände III und IV
hrsg. von Walter Morgenthaler ... 2005

ISBN 3-87877-712-4 (Stroemfeld)

ISBN 3-03823-157-6 (NZZ)

Copyright © 2005

Stiftung Historisch-Kritische Gottfried Keller-Ausgabe
CH-8001 Zürich

Stroemfeld Verlag
CH-4054 Basel, Altkircherstrasse 17
D-60322 Frankfurt am Main, Holzhausenstraße 4
www.stroemfeld.de

Verlag Neue Zürcher Zeitung
Postfach, CH-8021 Zürich
www.nzz-buchverlag.ch

Satz: Doris Kern, Frankfurt am Main, und Karl Grob, Zürich
Druck: NZZ Fretz, CH-8952 Schlieren
Einband: Buchbinderei Burkhardt, CH-8617 Mönchaltorf

Alle Rechte vorbehalten. All Rights Reserved.

Inhalt

Der grüne Heinrich 9

    Dritter Band 11
    Vierter Band 207

Editorische Notiz 473
Herausgebereingriffe 474
Kapitelkonkordanz 1. / 2. Fassung 476
Detailliertes Inhaltsverzeichnis 479

Der

grüne Heinrich.

———

Der

grüne Heinrich.

Roman

von

Gottfried Keller.

In vier Bänden.

Dritter Band.

Erstes Kapitel.

Ich schlief fest und traumlos bis zum Mittag; als ich erwachte, wehte noch immer der warme Südwind und es regnete in Einem fort. Ich sah aus dem Fenster und erblickte das Thal auf und nieder, wie Hunderte von Männern am Wasser arbeiteten, um die Wehren und Dämme herzustellen, da in den Bergen aller Schnee schmelzen mußte und eine große Fluth zu erwarten war. Das Flüßchen rauschte schon ansehnlich und grau gelblich daher; für unser Haus war gar keine Gefahr, da es an einem sicher abgedämmten Seitenarme lag, der die Mühle trieb; doch waren alle Mannspersonen fort, um die Wiesen zu schützen, und ich saß mit den Frauensleuten allein zu Tische. Nachher ging ich auch hinaus und sah die Männer eben so rüstig und | entschlossen bei der Arbeit, als sie gestern die Freude angefaßt hatten. Sie handtierten wie die Teufel in Erde, Holz und Steinen, standen bis über die Kniee in Schlamm und Wasser, schwangen Aexte und trugen Faschinen und Balken umher, und wenn so acht Mann unter einem schweren Werkstücke einher gingen, hielten die Witzbolde unter ihnen ohne Zeitverlust keinen Einfall zurück; nur der Unterschied war gegen gestern, daß man keine Tabakspfeifen sah, da dies Volk bei der Arbeit wohl wußte, was guter Ton ist. Ich konnte nicht viel helfen und war den Leuten eher im Wege; nachdem ich daher eine Strecke weit das Wasser hinaufgeschlendert, kehrte ich oben durch das Dorf zurück und sah auf diesem Gange die Thätigkeit auf allen ihren gewohnten Wegen. Wer nicht am Wasser beschäftigt war, der fuhr in's Holz, um die dortige Arbeit noch schnell abzuthun, und auf einem Acker sah ich einen Mann so ruhig und aufmerksam pflügen, als ob weder

der Nachtag eines Festes, noch eine Gefahr im Lande wären. Ich schämte mich, allein so müßig und zwecklos umherzugehen, und um | nur etwas Entschiedenes zu thun, entschloß ich mich, sogleich nach der Stadt zurückzukehren. Zwar hatte ich leider nicht viel zu versäumen und meine ungeleitete haltlose Arbeit bot mir in diesem Augenblicke gar keine lockende Zuflucht, ja sie kam mir schaal und nichtig vor; da aber der Nachmittag schon vorgerückt war und ich durch Koth und Regen in die Nacht hinein wandern mußte, so ließ eine ascetische Laune mir diesen Gang als eine Wohlthat erscheinen, und ich machte mich trotz aller Einreden meiner Verwandten ungesäumt auf den Weg.

So stürmisch und mühevoll dieser war, legte ich doch die bedeutende Strecke zurück wie einen sonnigen Gartenpfad; denn in meinem Innern erwachten alle Gedanken und spielten fort und fort mit dem Räthsel des Lebens, wie mit einer goldenen Kugel, und ich war nicht wenig überrascht, mich unversehens vor dem Stadtthore zu befinden. Als ich vor unser Haus kam, merkte ich an den dunkeln Fenstern, daß meine Mutter schon schlief; mit einem heimkehrenden Hausgenossen schlüpfte ich in's Haus und auf meine | Kammer, und am Morgen that meine Mutter die Augen weit auf, als sie mich unerwartet zum Frühstück erscheinen sah.

Ich bemerkte sogleich, daß in unserer Stube eine kleine Veränderung vorgegangen war. Ein artiges Lotterbettchen stand an der Wand, welches die Mutter aus Gefälligkeit von einem Bekannten gekauft, der dasselbe nicht mehr unterzubringen wußte; es war von der größten Einfachheit, leicht und zierlich gebaut und statt des Polsters nur mit weiß und grünem Stroh überflochten und doch ein allerliebstes Möbel. Aber auf demselben lag ein ansehnlicher Stoß Bücher, an die fünfzig Bändchen, alle gleich gebunden, mit rothen Schildchen und goldenen Titeln auf dem Rücken versehen und durch eine starke vielfache Schnur zusammengehalten, wie nur eine Frau oder ein Trödler etwas zusammenbinden kann. Es waren Göthe's sämmtliche Werke, welche einer meiner Plagegeister hergebracht hatte, um sie mir zur Ansicht und zum Verkauf anzubieten. Es war mir zu Muthe, als ob der große Schatten selbst über meine Schwelle ge|treten wäre; denn so wenige Jahre seit seinem Tode verflossen, so hatte sein Bild in der Vorstellung des jüngsten Geschlechtes bereits etwas Dämonisch-Göttliches angenommen, das, wenn es als eine Gestaltung der entfesselten Phantasie Einem im Traume erschien, mit ahnungsvollem Schauer erfüllen konnte. Vor einigen Jahren hatte ein deutscher Schreinergeselle, welcher in unserer Stube etwas zurecht hämmerte, dabei von ungefähr gesagt: „Der große Göthe ist gestorben," und dies unbeachtete Wort klang mir immer wieder nach. Der unbekannte Todte schritt fast durch alle Beschäftigungen und Anregungen und überall zog er angeknüpfte Fäden an sich, deren Enden nur in seiner unsichtbaren Hand verschwanden. Als ob ich jetzt alle diese Fäden in dem ungeschlachten Knoten der Schnur, welche die Bücher umwand, beisammen hätte, fiel ich über denselben her und begann hastig ihn aufzulösen, und als er endlich aufging, da fielen die goldenen Früchte des achtzigjährigen Lebens auf das Schönste auseinander, verbreiteten sich über das Ruhbett und fielen über dessen Rand auf | den Boden, daß ich alle Hände voll zu thun hatte, den Reichthum zusammen zu halten. Ich entfernte mich von selber Stunde an nicht mehr vom Lotterbettchen und las dreißig Tage lang, indessen es noch ein Mal strenger Winter und wieder Frühling wurde; aber der weiße Schnee ging mir wie ein Traum vorüber, den ich unbeachtet von der Seite glänzen sah. Ich griff zuerst nach Allem, was sich durch den Druck als Dramatisch zeigte, dann las ich alles Gereimte, dann die Romane, dann die italienische Reise, dann einige künstlerische Monographien, und als sich der Strom hinauf in die prosaischen Gefilde des täglichen Fleißes, der Einzelmühe verlief, ließ ich das Weitere liegen und fing von vorn an und entdeckte diesmal die einzelnen Sternbilder in ihren schönen Stellungen zu einander und dazwischen einzelne seltsam glänzende Sterne, wie den Reineke Fuchs oder den Benvenuto Cellini. So hatte ich noch ein Mal diesen Himmel durchschweift und Vieles wieder doppelt gelesen und entdeckte zuletzt noch einen ganz neuen hellen Stern: Dichtung und Wahrheit. Ich war eben | mit diesem Ein Mal zu Ende, als der Trödler hereintrat und sich erkundigte, ob ich die Werke behalten wolle, da sich sonst ein anderweitiger Käufer gezeigt habe. Unter diesen Umständen mußte der Schatz baar bezahlt werden, was weit über meine Kräfte ging; die Mutter sah wohl, daß er mir etwas Wichtiges war, aber mein dreißigtägiges Liegen und Lesen machte sie unentschlossen und darüber ergriff der Mann wieder seine Schnur, band die Bücher zusammen, schwang den Pack auf den Rücken und empfahl sich.

Es war, als ob eine Schaar glänzender und singender Geister die Stube verließen, so daß diese auf einmal still und leer schien; ich sprang auf, sah mich um und würde mich wie in einem Grabe gedünkt haben, wenn nicht die Stricknadeln meiner Mutter ein freundliches Geräusch verursacht hätten. Ich machte mich in's Freie; die alte Bergstadt, Felsen, Wald, Fluß und See und das formenreiche Gebirge lagen im milden Schein der Märzsonne, und indem meine Blicke Alles umfaßten, empfand ich ein reines und nachhal|tiges Vergnügen, das ich früher nicht gekannt. Es war die hingebende Liebe an alles Gewordene und Bestehende, welche das Recht und die Bedeutung jeglichen Dinges ehrt und den Zusammenhang und die Tiefe der Welt empfindet. Diese Liebe steht höher als das künstlerische Heraussteh1en des Einzelnen zu eigennützigem Zwecke, welches zuletzt immer zu Kleinlichkeit und Laune führt; sie steht auch höher, als das Genießen und Absondern nach Stimmungen und romantischen Liebhabereien, und nur sie allein vermag eine gleichmäßige und dauernde Gluth zu geben. Es kam mir nun Alles und immer neu, schön und merkwürdig vor und ich begann, nicht nur die Form, sondern auch den Inhalt, das Wesen und die Geschichte der Dinge zu sehen und zu lieben. Obgleich ich nicht straks mit einem solchen fix und fertigen Bewußtsein herumlief, so entsprang das nach und nach Erwachende doch durchaus aus jenen dreißig Tagen, sowie deren Gesammteindrucke noch folgende Ergebnisse ursprünglich zuzuschreiben sind.

Nur die Ruhe in der Bewegung hält die | Welt und macht den Mann; die Welt ist innerlich ruhig und still, und so muß es auch der Mann sein, der sie verstehen und als ein wirkender Theil von ihr sie widerspiegeln will. Ruhe zieht das Leben an, Unruhe verscheucht es; Gott hält sich mäuschenstill, darum bewegt sich die Welt um ihn. Für den künstlerischen Menschen nun wäre dies so anzuwenden, daß er sich eher leidend und zusehend verhalten und die Dinge an sich vorüberziehen lassen, als ihnen nachjagen soll; denn wer in einem festlichen Zuge mitzieht, kann denselben nicht so beschreiben, wie der, welcher am Wege steht. Dieser ist darum nicht überflüssig oder müßig, und der Seher ist erst das ganze Leben des Gesehenen, und wenn er ein rechter Seher ist, so kommt der Augenblick, wo er sich dem Zuge anschließt mit seinem goldenen Spiegel, gleich dem achten Könige im Macbeth, der in seinem Spiegel noch viele Könige sehen ließ. Auch nicht ohne ä u ß e r e That und Mühe ist das Sehen des ruhig Leidenden, gleichwie der Zuschauer eines Festzuges genug Mühe hat, einen guten Platz zu erringen oder | zu behaupten. Dies ist die Erhaltung der Freiheit und Unbescholtenheit unserer Augen.

Ferner ging eine Umwandlung vor in meiner Anschauung vom Poetischen. Ich hatte mir, ohne zu wissen wann und wie, angewöhnt, Alles, was ich im Leben und Kunst als brauchbar, gut und schön befand, poetisch zu nennen, und selbst die Gegenstände meines erwählten Berufes, Farben wie Formen, nannte ich nicht malerisch, sondern immer poetisch, so gut wie alle menschlichen Ereignisse, welche mich anregend berührten. Dies war nun, wie ich glaube, ganz in der Ordnung, denn es ist das gleiche Gesetz, welches die verschiedenen Dinge poetisch oder der Widerspiegelung ihres Lebens werth macht; aber in Bezug auf Manches, was ich bisher poetisch nannte, lernte ich nun, daß das Unbegreifliche und Unmögliche, das Abenteuerliche und Ueberschwängliche nicht poetisch sind und daß, wie dort die Ruhe und Stille in der Bewegung, hier nur Schlichtheit und Ehrlichkeit mitten in Glanz und Gestalten herrschen müssen, um etwas Poetisches oder, was gleich bedeutend ist, etwas Le|bendiges und Vernünftiges hervorzubringen, mit einem Wort, daß die sogenannte Zwecklosigkeit der Kunst nicht mit Grundlosigkeit verwechselt werden darf. Dies ist zwar eine alte Geschichte, indem man schon im Aristoteles ersehen kann, daß seine stofflichen Betrachtungen über die prosaisch-politische Redekunst zugleich die besten Recepte auch für den Dichter sind.

Denn wie es mir scheint, geht alles richtige Bestreben auf Vereinfachung, Zurückführung und Vereinigung des scheinbar Getrennten und Verschiedenen auf Einen Lebensgrund, und in diesem Bestreben das Nothwendige und Einfache mit Kraft und Fülle und in seinem ganzen Wesen darzustellen, ist Kunst; darum unterscheiden sich die Künstler nur dadurch von den anderen Menschen, daß sie das Wesentliche gleich sehen und es mit Fülle darzustellen wissen, während die Anderen dies wieder erkennen müssen und darüber erstaunen, und darum sind auch alle die keine Meister, zu deren Verständniß es einer besonderen Geschmacksrichtung oder einer künstlichen Schule bedarf. |

Ich hatte es weder mit dem menschlichen Wort, noch mit der menschlichen Gestalt zu thun und fühlte mich nur glücklich und zufrieden, daß ich auf das bescheidenste Gebiet mit meinen Fuß setzen konnte, auf den irdischen Grund und Boden, auf dem sich der Mensch bewegt, und so in der poetischen Welt wenigstens einen Teppichbewahrer abgeben durfte. Göthe hatte ja viel und mit Liebe von landschaftlichen Dingen gesprochen und durch diese Brücke glaubte ich ohne Unbescheidenheit mich ein wenig mit seiner Welt verbinden zu können.

Ich wollte sogleich anfangen, nun so recht mit Liebe und Aufmerksamkeit die Dinge zu behandeln und mich ganz an die Natur zu halten, nichts Ueberflüssiges oder Müssiges zu machen und mir bei jedem Striche ganz klar zu sein. Im Geiste sah ich schon einen reichen Schatz von Arbeiten vor mir, welche alle hübsch, werth- und gehaltvoll aussahen, angefüllt mit zarten und starken Strichen, von denen keiner ohne Bedeutung war. Ich setzte mich in's Freie, um das erste Blatt dieser vortrefflichen Sammlung zu beginnen; aber nun | ergab es sich, daß ich eben da fortfahren mußte, wo ich zuletzt aufgehört hatte, und daß ich durchaus nicht im Stande war, plötzlich etwas Neues zu schaffen, weil ich dazu erst etwas Neues hätte sehen müssen. Da mir aber nicht Ein Blatt eines Meisters zu Gebote stand und die prächtigen Blätter meiner Phantasie sogleich in Nichts sich auflösten, wenn ich den Stift auf das Papier setzte, so brachte ich ein trübseliges Gekritzel zu Stande, indem ich aus meiner alten Weise herauszukommen suchte, welche ich verachtete, während ich sie jetzt sogar nur verdarb. So quälte ich mich mehrere Tage herum, in Gedanken immer eine gute und sachgemäße Arbeit sehend, aber rathlos mit der Hand. Es wurde mir angst und bange, ich glaubte jetzt sogleich verzweifeln zu müssen, wenn es mir nicht gelänge, und seufzend bat ich Gott, mir aus der Klemme zu helfen. Ich betete noch mit den gleichen kindlichen Worten, wie schon vor zehn Jahren, immer das Gleiche wiederholend, so daß es mir selbst auffiel, als ich halblaut vor mich hin flüsterte. Darüber nachsinnend hielt ich mit der hastigen Arbeit inne | und sah in Gedanken verloren auf das Papier und mit einem wehmüthigen Lächeln. Da überschattete sich plötzlich der weiße Bogen auf meinen Knieen, der vorher von der Sonne beglänzt war; erschrocken schaute ich um und sah einen ansehnlichen, fremd gekleideten Mann hinter mir stehen, welcher den Schatten verursachte. Er war groß und

schlank, hatte ein bedeutsames und ernstes Gesicht mit einer stark
gebogenen Nase und einem sorgfältig gedrehten Schnurbart und
trug sehr feine Wäsche. In hochdeutscher Sprache redete er mich
an: „Darf man wohl ein wenig Ihre Arbeit besehen, junger Herr?"
Halb erfreut und halb verlegen hielt ich meine Zeichnung hin,
welche er einige Augenblicke aufmerksam besah; dann fragte er
mich, ob ich noch mehr in meiner Mappe bei mir hätte und ob ich
wirklicher Künstler werden wollte. Ich trug allerdings immer einen
Vorrath des zuletzt Gemachten mit mir herum, wenn ich nach der
Natur zeichnete, um jedenfalls Etwas zu tragen, wenn ich einen
unergiebigen Tag hatte, und während ich nun die Sachen nach und
nach her|vorzog, erzählte ich fleißig und zutraulich meine bisheri-
gen Künstlerschicksale; denn ich merkte sogleich an der Art, wie
der Fremde die Sachen ansah, daß er es verstand, wo nicht selbst
ein Künstler war. Dies bestätigte sich auch sogleich, als er mich
auf meine Hauptfehler aufmerksam machte, die Studie, welche ich
gerade vor hatte, mit der Natur verglich und mir an letzterer selbst
das Wesentliche hervorhob und mich es sehen lehrte. Ich fühlte
mich überglücklich und hielt mich ganz still, wie Jemand, der sich
vergnüglich eine Wohlthat erzeigen läßt, als er einige Laubpartien
auf meinem Papiere mit ihrem Vorbilde in der Natur verglich, mir
zeigte, wie ich es ganz anders machen müßte, Schatten und Licht
klar machte und auf dem Rande des Blattes mit wenigen mühlosen
Meisterstrichen das herstellte, was ich vergeblich gesucht hatte. Er
blieb wohl eine halbe Stunde bei mir, dann sagte er: „Sie haben
vorhin den wackern Habersaat genannt; wissen Sie, daß ich vor
fünfzehn Jahren auch ein dienstbarer Geist in seinem verwünsch-
ten Kloster war? Ich habe mich aber bei Zeiten aus | dem Staube
gemacht und bin seither immer in Italien und Frankreich gewesen.
Ich bin Landschafter, heiße Römer, und gedenke mich eine Zeit
lang in meiner Heimath aufzuhalten. Es soll mich freuen, wenn ich
Ihnen etwas nachhelfen kann, ich habe viele Sachen bei mir, besu-

chen Sie mich einmal oder kommen Sie gleich mit mir nach Hause, wenn's Ihnen recht ist!"

Ich packte eilig zusammen und begleitete in feierlicher Stimmung den Herrn Römer, und mit nicht geringem Stolze. Ich hatte oft von ihm sprechen gehört; denn er war eine der großen Sagen des Refektoriums und Meister Habersaat that sich nicht wenig darauf zu gut, wenn es hieß, sein ehemaliger Schüler Römer sei ein berühmter Aquarellist in Rom und verkaufe seine Arbeiten nur an Fürsten und Engländer. Auf dem Wege, so lange wir noch im Freien waren, zeigte mir Römer allerlei gute Dinge in der Natur, sei es in Licht und Tönen, sei es in Form und Charakter. Aufmerksam begeistert sah ich hin, wo er mit der Hand fein wegstreichend hindeutete; ich war erstaunt, zu entdecken, daß | ich eigentlich, so gut ich erst kürzlich noch zu sehen geglaubt, noch gar nichts gesehen hatte, und ich staunte noch mehr, das Bedeutende und Lehrreiche nun meistens in Erscheinungen zu finden, die ich vorher entweder übersehen, oder wenig beachtet. Jedoch freute ich mich, sogleich zu verstehen, was mein Begleiter jeweilig meinte, und mit ihm einen kräftigen und doch klaren Schatten, einen milden Ton oder eine zierliche Ausladung eines Baumes zu sehen, und nachdem ich erst einige Male mit ihm spaziert, hatte ich mich bald gewöhnt, die ganze landschaftliche Natur nicht mehr als etwas Rundes und Greifliches, sondern nur als Ein gemaltes Bilder- und Studiencabinet, als etwas bloß vom richtigen Standpunkte aus Sichtbares zu betrachten und in technischen Ausdrücken zu beurtheilen.

Als wir in seiner Wohnung anlangten, welche aus ein paar eleganten Zimmern in einem schönen Hause bestand, setzte Römer sogleich seine Mappen auf einen Stuhl vor das Sopha, hieß mich auf dieses neben ihn sitzen und begann die Sammlung seiner größten und werthvollsten | Studien eine um die andere umzuwenden und aufzustellen. Es waren alles umfangreiche Blätter aus Italien, auf starkes grobkörniges Papier mit Wasserfarben gemalt, doch auf eine mir ganz neue Weise und mit unbekannten kühnen und geistreichen Mitteln, so daß sie eben so viel Schmelz und Duft, als Klarheit und Kraft zeigten und vor Allem aus in jedem Striche bewiesen, daß sie vor der lebendigen Natur gemacht waren. Ich wußte nicht, sollte ich über die glänzende und angenehm nahe tretende Meisterschaft der Behandlung oder über die Gegenstände mehr Freude empfinden, denn von den mächtigen dunklen Cypressengruppen der römischen Villen, von den schönen Sabinerbergen bis zu den Ruinen von Pästum und dem leuchtenden Golf von Neapel, bis zu den Küsten von Sicilien mit den zauberhaften hingehauchten, gedichteten Linien, tauchte Bild um Bild vor mir auf mit den köstlichen Merkzeichen des Tages, des Ortes und des Sonnenscheins, unter welchem sie entstanden. Schöne Klöster und Kastelle glänzten in diesem Sonnenschein an schönen Bergabhängen, Himmel und Meer ruhten in tiefer Bläue oder in heitrem Silberton und in diesem badete sich die prächtige, edle Pflanzenwelt mit ihren klassisch einfachen und doch so reichen Formen. Dazwischen sangen und klangen die italischen Namen, wenn Römer die Gegenstände benannte und Bemerkungen über ihre Natur und Lage machte. Manchmal sah ich über die Blätter hinaus im Zimmer umher, wo ich hier eine rothe Fischerkappe aus Neapel, dort ein römisches Taschenmesser, eine Korallenschnur oder einen silbernen Haarpfeil erblickte; dann sah ich meinen neuen Beschützer aufmerksam und von Grund aus wohlwollend an, seine weiße Weste, seine Manschetten, und erst, wenn er das Blatt umwandte, fuhr mein Blick wieder auf dasselbe, um es noch einmal zu überfliegen, ehe das nächste erschien.

Als wir mit dieser Mappe zu Ende waren, ließ mich Römer noch flüchtig in einige andere blicken, von denen die eine einen Reichthum farbiger Details, die andere eine Unzahl Bleistiftstudien, eine dritte lauter auf das Meer, Schifffahrt und Fischerei Bezügliches, eine vierte endlich verschiedene Phänomene und

Farbenwunder, | wie die blaue Grotte, außergewöhnliche Wolkenerscheinungen, Vesuvausbrüche, glühende Lavabäche u. s. w. enthielten. Dann zeigte er mir noch im andern Zimmer seine gegenwärtige Arbeit, ein größeres Bild auf einer Staffelei, welches den Garten der Villa d'Este vorstellte. Dunkle Riesencypressen ragten aus flatternden Reben und Lorbeerbüschen, aus Marmorbrunnen und blumigen Geländern, an welchen eine einzige Figur, Ariost, lehnte, in schwarzem ritterlichen Kleide, den Degen an der Seite. Im Mittelgrunde zogen sich Häuser und Bäume von Tivoli hin, von Duft umhüllt, und darüber hinweg dehnte sich das weite Feld, vom Purpur des Abends übergossen, in welchem am äußersten Horizonte die Peterkuppel auftauchte.

„Genug für heute!" sagte Römer, „kommen Sie öfter zu mir, alle Tage, wenn Sie Lust haben; bringen Sie mir Ihre Sachen mit, vielleicht kann ich Ihnen Dies und Jenes zum Copiren mitgeben, damit Sie eine leichtere und zweckmäßigere Technik erlangen!"

Mit der dankbarsten Verehrung verabschiedete | ich mich und sprang mehr, als ich ging, nach Hause. Dort erzählte ich meiner Mutter das glückliche Abenteuer mit den beredtesten Worten und verfehlte nicht, den fremden Herrn und Künstler mit allem Glanz auszustatten, dessen ich habhaft war; ich freute mich, ihr endlich ein Beispiel rühmlichen Gelingens als einen Trost für meine eigene Zukunft vorführen zu können; besonders da ja Römer ebenfalls aus Herrn Habersaat's kümmerlicher Pflanzschule hervorgegangen war. Allein die fünfzehn in der weiten Ferne zugebrachten Jahre, welche zu diesem Gelingen gebraucht worden, leuchteten meiner Mutter nicht sonderlich ein, auch hielt sie dafür, daß es noch gar nicht ausgemacht wäre, ob der Fremde wirklich glücklich sei, indem er als solcher so einsam und unbekannt in seiner Heimath angekommen sei. Ich hatte aber ein anderweitiges geheimes Zeichen von der Richtigkeit meiner Hoffnungen, nämlich das plötzliche Erscheinen Römer's unmittelbar nachdem ich gebetet hatte. Hiervon sagte ich aber Nichts zu meiner Mutter, denn erstens war zwischen uns nicht herkömmlich, daß man | viel von solchen Dingen sprach, besonders wenn sie nach salbungsvoller Prahlerei ausgesehen hätten, und dann baute die Mutter wohl fest auf die Hülfe Gottes, aber es würde ihr nicht gefallen haben, wenn ich mich eines so eclatanten und theatralischen Falles gerühmt hätte, und als ein solcher wäre ihr meine Erzählung ohne Zweifel erschienen, da sie viel zu schlicht und bescheiden war, um ein solches Einschreiten in solchen Angelegenheiten von Gott zu erwarten. Sie war froh, wenn er das Brot nicht ausgehen ließ und für schwere Leiden, für Fälle auf Leben und Tod seine Hülfe in Bereitschaft hatte. Sie hätte mich wahrscheinlich ziemlich ironisch zurechtgewiesen; desto mehr beschäftigte ich mich den Abend hindurch mit dem Vorfalle und muß gestehen, daß ich dabei doch eine grübelnde Empfindung hatte. Ich konnte mir die Vorstellung eines langen Drahtes nicht unterdrücken, an welchem der fremde Mann auf mein Gebet herbeigezogen sei, während, gegenüber diesem lächerlichen Bilde, mir ein Zufall noch weniger munden wollte, da ich mir das Ausbleiben desselben nun gar nicht mehr den|ken mochte. Seither habe ich mich gewöhnt, dergleichen Glücksfälle, so wie ihr Gegentheil, wenn ich nämlich ein unangenehmes Ereigniß als die Strafe für einen unmittelbar vorhergegangenen, bewußten Fehler anzusehen mich immer wieder getrieben fühle, als vollendete Thatsachen einzutragen und Gott dafür dankbar zu sein, ohne mir des Genaueren einzubilden, es sei unmittelbar und insbesondere für mich geschehen. Doch kann ich mich bei jeder Gelegenheit, wo ich mir nicht zu helfen weiß, nicht enthalten, von Neuem durch Gebet solche hübsche faits accomplis herbeizuführen und für die Zurechtweisungen des Schicksals einen Grund in meinen Fehlern zu suchen und Gott Besserung zu geloben.

Ich wartete ungeduldig einen Tag und ging dann am darauf folgenden mit einer ganzen Last meiner bisherigen Arbeiten zu

Römer. Er empfing mich freundlich zuvorkommend und besah die
Sachen mit aufmerksamer Theilnahme. Dabei gab er mir fortwährend guten Rath und als wir zu Ende waren, sagte er, ich müßte
vor Allem die ungeschickte alte Manier, das Material | zu behandeln, aufgeben, denn damit ließe sich gar Nichts mehr ausrichten.
Nach der Natur sollte ich fleißig vor der Hand mit einem weichen
Blei zeichnen und für das Haus anfangen, seine Weise einzuüben,
wobei er mir gerne behülflich sein wolle. Auch suchte er mir aus
seinen Mappen einige einfache Studien in Bleistift so wie in Farben,
welche ich zur Probe copiren sollte und als ich hierauf mich empfehlen wollte, sagte er: „O! bleiben Sie noch ein Stündchen hier, Sie
werden den Vormittag doch nichts mehr machen können; sehen Sie
mir ein wenig zu und plaudern wir ein Bischen!" Mit Vergnügen
that ich dies, hörte auf seine Bemerkungen, die er über sein Verfahren machte, und sah zum ersten Mal die einfache freie und sichere
Art, mit der ein Künstler arbeitet. Es ging mir ein neues Licht auf
und es dünkte mich, wenn ich mich selbst auf meine bisherige Art
arbeitend vorstellte, als ob ich bis heute nur Strümpfe gestrickt oder
etwas Aehnliches gethan hätte.

Rasch copirte ich die Blätter, die Römer mir mitgab, mit aller
Lust und allem Gelingen, | welche ein erster Anlauf giebt, und als
ich sie ihm brachte, sagte er: „Das geht ja vortrefflich, ganz gut!"
An diesem Tage lud er mich ein, da das Wetter sehr schön war,
einen Spaziergang mit ihm zu machen, und auf diesem verband er
das, was ich in seinem Hause bereits eingesehen, mit der lebendigen
Natur, und dazwischen sprach er vertraulich über andere Dinge,
Menschen und Verhältnisse, welche vorkamen, bald scharf kritisch,
bald scherzend, so daß ich mit einem Male einen zuverlässigen
Lehrer und einen unterhaltenden und umgänglichen Freund besaß.
Ich erzählte ihm Vieles von meinen Verhältnissen und Geschichten, fast Alles, mit Ausnahme der Anna und Judith, und er faßte
Alles so auf, wie ich nur wünschen konnte, vom Standpunkte eines

freien und erfahrenen Menschen und als Künstler. So stellte sich schnell ein ungezwungener Umgang her, bei welchem ich mich ganz konnte gehen lassen und keinen Einfall zu unterdrücken brauchte, ohne daß ich die Bescheidenheit und Ehrerbietung zu sehr verletzte, und wenn ich dies that, so glich die widerspruchslose Bereit|willigkeit, welche jenes Alter den Zurechtweisungen der wahren und wohlmeinenden Autorität entgegenbringt, den Fehler bald wieder aus.

Bald fühlte ich das Bedürfniß, immer und ganz in seiner Nähe zu sein, und machte daher immer häufiger von meiner Freiheit, ihn zu besuchen, Gebrauch, als er eines Tages, nachdem er mir gründlich und schon etwas strenger eine Arbeit durchgesehen, zu mir sagte: „Es würde gut für Sie sein, noch eine Zeit ganz unter der Leitung eines Lehrers zu stehen; es würde mir auch zum Vergnügen und zur Erheiterung gereichen, Ihnen meine Dienste anzubieten; da aber meine Verhältnisse leider nicht der Art sind, daß ich dies ganz ohne Entschädigung thun könnte, wenigstens wenn es nicht durchaus sein muß, so besprechen Sie sich mit Ihrer Frau Mutter, ob Sie monatlich zwei Louisd'or daran wenden wollen. Ich bleibe jedenfalls einige Zeit hier und in einem halben Jahre hoffe ich Sie so weit zu bringen, daß Sie später besser vorbereitet und selbst im Stande, einigen Erwerb zu finden, Ihre Reisen antreten könnten. Sie würden jeden | Morgen um acht Uhr kommen und den ganzen Tag bei mir arbeiten."

Ich wünschte nichts Besseres zu thun und lief eiligst nach Hause, den Vorschlag meiner Mutter zu hinterbringen. Allein sie war nicht so eilig, wie ich, und ging, da es sich um Ausgabe einer erklecklichen Summe handelte und ich selbst einen Theil des an Habersaat Bezahlten für verlorenes Geld hielt, erst jenen vornehmen Herrn, bei dem sie schon früher ein Mal gewesen, um Rath zu fragen; denn sie dachte, derselbe werde jedenfalls wissen, ob Römer wirklich der geachtete und berühmte Künstler sei, für welchen ich ihn so eifrig ausgab. Doch man zuckte die Achseln, gab zwar zu, daß er als Künstler talentvoll und in der Ferne renommirt sei; über seinen Charakter jedoch hüllte man sich in's Unklare, wollte nicht viel Gutes wissen, ohne etwas Näheres angeben zu können, und meinte schließlich, wir sollten uns in Acht nehmen. Jedenfalls sei die Forderung zu groß, unsere Stadt sei nicht Rom oder Paris, auch hielte man dafür, es wäre gerathener, die Mittel für meine Reisen aufzusparen | und diese desto früher anzutreten, wo ich dann selbst sehen und holen könne, was Römer besäße.

Das Wort Reisen war nun schon wiederholt vorgekommen und war hinreichend, meine Mutter zu bestimmen, jeden Pfennig zur Ausstattung aufzubewahren. Daher theilte sie mir die bedenklichen Aeußerungen mit, ohne zu viel Gewicht auf die den Charakter betreffenden zu legen, welche ich auch mit Entrüstung zu Nichte machte; denn ich war schon dagegen gewaffnet, indem ich aus verschiedenen räthselhaften Aeußerungen Römer's entnommen, daß er mit der Welt nicht zum Besten stehe und viel Unrecht erlitten habe. Ja, es hatte sich schon eine verständnißvolle eigene Sprache über diesen Punkt zwischen uns ausgebildet, indem ich mit ehrerbietiger Theilnahme seine Klagen entgegennahm und so erwiederte, als ob ich selbst schon die bittersten Erfahrungen gemacht oder wenigstens zu erwarten hätte, welche ich aber festen Fußes erwarten und dann zugleich mich und ihn rächen wollte. Wenn Römer hierauf mich zurechtwies und erinnerte, daß ich die | Menschen doch nicht besser werde kennen, als er, so mußte ich dies annehmen und ließ mich mit wichtiger Miene belehren, wie es anzufangen wäre, sich gehörig zu stellen, ohne daß ich eigentlich wußte, warum es sich handelte und worin jene Erfahrungen denn bestanden.

Ich entschloß mich kurz und sagte zur Mutter, ich wolle das Gold, welches in meinem ehemals geplünderten Sparkästchen übrig geblieben, für die Sache verwenden. Hiegegen hatte sie Nichts einzuwenden und schien eher froh zu sein, diesen Mittelweg zu sehen, auf welchem ich wenigstens meine Selbstbestimmung bethätigen konnte. Ich nahm also die Schaumünze und einige Dukaten, welche dabei waren, und trug Alles zu einem Goldschmied, welcher mir acht Louisd'ors in Silber dafür bezahlte, brachte das Geld zu Römer und sagte, das sei Alles, was ich verwenden könnte und ich wünschte wenigstens vier Monate dafür seines Unterrichtes zu genießen. Zuvorkommend sagte er, das sei gar nicht so genau zu nehmen! Da ich thue, was ich könne, wie es einem Kunstjünger gezieme, so wolle er | nicht zurückbleiben und ebenfalls thun, was er könne, so lange er hier sei, und ich solle nur gleich morgen kommen und anfangen.

So richtete ich mich mit großer Befriedigung bei ihm ein. Den ersten und zweiten Tag ging es noch ziemlich gemüthlich zu; allein schon am dritten begann Römer einen ganz anderen Ton zu singen, indem er urplötzlich höchst kritisch und streng wurde, meine Arbeit erbarmungslos herunter machte und mir bewies, daß ich nicht nur noch nichts könne, sondern auch lässig und unachtsam sei. Das kam mir höchst wunderlich vor, ich nahm mich ein wenig zusammen, was aber nicht viel Dank einbrachte; im Gegentheil wurde Römer immer strenger und ironischer in seinem Tadel, den er nicht in die rücksichtsvollsten Ausdrücke faßte. Da nahm ich mich ernstlicher zusammen, der Tadel wurde ebenfalls ernstlich und fast rührend, bis ich endlich mich ganz zerknirscht und demüthig daran machte, mir bei jedem Striche den Platz, wo er hin sollte, wohl besah, manchmal ihn zart und bedächtig hinsetzte, manchmal nach kurzem Erwägen plötzlich wie | einen Würfel auf gut Glück hinwarf und endlich Alles genau so zu machen suchte, wie Römer es verlangte. So erreichte ich endlich etwelches Fahrwasser, auf welchem ich ganz still dem Ziele einer leidlichen Arbeit zusteuerte. Der Fuchs merkte aber meine Absicht und erschwerte mir unversehens die Aufgaben, so daß die Noth von Neuem anging und die Kritik meines Meisters schöner blühte, denn je. Wiederum steuerte ich endlich nach vieler Mühe einer angehenden Tadellosigkeit entgegen und wurde nochmals durch ein erschwertes Ziel zurückgeworfen, statt daß ich, wie ich gehofft, ein Weilchen auf den Lorbeeren einer erreichten Stufe ausruhen konnte. So erhielt mich Römer einige Monate in großer Unterwürfigkeit, wobei jedoch die mystischen Gespräche über die bittern Erfahrungen und über dies und jenes fortdauerten, und wenn die Tagesarbeit geschlossen war oder auf unseren Spaziergängen blieb unser Verkehr der alte. Dadurch entstand eine seltsame Weise, indem Römer mitten in einer traulichen und tiefsinnigen Unterhaltung mich jählings andonnerte: „Was haben Sie da ge|macht! Was soll denn das sein! O Herr Jesus! Haben Sie Ruß in den Augen?" so daß ich plötzlich still wurde und voll Ingrimm über ihn und mich selbst meine Arbeit mit verzweifelter Aufmerksamkeit wieder aufnahm.

So lernte ich endlich die wahre Arbeit und Mühe kennen, ohne daß mir dieselbe lästig wurde, da sie in sich selbst den Lohn der immer neuen Erholung und Verjüngung trägt, und ich sah mich in den Stand gesetzt, eine große Studie Römer's, welche schon mehr ein ganzes Bild mit den verschiedensten Bestandtheilen vorstellte, vornehmen zu dürfen und dieselbe so zu copiren, daß mein Lehrer erklärte, es sei nun genug in dieser Richtung, ich würde ihm sonst seine ganzen Mappen nachzeichnen; dieselben seien sein einziges Vermögen und er wünsche bei aller Freundschaft doch nicht, eine förmliche Doublette desselben in anderen Händen zu wissen.

Durch diese Beschäftigung war ich wunderlicher Weise im Süden weit mehr heimisch geworden, als in meinem Vaterlande. Da die Sachen, nach welchen ich arbeitete, alle unter | freiem Himmel und sehr trefflich gemacht waren, auch die Erzählungen und Bemerkungen Römer's fortwährend meine Arbeit begleiteten, so verstand ich die südliche Sonne, jenen Himmel und das Meer beinahe, wie wenn ich sie gesehen hätte, wußte Kakteen, Aloe und Myrthensträuche besser darzustellen, als Disteln, Nesseln und Weißdorn, Pinien und immergrüne Eichen besser als Föhren und nordische Eichen, und Cypressen und Oelbäume waren mir bekannter als Pappeln und Weiden. Selbst der südliche Boden war mir viel leichter in der Hand als der nordische, da jener mit bestimmten glänzenden Farben bekleidet war und sich im Gegensatze zu der tiefen Bläue der mittleren und fernen Gründe fast von selbst herstellte, indessen dieser, um wahr und gut zu scheinen, eine unmerkliche aber verzweifelt schwer zu treffende Verschiedenheit und Feinheit in grauen Tönen erforderte. Am See von Nemi war ich besser zu Hause, als an unserem See, die Umrisse von Capri und Ischia kannte ich genauer, als unsere nächsten Uferhöhen. Die rothen, mit Epheu bekleideten Bogen der Wasserleitungen | in der sonnverbrannten braungelben römischen Campagne mit den blauen Höhenzügen in der Ferne und dem grauröthlichen Duft am Himmel konnte ich auswendig herpinseln.

Und wie schön waren alle diese Gegenstände! Auf einer sicilianischen Küstenstudie war vorn zwischen goldenen Felsen eine Stelle im Meere, welche in der allerfabelhaftesten purpurnen Bläue funkelte, wie sie der ausschweifendste Mährchendichter nicht auffallender hätte ersinnen können. Aber sie war hier an ihrem rechten und gesetzmäßigen Platze und machte daher eine zehn Mal poetischere Wirkung, als wenn sie in einer erfundenen Landschaft unter anderen Umständen angebracht worden wäre.

Einen besonderen Reiz gewährten mir die Trümmer griechischer Baukunst, welche sich da und dort fanden. Ich empfand wieder Poesie, wenn ich das weiße, sonnige Marmorgebälke eines dorischen Tempels vom blauen Himmel abheben mußte. Die horizontalen Linien an Architrav, Fries und Kranz, sowie die Kanelirungen der Säulen mußten mit der zartesten Ge|nauigkeit, mit wahrer Andacht, leis und doch sicher und elegant hingezogen werden; die Schlagschatten auf diesem weißgoldenen edlen Gestein waren rein blau und wenn ich den Blick fortwährend auf dies Blau gerichtet hatte, so glaubte ich zuletzt wirklich einen leibhaften Tempel zu sehen. Jede Lücke im Gebälke, durch welche der Himmel schaute, jede Scharte an den Kanelirungen war mir heilig und ich hielt genau ihre kleinsten Eigenthümlichkeiten fest.

Im Nachlasse meines Vaters fand sich ein Werk über Architektur, in welchem die Geschichte und Erklärung der alten Baustyle nebst guten Abbildungen mit allem Detail enthalten waren. Dies zog ich nun hervor und studirte es begierig, um die Trümmer besser zu verstehen, und ihren Werth ganz zu kennen. Auch erinnerte ich mich der italienischen Reise von Goethe, welche ich kürzlich gelesen, Römer erzählte mir viel von den Menschen und Sitten und der Vergangenheit Italiens. Er las fast keine Bücher, als die deutsche Uebersetzung von Homer und einen italienischen Ariost. Den Homer forderte er mich | auf zu lesen und ich ließ mir dies nicht zwei Mal sagen. Im Anfange wollte es nicht recht gehen, ich fand wohl Alles schön, aber das Einfache und Kolossale war mir noch zu ungewohnt und ich vermochte nicht lange nach einander auszuhalten. Am meisten fesselten mich nur die bewegtesten Vorgänge, besonders in der Odyssee, während die Ilias mir lange nicht nahe treten wollte. Aber Römer machte mich aufmerksam, wie Homer in jeder Bewegung und Stellung das einzig Nöthige und Angemessene anwende, wie jedes Gefäß und jede Kleidung, die er beschreibe, zugleich das Geschmackvollste sei, was man sich denken könne, und wie endlich jede Situation und jeder moralische Conflict bei ihm bei aller fast kindlichen Einfachheit von der gewähltesten Poesie getränkt sei. „Da verlangt man heut zu Tage immer nach dem Ausgesuchten, Interessanten und Pikanten und weiß in seiner Stumpfheit gar nicht, daß es gar nichts Ausgesuchteres, Pikanteres und ewig Neues geben kann, als so einen homerischen Einfall in seiner einfachen Klassicität! Ich wünsche Ihnen nicht, lieber Lee, | daß Sie jemals die ausgesuchte pikante

Wahrheit in der Lage des Odysseus, wo er nackt und mit Schlamm bedeckt vor Nausikaa und ihren Gespielen erscheint, so recht aus Erfahrung empfinden lernen! Wollen Sie wissen, wie dies zugeht? Halten wir das Beispiel einmal fest! Wenn Sie einst getrennt von Ihrer Heimath und von Ihrer Mutter und Allem, was Ihnen lieb ist, in der Fremde umherschweifen, und Sie haben viel gesehen und viel erfahren, haben Kummer und Sorge, sind wohl gar elend und verlassen: so wird es Ihnen des Nachts unfehlbar träumen, daß Sie sich Ihrer Heimath nähern; Sie sehen sie glänzen und leuchten in den schönsten Farben; holde, feine und liebe Gestalten treten Ihnen entgegen; da entdecken Sie plötzlich, daß Sie zerfetzt, nackt und kothbedeckt einhergehen; eine namenlose Scham und Angst faßt Sie, Sie suchen sich zu bedecken, zu verbergen und erwachen in Schweiß gebadet. Dies ist, so lange es Menschen giebt, der Traum des kummervollen umhergeworfenen Mannes, und so hat Homer jene Lage aus dem tiefsten und | ewigen Wesen der Menschheit herausgenommen!"

Da es mir einmal bestimmt scheint, immer ruckweise und durch kurze Blitze und Schlagwörter auf eine neue Spur zu kommen, so bewirkten diese Andeutungen Römer's, besonders diejenigen über das Pikante, mehr, als wenn ich den Homer Jahre lang so für mich gelesen hätte. Ich war begierig, selbst dergleichen aufzufinden und lernte dadurch mit mehr Bewußtsein und Absicht lesen.

Inzwischen war es gut, daß das Interesse Römer's, hinsichtlich des Copirens seiner Sammlungen, sich mit dem meinigen vereinigte; denn als ich nun, gemäß seiner Aufforderung, mich wieder vor die Natur hinsetzte, erwies es sich, daß ich Gefahr lief, meine ganze Copirfertigkeit und mein italienisches Wissen zu einer wunderlichen Fiction werden zu sehen. Es kostete mich die größte Beharrlichkeit und Mühe, ein nur zum zehnten Theile so anständiges Blatt zuwege zu bringen, als meine Copien waren; die ersten Versuche mißlangen fast gänzlich, und Römer sagte | schadenfroh:

„Ja, mein Lieber, das geht nicht so rasch! Ich habe es wohl gedacht, daß es so kommen würde; nun heißt es auf eigenen Füßen stehen, oder vielmehr mit eigenen Augen sehen! Eine gute Studie leidlich copiren, will nicht so viel heißen! Glauben Sie denn, man läßt sich ohne Weiteres für Andere die Sonne auf den Buckel zünden?" u. s. f. Nun begann der ganze Krieg des Tadels gegen das Bemühen, demselben zuvorzukommen und ihm boshafte Streiche zu spielen, von Neuem; Römer ging mit hinaus und malte selbst, so daß er mich immer unter seinen Augen hatte. Es war hier nicht gerathen, die Thorheiten und Flausen zu wiederholen, die ich unter Herrn Habersaat gespielt hatte, da Römer durch Steine und Bäume zu sehen schien und jedem Striche anmerkte, ob derselbe gewissenhaft sei oder nicht. Er sah es jedem Aste an, ob derselbe zu dick oder zu dünn sei und wenn ich meinte, derselbe könnte ja am Ende so gewachsen sein, so sagte er: „Lassen Sie das gut sein! Die Natur ist vernünftig und zuverlässig; übrigens kennen wir solche Finessen wohl! Sie | sind nicht der erste Hexenmeister, welcher der Natur und seinem Lehrer ein X für ein U machen will!"

Doch rückte ich allmälig vorwärts; aber leider muß ich gestehen, daß mehr ein äußerer Ehrgeiz mich dazu antrieb, als eine innere Treue. Denn es war mir hauptsächlich darum zu thun, daß die Arbeiten, welche ich selbst nach der Natur machte, nicht zu sehr zurückstehen möchten gegen meine copirte Sammlung, und recht bald ein geistiges Eigenthum von einigem Werth zu haben. Ich gelangte auch im Laufe des Sommers in Besitz von einem Dutzend starker und solider Papierbogen, auf welchen sich ansehnliche Baumgruppen, Steingerölle und Buschwerke ziemlich keck und sachgemäß darstellten, die einen Vorrath von guten Motiven enthielten, die Spuren der Natur und einer künstlerischen Leitung zeigten und desnahen, wenn sie auch weit entfernt waren, etwas Meisterhaftes zu verrathen, doch als eine erste ordentliche Grundlage zu der Mappe eines Künstlers betrachtet werden konnten, welche man nicht nur der Erinnerung, sondern auch der fort|dauernden Nutzbarkeit wegen aufbewahren mag. In diesen Blättern war dann noch diese oder jene Lieblingsstelle, wo ich einen glücklichen Ton getroffen und der Natur einen guten Blick abgelauscht, ohne es zu wissen, irgend ein gutes Grünlich-Grau oder ein deutliches Sonnenlicht auf einem schwärzlichen Steine, womit Römer so zufrieden war, daß er es der Brauchbarkeit halber für sich copirte. Er konnte dies unbeschadet seiner Strenge thun; denn ich durfte nur einen Blick auf seine eigenen Studien werfen, welche er in diesem Sommer machte, so verging mir alle Ueberhebung, und wenn ich noch so viel Freude an meinen Schülerwerken empfand, so war diese Freude noch viel größer und schöner, wenn ich Römer's glänzende und meisterhafte Arbeiten sah. Aber düster und einsilbig legte er sie zu seinen übrigen Sachen, als ob er sagen wollte: Was hilft das Zeug! während ich die meinigen mit stolzer Hoffnung aufbewahrte und die Zeit nahe sah, wo ich eben solche Meisterwerke mein nennen würde.

Neben den ausgeführten Studien sammelte | sich noch ein artiger Schatz von kleinen und fragmentarischen Bleistift- und Federskizzen, die alle wohl zu brauchen waren, und mein erstes, auf eigene Arbeit und wahre Einsicht gegründetes Besitzthum vervollständigten.

Weil ich die mir durch den Aufenthalt Römer's zugemessene Zeit wohl benutzen mußte, so konnte ich nicht daran denken, das Dorf zu besuchen, obschon ich verschiedene Grüße und Zeichen von daher erhalten hatte. Um so fleißiger dachte ich an Anna, wenn ich arbeitete und die grünen Bäume leise um mich rauschten. Ich freute mich für sie meines Lernens und daß ich in diesem Jahre so reich an Erfahrung geworden gegen das frühere Jahr; ich hoffte einigen wirklichen Werth dadurch erhalten zu haben, der in ihren Augen für mich spräche und in ihrem Hause die Hoffnung begründe, die ich selbst für mich zu hegen mir erlaubte.

Wenn ich aber nach gethaner Arbeit in meines Lehrers Wohnung ausruhte, seinen Erzählungen vom südlichen Leben zuhörte und dabei seine Sachen beschaute, worunter manches Studienbild | einer schönen vollen Römerin oder Albanerin dunkeläugig glänzte, so trat unversehens Judith's Bild vor mich und wich nicht von mir, bis es, von selbst Anna's Gestalt hervorrufend, von dieser verdrängt wurde. Wenn ich eine blendend weiße Säulenreihe ansah und mit lebendiger Phantasie das Weben der heißen Luft zu fühlen glaubte, in welcher sie stand, so schien Judith plötzlich hinter einer Säule hervorzutreten, langsam die verfallenden Tempelstufen herabzusteigen und, mir winkend, in ein blühendes Oleandergebüsch zu verschwinden, unter welchem eine klare Quelle hervorfloß. Folgten meine Gedanken aber dahin, so sahen sie Anna im grünen Kleide an der Quelle sitzen, das silberne Krönchen auf dem Kopfe und silberblinkende Thränchen vergießend.

Der Herbst war gekommen, und als ich eines Mittags zum Essen nach Hause ging und in unsere Stube trat, sah ich auf dem Ruhbettchen einen schwarz seidenen Mantel liegen. Freudig betroffen eilte ich auf denselben zu, hob das leichte angenehme Ding in die Höhe und besah es von allen Seiten, auf der Stelle Anna's | Mantel erkennend. Ich eilte damit in die Küche, wo ich die Mutter beschäftigt fand, ein feineres Essen, als gewöhnlich, zu bereiten. Sie bestätigte mir die Ankunft des Schulmeisters und seiner Tochter, setzte aber sogleich mit besorgtem Ernst hinzu, daß dieselben nicht zum Vergnügen gekommen wären, sondern um einen berühmten Arzt zu besuchen. Während die Mutter in die Stube ging und den Tisch deckte, deutete sie mir mit einigen Worten an, daß sich bei Anna seltsame und beängstigende Anzeichen eingestellt hätten, daß der Schulmeister sehr bekümmert sei und sie, die Mutter, selbst nicht minder, denn nach der ganzen Erscheinung des armen Mädchens glaube sie nicht, daß das feine zarte Wesen lange leben würde.

Ich saß auf dem Ruhbette, hielt den Mantel fest in meinen

Händen und hörte ganz verwundert auf diese Worte, die mir so unerwartet und fremd klangen, daß sie mir mehr wunderlich als erschreckend vorkamen. In diesem Augenblicke ging die Thür auf, und die eben so geliebten, als wahrhaft geehrten Gäste traten herein. Ueber|rascht stand ich auf und ging ihnen entgegen, und erst als ich Anna die Hand geben wollte, sah ich, daß ich immer noch ihren Mantel hielt. Sie erröthete und lächelte zugleich, während ich verlegen dastand; der Schulmeister warf mir vor, warum ich mich den ganzen Sommer über nie sehen lassen, und so vergaß ich über diesen Begrüßungen ganz die Mittheilung der Mutter, an welche mich auch nichts Auffallendes erinnerte. Erst als wir am Tische saßen, wurde ich durch eine gewisse vermehrte Liebe und Aufmerksamkeit, mit welcher meine Mutter Anna behandelte, erinnert und glaubte jetzt nur zu sehen, daß sie gegen früher fast größer, aber auch zugleich zarter und schmächtiger erschien; ihre Gesichtsfarbe war wie durchsichtig geworden und um ihre Augen, welche erhöht glänzten, bald in dem kindlichen Feuer früherer Tage, bald in einem träumerischen tiefen Nachdenken, lag etwas Leidendes. Sie war heiter und sprach ziemlich viel, während ich schwieg, hörte und sie ansah; denn sie hatte ein dreifaches Recht zu sprechen: als Gast, als Mädchen und als die Hauptperson dieses Besuches,| wenn auch die Ursache traurig war. Andächtig und gern beschied ich mich und gönnte von ganzem Herzen Anna die Ehre, bei Tische mit den Aeltern auf gleichem Fuße zu stehen, zumal sie durch ihr Schicksal diese Ehre mit frühen Leiden zu erkaufen bestimmt schien. Auch der Schulmeister war heiter und ganz wie sonst; denn bei den Schicksalen und Leiden, welche uns Angehörige betreffen, benehmen wir uns nicht lamentabel, sondern fast vom ersten Augenblicke an mit der gleichen Gefaßtheit, mit dem gleichen Wechsel von Hoffnung, Furcht und Selbsttäuschung, wie die Betroffenen selbst. Doch ermahnte jetzt der Schulmeister seine Tochter, nicht zu viel zu sprechen, und mich fragte er, ob ich die

Ursache der kleinen Reise schon kenne, und fügte hinzu: „Ja, lieber Heinrich! meine Anna scheint krank werden zu wollen! Doch laßt uns den Muth nicht verlieren! Der Arzt hat ja gesagt, daß vor der Hand nicht viel zu sagen und zu thun wäre. Er hat uns einige Verhaltungsregeln gegeben und anbefohlen, ruhig zurückzukehren und dort zu leben, anstatt hieher zu ziehen, da die dortige Luft angemessener sei. Für unsern Doctor will er uns einen Brief mitgeben und von Zeit zu Zeit selbst hinauskommen und nachsehen."

Ich wußte hierauf rein nichts zu erwiedern, noch meine Theilnahme zu bezeugen; vielmehr wurde ich ganz roth und schämte mich nur, nicht auch krank zu sein. Anna hingegen sah mich bei den Worten ihres Vaters lächelnd an, als ob sie Mitleid mit mir hätte, so peinliche Dinge hören zu müssen.

Nach dem Essen verlangte der Schulmeister, von meinen Beschäftigungen zu wissen und Etwas zu sehen; ich brachte meine wohlgefüllte Mappe herbei und erzählte von meinem Meister; doch sah man jetzt wohl, daß er zu sehr von seiner Sorge befangen war, als daß er lange bei diesen Dingen hätte verweilen können. Er machte sich bereit, einige Gänge zu thun und Einkäufe zu machen, welche hauptsächlich in einigen ausländischen Producten zu Nahrungsmitteln für Anna bestanden, welche der Arzt einstweilen verordnet. Meine Mutter begleitete ihn und ich blieb allein mit Anna zurück. Sie fuhr fort, meine Sachen aufmerksam zu beschauen; auf dem Ruhbett sitzend, ließ sie sich Alles von mir vorlegen und erklären. Während sie auf meine Landschaften sah, blickte ich auf s i e nieder, manchmal mußte ich mich beugen, manchmal hielten wir ein Blatt zusammen in den Händen lange Zeit, doch ereignete sich sonst gar nichts Zärtliches zwischen uns; denn während sie für mich nun wieder ein anderes Wesen war und ich mich scheute, sie nur von ferne zu verletzen, häufte sie alle Aeußerungen der Freude, der Aufmerksamkeit und sogar der Ehrenbezeugung allein auf meine Arbeiten, sah sie fort und fort an und wollte sich gar nicht von denselben trennen, während sie mich selbst nur wenig ansah.

Plötzlich sagte sie: „Unsere Tante im Pfarrhaus läßt Dir sagen, Du sollst mit uns sogleich hinausfahren, sonst sei sie böse! Willst Du?" Ich erwiederte: „Ja, jetzt kann ich schon!" und setzte hinzu: „Was fehlt Dir denn eigentlich?" „Ach, ich weiß es selbst nicht, ich bin immer müde und leide manchmal ein wenig; die Anderen machen mehr daraus, als ich selbst!"

Meine Mutter und der Schulmeister kamen zurück; neben den seltsamen und fremdartigen Packeten, die er mit einem verstohlenen Seufzer auf den Tisch legte, brachte er einige Geschenke für Anna mit, feine Kleiderstoffe, einen schönen großen Shawl und eine goldene Uhr, als ob er mit diesen kostbaren und auf die Dauer berechneten Sachen eine günstige Wendung des Geschickes erzwingen wollte. Als Anna darüber erschrak, sagte er, sie habe diese Dinge schon lange verdient und das bischen Geld hätte gar keinen Werth für ihn, wenn er nicht ihr eine kleine Freude dadurch verschaffen könnte.

Er zeigte sich zufrieden, daß ich mitfahren wollte; meine Mutter sah es auch gern und legte mir einige Sachen zurecht, indessen ich das Gefährt aus dem Gasthause holte, wo es eingestellt war. Anna sah allerliebst aus, als sie wohl vermummt und verschleiert dem Schulmeister zur Seite saß. Ich behauptete den Vordersitz und hatte das Leitseil des gutgenährten Pferdes ergriffen, welches ungeduldig scharrte; die Mutter machte sich noch lange am Wagen zu schaffen und wiederholte dem Schulmeister ihre Anerbietungen zu jeglicher Hülfe und wenn es nothwendig würde, hinzukommen und Anna zu pflegen; die Nachbaren steckten die Köpfe aus den Fenstern und vermehrten mein angenehmes Selbstbewußtsein, als ich endlich mit meiner liebenswürdigen und anmuthigen Gesellschaft die enge Straße entlang fuhr.

Es glänzte ein sonniger Herbstnachmittag auf dem Lande. Wir

fuhren durch Dörfer und Felder, sahen die Gehölze und Anhöhen im zarten Dufte liegen, hörten die Jägerhörnchen in der Ferne, begegneten überall zahlreichem Fuhrwerke, welches den Herbstsegen einbrachte; hier machten die Leute die Gefäße zur Weinlese zurecht, und bauten große Kufen, dort standen sie reihenweise auf den Aeckern und gruben Kartoffeln aus, anderswo wieder pflügten sie die Erde um und die ganze Familie war dabei versammelt, von der Herbstsonne hinausgelockt; überall war es lebendig und zufrieden bewegt. Die Luft war so mild, daß Anna ihren grünen Schleier zurückschlug und ihr liebliches Gesicht zeigte. Wir vergaßen | alle Drei, warum wir eigentlich auf diesen Wegen fuhren; der Schulmeister war gesprächig und erzählte uns viele Geschichten von den Gegenden, durch welche wir kamen, zeigte uns die heiteren Wohnungen, wo berühmte Männer hausten, deren wohlgeordnete und gepflegte Räume und Gärten die weise Klugheit ihrer Besitzer verkündeten oder deren weiße Giebelwände und glänzende Fenster auch von entlegenen Halden im Sonnenschein die gleiche Kunde gaben. Da und dort wohnte eine berühmte Tochter oder deren zwei, von denen etwas zu erblicken wir im Vorüberfahren uns bemühten, und wenn dies gelang, so benahm sich Anna mit dem bescheidenen Anstande derjenigen, welche selbst Blumen des Landes sind.

Doch dunkelte es eine geraume Weile, ehe wir an's Ziel gelangten, und mit der Dunkelheit fiel es mir plötzlich ein, daß ich Judith das Versprechen gegeben, sie jedesmal zu besuchen, wenn ich in's Dorf käme. Anna hatte sich wieder verhüllt, ich saß nun neben ihr, da der Schulmeister, welcher die Wege besser kannte, die Zügel genommen, und weil wir der Dunkelheit wegen nun | schweigsamer waren, so hatte ich Zeit, darüber nachzudenken, was ich thun wollte.

Je unmöglicher es mir schien, mein Versprechen zu halten, je 02.036.01
weniger ich das Wesen, welches ich mir zur Seite fühlte und das

sich nun sanft an mich lehnte, auch nur im Gedanken beleidigen und hintergehen mochte, desto dringender ward auf der andern Seite die Ueberzeugung, daß ich am Ende doch mein Wort halten müsse, da mich Judith nur im Vertrauen auf dasselbe in jener Nacht
05 entlassen, und ich nahm keinen Anstand, mir einzubilden, daß das Brechen desselben sie kränken und ihr weh thun würde. Ich mochte um Alles in der Welt gerade vor ihr nicht unmännlich als Einer erscheinen, welcher aus Furcht ein Versprechen gäbe und aus Furcht dasselbe bräche. Da fand ich einen sehr klugen Ausweg, wie
10 ich dachte, der mich wenigstens vor mir selbst rechtfertigen sollte. Ich brauchte nur bei dem Schulmeister zu wohnen, so war ich nicht im Dorfe, und wenn ich am Tage dasselbe besuchte, so brauchte ich Judith nicht zu sehen, welche sich nur meinen nächtlichen und geheimen Besuch wäh|rend eines Aufenthaltes im Dorfe ausbedun-
15 gen hatte.

Als wir daher in des Schulmeisters Haus ankamen und dort die Muhme mit einem Sohne und zwei Töchtern vorfanden, welche uns erwarteten, theils um sogleich zu hören, was der Arzt gesprochen, theils um dem Schulmeister das Zurückbringen des geliehenen
20 Fuhrwerks zu ersparen, als sie nun mich mitnehmen wollten und der Schulmeister sich freundlich dagegen beschwerte, erklärte ich unversehens, hier bleiben zu wollen, und die alte Katharine, welche jetzt Anna's wegen sehr sorgenvoll und kleinlaut war, eilte, mir ein Unterkommen zu bereiten, indessen Anna, welche ganz ermüdet
25 und angegriffen war und von Husten befallen wurde, sich sogleich zu Bett begeben mußte. Sie führte mich an einen artig eingerichteten Tisch, auf welchem ihre Bücher und Arbeitssachen, auch Papier und Schreibzeug lagen, setzte Licht darauf und sagte lächelnd: „Mein Vater bleibt alle Abend bei mir, bis ich eingeschlafen bin, und
30 liest mir manchmal etwas vor. Hier kannst Du Dich vielleicht so lange beschäftigen. | Sieh, hier mache ich etwas für Dich!" und sie zeigte mir eine Stickerei zu einer kleinen Mappe, welche sie nach

jener Blumenzeichnung verfertigte, die ich vor mehreren Jahren in
der Weinlaube gemacht und ihr geschenkt hatte. Das naive Bild
hing über ihrem Tische. Dann gab sie mir die Hand und sagte wehmüthig leise und doch so freundlich: Gut' Nacht! und ich sagte
₀₅ eben so leise Gut' Nacht.

Einige Augenblicke nachher, als sie gegangen, kam der Schulmeister herein und ich sah, daß er ein schön eingebundenes
Andachtsbuch mitnahm, als er sich wieder entfernte, um in Anna's
Zimmer zu gehen. Ich hingegen beschaute alle Sächelchen, welche
₁₀ auf dem Tische lagen, spielte mit ihrer Scheere und konnte mir
gar nicht ernstlich denken, daß irgend eine Gefahr für Anna sein
sollte.|

Zweites Kapitel.

Da ich in dem Hause meines Liebchens zu Gaste war, so erwachte ich am Morgen sehr früh, noch eh' eine Seele sich regte. Ich machte das Fenster auf und sah lange auf den See hinaus, dessen waldige Uferhöhen vom Morgenrothe beglänzt waren, indessen der späte Mond noch am Himmel stand und sich ziemlich kräftig im dunklen Wasser spiegelte. Ich sah ihn nach und nach erbleichen vor der Sonne, welche nun die gelben Kronen der Bäume vergoldete und einen zarten Schimmer über den erblauenden See warf. Zugleich aber begann die Luft sich wieder zu verhüllen, ein leiser Nebel zog sich erst wie ein Silberschleier um alle Gegenstände, und indem er ein glänzendes Bild um das andere auslöschte, daß sich rings ein Reigen von aufleuchtendem | Scheiden und Verschwinden bewegte, wurde der Nebel plötzlich so dicht, daß ich nur noch das Gärtchen vor mir sehen konnte, und zuletzt verhüllte er auch dieses und drang feucht an das Fenster. Ich schloß dieses zu, trat aus der Kammer und fand die alte Katharine in der Küche an dem traulichen hellen Feuer.

Ich plauderte lange mit ihr; sie ergoß sich in zärtlichen Klagen über Anna's bedenklichen Zustand, berichtete mir, seit wann derselbe begonnen, ohne daß ich jedoch über seine eigentliche Beschaffenheit klar wurde, da sie sich mancher dunkeln und geheimnißvollen Anspielung bediente. Dann begann sie mit rührender, aber ganz trefflicher Beredtsamkeit das Lob Anna's zu verkünden und ihr bisheriges Leben zu beschauen bis in die Kinderjahre zurück, und ich sah deutlich vor mir das dreijährige Engelchen umherspringen, in genau beschriebener Kleidung, aber freilich auch ein frühes und leidenvolles Krankenlager, auf welches das kleine Wesen dann Jahre lang gelegt wurde, so daß ich nun ein schlohweißes, länglichgestrecktes Leichnamchen erblickte, mit geduldigem, | klugem und immer lächelndem Angesicht. Doch das kranke Reis erholte sich, der wunderbare Ausdruck der durch das Leiden hervorgebrachten frühen Weisheit verschwand wieder in seine unbekannte Heimath, und ein rosig unbefangenes Kind blühte, als ob nichts vorgefallen wäre, der Zeit entgegen, wo ich es zuerst sah.

Endlich zeigte sich der Schulmeister, welcher, da seine Tochter nun des Morgens länger im Bette bleiben mußte und länger schlief als früher, sich des frühen Aufstehens auch nicht mehr freute und in seiner Zeiteintheilung ganz nach derjenigen seines kranken Kindes richtete. Nach einer guten Weile erschien auch Anna und nahm ihr besonders vorgeschriebenes Frühstück, indessen wir das gewöhnliche verzehrten. Es verbreitete sich dadurch eine gewisse Wehmuth über den Tisch, welche nach und nach in eine ernste Beschaulichkeit überging, als wir Drei sitzen blieben und uns unterhielten. Der Schulmeister nahm ein Buch, die Nachfolge Christi von Thomas a Kempis, und las einige Seiten daraus vor, indessen Anna ihre Stickerei vornahm. Dann hob ihr Vater über das Gelesene | ein Gespräch an und suchte mich an demselben zu betheiligen und nach der herkömmlichen Weise meine Urtheilskraft zu prüfen, zu mildern und zu gemeinsamer Erbauung auf einen belehrenden Vereinigungspunkt zu lenken. Aber ich hatte durch den letzten Sommer die Lust an solchen Erörterungen fast gänzlich verloren, mein Blick war auf sinnliche Erscheinung und Gestalt gerichtet, und selbst die räthselhaften Betrachtungen über die Erfahrungen, die ich mit Römer anstellte, gingen in einem durchaus weltlichen Sinne vor sich. Außerdem fühlte ich, daß ich nun die größte Rücksicht auf Anna nehmen mußte, und als ich bemerkte, daß sie sogar froh schien, mich hier eingefangen und einem angehenden Bekehrungswerke preisgegeben zu sehen, hütete ich mich wohl, einen Widerspruch zu äußern, gab denjenigen Stellen, welche eine innere Wahrheit enthielten oder tief, schön und kraftvoll ausgedrückt waren, meinen aufrichtigen Beifall, oder überließ mich einer reizenden Langweile, die schönen Farben an Anna's Seidenknäulchen beschauend.

Sie hatte sich wohl ausgeruht und schien | ziemlich munter zu sein, so daß kein großer Unterschied gegen ihr früheres Wesen während des Tages bemerklich war. Der angenehme Aufenthalt in ihrem Hause diente daher nur dazu, meinen Leichtsinn und meine Sorglosigkeit zu bestärken und eine Bewegungslust in mir anzufachen, die mich hinaustrieb. Außerdem mußte ich ja am Tage meine Verwandten im Dorfe besuchen, wenn ich den kasuistischen Ausweg, Judith zu hintergehen, anwenden wollte.

Als ich daher in den dichten Nebel hinausging, war ich, noch mehr aufgeweckt durch den frischen Herbstgeruch, sehr guter Dinge und mußte lachen über meine seltsame List, zumal das verborgene Wandeln in der weiß verhüllten Natur meinen Gang einem Schleichwege noch vollständig ähnlich machte. Ich ging über den Berg und gelangte bald zum Dorfe; doch verfehlte ich hier des Nebels wegen den rechten Weg und sah mich bald in ein Netz von schmalen Garten- und Wiesenpfaden versetzt, welche bald zu einem entlegenen Hause, bald wieder gänzlich zum Dorfe hinausführten. Ich konnte nicht vier Schritte vor | mir sehen, Leute hörte ich immer, ohne sie zu erblicken, aber zufälliger Weise traf ich Niemanden auf meinen Wegen. Da kam ich zu einem offen stehenden Pförtchen und entschloß mich, hindurch zu gehen und alle Gehöfte gerade zu durchkreuzen, um endlich wieder auf die Hauptstraße zu kommen. Ich sah mich in einen prächtigen großen Baumgarten versetzt, dessen Bäume alle voll der schönsten reifen Früchte hingen. Man sah aber immer nur e i n e n Baum ganz deutlich, die nächsten standen schon halb verschleiert im Kreise umher, und dahinter schloß sich wieder die weiße Wand des Nebels. Es war daher, als ob man in einen weiten Tempel getreten, dessen Säulen von Räucherwolken und Seidengeweben umhüllt und von dessen Decke grüne Kränze mit goldenen und rubinfarbigen Früchten herabhingen. Plötzlich sah ich Judith mir entgegen kommen, welche einen großen Korb mit Aepfeln gefüllt in beiden Händen vor sich her trug, daß von der kräftigen Last die Korbweiden leise knarrten. Das Einsammeln des Obstes war fast die einzige Arbeit, der sie sich mit Liebe und Eifer hingab. Sie | hatte ihr Kleid des nassen Grases wegen etwas aufgeschürzt und zeigte die schönsten Füße; ihr Haar war von Feuchte schwer und das Gesicht von der Herbstluft mit reinem Purpur geröthet. So kam sie gerade auf mich zu, auf ihren Korb blickend, sah mich plötzlich, stellte erst erbleichend den Korb zur Erde und eilte dann mit den Zeichen der herzlichsten und aufrichtigsten Freude auf mich zu, fiel mir um den Hals und drückte mir ein Dutzend voll und rein ausgeprägte Küsse auf die Lippen. Ich hatte Mühe, dies nicht zu erwiedern und rang mich endlich von ihrer Brust los.

„Sieh, sieh! Du gescheidtes Bürschchen!" sagte sie froh lachend, „Du bist heute gekommen und machst Dir gleich den Nebel zu Nutze, mich noch vor Nacht heimzusuchen; das hätte ich Dir nicht einmal zugetraut!" — „Nein," erwiederte ich zur Erde blickend, „ich bin gestern gekommen und wohne bei'm Schulmeister, weil Anna krank ist. Unter diesen Umständen kann ich jedenfalls nicht zu Dir kommen!" Judith schwieg eine Weile, die Arme über einander geschlagen und sah mich | klug und durchdringend an, daß mein Blick in die Höhe gezogen und auf den ihrigen gerichtet wurde.

„Das wäre allerdings noch gescheidter, als wie ich es meinte," sagte sie endlich, „wenn es Dir nur etwas helfen würde! Doch weil unser armes Schätzchen krank ist, so will ich billig sein und unsere Uebereinkunft abändern. Der Nebel wird sich wenigstens zwei Wochen lang täglich mehrere Stunden auf dieselbe Weise zeigen. Wenn Du jeden Tag während desselben zu mir kommst, so will ich

Dich für die Nacht Deiner Pflicht entbinden und Dir zugleich versprechen, Dich nie zu liebkosen und Dich selbst zurecht zu weisen, wenn du es thun wolltest; nur mußt Du mir jedes Mal auf ein und dieselbe Frage ein einziges Wörtchen antworten, ohne zu lügen!"
„Welche Frage?" sagte ich. „Das wirst Du schon sehen!" erwiederte sie; „komm', ich habe schöne Aepfel!"

Sie ging mir voran zu einem Baume, dessen Aeste und Blätter edler gebaut schienen, als die der übrigen, stieg auf einer Leiter einige Sprossen | hinan und brach einige schön geformte und gefärbte Aepfel. Einen derselben, der noch im feuchten Dufte glänzte, biß sie mit ihren weißen Zähnen entzwei, gab mir die abgebissene Hälfte und fing an die andere zu essen. Ich aß die meinige ebenfalls und rasch; sie war von der seltensten Frische und Gewürzigkeit, und ich konnte kaum erwarten, bis sie es mit dem zweiten Apfel ebenso machte. Als wir drei Früchte so gegessen, war mein Mund so süß erfrischt, daß ich mich zwingen mußte, Judith nicht zu küssen und die Süße von ihrem Munde noch dazu zu nehmen. Sie sah es, lachte und sprach: „Nun sage: bin ich Dir lieb?" Sie blickte mich dabei fest an, und ich konnte, obgleich ich jetzt lebhaft und bestimmt an Anna dachte, nicht anders und sagte Ja! Zufrieden sagte Judith: „Dies sollst Du mir jeden Tag sagen!"

Hierauf fing sie an zu plaudern und sagte: „Weißt Du eigentlich, wie es mit dem guten Kinde steht?" Als ich erwiederte, daß ich allerdings nicht klug daraus würde, fuhr sie fort: „Man sagt, daß das arme Mädchen seit einiger | Zeit merkwürdige Träume und Ahnungen habe, daß sie schon ein paar Dinge vorausgesagt, die wirklich eingetroffen, daß manchmal im Traume, wie im Wachen sie plötzlich eine Art Vorstellung und Ahnung von dem bekomme, was entfernte Personen, die ihr lieb sind, jetzt thun oder lassen oder wie sie sich befinden, daß sie jetzt ganz fromm sei und endlich auf der Brust leide! Ich glaube dergleichen Sachen nicht, aber krank ist sie gewiß, und ich wünsche ihr aufrichtig alles Gute, denn sie ist mir auch lieb um deinetwillen. — Aber Alle müssen leiden, was ihnen bestimmt ist!" setzte sie nachdenklich hinzu.

Während ich ungläubig den Kopf schüttelte, durchfuhr mich doch ein leichter Schauer, und ein seltsamer Schleier der Fremdartigkeit legte sich um Anna's Gestalt, welche meinem inneren Auge vorschwebte. Und fast in demselben Augenblicke war es mir auch, als ob sie mich jetzt sehen müsse, wie ich vertraulich bei der Judith stand; ich erschrak darüber und sah mich um. Der Nebel löste sich auf, schon sah man durch seine silbernen Flocken den blauen Himmel, einzelne Son|nenstrahlen fielen schimmernd auf die feuchten Zweige und beglänzten die Tropfen, welche von denselben fielen; schon sah man den blauen Schatten eines Mannes vorübergehen und endlich drang die Klarheit überall durch, umgab uns und warf, wie wir waren, unser Beider Schlagschatten auf den matt besonnten Grasboden.

Ich eilte davon und hörte in dem Hause meines Oheims die Bestätigung dessen, was mir Judith mitgetheilt; wohl aufgehoben in dem lebendigen Hause und beruhigt durch das vertrauliche Gespräch, lächelte ich wieder ungläubig und war froh, in meinen jungen Vettern Genossen zu finden, welche sich auch nicht viel aus dergleichen machten. Doch blieb immer eine gemischte Empfindung in mir zurück, da schon die Neigung zu solchen Erscheinungen, der Anspruch auf dieselben mir beinahe eine Anmaßung zu sein schien, die ich der guten Anna zwar keineswegs, aber doch einem mir fremden und nicht willkommenen Wesen zurechnen konnte, in welchem ich sie jetzt befangen sah. So trat ich ihr, als ich Abends zurückkehrte, mit einer gewissen Scheu entgegen, | welche jedoch durch ihre liebliche Gegenwart bald wieder zerstreut wurde, und als sie nun selbst, in Gegenwart ihres Vaters, leise anfing, von einem Traume zu sprechen, den sie vor einigen Tagen geträumt, und ich daher sah, daß sie Willens sei, mich in das vermeintliche Geheimniß zu ziehen, glaubte ich unverweilt an die Sache, ehrte sie und fand sie nur um so liebenswürdiger, je mehr ich vorhin daran gezweifelt.

Als ich mich allein befand, dachte ich mehr darüber nach und erinnerte mich, von solchen Berichten gelesen zu haben, wo, ohne etwas Wunderbares und Uebernatürliches anzunehmen, auf noch unerforschte Gebiete und Fähigkeiten der Natur selbst hingewiesen wurde, so wie ich überhaupt bei reiflicher Betrachtung noch manches verborgene Band und Gesetz möglich halten mußte, wenn ich meine größte Möglichkeit, den lieben Gott, nicht zu sehr bloßstellen und in eine öde Einsamkeit bannen wollte.

Ich lag im Bette, als mir diese Gedanken klar wurden und ich mit denselben der Unschuld | und Redlichkeit Anna's gedachte, als welche doch auch zu berücksichtigen wären; und nicht so bald befiel mich diese Vorstellung, so streckte ich mich anständig aus, kreuzte die Hände zierlich über der Brust und nahm so eine höchst gewählte und ideale Stellung ein, um mit Ehren zu bestehen, wenn Anna's Geisterauge mich etwa unbewußt erblicken sollte. Allein das Einschlafen brachte mich bald aus dieser ungewohnten Lage und ich fand mich am Morgen zu meinem Verdrusse in der behaglichsten und trivialsten Figur von der Welt.

Ich raffte mich hastig zusammen, und wie man des Morgens Gesicht und Hände wäscht, so wusch ich gewissermaßen Gesicht und Hände meiner Seele und nahm ein zusammengefaßtes und sorgfältiges Wesen an, suchte meine Gedanken zu beherrschen und in jedem Augenblicke klar und rein zu sein. So erschien ich vor Anna, wo mir ein solch' gereinigtes und festtägliches Dasein leicht wurde, indem in ihrer Gegenwart eigentlich kein anderes möglich war. Der Morgen nahm wieder seinen Verlauf wie gestern, der Ne|bel stand dicht vor den Fenstern und schien mich hinaus zu rufen. Wenn mich jetzt eine Unruhe befiel, Judith aufzusuchen, so war dies weniger eine maßlose Unbeständigkeit und Schwäche, als eine gutmüthige Dankbarkeit, die ich fühlte und die mich drängte, der reizenden Frau für ihre Neigung freundlich zu sein; denn nach der unvorbereiteten und unverstellten Freude, in welcher ich sie gestern überrascht, durfte ich mir nun wirklich einbilden, von ihr herzlich geliebt zu sein. Und ich glaubte ihr unbedenklich sagen zu können, daß sie mir lieb sei, indem ich sonderbarer Weise dadurch gar keinen Abbruch meiner Gefühle für Anna wahrnahm und es mir nicht bewußt war, daß ich mit dieser Versicherung fast nur das Verlangen aussprach, ihr recht heftig um den Hals zu fallen. Zudem betrachtete ich meinen Besuch als eine gute Gelegenheit, mich zu beherrschen und in der gefährlichsten Umgebung doch immer so zu sein, daß mich ein verrätherischer Traum zeigen durfte.

Unter solchen Sophismen machte ich mich auf, nicht ohne einen ängstlichen Blick auf Anna zu | werfen, an welcher ich aber keinen Schatten eines Zweifels wahrnahm. Draußen zögerte ich wieder, fand aber den Weg unbeirrt zu Judith's Garten. Sie selbst mußte ich erst eine Weile suchen, weil sie, mich gleich am Eingange sehend, sich verbarg, in den Nebelwolken hin und her schlüpfte und dadurch selbst irre wurde, so daß sie zuletzt still stand und mir leise rief, bis ich sie fand. Wir machten Beide unwillkürlich eine Bewegung, uns in den Arm zu fallen, hielten uns aber zurück und gaben uns nur die Hand. Sie sammelte immer noch Obst ein, aber nur die edleren Arten, welche an kleinen Bäumen wuchsen; das Uebrige verkaufte sie und ließ es von den Käufern selbst vom Baume nehmen. Ich half ihr einen Korb voll brechen und stieg auf einige Bäume, wo sie nicht hingelangen konnte. Aus Muthwillen stieg ich auch zu oberst auf einen hohen Apfelbaum, wo sie mich des Nebels wegen nicht mehr sehen konnte. Sie fragte mich unten, ob ich sie lieb hätte, und ich antwortete gleichsam aus den Wolken mein Ja. Da rief sie schmeichelnd: „Ach, das ist ein schönes Lied, das | hör' ich gern! Komm herunter, du junger Vogel, der so artig singt!"

So brachten wir alle Tage eine Stunde zu, eh' ich zu meinem

Oheim ging; wir sprachen dabei über dies und jenes, ich erzählte viel von Anna und sie mußte Alles anhören und that es mit großer Geduld, nur damit ich da bliebe. Denn während ich in Anna den besseren und geistigeren Theil meiner selbst liebte, suchte Judith wieder etwas Edleres in meiner Jugend, als ihr die Welt bisher geboten; und doch sah sie wohl, daß sie nur meine sinnliche Hälfte anlockte, und wenn sie auch ahnte, daß mein Herz mehr dabei war, als ich selbst wußte, so hütete sie sich wohl, es merken zu lassen und ließ mich ihre tägliche Frage in dem guten Glauben beantworten, daß es nicht so viel auf sich hätte.

Oft drang ich auch in sie, mir von ihrem Leben zu erzählen und warum sie so einsam sei. Sie that es und ich hörte ihr begierig zu. Ihren verstorbenen Mann hatte sie als junges Mädchen geheirathet, weil er schön und kraftvoll aussah. Aber es zeigte sich, daß er dumm, kleinlich und | klatschhaft war und ein lächerlicher Topfgucker, welche Eigenschaften sich alle hinter der schweigsamen Blödigkeit des Freiers versteckt hatten. Sie sagte unbefangen, sein Tod sei ein großes Glück gewesen. Nachher bewarben sich nur solche Männer um sie, welche ihr kleines Vermögen im Auge hatten und sich schnell anderswohin richteten, wenn sie ein paar hundert Gulden mehr verspürten. Sie sah, wie blühende, kluge und handliche Männer ganz windschiefe und blasse Weibchen heiratheten mit spitzigen Nasen und vielem Gelde, weswegen sie sich über alle lustig machte und sie schnöde behandelte. „Aber ich muß selbst Buße thun," fügte sie hinzu, „warum hab' ich einen schönen Esel genommen!"

Nach acht Tagen kehrte ich zur Stadt zurück und nahm meine Arbeit bei Römer wieder auf. Da es mit dem Zeichnen im Freien vorbei und auch nichts weiter zu copiren war, leitete mich Römer an, zu versuchen, ob ich aus dem Gewonnenen ein Ganzes und Selbständiges herstellen könne. Ich mußte unter meinen Studien ein Motiv suchen und selbiges zu einem kleinen Bilde | ausdehnen und abgränzen. „Da wir hier ohne alle Mittel sind," sagte er, „außer meiner eigenen Mappe, welche Sie mir diesen Winter hindurch in die Ihrige hinüberpinseln würden, wenn ich es zugäbe, so ist es am Besten, wir machen es so: Sie sind zwar noch zu jung dazu und werden noch ein oder zwei Mal mit neuen Erfahrungen von vorn anfangen müssen, ehe Sie etwas Dauerhaftes machen. Indessen wollen wir immerhin versuchen, ein Viereck so auszufüllen, daß Sie es im Nothfall verkaufen können!"

Mit der ersten Probe ging es ganz ordentlich; ebenso mit der zweiten und dritten. Die frische Lust, die Einfachheit des Gegenstandes und Römer's sichere Erfahrung ließen die Gründe sich wie von selbst aneinander fügen, das Licht wurde ohne Schwierigkeit vertheilt und jede Partie in Licht und Schatten vernünftig und klar ausgefüllt, so daß keine nichtssagenden und verworrenen Stellen übrig blieben. Großes Vergnügen gewährte es mir, wenn ich einen oder einige Gegenstände, zu denen die vorliegenden Studien im Licht gehalten waren, in Schatten setzen mußte | oder umgekehrt, wo dann durch eigenes Nachdenken und Berechnung ein Neues und doch einzig Nothwendiges bezweckt wurde, nach den Bedingungen der Localfarbe, der Tageszeit, des blauen oder bewölkten Himmels und der benachbarten Gegenstände, welche mehr oder weniger Licht und Farbe zurückwerfen mußten. Gelang es mir, den wahrscheinlichen Ton zu treffen, der unter ähnlichen Verhältnissen über der Natur selbst geschwebt hätte — was man gleich sah, indem ein wahrer Ton immer einen ganz eigenthümlichen Zauber übt — so beschlich mich ein pantheistisch stolzes Gefühl, in welchem mir meine Erfahrung und das Weben der Natur Eins zu sein schienen. Dazu war es höchst vergnüglich, in Gedanken um einen schönen, gemalten Baum herum zu gehen und seine andere Seite zu betrachten, um zu ermessen, wie viel Licht sie wohl auf einen benachbarten Baum werfen könne. Ich sah dann allerlei Geheimnisse um Aeste säuseln, die nicht auf dem Papiere waren, und guckte auf diesen Wanderungen auch nebenaus in verborgene Winkel und Gründe der Landschaft. Dies war be|sonders im Winter sehr angenehm, wenn die Schneeflocken vor dem Fenster tanzten.

Allein das Vergnügen wurde bald schwieriger, als umfang- und inhaltsreichere Sachen unternommen wurden, und, durch diese Thätigkeit hervorgerufen, trotz Göthe, Natur und gutem Lehrer, meine Erfindungslust wieder auftauchte und überwucherte. Das gewichtige Wort Componiren summte mir mit prahlerischem Klang in den Ohren und ich ließ, als ich nun förmliche Skizzen entwarf, die zur Ausführung bestimmt waren, meinem Hange den Zügel schießen. Ueberall suchte ich poetische Winkel und Plätzchen, geistreiche Beziehungen und Bedeutungen anzubringen, welche mit der erforderlichen Ruhe und Einfachheit in Widerspruch geriethen. Römer ließ mich eine solche Skizze unbeschnitten ausführen und das Bild nach allen Erfahrungen des Naturstudiums und der Technik fertig machen, und als das Machwerk mir selbst nicht behagen wollte, ohne daß ich wußte warum, zeigte er mir triumphirend, daß die technischen Mittel und die Naturwahrheiten im Einzelnen der anspruchsvollen | und gesuchten Composition wegen keine Wirkung thun, zu keiner Gesammtwahrheit werden könnten und um meine hervorstechende Zeichnung hingen, wie bunte Flitter um ein Gerippe, ja daß sogar im Einzelnen keine frische Wahrheit möglich sei, auch bei dem besten Willen nicht, weil vor der überwiegenden Erfindung, vor dem anmaßenden Spiritualismus (wie er sich ausdrückte) die Naturfrische sich sogleich sozusagen aus der Pinselspitze in den Pinselstiel spröde zurückziehe.

„Es giebt allerdings," sagte Römer, „eine Richtung, deren Hauptgewicht auf der Erfindung, auf Kosten der unmittelbaren Wahrheit, beruht. Solche Bilder sehen aber eher wie geschriebene Gedichte, als wie wirkliche Bilder aus, wie es ja auch Gedichte giebt, welche mehr den Eindruck einer Malerei machen möchten, als eines geistig tönenden Wortes. Wenn Sie in Rom wären und die Arbeiten des alten Koch oder Reinhard's sähen, so würden Sie, Ihrer deutlichen Neigung nach, sich entzückt den alten Käuzen anschließen; es ist aber gut, daß Sie nicht dort sind, denn dies ist eine gefährliche Sache für einen jungen | Künstler. Es gehört dazu eine durchaus gediegene fast wissenschaftliche Bildung, eine strenge, sichere und feine Zeichnung, welche noch mehr auf dem Studium der menschlichen Gestalt, als auf demjenigen der Bäume und Sträucher beruht, mit einem Wort: ein großer Styl, welcher nur in dem Werthe einer ganzen reichen Erfahrung bestehen kann, um den Glanz gemeiner Naturwahrheit vergessen zu lassen; und mit allem Diesem ist man erst zu einer ewigen Sonderlingsstellung und Armuth verdammt, und das mit Recht, denn die ganze Art ist unberechtigt und thöricht!"

Ich fügte mich diesen Reden aber nicht, weil ich ihm schon abgemerkt hatte, daß das Erfinden und ein tieferer Gehalt nicht seine Stärke waren; denn schon mehr als ein Mal hatte er, meine Anordnungen corrigirend, Lieblingsstellen in Bergzügen oder Waldgründen, die ich recht bedeutsam glaubte, gar nicht einmal gesehen, indem er sie mit dem markigen Bleistifte schonungslos überschraffirte und zu einem kräftigen aber nichtssagenden Grunde ausglich. Wenn sie auch störten, | so hätte er meiner Meinung nach wenigstens sie bemerken, mich verstehen und etwas darüber sagen müssen.

Ich wagte daher zu widersprechen, schob die Schuld auf die Wasserfarben, in welchen keine Kraft und Freiheit möglich sei, und sprach meine Sehnsucht aus nach guter Leinwand und Oelfarben, wo Alles schon von selbst eine respectable Gestalt und Haltung gewinnen würde. Hiemit griff ich aber meinen Lehrer in seiner Existenz an, indem er glaubte und behauptete, daß die ganze und volle Künstlerschaft sich hinlänglich und vorzüglich nur durch etwas weißes Papier und einige englische Farbentäfelchen bethätigen und zeigen könne. Er hatte seine Bahn abgeschlossen und gedachte nichts Anderes mehr zu leisten, als er schon that; daher beleidigte ihn, wie ich nun zu erkennen gab, daß ich das durch ihn Gelernte nur als eine Staffel betrachte und bereits mich darüber hinweg zu etwas Höherem berufen fühle. Er wurde um so empfindlicher, als ich einen lebhaften und wiederholten Streit über diesen Gegenstand hartnäckig aushielt, von meinen Hoff|nungen nicht abließ und seine Aussprüche, wenn sie in's Allgemeine gingen, nicht mehr unbedingt annahm, vielmehr ungescheut bestritt. Hieran war hauptsächlich der Umstand schuld, daß seine sonstigen Gespräche und Mittheilungen einerseits immer deutlicher, andererseits aber immer sonderbarer und auffallender geworden und meine Achtung vor seiner Urtheilskraft geschwächt hatten. Manches fiel zusammen mit den dunklen Gerüchten, die über ihn ergingen, so daß ich eine Zeitlang in der peinlichsten Spannung mich befand, aus einem geehrten und zuverlässigen Lehrer die seltsamste und räthselhafteste Gestalt sich herausschälen zu sehen.

Schon seit einiger Zeit wurden seine Aeußerungen über Menschen und Verhältnisse immer härter und zugleich bestimmter, indem sie sich ausschließlicher auf politische Dinge bezogen. Er ging alle Abende in den Lesezirkel unserer Stadt, las dort die französischen und englischen Blätter und pflegte sich Vieles zu notiren, sowie er auch in seiner Wohnung allerlei geheimnißvolle Papierschnitzel handhabe und sich oft über wichtigem | Schreiben betreffen ließ. Vorzüglich machte er sich oft mit dem Journal des Débats zu schaffen. Unsere Regierung nannte er einen Trupp ungeschickter Krähwinkler, den großen Rath aber ein verächtliches Gesindel und unsere heimischen Zustände im Ganzen dummes Zeug. Darüber ward ich stutzig und hielt mit meinen Zustimmungen zurück oder vertheidigte unsere Verhältnisse und hielt ihn für einen malcontanten Menschen, welchen der lange Aufenthalt in fremden großen Städten mit Verachtung der engen Heimath gefüllt habe. Er sprach oft von Louis Philipp und tadelte dessen Maßregeln und Schritte, wie Einer, der eine geheime Vorschrift nicht pünktlich befolgt sieht. Einst kam er ganz unwirsch nach Hause und beklagte sich über eine Rede, welche der Minister Thiers gehalten. „Mit diesem vertracten kleinen Burschen ist Nichts anzufangen!" rief er, indem er ein Zeitungsexcerpt zerknitterte, „ich hätte ihm diese eigenmächtige Naseweisheit gar nicht angesehen! Ich glaubte in ihm den gelehrigsten meiner Schüler zu haben." — „Zeichnet denn der Herr Thiers auch Landschaften?" | fragte ich und Römer erwiederte, indem er sich bedeutungsvoll die Hände rieb: „Das eben nicht! lassen wir das!"

Doch bald darauf deutete er mir an, daß alle Fäden der europäischen Politik in seiner Hand zusammenliefen und daß ein Tag, eine Stunde des Nachlasses in seiner angestrengten Geistesarbeit, die seinen Körper aufzureiben drohe, sich alsobald durch eine allgemeine Verwirrung der öffentlichen Angelegenheiten bemerklich mache, daß eine confuse und ängstliche Nummer des Journal des Débats jedesmal bedeute, daß Er unpäßlich oder abgespannt und sein Rath ausgeblieben sei. Ich sah meinen Lehrer ernsthaft an, er machte ein unbefangenes und ernsthaftes Gesicht, die gebogene Nase stand wie immer mitten darin, darunter der wohlgepflegte Schnurbart und über die Augen flog auch nicht das leiseste ungewisse Zucken.

Mein Erstaunen gewann nicht Zeit, sich aufzuhellen, indem ich ferner erfuhr, daß Römer, während er der verborgene Mittelpunkt aller Weltregierung, zugleich das Opfer unerhörter | Tyranneien und Mißhandlungen war. Er, der vor Aller Augen auf dem mächtigsten Throne Europas hätte sitzen sollen von mehr als Eines Rechtes wegen, wurde durch einen geheimnißvollen Zwang gleich einem gebannten Dämon in Verborgenheit und Armuth gehalten, daß er kein Glied ohne den Willen seiner Tyrannen rühren konnte, während sie ihm täglich gerade so viel von seinem Genius abzapften, als sie zu ihrer kleinlichen Weltbesorgung gebrauchten. Freilich, wäre er zu seinem Recht und zu seiner Freiheit gekommen, so würde im selben Augenblicke die Mäusewirthschaft aufgehört haben und ein freies, lichtes und glückliches Zeitalter angebrochen sein. Allein die winzigen Dosen seines Geistes, welche nun so tropfenweise verwandt würden, sammelten sich doch allmälig zu einem allmächtigen Meere, indem es ihre Art sei, daß keine davon wieder vergehen oder aufgehoben werden könne, und in jenem allbezwingenden Meere werde sein Wesen zu seinem Rechte kommen und die Welt erlösen, daher er gerne seine körperliche Person wolle verschmachten lassen. |

„Hören Sie diesen verfluchten Hahn krähen?" rief er, „dies ist nur ein Mittel von Tausenden, die sie zu meiner Qual anwenden; sie wissen, daß der Hahnenschrei mein ganzes Nervensystem erschüttert und mich zu jedem Nachdenken untauglich macht; deshalb hält man überall Hähne in meiner Nähe und läßt sie spielen, sobald man die verlangten Depeschen von mir hat, damit das Räderwerk meines Geistes für den übrigen Tag still stehe! Glauben Sie wohl, daß dies Haus hier ganz mit verborgenen Röhren durchzogen ist, daß man jedes Wort hört, das wir sprechen, und Alles sieht, was wir thun?"

Ich sah mich im Zimmer um und versuchte einige Einwendungen zu machen, welche jedoch durch seine bestimmten, geheimnißvollen und wichtigen Blicke und Worte unterdrückt wurden. So lange ich mit ihm sprach, befand ich mich in der wunderlichen Stimmung, in welcher ein Knabe halbgläubig das Mährchen eines Erwachsenen anhört, welcher ihm lieb ist und seiner Achtung genießt; war ich aber allein, so mußte ich mir gestehen, daß ich das Beste, was ich bisher | gelernt, aus der Hand des Wahnsinns empfangen habe. Dieser Gedanke empörte mich und ich begriff nicht, wie Jemand wahnsinnig sein könne. Eine gewisse Unbarmherzigkeit erfüllte mich, ich nahm mir vor, mit Einem klaren Worte die ganze unsinnige Wolke gewiß zerstreuen zu wollen; stand ich aber dem

Wahnsinne gegenüber, so mußte ich seine Stärke und Undurchdringlichkeit sogleich fühlen und froh sein, wenn ich Worte fand, welche, auf die verirrten Gedanken eingehend, dem Leidenden durch Mittheilung einige Erleichterung gewähren konnten. Denn daß er wirklich unglücklich und leidend war und alle eingebildeten Qualen wirklich fühlte, konnte ich nicht verkennen. Unter seinen Einbildungen war eine einzige, welche ihm ein Ersatz für den übrigen Schaden zu sein schien und zugleich so komisch, daß sie mich zum Gelächter reizte. Er lebte nämlich der Ueberzeugung, daß er bei allen hohen diplomatischen Verheirathungen eine Art Recht der ersten Nacht genösse, theils um einer jeden europäischen Verbindung durch seine persönliche Einwirkung die rechte Weihe zu geben, theils | um ihn durch solche Annehmlichkeit einzuschläfern und ihn abzuhalten, eine eigene hohe Heirath einzugehen, um seine Selbständigkeit zu verhindern, da, wie er behauptete, durch die feste Verbindung des Mannes mit dem Weibe, jener erst seine volle Freiheit und Bedeutung erhielte. Wenn daher in den Zeitungen eine wichtige politische Heirath gemeldet wurde, so machte er sich für eine kurze Zeit unsichtbar und überließ sich nachher noch lange einer geheimnißvollen süßen Träumerei, deren Schleier er mich nur mit verhüllten Worten durchblicken ließ. Ich mußte mir alsdann die Möglichkeit vorzustellen suchen, wie er an einem Tage an das entfernteste Ende Europas und wieder zurückgelangen konnte.

Jedoch fiel aus dem Unsinne manch vernünftiges Gespräch, und die Erörterungen über sein Unglück und die dasselbe veranlassenden Menschen waren oft lehrreich. Einst sagte er: „Ich kann mich ganz genau des Wendepunktes entsinnen, wo mein Geschick sich verfinsterte. Ich war in Rom und lag auf diesem alten Weltplatze meinen tiefen Studien ob. Nebenbei betrieb ich die | Landschaftmalerei, theils um durch sie nach und nach das Terrain von ganz Europa auf die genaueste Weise kennen zu lernen, theils um, wie ich selbst für nöthig fand, das Geheimniß meiner Person zu verhüllen. Die diplomatische Welt hatte diese Maske acceptirt und nahm mich unter derselben bei sich auf. Wenn von meinen Arbeiten gesprochen wurde, so war dies nur eine symbolische Blumensprache, die jeder Eingeweihte verstand. Ich glaubte mich auf dem besten Wege, zu meiner offenen und freien Thatkraft zu gelangen, als ich einen hochgestellten Mann unversehens gegen mich einnahm; es war der ...'sche Gesandte, welcher zum Zeitvertreibe Kunstnotizen in ein auswärtiges weitverbreitetes Blatt schrieb und in einer solchen auch meiner erwähnte, dessen geniale Aquarellen in römischen Kreisen ein günstiges Aufsehen für den „bescheidenen" jungen Mann erregten. Er legte ein Hauptgewicht auf meine vermeintliche Bescheidenheit, obgleich der Esel gar nicht wissen konnte, ob ich bescheiden oder nicht bescheiden sei. Die Besprechung meiner Arbeiten war insofern nicht | übel, als man in Paris, London und Petersburg leidlich verstehen konnte, was darunter gemeint sei; die ausführliche Beschreibung meiner Bescheidenheit hingegen war die erste Sonde, die man an mich legte, um zu erfahren, ob ich das volle Gefühl meiner Größe in mir trage. Ich ging richtig in die Falle und warf dem unbescheidenen Geschäftsmacher seine Anmaßung vor, indem ich ihm erklärte, ich sei gar nicht bescheiden und er habe kein Recht, dies von mir zu sagen. Von diesem Tage an desavouirte mich die große Welt öffentlich und fesselte mich an mein unglückseliges Joch; denn sie fühlte wohl, daß das Bewußtsein meiner Größe sie bald auseinander blasen würde. Ich rathe Ihnen wohlmeinend, junger Mann! wenn einst ein einfältiger Gönner von Ihnen sagen sollte, Sie seien ein bescheidener Mensch, so widersprechen Sie nicht, sonst sind Sie verloren!"

Ich verschwieg Römer's Irrsinn lange gegen Jedermann und selbst gegen meine Mutter, weil ich meine eigene Ehre dabei betheiligt glaubte, wenn ein so trefflicher Lehrer und Künstler als | toll erschien, und weil es mir widerstrebte, den schlimmen Gerüchten, die über ihn im Umlauf waren, entgegen zu kommen. Es war mir auch aufgefallen, daß Römer ganz vereinsamt lebte und trotzdem, daß er mehrere Herren aus angesehenen Häusern kannte, die sich zu gleicher Zeit mit ihm in jenen großen Städten aufgehalten, doch von denselben gemieden wurde. Daher wollte ich seine Lage nicht noch verschlimmern. Doch verlockte mich einst ein unwilliges republikanisches Gefühl zum Plaudern. Nachdem er nämlich öfter bedeutungsvoll bald von den Bourbonen, bald von den Napoleoniden, bald von den Habsburgern gesprochen, ereignete es sich einst, daß die Königin-Mutter aus Neapel, eine alte Frau mit vielen Dienern und Schachteln, einige Tage sich in unserer Stadt aufhielt. Sogleich gerieth Römer in eine große Aufregung, lenkte auf Spaziergängen unsern Weg an dem Gasthofe vorbei, wo sie logirte, ging in das Haus, als ob er mit der Dame, die er als sehr intrigant beschäftigt und seinetwegen hergekommen schilderte, wichtige Unterredungen hätte, und ließ mich lange | unten warten. Doch bemerkte ich, daß er sich nur an dem geheimsten und zugleich zugänglichsten Ort des Hauses aufhielt, welches ein unangenehmer Duft verrieth, den er an die frische Luft mit sich brachte. Diese Narrenspossen, von einem Manne mit so edlem und ernstem Aeußern, empörten mich um so mehr, da sie mit einer lächerlichen Listigkeit betrieben wurden. Ein ander Mal, nach dem Straßburger Attentat, als Frankreich die Auslieferung des Urhebers Louis Napoleon verlangte, mit Gewalt drohte und deshalb zum Schutze des Asylrechtes oder vielmehr des Bürgerrechtes eine große Aufregung herrschte und sogar schon Truppen aufgeboten wurden, stellte er sich, als ob Thiers nur nach seinen, des Schweizers, Vorschriften handelte und das Ganze nur ein berechneter Zug in seinem großen Schachspiele wäre. Dazumal hielt sich der besagte Prinz zwei Tage in der Stadt auf, um seine Angelegenheit auch in unserm Canton zu empfehlen; denn er hatte sich noch nicht entschlossen, freiwillig das Land zu verlassen. Wir trafen ihn auf der Straße als einen jungen | bleichen Mann mit einer großen Nase, der in Begleitung eines älteren Mannes ging, welcher ein rothes Bändchen im Knopfloch trug. Die Leute blickten ihm ernsthaft nach, besonders die Frauen sahen gar bedenklich darein, da ihre Männer und Söhne schon in Waffen umhergingen und bereits Stunden lang im Regen standen, um zum Abmarsche Pulver und Blei, Aexte, Kessel u. d. gl. zu fassen. Nur Römer fühlte von Allem Nichts und grüßte im Vorübergehen den Fremdling vertraulich lächelnd wie ein ebenbürtiger Vornehmer, wobei ich zugleich bemerkte, daß er vor Aufregung zitterte, einem Napoleoniden so nahe zu sein.

Wenn ich den Wahnsinn verzeihen und tragen mußte, so konnte ich hier die innere Ursache nicht verzeihen, welche demselben zu Grunde zu liegen und nichts Anderes zu sein schien, als jene unerträgliche Sucht eitler Menschen, von der wesentlichen und inhaltvollen Einfachheit der Heimath abzufallen und dem lächerlichen Schatten ausländisch-diplomatischer Klug- und Feinthuerei nachzutrachten. Die aufbrausende Jugend war | dazumal so schon erzürnt über einige gereiste Gelbschnäbel, welche sich eine Zeit lang darin gefielen, in dem läppischen Style müßiger Gesandtschaftsbedienter Berichte über unsere Heimath in fremde Blätter zu senden und sich dabei das Ansehen zu geben, als ob sie durch ihre Diplomatie dem Lande oder ihrer Partei Wunder was genützt hätten. Als Römer sich ein Stückchen rothes Band an einem Frack befestigte und diesen wie von ungefähr auf einen Stuhl legte, schien er mir die zusammengezogene Erscheinung jenes verwerflichen Unsinnes zu sein, und ich ging mit großem Zorne weg und beklagte mich zu Hause über den Unglücklichen. Es waren gerade Leute da, welche mehr von ihm wußten, und ich erfuhr, daß es längst von ihm bekannt sei, daß er sich bald für einen Sohn Napoleon's, bald für den Sprößling dieser oder jener älteren Dynastie halte. Von seinen einzelnen und ausführlichen Narrheiten wußten nur wenig Leute, hingegen hielt man jene fixe Idee für eine absichtliche Verstellung,

um mittelst derselben sich ungehörige Vortheile zu verschaffen, Andere um's Geld zu | bringen und ein müßiges, abenteuerliches Leben zu führen, da er nicht gern arbeite und vom Hochmuthe besessen sei, und man schrieb ihm demzufolge einen gefährlichen
05 Charakter zu. Diese Beurtheilung war im höchsten Grade oberflächlich und ungerecht, und ich habe mit Mühe nach und nach folgenden Sachverhalt herausbringen können.

Er war auf dem Lande geboren und als ein kleiner Junge nach der Stadt zu Habersaat gebracht worden, da er große Nei-
10 gung verrieth, etwas Anderes zu werden, als ein Ackerbauer. Es war in der Restaurationszeit, wo arme Bauernkinder, wenn sie etwas lernen wollten, nur die Wahl hatten zwischen einem Handwerk und einem Plätzchen in einem städtischen Gewerbe. Es war ein Glück für sie, wenn sie als Laufbürschchen in Handelshäusern,
15 Fabriken oder Kanzleien ein Fleckchen fanden, auf dem sie Fuß fassen und, wenn etwas an ihnen war, sich aufarbeiten konnten. Da Habersaat's Anstalt auch eine Unterkunft dieser Art war, obgleich eine schlimme, so gerieth Römer ganz zufällig dahin, ohne viel zu wissen, was man aus ihm machen | würde. Er war fleißig und hielt
20 seine Zeit aus, nach welcher ihn ein französischer Kunsthändler, welcher durchreiste, um ein Werk schweizerischer Prospecte vorzubereiten, nebst einigen anderen jungen Leuten mit nach Paris nahm, indem der Mann dort die Habersaat'sche Art, welche er sehr praktisch fand, anwenden wollte. Römer hielt sich tapfer; nach
25 wenigen Jahren hatte er eine artige Summe erspart, mit welcher er nach Rom ging, entschlossen, etwas Rechtes zu werden. Indem er sich umsah, ergriff er alsobald die englische Art, in Aquarell zu malen, hielt sich aber dabei gründlich an die Natur und verbesserte das Mittel durch einen reineren Zweck, so daß seine Arbeiten
30 einiges Aufsehen erregten und er unter dem Zusammenfluß von Künstlern aller Nationen bald seine eigenthümliche Stellung einnahm. Indessen suchte er sich auch sonst auszubilden und stellte

sich endlich als ein feiner und unterrichteter Mann in jeder Weise dar. Seine geistreichen und zugleich eleganten Zeichnungen kamen besonders dem Bedürfniß der vornehmen Welt entgegen; einer römischen Prinzessin gefielen sie so | sehr, daß er berufen wurde, ihr in seiner Technik Unterricht zu geben, und täglich in den Palast ihres Gemahles gehen mußte. Dies verdrehte ihm den Kopf oder lenkte ihn vielmehr auf den Weg, dessen Anfang von je in ihm war; er machte irgend eine Dummheit, auch mochte der Vorfall mit der Bescheidenheit, den er auf seine Weise mir erzählt, dazukommen: sein Glück verließ ihn plötzlich, er wurde vermieden und ging nach Paris zurück. Dort gelang es ihm durch den Kunsthändler, auf günstige Weise bekannt zu werden; er mußte eines Tages in die Tuilerien gehen, seine Mappen vorlegen und sah sich in einen allerliebsten kleinen Salon versetzt, in welchem die blühenden Kinder des Königs, Mädchen und Söhne, scherzend und lachend um seine Arbeiten sich drängten und Blätter für ihre Albums auswählten. Diese Auszeichnung wurde in den Pariser Journalen gemeldet und er las seinen Namen im Journal des Débats, aber zum ersten und letzten Male, obgleich er seither keinen Tag ruhig schlafen konnte, wenn er dies Blatt nicht gelesen. |

Von nun an nahm der Irrsinn vollständig Platz in ihm, er behandelte seinen Beruf als Nebensache und trachtete mehr danach, seinen eingebildeten Rechten Geltung zu verschaffen. Zum zweiten Mal von der vornehmen Welt zurückgewiesen, mußte er in einen nachtheiligen Verkehr mit Händlern treten, um nur dann und wann ein Blatt zu verkaufen. Von wohlhabenden Landsleuten, die sich zum Vergnügen in Paris aufhielten und den Umgang des Künstlers gesucht hatten, lieh er Geld, wenn er in Noth war, und da er dieses mit ernsthaften und anständigen Manieren that, das Geliehene aber nicht zurückgab, vielmehr von großen und wichtigen Dingen sprach, während er doch sonst ein kluger und einsichtiger Mann schien, so hielt man ihn bald für einen durchtriebenen und gefährlichen Schelm, der nur darauf ausgehe, Andere auf tükkische Weise um das Ihrige zu bringen. Daß er in der festen Ueberzeugung lebte, jeden Tag sein großes Schicksal aufgehen zu sehen, wo er als ein König dieser Welt alles Empfangene hundertfach vergelten könne, wurde ihm nicht angerech|net; vielmehr verzieh man ihm nicht, wenn er einmal verrückt sei, daß er doch mit so viel schlauem Anstand und wahrer Menschenkenntniß seine wohlhabenden Bekannten wiederholt habe anführen können. Er fühlte dies recht gut mit seiner vernünftigeren Hälfte, welche durch die Noth immer zur Noth wach gehalten wurde; denn während unserer seltsamen Gespräche über die Erfahrungen sagte er mir einst: „Wenn Sie einst in Verlegenheit gerathen und Geld leihen müssen, so thun Sie dies ja nicht auf eine anständige und geschickte Weise, wie es ernsten Leuten geziemt, wenn Sie nicht ganz sicher sind, es auf den bestimmten Tag zurückzugeben, sonst wird man Sie für einen abgefeimten Betrüger halten! vielmehr thun Sie es ohne alle Scham und auf liederliche, närrische Weise, damit die Leute sagen können: Es ist ein Lump, aber ein guter Teufel, man muß ihm helfen!"

Ueberhaupt erschien er sonst in allen Dingen als ein gewandter und verständiger Mann und wußte seinen Irrsinn lange zu verbergen. Auch hatte er nach Art der Irren doch immer ein | böses Gewissen, welches ihn trachten ließ, die Leute über ihn im Unklaren zu halten, um nicht gewaltsam in seinen Gedankengängen gestört zu werden, und jene List, welche sich manchmal vernünftig stellt, um einen freieren Spielraum zum Unsinne zu gewinnen. In einem solchen Gefühle war er endlich in seine Heimath zurückgekehrt, um sich da auszuruhen und durch fleißige Arbeit und ein vernünftiges Leben zu Kräften und zu einem festeren Standpunkte zu gelangen, von dem aus er seinen Stern erwarten könnte. Allein er fand durch die Familien von einem oder zweien jener Muttersöhnchen, denen er mäßige Summen schuldete, die Stimmung so gegen sich eingenommen, daß er überall abgestoßen und mit Verdacht umgeben ward. Er schrieb dies Mißgeschick den Kabalen der europäischen Kabinette zu, hielt sich ganz still, um diese zu täuschen und einzuschläfern, und machte dabei die schönsten Zeichnungen. Diese sandte er aber nicht an namhafte Plätze, weil er der Meinung war, seine Feinde würden den Verkauf verhindern, sondern an entlegene Orte, von wo sie immer unverkauft | zurückkamen. Ich glaube, daß Römer während der Zeit seines Aufenthaltes keine anderen Mittel hatte, als das wenige Geld, was er von mir empfangen. Es stellte sich erst nachher heraus, daß er nie etwas Warmes genossen, sondern sich heimlich mit Brot und Käse ernährte, und seine größte Ausgabe bestand in der Unterhaltung seiner feinen Wäsche und der Handschuhe. Zu seinen Kleidern wußte er so Sorge zu tragen, daß sie bei seiner Abreise noch eben so gut aussahen, wie bei der Ankunft, obschon er immer dieselben trug.

Nachdem ich vier Monate unter seiner Leitung zugebracht, wollte ich mich zurückziehen, indem ich die bezahlte Summe nun als ausgeglichen betrachtete. Doch er wiederholte seine Aeußerung, daß es hiemit nicht so genau zu nehmen und die Studien deshalb nicht abzubrechen wären; es sei ihm im Gegentheil ein angenehmes Bedürfniß, unsern Verkehr fortzusetzen. So arbeitete ich zwar nicht mehr anhaltend in seiner Wohnung, besuchte ihn aber jeden Tag, empfing | seinen Rath und richtete mich manchmal auch vorübergehend bei ihm ein. Weitere vier Monate vergingen so, während welcher er, durch die Noth gezwungen, aber leicht hin und beiläufig mich anfragte, ob meine Mutter ihm mit einem kleinen Darlehen auf kurze Zeit aushelfen könne? Er bezeichnete ungefähr eine gleiche Summe, wie die schon empfangene, und ich brachte ihm dieselbe noch am gleichen Tage. Im Frühjahr endlich gelang es ihm, aber erst in Folge eines mühseligen Briefwechsels, wieder einmal eine Arbeit zu verkaufen, wodurch er zum ersten Mal seit langer Zeit eine Summe in die Hände bekam. Mit dieser beschloß er, wieder nach Paris zu gehen, da ihm hier kein Heil blühen wollte und ihn sonst auch der Wahn forttrieb, durch Ortsveränderung ein besseres Loos erzwingen zu können. Denn trotz allem scharfsinnigen Instincte, den ein Irrsinniger und Unglücklicher hat, ahnte er von ferne nicht, daß sein wirkliches Geschick viel schlimmer, als sein eingebildetes Leiden, und daß die Welt übereingekommen war, seine armen schönen Zeichnungen und Bilder entgelten zu lassen, | was man von seiner vermeintlichen Schlechtigkeit hielt.

Ich fand ihn, wie er seine Sachen zusammenpackte und einige Rechnungen bezahlte. Er kündigte mir seine Abreise an, die am andern Tage erfolgen sollte, und verabschiedete sich zugleich freundlich von mir, noch einige geheimnißvolle Andeutungen über den Zweck der Reise beifügend. Als ich meiner Mutter die Nachricht mittheilte, fragte sie sogleich, ob er denn nichts von dem geliehenen Gelde gesagt habe?

Ich hatte bei Römer einen entschiedenen Fortschritt gemacht, mein ganzes Können abgerundet und meinen Blick erweitert, und es war gar nicht zu berechnen und schon nicht mehr zu denken, wie es ohne dies Alles mit mir hätte gehen sollen. Deswegen hätten wir das Geld füglich als eine wohlangewandte Entschädigung ansehen müssen, und dies um so mehr, als Römer mir die letzte Zeit nach wie vor seinen Rath gegeben hatte. Allein wir glaubten nur einen Beweis von der Richtigkeit jener Gerüchte zu sehen und wußten auch dazumal noch nicht, wie kümmerlich er lebte; wir dachten | ihn im Besitze guter Mittel, denn er hatte seine Armuth sorgfältig verborgen. Meine Mutter bestand darauf, daß er das Geliehene zurückgeben müsse, und war zornig, daß Jemand von dem zum Besten ihres Söhnleins bestimmten kleinen Geldvorrathe sich ohne Weiteres einen Theil aneignen wolle. Was ich gelernt, zog sie nicht in Betracht, weil sie es für die Schuldigkeit aller Welt hielt, mir mitzutheilen, was man irgend Gutes wußte.

Ich dagegen, theils weil ich zuletzt auch gegen Römer eingenommen war und ihn für eine Art Schwindler hielt, theils weil ich meine Mutter zur Herausgabe der Summe beredet, und endlich aus Unverstand und Verblendung, hatte nichts einzuwenden und war vielmehr fast schadenfroh, Römer etwas Feindliches anzuthun. Als daher die Mutter ein Billet an ihn schrieb und ich einsah, daß er, wenn er entschlossen war, das Geld zu behalten, die Mahnung einer in seinen Augen gewöhnlichen Frau nicht beachten werde, cassirte ich das Schreiben meiner Mutter, welche ohnedies verlegen war, an einen so ansehnlichen und | fremdartigen Mann zu schreiben, und entwarf ein anderes, welches, ich muß es zu meiner Schande gestehen, höchst zweckmäßig eingerichtet war. In höflicher und geistreicher Sprache berechnete ich halb seine fixen Ideen, halb seinen Stolz und sein Ehrgefühl (dieses dachte ich durch jene zu zwingen) und indem das bescheidene Billet erst zu einer Bitterkeit wurde, wenn es unberücksichtigt blieb, war es, wenn Römer alles das verlachen sollte, schließlich so beschaffen, daß er doch nicht lachen, sondern sich durchschaut sehen konnte. So viel brauchte es indessen gar nicht; denn als wir das Machwerk hinschickten, kehrte der Bote augenblicklich mit dem Gelde zurück. Ich war etwas beschämt; doch sprachen wir jetzt alles Gute von ihm, er sei doch nicht so übel u. s. f., nur weil er uns das elende Häufchen Silber herausgegeben.

Ich glaube, wenn Römer sich eingebildet hätte, ein Nilpferd oder ein Speiseschrank zu sein, so wäre ich nicht so unbarmherzig und undankbar gegen ihn gewesen; da er aber ein großer Prophet sein wollte, so fühlte sich meine eigene Eitelkeit | dadurch verletzt und waffnete sich mit den äußerlichen scheinbaren Gründen.

Nach einem Monate erhielt ich von Römer folgenden Brief aus Paris:

„Mein werther junger Freund!

Ich bin Ihnen eine Nachricht über mein Befinden schuldig, da ich gern annehme, mich Ihrer ferneren Theilnahme und Freundschaft erfreuen zu dürfen. Bin ich Ihnen doch meine endliche Befreiung und Herrschaft schuldig. Durch Ihre Vermittlung, indem Sie das Geld von mir zurückverlangten (welches ich nicht vergessen hatte, aber Ihnen in einem freieren Augenblicke zurückgeben wollte), bin ich endlich in den Palast meiner Väter eingezogen und meiner wahren Bestimmung anheimgegeben! Aber es kostete Mühseligkeit. Ich gedachte jene Summe zu meinem ersten Aufenthalte hier zu verwenden; da Sie aber selbige zurückverlangten, so blieb mir nach Abzug der Reisekosten noch 1 Franc übrig, mit welchem ich von der Post ging. Es regnete sehr stark und ver|wandte ich daher den besagten Franc dazu, nach dem Mont piété zu fahren und dorten meinen Koffer zu versetzen. Bald darauf sah ich mich genöthigt, meine Sammlungen einem Trödler für ein Trinkgeld zu verkaufen und erst jetzt, als ich endlich von aller angenommenen Künstlermaske und allem Kunstapparate glücklich befreit und hungernd in den Straßen umherlief, ohne Obdach, ohne Kleider, doch jubelnd über meine Freiheit, da fanden mich treue Diener meines erlauchten Hauses und führten mich im Triumph heim! Aber noch beobachtet man mich zuweilen und ich benutze eine günstige Gelegenheit, dies Zeichen zu senden. Sie sind mir werth geworden und ich habe etwas Gutes mit Ihnen vor! Inzwischen nehmen Sie meinen Dank für die günstige Wendung, die Sie herbeigeführt! Möge alles Elend der Erde in Ihr Herz fahren, jugendlicher Held! Mögen Hunger, Verdacht und Mißtrauen Sie liebkosen und die schlimme Erfahrung Ihr Tisch- und Bettgenosse sein! Als aufmerksame Pagen sende ich Ihnen meine ewigen Verwün|schungen, mit denen ich mich bis auf Weiteres Ihnen treulichst empfehle!

Ihr wohlgewogener Freund.

Dies nur in Eile, ich bin zu sehr beschäftigt!"

Erst vor einem Jahre erfuhr ich, daß Römer in einem französischen Irrenhause verschollen sei. Wie es dazu kam, wird in obigem Briefe ziemlich klar. Meine Mutter, welcher ich Alles verhehlte, konnte keine Schuld treffen, als diejenige aller Frauen, welche aus Sorge für ihre Angehörigen engherzig und rücksichtslos gegen alle Welt werden. Ich hingegen, der ich gerade zu dieser Zeit mich gut und strebsam glaubte, sah nun ein, welche Teufelei ich begangen hatte. Ich log, verläumdete, betrog oder stahl nicht, wie ich es als Kind gethan, aber ich war undankbar, ungerecht und hartherzig unter dem Scheine des äußeren Rechtes. Ich mochte mir lange sagen, daß jene Forderung ja nur eine einfache Bitte um das Geliehene gewesen sei, wie sie alle Welt versucht, und daß weder meine Mutter, noch ich je gewaltsam darauf bestanden hätten, ich mochte | mir lange sagen, daß Erfahrung den Meister mache und man auch diese Art Unrecht, als die gangbarste und am leichtesten zu begehende, am besten durch ein tüchtiges Erlebniß recht einsehen und vermeiden lerne, mochte ich mich auch überreden, daß Römer's Wesen und Schicksal mein Verhalten hervorgerufen und auch ohne diesen Vorgang seine Erfüllung erreicht hätte; alles dies hinderte nicht, daß ich mir doch die bittersten Vorwürfe machen mußte und mich schämte, so oft Römer's Gestalt vor meinen Sinn trat. Wenn ich auch die Welt verwünschte, welche dergleichen Handlungen als klug und recht anerkennt (denn die rechtlichsten Leute hatten uns zu der Wiedererlangung der Summe beglückwünscht), so fiel doch alle Schuld wieder auf mich allein zurück, wenn ich an die Anfertigung jenes Billets dachte, welches ich so recht con amore und ohne die mindeste Mühe geschrieben und gleichsam aus dem Aermel geschüttelt hatte. Ich war bald achtzehn Jahre alt und entdeckte jetzt erst, wie ruhig und unbefangen ich seit den Knabensünden und Krisen gelebt, sechs lange Jahre! Und nun | plötzlich diese Teufelei! Wenn ich schließlich bedachte, wie ich jenes unverhoffte Erscheinen Römer's als eine höhere Fügung angesehen, so

wußte ich nicht, sollte ich lachen oder weinen über den Dank, den ich dafür gespendet. Den unheimlichen Brief wagte ich nicht zu verbrennen und fürchtete mich ihn aufzubewahren; bald begrub ich ihn unter entlegenem Gerümpel, bald zog ich ihn hervor und
05 legte ihn zu meinen liebsten Papieren, und noch jetzt, so oft ich ihn finde, verändere ich seinen Ort und bringe ihn anderswo hin, so daß er auf steter Wanderschaft ist. |

Drittes Kapitel.

Diese Demüthigung traf mich um so stärker, als ich, in Anna's Träumen und Ahnungen rein und gut zu erscheinen, den Winter über ein puritanisches Wesen angenommen hatte und nicht nur meine äußerliche Haltung, sondern auch meine Gedanken sorgfältig überwachte und mich bestrebte wie ein Glas zu sein, das man jeden Augenblick durchschauen dürfe. Welche Ziererei und Selbstgefälligkeit dabei thätig war, wurde mir jetzt erst bei dieser gewaltsamen Störung deutlich, und meine Selbstanklage wurde noch durch das Gefühl der Narrheit und Eitelkeit verbittert.

Anna hatte während des Winters streng das Zimmer hüten gemußt und wurde im Frühling bettlägerig. Der arme Schulmeister kam in die Stadt, um meine Mutter abzuholen; er weinte | als er in die Stube trat. Wir schlossen also unsere Wohnung zu und fuhren mit ihm hinaus, wo meine Mutter wie ein halbes Meerwunder empfangen und geehrt wurde. Sie enthielt sich jedoch, alle die Orte, die ihr theuer waren, aufzusuchen und ihre gealterten Bekannten zu sehen, sondern eilte, sich bei dem kranken Kinde einzurichten; erst nach und nach benutzte sie günstige Augenblicke, und es dauerte Monate lang, bis sie alle Jugendfreunde gesehen, obgleich die meisten in der Nähe wohnten.

Ich hielt mich im Hause des Oheims auf und ging alle Tage an den See hinüber. Anna litt Morgens und Abends und in der Nacht am meisten; den Tag über schlummerte sie oder lag lächelnd im Bette und ich saß an demselben, ohne viel zu wissen, was ich sagen sollte. Unser Verhältniß trat äußerlich zurück vor dem schweren Leiden und der Trauer, welche die Zukunft nur halb verhüllte.

Wenn ich manchmal ganz allein auf eine Viertelstunde bei ihr saß, so hielt ich ihre Hand, während sie mich bald ernst, bald lächelnd ansah, ohne zu sprechen, oder höchstens, | um ein Glas oder sonst einen Gegenstand von mir zu verlangen. Auch ließ sie sich oft ihre Schächtelchen und kleinen Schätze auf das Bett bringen, kramte dieselben aus, bis sie müde war, wo sie mich dann Alles wieder einpacken ließ. Dies erfüllte uns mit einem stillen Glücke und wenn ich dann beinahe stolz auf dies so zarte und reine Verhältniß fortging, so konnte ich nicht begreifen, wie und warum ich Anna in Erwartung schmerzenvoller Qualen zurückließ.

Der Frühling blühte nun in aller Pracht; aber das arme Kind konnte kaum und selten an's Fenster gebracht werden. Wir füllten daher die Wohnstube, in welcher ihr weißes Bett stand, mit Blumenstöcken und bauten vor dem Fenster ein breites Gerüste, um auf demselben durch größere Töpfe möglichst einen Garten einzurichten. Wenn Anna an sonnigen Nachmittagen eine gute Stunde hatte und wir der warmen Maisonne das Fenster öffneten, der silberne See durch die Rosen und Oleanderblüthen herein glänzte und Anna in ihrem weißen Krankenkleide dalag, so schien hier ein sanfter | trauernder Kultus des Todes begangen zu werden.

Manchmal aber wurde Anna in solchen Stunden ganz munter und verhältnißmäßig redselig; wir setzten uns dann um ihr Bett herum und führten ein gemächliches Gespräch über Personen und Begebenheiten, bald heiterer Natur, und bald ernster, so daß Anna Bericht erhielt von dem, was unsere kleine Welt bewegte. Eines Tages, als meine Mutter in das Dorf gegangen war, fiel das Gespräch auf mich selbst, und der Schulmeister wie seine Tochter schienen es auf diesem Gegenstande so wohlwollend festhalten zu wollen, daß ich mich äußerst geschmeichelt fühlte, und aus behaglicher Dankbarkeit die größte Aufrichtigkeit entgegen brachte. Ich benutzte den Anlaß, mein Verhältniß zu dem unglücklichen Römer zu erzählen, über welches ich seit jenem Briefe mit Niemanden gesprochen, und ich brach in die heftigsten Klagen über den Vorfall und mein Verhalten aus. Der Schulmeister verstand mich aber nicht recht; denn er wollte mich beruhigen und die Sache als nicht halb so schlimm dar|stellen, und was darin noch gefehlt war, sollte mich aufmerksam machen, daß wir eben allzumal Sünder und der Barmherzigkeit des Erlösers bedürftig seien. Das Wort Sünder war mir aber ein für alle Mal verhaßt und lächerlich und ebenso die Barmherzigkeit; vielmehr wollte ich ganz unbarmherzig die Sache mit mir selbst ausfechten und mich verurtheilen auf gut weltlich gerichtliche Art und durchaus nicht auf geistliche Weise. Plötzlich aber bekam Anna, welche sich bisher still verhalten, aufgeregt durch meine Erzählung und durch mein Gebaren, einen heftigen Anfall ihrer Krämpfe und Leiden, daß ich das arme zarte Wesen zum ersten Mal seiner ganzen hülflosen Qual verfallen sah. Große Thränen, durch Noth und Angst erpreßt, rollten über ihre weißen Wangen, ohne daß sie dieselben aufhalten konnte. Sie war ganz durch die Bewegungen ihrer Leiden beschäftigt, so daß bald alle Rücksicht und Haltung verschwinden mußten, und nur dann und wann richtete sie einen kurzen irrenden Blick auf mich, wie aus einer fremden Welt des Schmerzes heraus; zugleich schien sie dann eine | zarte Scham zu ängstigen, so maßlos vor mir leiden zu müssen; und ich muß bekennen, daß meine Verlegenheit, so gesund und ungeschlacht vor dem Heiligthume dieser Leidensstätte zu stehen, fast so groß war, als mein Mitleiden. Ueberzeugt, daß ich ihr dadurch wenigstens einige Befreiung verschaffe, ließ ich sie in den Armen ihres Vaters und eilte bestürzt und beschämt davon, meine Mutter herbeizuholen.

 Nachdem diese mit einer Nichte sich fortbegeben, um das kranke Kind zu pflegen, blieb ich den Rest des Tages im oheimlichen Hause, mir Vorwürfe machend über mein plumpes Ungeschick. Nicht nur mein Unrecht gegen Römer, sondern sogar das Bekenntniß desselben und seine heutigen Folgen warfen einen gehässigen

Schein auf mich, und ich fühlte mich gebannt in einer jener dunklen Stimmungen, wo Einem der Zweifel aufsteigt, ob man wirklich ein guter, zum Glück bestimmter Mensch sei? wo es scheint, als ob nicht sowohl eine Schlechtigkeit des Herzens und des Charakters, als eine gewisse Schlechtigkeit des Kopfes, des Geschickes Einem anhafte, welche noch unglück|licher macht, als die entschiedene Teufelei. Ich konnte nicht einschlafen vor dem Bedürfnisse, mich zu äußern, da das immerwährende Verschweigen, wie die mißlungene Aufrichtigkeit den Anstrich des Unheimlichen noch vermehrt. Ich stand nach Mitternacht auf, kleidete mich an und schlich mich aus dem Hause, um Judith aufzusuchen. Ungesehen kam ich durch Gärten und Hecken, fand aber Alles dunkel und verschlossen bei ihr. Ich stand einige Zeit unschlüssig vor dem Hause; doch kletterte ich zuletzt am Spalier empor und klopfte zaghaft an das Fenster; denn ich fürchtete mich, das gereifte und kluge Weib aus dem geheimnißvollen Schleier der Nacht aufzuschrecken, ich besorgte zu meiner Beschämung erfahren zu müssen, daß ein solches Weib zuletzt doch manchmal zu thun für gut finden könne, was nicht jeder Junge zu wissen brauche. Aber sie war ganz allein, hörte und erkannte mich sogleich, stand auf, zog sich leicht an und ließ mich zum Fenster hinein. Dann machte sie Licht, Helle zu verbreiten, weil sie glaubte, ich sei in der Absicht gekommen, irgend einige Liebkosungen zu wagen. Aber sie | war sehr verwundert, als ich anfing, meine Geschichten zu erzählen, erst die gewaltsame Störung, welche ich heute in die stille Krankenstube getragen, und dann die unglückliche Geschichte mit Römer, deren ganzen Verlauf ich schilderte. Nachdem ich meinen kunstreichen Mahnbrief und den darauf erhaltenen Pariserbrief beschrieben, aus dessen Inhalt wir wohl Römer's Schicksal ahnen konnten, nur daß wir statt des Irrenhauses gar ein Gefängniß vermutheten, rief Judith: „Das ist ja ganz abscheulich! Schämst Du Dich denn nicht, Du Knirps?" Und indem sie zornig auf und niederging, malte sie recht genau aus, wie

Römer sich vielleicht erholt hätte, wenn man ihm nicht die Mittel zu seinem ersten Aufenthalte in Paris entzogen, wie ihn der Erhaltungstrieb vielleicht, ja sicher eine Zeitlang hätte klug sein lassen und hieraus unberechenbar eine bessere Wendung auf diese oder jene Weise möglich gewesen. „O hätte ich den armen Mann pflegen können," rief sie aus, „gewiß hätte ich ihn kurirt! Ich hätte ihn ausgelacht und ihm geschmeichelt, bis er klug geworden wäre!" Dann stand sie | still, sah mich an und sagte: „Weißt Du wohl, Heinrich, daß Du allbereits ein Menschenleben auf Deiner grünen Seele hast?" Diesen Gedanken hatte ich mir noch nicht einmal klar gemacht, und ich sagte betroffen: „Ho, so arg ist es wohl nicht! Im schlimmsten Falle wäre es ein unglücklicher Zufall, den ich nicht herbeizuführen je wähnen konnte!" — „Ja," erwiderte sie sachte, „wenn Du eine einfache, sogar grobe Forderung gestellt hättest! Durch Deinen sauberen Höllenzwang aber hast Du ihm förmlich den Dolch auf die Brust gesetzt, wie es auch ganz einer Zeit gemäß ist, wo man sich mit Worten und Brieflein todt sticht! Ach, der arme Kerl! er war so fleißig und gab sich Mühe, aus der Patsche zu kommen, und als er endlich ein Röllchen Geld erwarb, nimmt man es ihm weg! Es ist so natürlich, den Lohn der Arbeit zu seiner Ernährung zu verwenden; aber da heißt es: gieb erst zurück, wenn Du geborgt hast, und dann verhungere!"

Wir saßen Beide eine Weile düster und nachdenklich da; dann sagte ich: „Das hilft nichts, | geschehene Dinge sind einmal nicht zu ändern. Die Geschichte soll mir zur Warnung dienen; aber ich kann sie nicht ewig mit mir herumschleppen, und da ich mein Unrecht einsehe und bereue, so mußt Du es mir endlich verzeihen und mir die Gewißheit geben, daß ich deswegen nicht hassenswerth und garstig aussehe!"

Ich merkte nämlich erst jetzt, daß ich darum hergekommen und allerdings bedürftig war, durch Mittheilung und durch die Vermittlung eines fremden Mundes die Vertilgung eines drückenden Gefühles oder Verzeihung zu erlangen, wenn ich mich auch gegen des Schulmeisters christliche Vermittlung sträubte. Aber Judith antwortete: „Daraus wird Nichts! Die Vorwürfe Deines Gewissens sind ein ganz gesundes Brot für Dich, und daran sollst Du Dein Leben lang kauen, ohne daß ich Dir die Butter der Verzeihung darauf streiche! Dies könnte ich nicht einmal; denn was nicht zu ändern ist, ist eben deswegen auch nicht zu vergessen, dünkt mich, ich habe dies genugsam erfahren! Uebrigens fühle ich leider nicht, daß Du mir irgend wider|wärtig geworden wärest; wozu wäre man da, wenn man nicht die Menschen, wie sie sind, lieb haben müßte?" Und sie drückte, da sie auf dem Rande des Bettes und ich auf einer altmodisch bemalten Kiste zu ihren Füßen saß, meinen Kopf auf ihren Schoß und verband ihre Hände liebevoll unter meinem Kinn.

Diese seltsame Aeußerung in Judith's Munde machte mich tief betroffen und verursachte mir ein langes Nachsinnen; je länger ich sann, desto gewisser wurde es mir, daß Judith das Rechte getroffen, und ich gelangte zu einem Schluß, welcher, indem er zugleich zu einem Entschluß wurde, nämlich das Bewußtsein des begangenen Unrechtes nie mehr vergessen und immer in seiner ganzen Frische tragen zu wollen, mir die einzig mögliche Ausgleichung zu sein schien. Nur Einer kann und soll verzeihen und vergessen, der von Unrecht Betroffene selbst, der Thäter und alle Anderen können es niemals, so lange eine innere oder äußere Spur übrig bleibt. Dies kann man am deutlichsten an den großen Beispielen der Geschichte sehen. Die Tausende, welche Philipp | der Zweite verbrennen ließ, haben ihm gewiß längst verziehen und betrachten ihn wie einen anderen Mann, **der gefehlt hat**, während die Millionen Protestanten, welche leben, ihm immer noch nicht verzeihen können, weil die Wirkungen seiner That noch täglich vor unser Aller Augen sind, und, ihn selbst betreffend, ist es gar nicht denkbar, daß er sein weltgeschichtliches Unrecht habe vergessen können; denn wenn er auch mit seinem Tode als König abgesetzt und in den Wirbel der anderen Wesen gerissen wurde, so hörte er darum nicht auf, Philipp der Zweite zu sein, vielmehr, wenn er es je gewesen ist, wird er es ewig bleiben. Dadurch aber, daß nur die vom Unrecht Betroffenen unmittelbar verzeihen, was man so verzeihen nennt, bleibt zuletzt doch kein Haß übrig, als derjenige gegen das Böse, das man in sich selber hat; denn das Nichtverzeihen der Uebrigen ist wieder etwas Anderes.

Es ist merkwürdig, daß die Menschen immer nur große Dummheiten, die sie begangen, glauben nicht vergessen zu können, sich bei deren Erin|nerung vor den Kopf schlagen und kein Hehl daraus machen, zum Zeichen, daß sie nun klüger geworden; begangenes Unrecht aber machen sie sich weiß, allmälig vergessen zu können, während es in der That nicht so ist, schon deswegen, weil das Unrecht mit der Dummheit nahe verwandt und ähnlicher Natur ist. Ja, dachte ich, so unverzeihlich mir meine Dummheiten sind, wird es auch mein Unrecht sein! Was ich an Römer gethan, werde ich von nun an nie mehr vergessen und, wenn ich unsterblich bin, in die Unsterblichkeit hinübernehmen, denn es gehört zu meiner Person, zu meiner Geschichte, zu meinem Wesen, sonst wäre es nicht passirt! Meine einzige Sorge wird sein, zu trachten, daß ich noch so viel Rechtes thue, daß mein Dasein erträglich bleibt!

Ich sprang auf und verkündete der Judith diese Ausführung und Anwendung ihrer einfachen Worte; denn es dünkte mir ein wichtiges Ereigniß, so für immer auf das Vergessen einer Uebelthat zu verzichten. Judith zog mich nieder und sagte mir in's Ohr: „Ja, so wird es sein; Du bist jetzt erwachsen und hast in diesem Handel | schon Deine moralische Jungfernschaft verloren! Nun kannst Du Dich in Acht nehmen, Bürschchen, daß es nicht so fort geht!" Der drollige Ausdruck, den sie gebrauchte, stellte mir die Sache noch in ein neues und lächerlich deutliches Licht, daß ich einen großen Aerger empfand und mich einen ausgesuchten Esel, Laffen und aufgeblähten Popanz schalt, der sich so blindlings habe übertölpeln lassen. Judith lachte und rief: „Denke daran, wenn man am geschéidtesten zu sein glaubt, so kommt man am ehesten als ein Esel zum Vorschein!" — „Du brauchst nicht zu lachen!" erwiederte ich ärgerlich, „ich habe Dir so eben, als ich kam, auch einen Tort angethan; ich habe gefürchtet, daß Du vielleicht einen fremden Mann bei Dir haben könntest!"

Sie gab mir sogleich eine Ohrfeige, doch wie es mir schien, mehr aus Vergnügen, als aus Zorn und sagte: „Du bist ein recht unverschämter Gesell und glaubst wohl, Du brauchst Deine schändlichen Gedanken nur einzugestehen, um von mir absolvirt zu sein! Freilich sind es nur die beschränkten und vernagelten Leute, welche nie | etwas eingestehen wollen; aber die Uebrigen machen deswegen damit auch nicht Alles gut! Zur Strafe gehst Du mir jetzt gleich zum Tempel hinaus und machst, daß Du nach Hause kommst! Morgen des Nachts darfst Du Dich wieder zeigen!" Sie trieb mich unerbittlich aus dem Hause; denn sie hatte jetzt genugsam gemerkt, daß es mich stark zu ihr hin zog und daß ich eifersüchtig auf sie war.

Ich begab mich nun, so oft es anging, des Nachts zu ihr; sie brachte den Tag meistens allein und einsam zu, während ich entweder weite Streifzüge unternahm, um zu zeichnen, oder in des Schulmeisters Haus, als in einer Schule des Leidens, mich still und gemessen halten mußte. So hatten wir in diesen Nächten vollauf zu plaudern und saßen oft stundenlang am offenen Fenster, wo der Glanz des nächtlichen Himmels über der sommerlichen Welt lag, oder wir machten dasselbe zu, schlossen die Laden und setzten uns an den Tisch und lasen zusammen. Ich hatte ihr im Herbst auf ihr Verlangen nach einem Buche eine deutsche Uebersetzung des rasenden | Roland zurückgelassen, welchen ich selbst noch nicht näher kannte; Judith hatte aber den Winter über oft darin gelesen und pries mir jetzt das Buch als das allerschönste in der Welt an. Judith zweifelte nicht mehr an Anna's baldigem Tod und sagte mir dies unverholen, obgleich ich es nicht zugeben wollte; durch diesen Gegenstand und meine Berichte von jenem Krankenlager wurden wir trübselig und düster, jedes auf seine Weise, und wenn wir nun im Ariost lasen, so vergaßen wir alle Trübsal und tauchten uns in eine frische glänzende Welt. Judith hatte das Buch erst ganz volksthümlich als etwas Gedrucktes genommen, wie es war, ohne über seinen Ursprung und seine Bedeutung zu grübeln: als wir aber jetzt zusammen darin lasen, verlangte sie Manches zu wissen, und ich mußte ihr, so gut ich konnte, einen Begriff geben von der Entstehungsweise und der Geltung eines solchen Werkes, von dem Wollen und den bewußten Absichten des Dichters, und ich erzählte, so viel ich wußte, von Ariost. Nun wurde sie erst recht fröhlich, nannte ihn einen klugen und weisen Mann und las die Gesänge mit verdop|pelter Lust, da sie wußte, daß diesen so heiteren und so tiefsinnigen Wechselgeschichten eine helle und tiefgefühlte Absicht zu Grunde lag, ein Wollen, Schaffen und Gestalten, eine Einsicht und ein Wissen, das ihr in seiner Neuheit wie ein Stern aus dunkler Nacht erglänzte. Wenn die in Schönheit leuchtenden Geschöpfe rastlos an uns vorüberzogen, von Täuschung zu Täuschung und leidenschaftlich sich jagend und haschend, immer Eins dem Anderen entschwand und ein Drittes hervortrat, oder wenn sie in kurzen Augenblicken bestraft und trauernd ruheten von ihrer Leidenschaft, oder vielmehr sich tiefer in dieselbe hinein zu ruhen schienen an klaren Gewässern, unter wundervollen Bäumen, so rief Judith: „O kluger Mann! Ja, so geht es zu, so sind die Menschen und ihr Leben, so sind wir selbst, wir Narren!"

Noch mehr glaubte ich selbst der Gegenstand eines poetischen Scherzes zu sein, wenn ich mich neben einem Weibe sah, welches ganz wie jene Fabelwesen auf der Stufe der voll entfalteten Kraft und Schönheit still zu stehen und dazu an|gethan schien, unablässig die Leidenschaft fahrender Helden zu erregen. An ihrer

ganzen Gestalt hatte jeder Zug ein siegreiches festes Gepräge, und
die Faltenlagen ihrer einfachen Kleider waren immer so schmuck
und stattlich, daß man durch sie hindurch in der Aufregung wohl
goldene Spangen oder gar schimmernde Waffenstücke zu ahnen
glaubte. Entblößte jedoch das üppige Gedicht seine Frauen von
Schmuck und Kleidung und brachte ihre bloßgegebene Schönheit
in offene Bedrängniß oder in eine muthwillig verführerische Lage,
während ich mich nur durch einen dünnen Faden von der blühendsten Wirklichkeit geschieden sah, so war es mir vollends, als wäre
ich ein thörichter Fabelheld und das Spielzeug eines ausgelassenen Dichters; nicht nur das platonische Pflicht- und Treuegefühl
gegen das von christlichen Gebeten umgebene Leidensbett eines
zarten Wesens, sondern auch die Furcht, schlechtweg durch Anna's
krankhafte Träume verrathen zu werden, legten ein Band um die
verlangenden Sinne, während Judith aus Rücksicht für Anna und
mich und aus dem Bedürfnisse sich beherrschte, in dem | zierlich
platonischen Wesen der Jugend noch etwas mit zu leben. Unsere
Hände bewegten sich manchmal unwillkürlich nach den Schultern
oder den Hüften des Anderen, um sich darum zu legen, tappten
aber auf halbem Wege in der Luft und endigten mit einem zaghaften abgebrochenen Wangenstreicheln, so daß wir närrischer Weise
zwei jungen Katzen glichen, welche mit den Pfötchen nach einander auslangen, elektrisch zitternd und unschlüssig, ob sie spielen
oder sich zerzausen sollen.

In solchen Augenblicken rafften wir uns auf; Judith zog ihre
Schuhe an und begleitete mich in die Sommernacht hinaus; es reizte
uns, ungesehen in's Freie zu gelangen und auf nächtliche Abenteuer
durch den Wald und über die Höhen zu gehen. Solche romantische
Gewohnheiten vergnügten meine Begleiterin um so mehr, als sie
ihr neu waren und sie noch nie ohne einen bestimmten und außerordentlichen Zweck nächtlicher Weise aus dem Dorfe gegangen
war. Sie freuete sich aber dieser Freiheit um ihrer selbst willen und

nicht aus Naturschwärmerei, weil sie einmal ein abgesondertes und eigenes Leben führte, obgleich | ursprünglich Niemand besser als sie zu einem frischen Zusammenleben geschaffen war. Sie stellte daher keine gefühlvollen Betrachtungen über den Mondschein an, sondern sie rauschte muthwillig und rasch durch die Gebüsche, oder knickte halb unmuthig manchen grünen Zweig, mit dem sie mir in's Gesicht schlug, als ob sie damit Alles wegzaubern wollte, was zwischen mir und ihr lag, die Jahre, die fremde Liebe und den ungleichen Stand. Sie wurde dann ganz anders, als sie erst in der Stube gewesen, und förmlich boshaft, spielte mir tausend Schabernack, verlor sich im dunkeln Dickicht, daß ich sie plötzlich zu fassen bekam, oder hob beim Springen über einen Graben das Kleid so hoch, daß ich in Verwirrung gerieth. Einmal erzählte ich ihr das Abenteuer, das ich als kleiner Junge mit jener Schauspielerin gehabt, und vertraute ihr ganz offen, welchen Eindruck mir der erste Anblick einer bloßen Frauenbrust gemacht, so daß ich dieselbe noch immer in dem weißen Mondlicht vor mir sehe und dabei der längst entschwundenen Frau fast sehnsüchtig gedenke, während ihre Gesichtszüge und | ihr Name schon lange bis auf die letzte Spur in meinem Gedächtniß verwischt. Wir gingen gerade dem Waldbache entlang, über welchem der Mond ein geheimnißvolles Netz von Dunkel und Licht zittern ließ; Judith verschwand plötzlich von meiner Seite und huschte durch die Büsche, während ich verblüfft vorwärts ging. Dies dauerte wohl fünf Minuten, während welcher ich keinen Laut vernahm außer dem leisen Wehen der Bäume und dem Rieseln der Wellen. Es wurde mir zu Muthe, wie wenn Judith sich aufgelöst hätte und still in die Natur verschwunden wäre, in welcher mich ihre Elemente geisterhaft neckend umrauschten. So gelangte ich unversehens in die Gegend der Heidenstube und sah nun die graue Felswand im hellen Vollmond, der über den Bäumen stand, in den Himmel ragen; das Wasser und die Steine zu meinen Füßen waren ebenfalls beschienen. Auf den Steinen lagen Kleider,

zu oberst ein weißes Hemd, welches, als ich es aufhob, noch ganz
warm war, wie eine so eben entseelte irdische Hülle. Ich vernahm
aber keinen Laut, noch sah ich etwas von Judith, es wurde | mir
wirklich unheimlich zu Muthe, da die Stille der Nacht von einer
05 dämonischen Absicht ganz getränkt erschien. Ich wollte eben
Judith beim Namen rufen, als ich seltsame, halb seufzende, halb
singende Töne vernahm, aus denen zuletzt ein deutliches altes Lied
wurde, das ich schon hundertmal gehört und jetzt doch einen zau-
berhaften Eindruck auf mich machte. Sein Inhalt war die Tiefe des
10 Wassers, etwas von Liebe und sonst nichts weiter; aber zuletzt war
es von einem fast sichtbaren verführerischen Lächeln durchdrungen und von einem silbernen Geräusch begleitet, wie wenn Jemand
im Wasser plätschert und sich dasselbe in sanften Wellen gegen die
Lenden schlägt. Wie ich so hinhorchte, entdeckte ich endlich mir
15 gegenüber eine undeutliche weiße Gestalt, welche sich im Schatten hinter dem Felsen bewegte, sich an überhängende Zweige hing
und den Körper im Wasser treiben ließ oder plötzlich sich hoch
aufrichtete und eine Weile gespenstisch unbeweglich hielt. Es
führte ein untiefer Damm des Geschiebes zu jener Stelle und zwar
20 in einem ziemlich weiten Bogen, und als ich einen Augenblick |
mich vergessen hatte, sah ich unversehens die nackte Judith schon
auf der Mitte dieses Weges angelangt und auf mich zukommen. Sie
war bis unter die Brust im Wasser; sie näherte sich im Bogen und
ich drehete mich magnetisch nach ihren Bewegungen. Jetzt trat sie
25 aus dem schief über das Flüßchen fallenden Schlagschatten und
erschien plötzlich im Mondlichte; zugleich erreichte sie bald das
Ufer und stieg immer höher aus dem Wasser und dieses rauschte
jetzt glänzend von ihren Hüften und Knieen zurück. Jetzt setzte
sie den triefenden weißen Fuß auf die trockenen Steine, sah mich
30 an und ich sie; sie war nur noch drei Schritte von mir und stand
einen Augenblick still; ich sah jedes Glied in dem hellen Lichte
deutlich, aber wie fabelhaft vergrößert und verschönt, gleich einem

über lebensgroßen alten Marmorbilde. Auf den Schultern, auf den Brüsten und auf den Hüften schimmerte das Wasser, aber noch mehr leuchteten ihre Augen, die sie schweigend auf mich gerichtet hielt. Jetzt hob sie die Arme und bewegte sich gegen mich; aber ich, von einem heißkalten Schauer und Respect | durchrieselt, ging mit jedem Schritt, den sie vorwärts that, wie ein Krebs einen Schritt rückwärts, aber sie nicht aus den Augen verlierend. So trat ich unter die Bäume zurück, bis ich mich in den Brombeerstauden fing und wieder still stand. Ich war nun verborgen und im Dunkeln, während sie im Lichte mir vorschwebte und schimmerte; ich drückte meinen Kopf an einen kühlen Stamm und besah unverwandt die Erscheinung. Jetzt ward es ihr selbst unheimlich; sie stand dicht bei ihrem Gewande und begann wie der Blitz sich anzuziehen. Ich sah aber, daß sie erst jetzt in Verlegenheit gerieth, und trat unwillkürlich, meine eigene Verwirrung vergessend, hervor, half ihr zitternd den Rock über der Brust zuheften und reichte ihr das große weiße Halstuch. Hierauf umschlang ich ihren Hals und küßte sie auf den Mund, gewissermaßen um keinen müssigen Augenblick aufkommen zu lassen; sie fühlte dies wohl; denn sie war nun über und über roth bis in die noch feuchte Brust hinein; sie steckte hastig ihre feinen Strümpfe in die Tasche und schlüpfte mit bloßen Füßen in die Schuhe, worauf sie mich noch einmal um|schloß und heftig küßte, dann quer durch die Bäume die Halde hinan eilte und verschwand, indessen ich das Wasser entlang nach Hause ging. Ich fühlte sonderbarer Weise die Schuld dieses Abenteuers allein auf mir ruhen, obgleich ich mich leidend dabei verhalten, während ich schon empfand, wie unauslöschlich der nächtliche Spuk, die glänzende Gestalt für immer meinen Sinnen eingeprägt sei und wie ein weißes Feuer in meinem Gehirne und in meinem Blute umging.

Zu diesen so ganz entgegengesetzten Aufregungen der Tage und der Nächte kamen diesen Sommer noch verschiedene Auftritte im ländlichen Familienleben, welche bei aller Einfachheit doch den

DRITTES KAPITEL 83

gewaltigen Wechsel des Lebens und sein unaufhaltsames Vorübergehen in's Licht stellten. Der Haushalt des jungen Müllers ließ seine Heirath nicht länger aufschieben, und es wurde also eine dreitägige Hochzeit gefeiert, bei welcher die spärlichen Ueberreste städtischen Gebrauches, so die Braut aus ihrem Hause mitbrachte, gar jämmerlich dem ländlichen Pomp unterliegen mußten. | Die Geigen schwiegen nicht während der drei Tage; ich ging jeden Abend hin und fand Judith festlich geschmückt unter dem Gedränge der Gäste; ein und das andere Mal tanzte ich bescheiden und wie ein Fremder mit ihr, und auch sie hielt sich zurück, obgleich wir während der geräuschvollen Nächte Gelegenheit genug hatten, uns unbemerkt nahe zu sein. Aber erst dadurch empfand ich recht, welch ein zwingender Reiz in einem solchen Doppelleben und welch ein Zauber in dem Geheimniß liegt; ich war innerlich wie berauscht, und die schöne Judith sah es wohl und bewegte sich um so ruhiger und mit allen Leuten lachend, plaudernd herum, wobei es mir doch wohlgefiel, daß sie im Geheimen doch auch ernster und leidenschaftlich bewegt schien. Alles war mir wie ein Mährchen; die Geigen und die Gläser klangen, die Leute sangen und tanzten, überall faßte man sich bei den Händen und lachte sich an, und wenn mich so eben ein lustiges Mädchen gestellt und angeredet, und ich schweigend etwa das goldene Herzchen, das ihr vor der klopfenden Brust tanzte, in die Hand genommen und von allen | Seiten beschaut, bis sie mir auf die Finger schlug, so ging ich um so nachdenklicher weiter. Dann kam die glückliche Braut, welche der Reihe nach mit aller Welt einer geheim vertraulichen Unterhaltung pflag, zog auch mich bei Seite, fragte, warum ich nicht lustiger sei und versicherte mir angelegentlich, daß ich ein guter Junge und ihr sehr lieb sei. Ich ward gerührt und betroffen und mußte mich von ihr wenden, da mir die Thränen nahe waren, ohne daß ich eigentlich wußte, warum, und sie noch weniger. Noch tiefer fühlte ich mich betroffen, als ich an einem der Tage meine Mutter, welche auf ein halbes Stündchen erschienen war, fortbegleitete und plötzlich aus dem Lärm und Gedränge der Hochzeit heraus mich auf die stillen grünen Sommerpfade versetzt sah. Meine Mutter war so ruhig, zufrieden und gesprächig im Gefühle der erfüllten Pflicht und eines immer gleichen anspruchlosen Lebens, daß mein leidenschaftlich bewegtes Treiben im grellsten Lichte dagegen abstach, und ich, obgleich ich nun schon ein anderes Sittengesetz zu kennen glaubte, als das überkommene, mir den Gedanken nicht verwehren konnte, daß ich sie mit dem hintergehe, wovon sie keine Ahnung hatte.

Kaum war die Hochzeit vorüber, so erkrankte die Muhme, welche noch nicht funfzig Jahre alt war, und starb in Zeit von drei Wochen. Sie war eine starke und gesunde Frau, daher ihre Todeskrankheit um so gewaltsamer, und sie starb sehr ungern. Sie litt heftig und unruhig und ergab sich erst in den letzten zwei Tagen, und an dem Schrecken, der sich im Hause verbreitete, konnte man erst sehen, was sie Allen gewesen. Aber wie nach dem Hinsinken eines guten Soldaten auf dem Felde der Ehre die Lücke schnell wieder ausgefüllt wird und der Kampf rüstig fortgeht, so erwies sich die Art des Lebens und des Todes dieser tapfern Frau auch auf das Schönste dadurch, daß die Reihen ohne Lamentiren rasch sich schlossen, die Kinder theilten sich in Arbeit und Sorge und versparten den beschaulichen Schmerz bis auf die Tage, wo geruht und wo ihnen der Verlust ihrer Mutter erst ein schweres Wahrzeichen des Lebens werden wird. Nur der Oheim äußerte erst einige tiefere Klagen, faßte diese aber bald in das Wort „meine selige Frau" zusammen, das er nun bei jeder Gelegenheit anbrachte. An dem Leichenbegängnisse sah ich Judith unter den fremden Frauen. Sie trug ein städtisches schwarzes Kleid bis unter das Kinn zugeknöpft, sah demüthig auf den Boden und ging doch hoch und stolz einher.

Wenige Wochen später erschien der junge philosophische Schullehrer im Hause und bewarb sich unversehens um die jüngste Tochter. Die Jungen wußten zwar schon längst, daß die Beiden sich leidenschaftlich verbunden; allein dem Vater kam es ganz unerwartet und man sah nun an seinem Erstaunen und an seinem Unwillen, den er wenig verhehlte, welch ein unwillkommener Gast er bei allem Scherz für eine engere Verbindung war. Der Oheim wies ihn ab oder wenigstens auf die Zukunft, wegen des kürzlichen Todes seiner Frau und weil er auch deswegen jetzt keine Tochter mehr entbehren könne, am wenigsten die jüngste. Doch der Philosoph gab sich nicht zufrieden, sondern wandte ein, daß er, zum Oberlehrer vorgerückt, nun einen eigenen Haus|halt zu führen und eine Frau zu haben wünsche, überhaupt er kein Hinderniß sehe, zu heirathen, da er und das Mädchen einverstanden seien. Hierauf setzte er eine lange Denkschrift auf, in welcher er durch philosophische und rechtliche Gründe seine Sache vertheidigte, mit großer Logik vom naturrechtlichen Standpunkt aus in die verwikkelteren Verhältnisse unseres Land- und Familienrechtes überging und alle Consequenzen in Aussicht stellte, welche er zu benutzen oder hervorzurufen wissen werde. Alles war in den kunstreichsten und ernsthaftesten Phrasen abgefaßt, und er erschien mit der Schrift und las dieselbe nach verlangter Erlaubniß mit seinem Silberstimmchen vor. Der Vater und die Söhne, welche letztere durch sein rücksichtsloses Benehmen nun auch gegen ihn eingenommen waren, glaubten nun ihre Sache gewonnen und entschieden, da sie, besonders wenn sie das immer noch zierliche Miniaturgesichtchen des Philosophen ansahen, einer so spaßhaften Wendung unmöglich eine ernste Folge zuschreiben mochten. Aber sie täuschten sich sehr. Sie warfen ihn zwar aus dem Hause, wobei sie | auf das Schwesterchen keine große Rücksicht nahmen, allein der seltsame Werber verklagte sie sogleich und begann einen Proceß um sein Recht, den er mit solcher Consequenz und Energie durchführte, daß der Oheim entrüstet und aufgeregt schon auf halbem Wege erklärte, das Kind könne laufen, wohin es wolle. Noch glaubte man, das junge Mädchen, das man immer noch als Kind anzusehen gewohnt war, würde jetzt wenigstens noch eine Zeit bleiben, bis es im Frieden gehen könne, und man konnte seinen Abfall von der Familie nicht begreifen und schrieb denselben einem störrischen und mangelhaften Herzen zu; aber es kümmerte sich nicht darum, sah nicht Vater, noch Schwestern und Brüder und kaum das Grab seiner Mutter an und zog ohne Aussteuer, ohne Sang und Klang mit dem Philosophen aus dem Dorfe. Mit Verwunderung sah ich, wie Logik und Leidenschaft im Bunde in noch so jungen Köpfchen wohl so viel Bewegung verursachen können, als Erfahrung und gereifter Wille der Alten. Denn das Philosöphchen hatte sich vorgenommen, streng nach seiner Vernunft und seinem Naturrechte zu | handeln und auch seine Handlungen ganz in diesem Sinne durchgeführt, so daß er sich unter der ganzen Lehrerschaft ein großes Ansehen erwarb, als ein Besieger des Vorurtheils, während das Mädchen durch seine unerwartete und rücksichtslose Leidenschaft, für die es auf der ganzen Welt keine Richtschnur mehr gab, als der Wille des Geliebten, weit herum ein wunderliches Aufsehen erregte.

So war in kurzer Zeit die Gestalt des oheimlichen Hauses verändert und durch die verschiedenen Vorgänge Alles älter und ernster geworden. Von der traurigen Schaubühne ihres Krankenbettes sah die arme Anna alle diese Veränderungen, aber schon mehr als äußerlich getrennt von den Ereignissen. Sie hatte eine geraume Zeit im gleichen Zustande verharrt und Alle hofften, daß sie am Ende wieder aufleben würde. Aber da man es am wenigsten dachte, erschien eines Morgens im Herbste der Schulmeister schwarz gekleidet bei dem Oheim, welcher selbst noch schwarz ging, und verkündete ihren Tod.

In einem Augenblicke war nicht nur das Haus | von Klagen erfüllt, sondern auch die benachbarte Mühle, und die Vorübergehenden verbreiteten das Leid im ganzen Dorfe. Seit bald einem

Jahre war der Gedanke an Anna's Tod groß gezogen worden, und
die Leute schienen sich ein rechtes Fest der Klage und des Bedau-
rens aufgespart zu haben; denn für eine allgemeine Todtentrauer
war dieser anmuthige, schuldlose und geehrte Gegenstand geeig-
neter, als die eigenen Verluste.

Ich hielt mich ganz still im Hintergrunde; denn wenn ich
auch bei freudigen Anlässen laut wurde und unwillkürlich eine
anmaßende Rolle spielte, so wußte ich dagegen, wo es traurig herging, mich gar nicht vorzudrängen und gerieth immer in die Verlegenheit, für theilnahmlos und verhärtet angesehen zu werden, und
dies um so mehr, als mir von jeher nur die aus Schuld oder Unrecht
entstandenen Mißstimmungen, die innere Berührung der Menschen, nie aber das unmittelbare Unglück oder der Tod Thränen zu
entlocken vermochten.

Jetzt aber war ich erstaunt über den frühen | Tod und noch
mehr darüber, daß dies arme todte Mädchen meine Geliebte war.
Ich versank in tiefes Nachdenken darüber, ohne Schrecken oder
heftigen Schmerz zu empfinden, obgleich ich das Ereigniß mit
meinen Gedanken nach allen Seiten durchfühlte. Nicht einmal
die Erinnerung an Judith verursachte mir Unruhe. Nachdem der
Schulmeister einige Anordnungen getroffen, wurde ich endlich
aus meiner Verborgenheit hervorgezogen, indem er mich auffor-
derte, nunmehr mit ihm zurückzugehen und einige Zeit bei ihm
zu wohnen. Wir machten uns auf den Weg, indessen die übrigen
Verwandten, besonders die noch im Hause lebende Tochter und die
junge Müllerin, versprachen, sogleich nachzukommen.

Auf dem Wege faßte der Schulmeister sein Leid zusammen
und gab ihm durch die nochmalige Schilderung der letzten Nacht
und des Sterbens, das gegen Morgen eintraf, Worte. Ich hörte Alles
aufmerksam und schweigend an; die Nacht war beängstigend und
leidenvoll gewesen, der Tod selbst aber fast unmerklich und sanft.

Meine Mutter und die alte Katherine hatten | die Leiche schon geschmückt und in Anna's Kämmerchen gelegt. Da lag sie, nach des Schulmeisters Willen, auf dem schönen Blumenteppich, den sie einst für ihren Vater gestickt und man jetzt über ihr schmales Bettchen gebreitet hatte; denn nach solchem Dienste gedachte der gute Mann diese Decke immer zunächst um sich zu haben, so lange er noch lebte. Ueber ihr an der Wand hatte Katherine, deren Haar nun schon ganz ergraut war und die auf's Heftigste und Zärtlichste lamentirte, das Bild hingehängt, das ich einst von Anna gemacht, und gegenüber sah man immer noch die Landschaft mit der Heidenstube, welche ich vor Jahren auf die weiße Mauer gemalt. Die beiden Flügelthüren von Anna's Schrank standen geöffnet und ihr unschuldiges Eigenthum trat zu Tage und verlieh der stillen Todtenkammer einen wohlthuenden Schein von Leben. Auch gesellte sich der Schulmeister zu den beiden Frauen, die vor dem Schranke sich aufhielten, und half ihnen, die zierlichsten und erinnerungsreichsten Sächelchen, deren die Selige von früher Kindheit an gesammelt, hervorziehen und beschauen. Dies | gewährte ihm eine lindernde Zerstreuung, welche ihn doch nicht von dem Gegenstande seines Schmerzes abzog. Manches holte er sogar aus seinem eigenen Verwahrsam herbei, wie z. B. ein Bündelchen Briefe, welche das Kind aus Welschland an ihn geschrieben; diese legte er, nebst den Antworten, die er nun im Schranke vorfand, auf Anna's kleinen Tisch, und ebenso noch andere Sachen, ihre Lieblingsbücher, angefangene und vollendete Arbeiten, einige Kleinode, jene silberne Brautkrone. Einiges wurde sogar ihr zur Seite auf den Teppich gelegt, so daß hier unbewußt und gegen den sonstigen Gebrauch von diesen einfachen Leuten eine Sitte alter Völker geübt wurde. Dabei sprachen sie immer so miteinander, als ob die Todte es noch hören könnte und Keines mochte sich gern aus der Kammer entfernen.

Indessen verweilte ich ruhig bei der Leiche und beschauete sie mit unverwandten Blicken; aber ich ward durch das unmittelbare Anschauen des Todes nicht klüger aus dem Geheimniß desselben,

DRITTES KAPITEL

oder vielmehr nicht aufgeregter, als vorhin. Anna lag da, nicht viel anders, als ich sie | zuletzt gesehen, nur daß die Augen geschlossen waren und das blüthenweiße Gesicht auf den Wangen wunderbarer Weise mit einem leisen rosigen Hauche überflogen, wie vom Widerschein eines fernen, fernen Morgen- oder Abendrothes. Ihr Haar glänzte frisch und golden, und ihre weißen Händchen lagen gefaltet auf dem weißen Kleide mit einer weißen Rose. Ich sah Alles wohl und empfand beinahe eine Art glücklichen Stolzes, in einer so traurigen Lage zu sein und eine so poetisch schöne todte Jugendgeliebte vor mir zu sehen. Erst als mir die alte Katherine jene Stickerei in die Hände gab, welche Anna zu einer Mappe für mich bestimmt und mühsam vollendet hatte, mit dem Bericht, daß die Leidende während der verwichenen Nacht plötzlich einmal gesagt, man solle nicht vergessen, mir das Geschenk zu übergeben, so bald ich wieder komme, erst jetzt fiel es mir ein, daß wir unsterblich sind und fühlte mich durch ein unauflösliches Band mit Anna verbunden.

Auch meine Mutter und der Schulmeister schienen stillschweigend mir ein nahes Recht auf die | Verstorbene zuzugestehen, als man verabredete, daß fortwährend Jemand bei der Todten weilen und ich die erste Wache halten sollte, damit die Uebrigen sich in ihrer Erschöpfung einstweilen zurückziehen und etwas erholen konnten. Ohne jene Voraussetzung hätten sie mir eine solche zugleich zarte und ernste Zumuthung wohl nicht gestellt.

Ich blieb aber nicht lange allein mit der Anna, da bald die Basen aus dem Dorfe kamen und nach ihnen viele andere Mädchen und Frauen, denen ein so rührendes Ereigniß und eine so berühmte Leiche wichtig genug waren, die drängendste Arbeit liegen zu lassen und dem ehrfurchtsvollen Dienste des Menschengeschickes, des Todes, nachzugehen. Die Kammer füllte sich mit Frauensleuten, welche erst einer feierlich flüsternden Unterhaltung pflagen, dann aber in ein ziemliches Geplauder geriethen. Sie standen dicht gedrängt um die stille Anna herum, die Jungen mit ehrbar aufeinander gelegten Händen, die Aeltern mit untergeschlagenen Armen. Die Kammerthür stand geöffnet für die Ab- und Zugehenden und ich nahm die Gelegenheit wahr, mich hinaus zu | machen und im Freien umher zu schlendern, wo die nach dem Dorfe führenden Wege ungewöhnlich belebt waren.

Erst nach Mitternacht traf mich die Reihe wieder, die Todtenwache zu versehen, welche wir seltsamer Weise nun einmal eingerichtet. Ich blieb nun bis zum Morgen in der Kammer; aber so schnell mir die Stunden vorübergingen, wie ein Augenblick, so wenig wüßte ich eigentlich zu sagen, was ich gedacht und empfunden. Es war so still, daß ich durch die Stille hindurch glaubte das Rauschen der Ewigkeit zu hören; das todte weiße Mädchen lag unbeweglich fort und fort, die farbigen Blumen des Teppichs aber schienen zu wachsen in dem schwachen Lichte. Nun ging der Morgenstern auf und spiegelte sich im See; ich löschte die Lampe ihm zu Ehren, damit er allein Anna's Todtenlicht sei, saß nun im Dunkeln in meiner Ecke und sah nach und nach die Kammer sich erhellen. Mit dem Morgengrauen, welches in das reinste goldene Morgenroth überging, schien es zu leben und zu weben um die stille Gestalt, bis sie deutlich und reglos im gol|denen Tage da lag. Ich hatte mich erhoben und vor das Bett gestellt und indem ihre Gesichtszüge klar wurden, nannte ich ihren Namen, aber nur hauchend und tonlos; es blieb todtenstill und als ich zugleich zaghaft ihre Hand berührte, zog ich die meinige entsetzt zurück, als ob ich an glühendes Eisen gekommen wäre; denn die Hand war kalt, wie ein Häuflein kühler Thon.

Wie dies abstoßende kalte Gefühl meinen ganzen Körper durchrieselte, ließ es mir nun auch plötzlich das Gesicht der Leiche so seelenlos und abwesend erscheinen, daß mir beinahe der erschreckte Ausruf entfuhr: „Was hab' ich mit Dir zu schaffen?" als aus dem Saale her die Orgel in milden und doch kräftigen Tönen erklang, welche nur manchmal in leidvollem Zittern schwankten, dann aber wieder zu harmonischer Kraft sich ermannten. Es war der Schulmeister, welcher in dieser Morgenfrühe seinen Schmerz und seine Klage durch die Melodie eines alten Liedes zum Lob der Unsterblichkeit zu lindern suchte. Ich lauschte der Melodie, sie bezwang meinen körperlichen Schrecken, ihre geheimnißvollen Töne öffne|ten die unsterbliche Geisterwelt, und reuevoll gelobte ich Anna ewige Treue.

Ich fühlte mich stolz und glücklich durch diesen Entschluß; aber zugleich wurde mir nun der Aufenthalt in der Todtenkammer zuwider und ich war froh, mit dem Gedanken der Unsterblichkeit hinaus zu kommen in's lebendige Grüne. Es erschien an diesem Tage ein Schreinergesell aus dem Dorfe, um hier den Sarg zu machen. Der Schulmeister hatte vor Jahren schon eigenhändig ein schlankes Tännlein gefällt und zu seinem Sarge bestimmt. Dasselbe lag in Bretter gesägt hinter dem Hause, durch das Vordach geschützt, und hatte immer zu einer Ruhebank gedient, auf welcher der Schulmeister zu lesen und seine Tochter als Kind zu spielen pflegte. Es zeigte sich nun, daß die obere schlankere Hälfte des Baumes den schmalen Todtenschrein Anna's abgeben könne, ohne den zukünftigen Sarg des Vaters zu beeinträchtigen; die wohlgetrockneten Bretter wurden abgehoben und eines nach dem anderen entzwei gesägt. Der Schulmeister vermochte aber nicht lange dabei zu sein, und selbst die Frauen im | Hause klagten über den Ton der Säge. Der Schreiner und ich trugen daher die Bretter und das Werkzeug in den leichten Nachen und fuhren an eine entlegene Stelle des Ufers, wo das Flüßchen aus dem Gehölze hervortritt und in den See mündet. Junge Buchen bilden dort am Wasser eine lichte Vorhalle, und indem der Schreiner einige der Bretter mittelst Schraubzwingen an den Stämmchen befestigte, stellte er eine zweckmäßige Hobelbank her, über welcher die goldenen Laubkronen der Buchen sich wölbten. Zuerst mußte der Boden des Sarges zusammen gefügt

und geleimt werden. Ich machte aus den ersten Hobelspänen und
aus Reisig ein Feuer und setzte die Leimpfanne darauf, in welche
ich mit der Hand aus dem Bache Wasser träufelte, indessen der
Schreiner rüstig darauf los sägte und hobelte. Während die gerollten Späne sich mit dem fallenden Laube vermischten und die Bretter weiß wurden, machte ich die nähere Bekanntschaft des jungen Gesellen. Es war ein Norddeutscher von der fernsten Ostsee, groß und schlank gewachsen, mit kühnen und schön geschnittenen Gesichtszügen, | hellblauen aber feurigen Augen und mit starkem goldenem Haar, welches man immer über die freie Stirn zurückgestrichen und hinten in einen Schopf gebunden zu sehen glaubte, so urgermanisch sah er aus. Seine Bewegungen bei der Arbeit waren elegant und dabei hatte sein Wesen doch etwas Kindliches. Wir wurden bald vertraut und er erzählte mir von seiner Heimath, von den alten Städten im Norden, vom Meere und von der mächtigen Hansa. Wohl unterrichtet, erzählte er mir von der Vergangenheit, den Sitten und Gebräuchen jener Seeküsten; ich sah den langen und hartnäckigen Kampf der Städte mit den Seeräubern, den Vitalienbrüdern, und wie Klaus Stürzenbecher mit vielen Gesellen von den Hamburgern geköpft wurde; dann sah ich wieder, wie am ersten Mai aus den Thoren von Stralsund der jüngste Rathsherr mit einem glänzenden Jugendgefolge im Waffenschmuck zog und in den prächtigen Buchenwäldern zum Maigrafen gekrönt wurde mit einer grünen Laubkrone, und wie er Abends mit einer schönen Maigräfin tanzte. Auch beschrieb er die Wohnungen und Trachten | nordischer Bauern, von den Hinterpommern bis zu den tüchtigen Friesen, bei welchen noch Spuren männlichen Freiheitsinnes zu finden; ich sah ihre Hochzeiten und Leichenbegängnisse, bis der Geselle endlich auch von der Freiheit deutscher Nation redete, und wie bald die stattliche Republik eingeführt werden müßte. Ich schnitzte unterdessen nach seiner Anleitung eine Anzahl hölzerner Nägel, er aber führte schon mit dem Doppelhobel die letzten Stöße

über die Bretter, feine Späne lösten sich gleich zarten glänzenden
Seidenbändern und mit einem hell singenden Tone, welcher unter
den Bäumen ein seltsames Lied war. Die Herbstsonne schien warm
und lieblich drein, glänzte frei auf dem Wasser und verlor sich im
blauen Duft der Waldnacht, an deren Eingang wir uns angesiedelt.
Jetzt baueten wir die glatten weißen Bretter zusammen, die Ham-
merschläge hallten wieder durch den Wald, daß die Vögel überrascht
aufflogen und die Schwalben erschreckt über den Seespiegel streif-
ten, und bald stand der fertige Sarg in seiner Einfachheit vor uns,
schlank und ebenmäßig, der Deckel schön | gewölbt. Der Schreiner
hobelte mit wenigen Zügen eine schmale zierliche Hohlkehle um
die Kanten, und ich sah verwundert, wie die zarten Linien sich
spielend dem weichen Holze eindrückten; dann zog er zwei schöne
Stücke Bimsstein hervor und rieb sie aneinander, indem er sie über
den Sarg hielt und das weiße Pulver über denselben verbreitete; ich
mußte lachen, als er die Stücke gerade so gewandt und anmuthig
handhabte und abklopfte, wie ich bei meiner Mutter gesehen, wenn
sie zwei Zuckerschollen über einem Kuchen rieb. Als er aber den
Sarg vollends mit dem Steine abschliff, wurde derselbe so weiß, wie
Schnee, und kaum der leiseste röthliche Hauch des Tannenholzes
schimmerte noch durch, wie bei einer Apfelblüthe. Er sah so weit
schöner und edler aus, als wenn er gemalt, vergoldet oder gar mit
Erz beschlagen gewesen wäre. Am Haupte hatte der Schreiner der
Sitte gemäß eine Oeffnung mit einem Schieber angebracht, durch
welche man das Gesicht sehen konnte, bis der Sarg versenkt wurde;
es galt nun noch eine Glasscheibe einzusetzen, welche man verges-
sen, und ich fuhr nach | dem Hause, um eine solche zu holen. Ich
wußte schon, daß auf einem Schranke ein alter kleiner Rahmen lag,
aus welchem das Bild lange verschwunden. Ich nahm das verges- 02.081.01
sene Glas, legte es vorsichtig in den Nachen und fuhr zurück. Der
Geselle streifte ein wenig im Gehölze umher und suchte Hasel-
nüsse; ich probirte indessen die Scheibe, und als ich fand, daß sie

genau in die Oeffnung paßte, tauchte ich sie, da sie ganz bestaubt und verdunkelt war, in den klaren Bach und wusch sie sorgfältig, ohne sie an den Steinen zu zerbrechen. Dann hob ich sie empor und ließ das lautere Wasser ablaufen, und indem ich das glänzende Glas hoch gegen die Sonne hielt und durch dasselbe schaute, erblickte ich das lieblichste Wunder, das ich je gesehen. Ich sah nämlich drei reizende, musicirende Engelknaben; der mittlere hielt ein Notenblatt und sang, die beiden anderen spielten auf alterthümlichen Geigen, und Alle schaueten freudig und andachtsvoll nach oben; aber die Erscheinung war so luftig und zart durchsichtig, daß ich nicht wußte, ob sie auf den Sonnenstrahlen, im Glase, oder nur in meiner Phan|tasie schwebte. Wenn ich die Scheibe bewegte, so verschwanden die Engel auf Augenblicke, bis ich sie plötzlich mit einer anderen Wendung wieder entdeckte. Ich habe seither erfahren, daß Kupferstiche oder Zeichnungen, welche lange, lange Jahre hinter einem Glase ungestört liegen, während der dunklen Nächte dieser Jahre sich dem Glase mittheilen und gleichsam ihr dauerndes Spiegelbild in demselben zurücklassen. Ich ahnte jetzt auch etwas dergleichen, als ich die fromme Schraffirung altdeutscher Kupferstecherei und in dem Bilde die Art Van Eyck'scher Engel entdeckte. Eine Schrift war nicht zu sehen und also das Blatt vielleicht ein seltener Probedruck gewesen, der in diese Thäler auf ebenso wunderbare Weise gekommen, als er wieder verschwunden war. Jetzt aber war mir die kostbare Scheibe die schönste Gabe, welche ich in den Sarg legen konnte, und ich befestigte sie selbst an dem Deckel, ohne Jemandem etwas von dem Geheimniß zu sagen. Der Deutsche kam wieder herbei; wir suchten die feinsten Hobelspäne, unter welche sich manches gefallene Laub mischte, zusammen, und breiteten | sie zum letzten Bett in den Sarg; dann schlossen wir ihn zu, trugen ihn in den Kahn und schifften mit dem weithin scheinenden weißen Geräth über den glänzenden stillen See, und die Frauen mit dem

Schulmeister brachen in lautes Weinen aus, als sie uns heranfahren und landen sahen.

Am folgenden Tage wurde die Aermste in den Sarg gelegt, von allen Blumen umgeben, welche in Haus und Garten augenblicklich blüheten; aber auf die Wölbung des Sarges wurde ein schwerer Kranz von Myrthenzweigen und weißen Rosen gelegt, welchen die Jungfrauen aus der Kirchgemeinde brachten, und außerdem noch so viele einzelne Sträuße weißer duftender Blüthen aller Art, daß die ganze Oberfläche davon bedeckt wurde und nur die Glasscheibe frei blieb, durch welche man das weiße zarte Gesicht der Leiche sah.

Das Begräbniß sollte vom Hause des Oheims aus stattfinden, und zu diesem Ende hin mußte Anna erst über den Berg getragen werden. Es erschienen daher eine Anzahl Jünglinge aus dem Dorfe, welche die Bahre abwechselnd auf ihre Schultern nahmen, und unser kleines Gefolge der | nächsten Angehörigen begleitete den Zug. Auf der sonnigen Höhe des Berges wurde ein kurzer Halt gemacht und die Bahre auf die Erde gesetzt. Es war so schön hier oben! der Blick schweifte über die umliegenden Thäler bis in die blauen Berge, das Land lag in glänzender Farbenpracht rings um uns. Die vier kräftigen Jünglinge, welche die Bahre zuletzt getragen, saßen ruhend auf den Tragewangen derselben, die Häupter auf ihre Hände gestützt, und schaueten schweigend in alle vier Weltgegenden hinaus. Hoch am blauen Himmel zogen leuchtende weiße Wolken und schienen über dem Blumensarge einen Augenblick still zu stehen und neugierig durch das Fensterchen zu gucken, welches fast schalkhaft zwischen den Myrthen und Rosen hervorfunkelte im Widerscheine der Wolken. Wir saßen, wie es sich traf, umher und selbst mich rührte jetzt eine große Traurigkeit, so daß mir einige Thränen entfielen, als ich bedachte, daß Anna nun zum letzten Mal und todt über diesen schönen Berg gehe.

Als wir in's Dorf hinunter gestiegen, läutete | die Todtenglocke zum ersten Mal; Kinder begleiteten uns in Schaaren bis zum Hause, wo man den Sarg unter die Nußbäume vor die Thür hinstellte. Wehmüthig gewährten die Verwandten der Todten das Gastrecht bei dieser letzten Einkehr; es waren nun kaum anderthalb Jahre vergangen, seit jener fröhliche Festzug der Hirten sich unter diesen selben Bäumen bewegte und mit bewundernder Lust Anna's damalige Erscheinung begrüßte. Bald war der Platz voll Menschen, welche sich herandrängten, um der Seligen zum letzten Mal in's Angesicht zu schauen.

Nun ging der Leichenzug vor sich, welcher außerordentlich groß war; der Schulmeister, welcher dicht hinter dem Sarge ging, schluchzte fortwährend wie ein Kind. Ich bereute jetzt, keinen schwarzen ehrbaren Anzug zu besitzen, denn ich ging unter meinen schwarz gekleideten Vettern in meinem grünen Habit, wie ein fremder Heide. Die Kirche war ganz mit Leuten angefüllt, obgleich es im Felde viel zu thun gab. Nachdem die Gemeinde den gewohnten Gottesdienst beendigt und mit einem Choral beschlossen, schaarte | man sich draußen um das Grab, wo die ganze Jugend, außergewöhnlicher Weise, einige sorgfältig eingeübte Figuralgesänge mit heller und reiner Stimme sang. Ich hatte mich dicht an den Rand des Grabes gestellt, während die übrigen Verwandten mit dem leidvollen Vater in der Kirche blieben. Jetzt ward der Sarg hinabgelassen; der Todtengräber reichte den Kranz und die Blumen herauf, daß man sie aufbewahre, und der arme Sarg stand nun blank in der feuchten Tiefe. Der Gesang dauerte fort, aber alle Frauen schluchzten. Der letzte Sonnenstrahl leuchtete nun durch die Glasscheibe in das bleiche Gesicht, das darunter lag; das Gefühl, das ich jetzt empfand, war so seltsam, daß ich es nicht anders, als mit dem fremden hochtrabenden und kalten Worte „objectiv" benennen kann, welches die deutsche Aesthetik erfunden hat. Ich glaube, die Glasscheibe that es mir an, daß ich das Gut, was sie verschloß, gleich einem in Glas und Rahmen gefaßten Theil meiner Erfahrung, meines Lebens, in gehobener und feierlicher Stimmung, aber in vollkommener Ruhe begraben sah; noch heute weiß ich nicht, | war es Stärke oder Schwäche, daß ich dies tragische und feierliche Ereigniß viel eher genoß, als erduldete und mich beinahe des nun ernst werdenden Wechsels des Lebens freute.

Der Schieber wurde zugethan, der Todtengräber und sein Gehülfe stiegen herauf und bald war der braune Hügel aufgebaut.

Judith ließ sich nicht sehen am Grabe; in einem demüthigen und entsagenden Gefühle der Fremdheit hielt sie sich in ihrem Hause verschlossen.

Am anderen Tage, als der Schulmeister zu erkennen gab, daß er nun seinen Schmerz in der Einsamkeit allein mit seinem Gott überwinden wolle, schickte ich mich an, mit der Mutter nach der Stadt zurück zu kehren. Vorher ging ich zur Judith und fand sie beschäftigt, ihre Bäume zu mustern, da die Zeit wieder gekommen war, wo man das Obst einsammelte. Der Herbstnebel traf gerade heute zum ersten Mal ein und verschleierte schon den Baumgarten mit seinem silbernen Gewebe. Judith war ernst und etwas verlegen, als sie mich sah, da sie nicht recht wußte, wie sie sich zu dem traurigen Erlebniß stellen sollte, wäh|rend sie doch schon die Zeit vor sich sah, wo ich mich wenigstens so lange ihr ohne Rückhalt hingeben konnte, bis das Leben mich weiter führte.

Ich sagte aber ernsthaft, ich wäre gekommen, um Abschied von ihr zu nehmen, und zwar für immer; denn ich könnte sie nun nie wieder sehen. Sie erschrak und rief lächelnd, das werde nicht so unwiderruflich feststehen; sie war bei diesem Lächeln so erbleicht und doch so freundlich, daß dieser Zauber mich beinahe umkehrte, wie man einen Handschuh umkehrt. Doch ich bezwang mich und fuhr fort: daß es ferner nicht so gehen könne, daß ich Anna von Kindheit auf gern gehabt, daß sie mich bis zu ihrem Tode wahrhaft geliebt und meiner Treue versichert gewesen sei. Treue und Glauben müßten aber in der Welt sein, an etwas Sicheres müßte man sich halten, und ich betrachte es nicht nur für meine Pflicht, sondern auch als ein schönes Glück, in dem Andenken der Verstorbenen, im Hinblick auf unsere gemeinsame Unsterblichkeit, einen so klaren und lieblichen Stern für das ganze Leben zu haben, nach dem sich alle meine Handlungen richten könnten. |

Als Judith diese Worte hörte, erschrak sie noch mehr und wurde zugleich schmerzlich berührt. Es waren wieder von den Worten, von denen sie behauptete, daß niemals Jemand zu ihr welche gesagt habe. Heftig ging sie unter den Bäumen umher und sagte dann: „Ich habe geglaubt, daß Du mich wenigstens auch etwas liebtest!"

„Gerade deswegen," erwiederte ich, „weil ich wohl fühle, daß ich heftig an Dir hange, muß ein Ende gemacht werden!"

„Nein, gerade deswegen mußt Du erst anfangen, mich recht und ganz zu lieben!"

„Das wäre eine schöne Wirthschaft!" rief ich, „was soll dann aus Anna werden?"

„Anna ist todt!"

„Nein! Sie ist nicht todt, ich werde sie wiedersehen und ich kann doch nicht einen ganzen Harem von Frauen für die Ewigkeit ansammeln!"

Bitter lachend stand Judith vor mir still und sagte:

„Das wäre allerdings komisch! Aber wissen wir denn, ob es eigentlich eine Ewigkeit giebt?"

„So oder so," erwiederte ich, „giebt es Eine, | und wenn es nur diejenige des Gedankens und der Wahrheit wäre! Ja, wenn das todte Mädchen für immer in das Nichts hingeschwunden und sich gänzlich aufgelöst hätte, bis auf den Namen, so wäre dies erst ein rechter Grund, der armen Abwesenden Treue und Glauben zu halten! Ich habe es gelobt und Nichts soll mich in meinem Vorsatz wankend machen!"

„Nichts!" rief Judith, „o Du närrischer Gesell! Willst Du in ein Kloster gehen? Du siehst mir darnach aus! Aber wir wollen über diese heikle Sache nicht ferner streiten; ich habe nicht gewünscht, daß Du nach der traurigen Begebenheit sogleich zu mir kommest und habe Dich nicht erwartet. Geh' nach der Stadt und halte Dich ein halbes Jahr still und ruhig, und dann wirst Du schon sehen, was sich ferner begeben wird!"

„Ich seh' es jetzt schon," erwiederte ich, „Du wirst mich nie wieder sehen und sprechen, dies schwöre ich hiermit bei Gott und Allem, was heilig ist, bei dem besseren Theil meiner selbst und —"

„Halt inne!" rief Judith ängstlich und legte mir die Hand auf den Mund; „Du würdest es sicher noch einmal bereuen, Dir selbst eine so grausame Schlinge gelegt zu haben! Welche Teufelei steckt in den Köpfen dieser Menschen! Und dazu behaupten sie und machen sich selber weiß, daß sie nach ihrem Herzen handeln. Fühlst Du denn gar nicht, daß ein Herz seine wahre Ehre nur darin finden kann, zu lieben, wo es geliebt wird, wenn es dies kann? Du kannst es und thust es heimlich doch, und somit wäre Alles in der Ordnung! Sobald Du mich nicht mehr leiden magst, sobald die Jahre uns sonst auseinander führen, sollst Du mich ganz und für immer verlassen und vergessen, ich will dies über mich nehmen; aber nur jetzt verlaß mich und zwinge Dich nicht, mich zu verlassen, dies allein thut mir weh, und es würde mich wahrhaft unglücklich machen, allein um unserer Dummheit willen nicht einmal ein oder zwei Jahre noch glücklich sein zu dürfen!"

„Diese zwei Jahre," sagte ich, „müssen und werden auch so vorübergehen, und gerade dann werden wir beide glücklicher sein, wenn wir jetzt scheiden; es ist nun gerade noch die höchste Zeit, es ohne spätere Reue und das Bisherige gut zu machen, zu thun. Und wenn ich Dir es deutsch heraus sagen soll, so wisse, daß ich mir auch D e i n Andenken, was immer ein Andenken der Verirrung für mich sein wird, doch noch so rein und schön als möglich retten und erhalten möchte, und das kann nur noch durch ein rasches Scheiden in diesem Augenblicke geschehen. Du sagst und beklagst es, daß Du nie Theil gehabt an der edleren und höheren Hälfte der Liebe! Welche bessere Gelegenheit kannst Du ergreifen, als wenn Du aus Liebe zu mir mir freiwillig erleichterst, Deiner mit Achtung und Liebe zu gedenken und zugleich der Verstorbenen treu zu sein? Wirst Du Dich dadurch nicht an jener tieferen Art der Liebe betheiligen?"

„O Alles Luft und Schall!" rief Judith, „ich habe nichts gesagt, ich will nichts gesagt haben! Ich will nicht Deine Achtung, ich will Dich selbst haben, so lange ich kann!"

Sie suchte meine beiden Hände zu fassen, ergriff dieselben, und während ich sie ihr vergeblich zu entziehen mich bemühte, indeß sie mir ganz | flehentlich in die Augen sah, fuhr sie mit leidenschaftlichem Tone fort:

„O liebster Heinrich! Geh' nach der Stadt, aber versprich mir, Dich nicht selbst zu binden und zu zwingen durch solche schreckliche Schwüre und Gelübde! Laß Dich —"

Ich wollte sie unterbrechen, aber sie verhinderte mich am Reden und überflügelte mich:

„Laß es gehen, wie es will, sag' ich Dir! Auch an mich darfst Du Dich nicht binden, Du sollst frei sein, wie der Wind! Gefällt es Dir —"

Aber ich ließ Judith nicht ausreden, sondern riß mich los und rief:

„Nie werd' ich Dich wieder sehen, so gewiß ich ehrlich zu bleiben hoffe! Judith! leb' wohl!"

Ich eilte davon, sah mich aber noch ein Mal um, wie von einer starken Gewalt gezwungen, und sah sie in ihrer Rede unterbrochen dastehen, die Hände noch ausgestreckt von dem Losreißen der meinigen, und überrascht, kummervoll und beleidigt zugleich mir nachschauend, ohne ein Wort hervorzubringen, bis mir der von der Sonne durchwirkte Nebel ihr Bild verschleierte. |

Eine Stunde später saß ich mit meiner Mutter auf einem

Gefährt, und einer der Söhne meines Oheims führte uns nach der Stadt. Ich blieb den ganzen Winter allein und ohne allen Umgang; meine Mappe und mein Handwerkszeug mochte ich kaum ansehen, da es mich immer an den unglücklichen Römer erinnerte und ich mir kaum ein Recht zu haben schien, das, was er mich gelehrt, fortzubilden und anzuwenden. Manchmal machte ich den Versuch, eine neue und eigene Art zu erfinden, wobei sich aber sogleich herausstellte, daß ich selbst das Urtheil und die Mittel, die ich dazu verwandte, nur Römern verdankte. Dagegen las ich fort und fort, vom Morgen bis zum Abend und tief in die Nacht hinein. Ich las immer deutsche Bücher und auf die seltsamste Weise. Jeden Abend nahm ich mir vor, den nächsten Morgen, und jeden Morgen, den nächsten Mittag die Bücher bei Seite zu werfen und an meine Arbeit zu gehen; selbst von Stunde zu Stunde setzte ich den Termin; aber die Stunden stahlen sich fort, indem ich die Buchseiten umschlug, ich vergaß sie buchstäblich; die Tage, Wo|chen und Monate vergingen so sachte und heimtückisch, als ob sie, leise sich drängend, sich selbst entwendeten und zu meiner fortwährenden Beunruhigung lachend verschwänden. Sonst, wenn ich die Bücher alter und fremder Völker las, füllten mich dieselben stets mit frischer Lust zur Arbeit, und selbst die neueren französischen oder italienischen Sachen waren, selbst wenn ihr Gehalt nicht vom erlauchtesten Geiste, doch von solcher Gestaltungslust getränkt, daß ich sie oft fröhlich wegwarf und auf eigenes Thun sann. Durch die deutschen Bücher hingegen wurde ich tief und tiefer in einen schmerzlichen Genuß unrechtmäßiger Ruhe und Beschaulichkeit hineingezogen, aus welchem mich der immer wache Vorwurf doch nicht reißen konnte. Ja, ich empfand trotz des bösen Gewissens sogar mehr und mehr eine Sehnsucht, selbst über den Rhein zu setzen und erst recht mitten in diese Welt zu gerathen.

Jedoch brachte der Frühling eine kräftige Erlösung aus diesem unbehaglichen Zustande; ich hatte nun das achtzehnte

Jahr überschritten, war militärpflichtig geworden und mußte mich am fest|gesetzten Tage in der Kaserne einfinden, um die kleinen Geheimnisse der Vaterlandsvertheidigung zu lernen. Ich stieß auf ein summendes Gewimmel von vielen hundert jungen Leuten aus allen Ständen, welche jedoch bald von einer Handvoll grimmiger Kriegsleute zur Stille gebracht, abgetheilt und während vieler Stunden als ungefüger Rohstoff hin und her geschoben wurden, bis sie das Brauchbare zusammengestellt hatten. Als sodann die Uebungen begannen und die Abtheilungen zum ersten Mal unter den einzelnen seltsamen Vorgesetzten, welches vielumhergerathene Soldatennaturen waren, zusammen kamen, wurde mir, der ich nichts bedacht hatte, unter Gelächter mein langes Haar dicht am Kopfe weggeschnitten. Aber ich legte es mit dem größten Vergnügen auf den Altar des Vaterlandes und fühlte behaglich die frische Luft um meinen geschorenen Kopf wehen. Jetzt mußten wir aber auch die Hände darstrecken, ob sie gewaschen und die Nägel ordentlich beschnitten seien und nun war die Reihe an manchem biederen Handarbeiter, sich geräuschvoll belehren zu lassen. Dann gab man uns ein klei|nes Büchelchen, das erste einer ganzen Reihe, in welchem Pflichten und Haltung des angehenden Soldaten in wunderlichen Sätzen als Fragen und Antworten deutlich gedruckt und numerirt waren. Jeder Regel war aber eine tüchtige kurze Begründung beigefügt und wenn auch manchmal diese in den Satz der Regel, die Regel aber hintennach in die Begründung hineingerathen war, so lernten wir doch Alle jedes Wort eifrig und andächtig auswendig und setzten eine Ehre darein, das Pensum ohne Stottern herzusagen. Endlich verging der Rest des ersten Tages über den Bemühungen, von Neuem gerade stehen und einige Schritte gehen zu lernen, was unter dem Wechsel von Muth und Niedergeschlagenheit sich vollendete.

Es galt nun, sich einer eisernen Ordnung zu fügen und sich jeder Pünktlichkeit zu befleißen, und obgleich dies mich aus

meiner vollkommenen Freiheit und Selbstherrlichkeit herausriß,
so empfand ich doch einen wahren Durst, mich dieser Strenge hin-
zugeben, so komisch auch ihre nächsten kleinen Zwecke waren,
und als ich einige Mal nahe an der Strafe hinstreifte, und zwar nur
aus Ver|sehen, überkam mich ein wahrhaftes Schamgefühl vor den
Kameraden, welche sich ihrerseits ganz ähnlich verhielten.

Als wir soweit waren, mit Ehren über die Straße zu marschi-
ren, zogen wir jeden Tag auf den Exercierplatz, welcher im Freien
lag und von der Landstraße durchschnitten wurde. Eines Tages,
als ich mitten in einem Gliede von etwa fünfzehn Mann nach dem
Kommando des Instruktors, der unermüdlich rückwärts vor uns
her ging, schreiend und mit den Händen das Tempo schlagend, so
schon stundenlang den weiten Platz nach allen Richtungen durch-
messen und vielfach in unseren Schwenkungen die vielen anderen
Abtheilungen gekreuzt hatte, kamen wir plötzlich dicht an die
Landstraße zu stehen und machten dort Halt und Front gegen dieselbe. Der Exerciermeister, welcher hinter der Front stand, ließ uns
eine Weile regungslos verharren, um einige nicht schmeichelhafte
Bemerkungen und Ausstellungen an unseren Gliedmaßen anzubringen. Während er hinter unserm Rücken lärmte und fluchte, so
weit es ihm Gesetz und Sitte nur immer erlaubten, | und wir so
mit dem Gesichte gegen die Straße gewendet ihm zuhörten, kam
ein großer, mit sechs Pferden bespannter Wagen angefahren, wie
die Auswanderer ihn herzurichten pflegen, welche sich nach den
französischen Häfen begeben. Dieser Wagen war mit ansehnlichem
Gute beladen und schien einer oder zwei stattlichen Familien zu
dienen, die nach Amerika gingen. Zwei kräftige Männer gingen
neben den Pferden, vier oder fünf Frauen saßen auf dem Wagen
unter einem bequemen Zeltdache, nebst mehreren Kindern und
selbst einem Greise. Aber diesen Leuten hatte sich Judith ange-
schlossen; denn ich entdeckte sie, als ich zufällig hinsah, hoch und
schön unter den Frauen, mit Reisekleidern angethan. Ich erschrak

heftig und das Herz schlug mir gewaltig, während ich mich nicht regen noch rühren durfte. Judith, welche im Vorüberfahren, wie mir schien, mit finsterem Blicke auf die Soldatenreihe sah, erschaute mich mitten in derselben und streckte sogleich die Hände nach mir aus. Aber im gleichen Augenblicke kommandirte unser Tyrann „Kehrt Euch!" und führte uns wie ein Besessener im | Geschwindschritte ganz an das entgegengesetzte Ende des weiten Platzes. Ich lief immer mit, die Arme vorschriftsmäßig längs des Leibes angeschlossen, „die kleinen Finger an der Hosennaht, die Daumen auswärts gekehrt," ohne mir was ansehen zu lassen, obgleich ich heftig bewegt war; denn in diesem Augenblicke war es mir, als ob sich mir das Herz in der Brust wenden wollte. Als wir endlich das Gesicht wieder der Straße zukehrten, nach den maßgebenden Zickzackgedanken im Gehirne des Führers, verschwand der Wagen eben in weiter Ferne.

Glücklicher Weise ging man nun auseinander, und indem ich mich sogleich entfernte und die Einsamkeit suchte, fühlte ich, daß jetzt der erste Theil meines Lebens für mich abgeschlossen sei und ein anderer beginne.

In diesem Frühling traf es sich noch, daß ich mich zugleich in anderer Weise zum ersten Mal als Bürger geltend machen durfte, indem eine Integral-Erneuerung der gesetzgebenden Behörde und die von dieser abhängige Erneuerung der | verwaltenden und richterlichen Gewalt vor sich ging und die Wahlen dazu festgesetzt waren.

Als ich mich aber, hierzu aufgefordert, in einige Vorversammlungen und endlich am ersten Maisonntage in die Kirche begab, um meine Stimme abzugeben, fand ich darin nicht jene Erhebung, auf welche ich mich schon lange gefreut, obgleich ich von den immer noch lebensfrohen Freunden meines Vaters tapfer begrüßt und aufgemuntert wurde. Ich sah, daß alle anderen jungen Leute, die zum ersten Mal hier erschienen, als Handwerker, Kaufleute oder

Studirende entweder schon selbständig oder durch ihre Väter oder durch einen bestimmten, nahe gesteckten Zweck mit der öffentlichen Wohlfahrt in einem klaren und sicheren Zusammenhang standen; und wenn selbst diese Jünglinge sich höchst bescheiden und still verhielten bei der Ausübung ihres Rechtes, so mußte ich dies noch weit mehr thun und sogar von einer gewissen kühlen Schüchternheit befangen werden, da ich noch gar nicht absah, wie bald und auf welche Weise ich ein nützliches und wirksames Glied dieser Gesammtheit werden würde. | Bis jetzt war durch mich noch nicht ein Bissen Brod in die Welt gekommen, und mein bisheriges Treiben hatte mich weit von dem betriebsamen Verkehr abgeführt; ich gab also ohne großen Aufwand von Gefühlen meine Erstlingsstimme in öffentlichen Dingen, mehr um einstweilen mein Recht zu wahren und dasselbe bloß andeutungsweise einmal auszuüben, ehe ich in die Weite ging, um erst etwas zu werden. Indessen betrachtete ich mit Vergnügen die versammelten Männer und ihr Behaben, und freute mich an ihnen sowohl, wie an den zahllosen Blüthen, welche überall die Erde bedeckten und an dem blauen Maihimmel, welcher über Alle sich ausspannte.

 Mein einziges Trachten ging aber von nun an dahin, so bald als möglich über den Rhein zu gelangen, und um mir bis dahin die Stunden zu verkürzen, habe ich mir diese Schrift geschrieben.

Ende der Jugendgeschichte.|

Viertes Kapitel.

Das zweite Jahr ging seinem Ende entgegen, seit Heinrich in der deutschen Hauptstadt, dem Sitze eines vielseitigen Kunst-, Gelehrten- und Volkslebens, sich aufhielt, mitten in einem Zusammenflusse von Fremden aller Gegenden in und außer Deutschland. Er hatte längst sein Sammetbaret und den beschnürten grünen Rock abgelegt und ging in schlichten Kleidern und mit einem Hute, der nur durch etwas breitere Krämpen und durch die sorglose Art, mit welcher er behandelt und getragen wurde, den Künstler bezeichnete. Aber desto tiefer hatte sich der inwendige grüne Heinrich das Baretchen in die Augen gezogen und in das närrische Röckchen eingeknöpft, und wenn unser Held in der großen Stadt rasch die Freiheit und Sicherheit der äußerlichen Bewegung | unter den vielen jungen Leuten angenommen hatte, so verkündete dagegen sein selbstvergessenes und wie im Traume blitzendes Auge, daß er nicht mehr der durch Einsamkeit frühreife und unbefangene Beobachter seiner selbst und der Welt war, wie er sich in seiner Jugendgeschichte gezeigt, sondern daß er von der Gewalt einer großen Nationalkultur, wie diese an solchem Punkte und zu dieser Zeit gerade bestand, gut oder schlecht, in ihre Kreise gezogen worden. Er schwamm tapfer mit in dieser Strömung und hielt Vieles, was oft nur Liebhaberei und Ziererei ist, für dauernd und wohnlich, dem man sich eifrig hingeben müsse. Denn wenn man von einer ganzen Menge, die eine eigene technische Sprache dafür hat, irgend eine Sache ernsthaft und fertig betreiben sieht, so hält man sich leicht für geborgen, wenn man dieselbe nur mitspielen kann und darf.

Da ihn aber dennoch irgend ein Gefühl ahnen ließ, daß auch

VIERTES KAPITEL

diese Zeit mit ihren Anregungen vorübergehen werde, so gab er sich nur mit einem bittersüßen Widerstreben hin, von dem er nicht wußte, woher es kam. Heinrich war ausgezogen, | die große Germania selbst zu küssen, und hatte sich statt dessen in einem der schimmernden Haarnetze gefangen, mit welchen sie ihre seltsamen Söhne zu schmücken pflegen.

Sein täglicher Umgang bestand in zwei Genossen, welche, gleich ihm vom äußersten Saume deutschen Volksthumes herbeigekommen, in verschiedener und doch ähnlicher Lage sich befanden. Der Zufall, welcher das Kleeblatt zusammengeführt, schien bald ein nothwendiges Gesetz zu sein, so sehr gewöhnten sie sich an einander.

Der Erste und Hervorragendste an körperlicher Größe und Wohlgestalt war Erickson, ein Kind der nördlichen Gewässer, ein wahrer Riese, welcher selbst nicht wußte, ob er eigentlich ein Däne oder ein Deutscher sei, indessen gern deutsch gesinnt war, wenn er um diesen Preis den großen Stock der Deutschen, gewissermaßen das Reich der Mitte, wie er es nannte, als charakterlos und aus der Art geschlagen tadeln durfte. Er war ein vollkommener Jäger, ging stets in rauher Jägertracht und hielt sich häufig auf dem Lande, im Gebirge auf, um Birkhühner zu schießen, sich | in der Gemsjagd zu versuchen oder sich selbst den Männern des Gebirges anzuschließen, wenn sie nach einem seltenen Bären auszogen. Alle Vierteljahr malte er regelmäßig ein Bildchen vom allerkleinsten Maßstabe, nicht größer, als sein Handteller, das in einem oder anderthalb Tagen fertig war. Diese Bildchen verkaufte er jedesmal ziemlich theuer, und aus dem Erlöse lebte er und rührte dann keinen Pinsel wieder an, bis die Baarschaft zu Ende ging. Seine kleinen Werke enthielten weiter nichts, als ein Sandbord, einige Zaunpfähle mit Kürbissen oder ein paar magere Birken mit einem blassen schwindsüchtigen Wölkchen in der Luft. Warum sie den Liebhabern gefielen und wie er selbst dazu gekommen, sie zu malen, wußte er nicht zu sagen und Niemand. Erickson war nicht etwa ein schlechter Maler, dazu war er zu geistreich; er war gar kein Maler. Das wußte er selbst am besten, und aus humoristischer Verzweiflung verhüllte er die Nüchternheit und Dürre seiner Erfindungen und seine gänzliche Unproduktivität mit so verzwickten zierlichen Pinselstrichen, geistreichen Schwänzchen und Schnör|kelchen, daß die reichen Kenner ihn für einen ausgesuchten Kabinetsmaler hielten und sich um seine seltsamen Arbeiten stritten. Seine größte, tiefsinnigste Kunst, und von wahrhaftem Verdienst, bestand in der weisen Oekonomie, mit welcher er seine Bildchen so anzuordnen wußte, daß weder durch den Gegenstand, noch durch die Beleuchtung Schwierigkeiten erwuchsen und die Inhaltlosigkeit und Armuth als elegante Absichtlichkeit erschienen. Aber trotzdem waren jedesmal die anderthalb Tage Arbeit ein höllisches Fegefeuer für den biederen Erickson. Seine Hünengestalt, die sonst nur in ruhig kräftiger That sich bewegte, ängstigte sich alsdann in peinlicher Unruhe vor dem kleinen Rähmchen, das er bemalte; er stieß mächtige Rauchwolken aus der kurzen Jägerpfeife, welche ihm an den Lippen hing, seufzte und stöhnte, stand hundert Mal auf und setzte sich wieder und klagte, rief oder brummte: „O heiliges Donnerwetter! Welcher Teufel mußte mir einblasen, ein Maler zu werden! Dieser verfluchte Ast! Da hab' ich zu viel Laub angebracht, ich kann in meinem Leben nicht eine so ansehnliche Masse Baumschlag | zusammenbringen! Welcher Hafer hat mich gestochen, daß ich ein so complicirtes Gesträuch wagte? O Gott, o Gott, o Gott, o Gott! O wär' ich wo der Pfeffer wächst! ei, ei, ei, ei! Das ist eine saubere Geschichte — wenn ich nur diesmal noch aus der Tinte komme! Oh! warum bin ich nicht zu Hause geblieben und ein ehrlicher Seemann geworden!"

Dann fing er aus Verzweiflung an zu singen; denn er sang so schön und gewaltig, wie ein alter Seekönig, und sang mit mächtiger Stimme:

„O wär' ich auf der hohen See
Und säße fest am Steuer!"

Er sang Lied auf Lied, Trinklieder, Wanderlieder, Jagdlieder, der Glanz und Duft der Natur kam über ihn, er pinselte in seiner Angst kühn darauf los, und seine winzige Schilderei erhielt zuletzt wirklich einen gewissen Zauber. War das Bildchen fertig, so versah es Erickson mit einem prachtvollen goldenen Rahmen, sendete es weg, und so bald er die gewichtigen Goldstücke in der Tasche hatte, hütete er sich, an die überstandenen Leiden zu denken oder von Kunst zu | sprechen, sondern ging unbekümmert und stolz einher, war ein herrlicher Kumpan und Zechbruder und machte sich bereit, in's Gebirge zu ziehen, aber nicht mit Farben und Stift, sondern mit Gewehr und Schrot.

Der Hervorragendste an feinem Geiste und überlegenem Können in dem Bunde war ein Holländer aus Amsterdam, Namens Ferdinand Lys, ein junger Mann mit anmuthigen, verführerischen Gesichtszügen, der letzte Sprößling einer reichen Handelsfamilie, ohne Aeltern und Geschwister, schon früh in der Welt alleinstehend und von halb schwermüthiger, halb lebenslustiger Gemüthsart, gewandt und selbständig und wegen des Zusammentreffens seines großen Reichthumes, seiner Einsamkeit und seines genußdürstigen Witzes ein großer Egoist.

Während mehrerer Jahre, welche Ferdinand in der Werkstatt eines berühmten genialen Meisters zugebracht, hatte sich sein glänzendes Talent immer bestimmter und siegreicher hervorgethan; indem er sich eifrig und aufrichtig der neuen deutschen Kunst anschloß, schrieb er mit seiner Kohle | schon fast eben so schön und sicher, wie der Meister, auf den Karton die menschliche Gestalt, nackt oder bekleidet, in Einem Zuge, langsam, fest und edel, gleich dem Zuge des Schwanes auf dem glatten Wasserspiegel. Ebenso zeigte er sich in Aneignung und Verständniß der Farbe von Tag zu Tag blühender und männlicher, und die seltene Reife in der

Vereinigung beider Theile überraschte Jedermann, erwarb ihm die Achtung von Alten und Jungen und erweckte die größten Hoffnungen, wenn Erfahrung und Jahre ihm auch den tieferen Inhalt und das Ziel für diese glänzenden Fortschritte brächten.

Als Ferdinand aber von einem vorläufigen einjährigen Aufenthalt in Italien zurückkehrte, war er wie umgewandelt. Er zerriß alle seine früheren Entwürfe und Skizzen von Schlachten, Staatsaktionen, mythologischen Inhalts und diejenigen, welche nach Dichtungen gebildet waren, was er Alles in seiner alten Wohnung aufgehäuft fand, in tausend Stücke und ließ Nichts bestehen, als seine schönen musterhaften Studien nach der Natur und seine Kopien nach den alten Italie|nern. Eh' er nach Rom gegangen, war er ein stolzer und spröder Jüngling, der mit jugendlichem Ernste nach dem Ideale der alten herkömmlichen großen Historie strebte und von Zeit und Leben keine Erfahrung hatte. Italien, seine Luft und seine Frauen lehrten ihn, daß Form, Farbe und Glanz nicht nur für die Leinwand, sondern auch zum lebendigen Gebrauch gut und dienlich seien. Er wurde ein Realist und gewann von Tag zu Tag eine solche Kraft und Tiefe in der Empfindung des Lebens und des Menschlichen, daß die Ueberlieferungen seiner Jugend und Schülerzeit dagegen erbleichen mußten. Wohl drängte sich diese Kraft gleich in die Malerhand; aber indem er mit gewissenhaftem Fleiße sich in die Werke der Alten vertiefte, mußte er sich überzeugen, daß diese großen Realisten schon Alles gethan, was in unserem Jahrtausend vielleicht überhaupt erreicht werden konnte, und daß wir einstweilen weder so erfinden und zeichnen werden, wie Raphael und Michel Angelo, noch so malen, wie die Venetianer. Und wenn wir es könnten, sagte er sich, so hätten wir keinen Gegenstand dafür. Wir | sind wohl Etwas, aber wir sehen wunderlicher Weise nicht wie Etwas aus, wir sind bloßes Uebergangsgeschiebe. Wir achten die alte Staats- und religiöse Geschichte nicht mehr und haben noch keine neue hinter uns, die zu malen wäre, das Gesicht Napoleon's etwas ausgenommen; wir haben das Paradies der Unschuld, in welchem Jene noch Alles malen konnten, was ihnen unter die Hände kam, verloren und leben nur in einem Fegefeuer. Wenigstens war es bei ihm wirklich der Fall. Lys gähnte schon, wenn er von Weitem ein historisches, allegorisches oder biblisches Bild sah, war es auch von noch so gebildeten und talentvollen Leuten gemacht, und rief: „Der Teufel soll den holen, welcher behauptet, ergriffen zu sein von dieser Versammlung von Bärten und Nichtbärten, welche die Arme ausrecken und gestikuliren!" Von dem Anlehnen des Malers an die Dichtung oder gar an die Geschichte der Dichtung wollte er jetzt auch nichts mehr wissen; denn seine Kunst sollte nicht die Bettlerin bei einer anderen sein. Alle diese Widersprüche zu überwinden und ihnen zum Trotz das darzustellen, | was er nicht fühlte noch glaubte, aber es durch die Energie seines Talentes doch zum Leben zu bringen, nur um zu malen, dazu war er zu sehr Philosoph und, so seltsam es klingen mag, zu wenig Maler.

So schloß er sich nach seiner Rückkehr ab, malte nur wenig und langsam, und was er malte, war wie ein Tasten nach der Zukunft, ein Suchen nach dem ruhevollen Ausdruck des menschlichen Wesens, in dem Beseligtsein in seiner eigenen körperlichen Form, sei sie von Lust oder Schmerz durchdrungen. Er malte am liebsten schöne Weiber nach der Natur, oder solche männliche Köpfe, deren Inhaber Geist, Charakter und etwas Erlebniß besaßen. Die wenigen Bilder, welche er Jahre lang unvollendet und doch mit großem Reiz übergossen bei sich stehen hatte, enthielten einzelne oder wenige Figuren in ruhiger Lage, und zuletzt verfiel er ganz auf einen Kultus der Persönlichkeit, dessen naive Andacht, verbunden mit der Ueberlegenheit des Machwerkes, allein das Lachen der Anderen verhindern konnte. Dieser Kultus, heiße Sinnlichkeit und eine geheim|nißvolle Trauer waren ziemlich die Elemente seiner Thätigkeit.

Er hatte drei oder vier Bilder, die er nie ganz vollendete, die

Niemand außer seinen nächsten Freunden zu sehen bekam, aber auf Jeden, welcher sie sah, einen immer neuen tiefen Eindruck machten. Das erste war ein Salomo mit der Königin von Saba. Es war ein Mann von wunderbarer Schönheit, der sowohl das hohe Lied gedichtet, als geschrieben haben mußte: es ist Alles eitel unter der Sonne! Die Königin war als Weib, was er als Mann, und Beide, in reiche, üppige Wänder gehüllt, saßen allein und einsam sich gegenüber und schienen, die brennenden Augen Eines auf das Andere geheftet, in heißem, fast feindlichem Wortspiele sich das Räthsel ihres Wesens, der Weisheit und des Glückes herauslocken zu wollen. Das Merkwürdige dabei war, daß der schöne König in seinen Gesichtszügen ein zehnmal verschönter und verstärkter Ferdinand Lys zu sein schien.

Ein anderes Bild stellte einen Hamlet dar, aber nicht nach einer Scene des großen Trauer|spieles, sondern als Portrait und so, als ob ein anachronischer Vandyk den Prinzen in seinen Staatsgewändern gemalt hätte, ganz jung, blühend und hoffnungsvoll, und doch mit seinem ganzen Schicksal schon um Stirn und Augen. Dieser Hamlet glich ebenfalls stark dem Maler selbst.

Obgleich im strengsten Styl gehalten, machte doch einen überwältigenden, verführerischen Eindruck eine Königin, welche, schon von jeder Hülle entblößt, eben mit dem Fuß in einen klaren Bach zum Bade tritt und vergessen hat, ihre goldene Krone vom Haupte zu thun. So trat sie, mit derselben geschmückt, dem Beschauer gerade entgegen, jeder Zoll ein majestätisches Weib, aus einem Lorbeergebüsch hervor, den ruhigen Blick auf das kühle Wasser gesenkt. Dies Bild, so gewaltig es war, war doch mit wahrhaft klassischer Liebe und Kindlichkeit ausgeschmückt und ausgeführt. Das Beiwerk, die glänzenden Steine im Bach, die durchsichtigen spielenden Wellen, die stahlblauen Libellen darüber, die Blumen am Ufer, die Lorbeerbäumchen und endlich die Wolken | am tiefblauen Himmel, Alles war so frisch und leuchtend und doch

so streng und fromm geformt, daß die sinnliche Gewalt, welche auf
den reichen Gliedern der Hauptfigur herrschte, auf dem heiligsten
Rechtsboden zu stehen schien.

    Das Hauptbild aber und auf welches er den meisten Fleiß ver-
wandte, war eine größere Komposition, deren Veranlassung die
Psalmworte gegeben: Wohl dem, der nicht sitzet auf der Bank der
Spötter! Auf einer halbkreisförmigen Steinbank in einer römischen
Villa, unter einem Rebendache, saßen vier bis fünf Männer in der
Tracht des achtzehnten Jahrhunderts, einen antiken Marmortisch
vor sich, auf welchem Champagner in hohen venetianischen Glä-
sern perlte. Vor dem Tische, mit dem Rücken gegen den Beschauer
gewendet, saß einzeln ein üppig gewachsenes junges Mädchen, fest-
lich geschmückt, welches eine Laute stimmt und, während sie mit
beiden Händen damit beschäftigt ist, aus einem Glase trinkt, das
ihr der nächste der Männer, ein kaum neunzehnjähriger Jüngling,
an den Mund hält. Dieser sah beim lässigen Hinhalten des Glases
| nicht auf das Mädchen, sondern fixirte den Beschauer, indessen
er sich zu gleicher Zeit an einen silberhaarigen Greis mit kahler
Stirn und röthlichem Gesicht lehnte. Der Greis sah ebenfalls auf
den Beschauer und schlug dazu spöttisch muthwillig Schnippchen mit der einen Hand, indessen die andere sich gegen den Tisch
stemmte. Er blinzelte ganz verzwickt freundlich mit den Augen
und zeigte allen Muthwillen eines Neunzehnjährigen, indessen
der Junge, mit trotzig schönen Lippen, matt glühenden schwarzen
Augen und unbändigen Haaren, deren Ebenholzschwärze durch
den verwischten Puder glänzte, die Erfahrungen eines Greises in
sich zu tragen schien. Auf der Mitte der Bank, deren hohe zierlich
gemeißelte Lehne man durch die Lücken bemerkte, saß ein aus-
gemachter Taugenichts und Hanswurst, welcher mit offenbarem
Hohne, die Nase verziehend, aus dem Bilde sah, und seinen Hohn
dadurch noch beleidigender machte, daß er sich durch eine vor den
Mund gehaltene Rose das Ansehen gab, als wolle er denselben gut-

müthig verhehlen. Auf diesen folgte ein stattlicher ernster Mann; dieser | blickte ruhig, fast schwermüthig, aber mit mitleidigem, bedauerlichem Spott drein, und endlich schloß den Halbkreis, dem Jüngling gegenüber, ein eleganter Abbé in seidener Soutane, welcher, wie eben erst aufmerksam gemacht, einen forschenden stechenden Blick auf den Beschauer richtete, während er eine Prise in die Nase drückte und in diesem Geschäft einen Augenblick anhielt, so sehr schien ihn die Lächerlichkeit, Hohlheit oder Unlauterkeit des Beschauers zu frappiren und zu heillosen Witzen aufzufordern. So waren alle Blicke, mit Ausnahme derer des Mädchens, auf den gerichtet, welcher vor das Bild trat, und sie schienen mit unabwehrbarer Durchdringung jede Selbsttäuschung, Halbheit, Schwärmerei, jede verborgene Schwäche, jede unbewußte Heuchelei aus ihm herauszufischen oder vielmehr schon entdeckt zu haben. Auf ihren eigenen Stirnen und über ihren Augen, um ihre Mundwinkel ruhte zwar unverkennbare Hoffnungslosigkeit; aber trotz ihrer Marmorblässe, die alle, ohne den röthlichen Greis, überzog, staken sie in einer so unverwüstlichen muntern Gesundheit, und der Beschauer, | der nicht ganz seiner bewußt war, befand sich so übel unter diesen Blicken, daß man eher versucht war auszurufen: Weh' dem, der da steht vor der Bank der Spötter! und sich gern in das Bild hinein geflüchtet hätte.

Waren nun Absicht und Wirkung dieses Bildes durchaus verneinender Natur, so war dagegen die Ausführung mit der positivsten Lebensessenz getränkt. Jeder Kopf zeigte eine inhaltvolle eigenthümlichste Individualität und war für sich eine ganze tragische Welt oder eine Komödie, und nebst den schönen arbeitlosen Händen vortrefflich beleuchtet und gemalt. Die gestickten Kleider der wunderlichen Herren, der grüne Sammet und der rothe Atlaß an der reichen Tracht des Weibes, ihr blendender Nacken, die Korallenschnur darum, ihre von Perlenschnüren durchzogenen schwarzen Zöpfe und Locken, die goldene sonnige Bildhauerarbeit an dem alten Marmortische, die Gläser mit den aufschäumenden Perlen, selbst der glänzende Sand des Bodens, in welchen sich der reizende Fuß des Mädchens drückte, diese zarten weißen Knöchel im rothseide|nen Schuh: Alles dies war so zweifellos, breit und sicher und doch ohne alle Manier und Unbescheidenheit, sondern aus dem reinsten naiven Wesen der Kunst und aus der Natur herausgemalt, daß der Widerspruch zwischen diesem freudigen, kraftvollen Glanz und dem kritischen Gegenstand der Bilder die wunderbarste Wirkung hervorrief. Dies klare und frohe Leuchten der Formenwelt war Antwort und Versöhnung, und die ehrliche Arbeit, das volle Können, welche ihm zu Grunde lagen, waren der Lohn und Trost für den, der die skeptischen Blicke der Spötter nicht zu scheuen brauchte, oder sie tapfer aushielt.

Lys nannte dies Bild seine „hohe Commission," seinen Ausschuß der Sachverständigen, vor welchen er sich selbst zuweilen mit zerknirschtem Herzen stelle; auch führte er manchmal einen armen Sünder, dessen gezierte Gefühligkeit und Weisheit nicht aus dem lautersten Himmel zu stammen schien, vor die Leinwand, wo dann der Kauz mit seltsamem etwas einfältigem Lächeln seine Augen irgendwo unterzubringen suchte und machte, daß er bald davon kam. |

Heinrich wurde von seinen beiden Freunden und anderen Gesellen auch hier der grüne Heinrich genannt, da er sie einst mit diesem Titel bekannt gemacht, und er trug ihn, wie man ihn gab, um so lieber, als er seiner grünen Bäume und seiner hoffnungsvollen Gesinnung wegen denselben wohl zu verdienen schien und sich überdies heimathlich dadurch berührt fühlte. Uebrigens war er, wie es einst der unglückliche Römer prophezeit, richtig in den Hafen der gelehrten und stylisirten Landschaften eingelaufen und gab sich, indem er seit seinem Hiersein nicht mehr aus den Mauern der großen Stadt gekommen, rückhaltlos einem Spiritualismus hin, welcher seinen grünen, an den frischen Wald erinnernden Namen fast zu einem bloßen Symbol machte.

Sobald er die angehäuften Kunstschätze der Residenz und dasjenige, was von Lebenden täglich neu ausgestellt wurde, gesehen, auch sich in den Mappen einiger jungen Leute umgeschaut, welche aus poetischen Schulen herkamen, ergriff er sogleich diejenige Richtung, welche sich in reicher und bedeutungsvoller Erfindung, in mannig|faltigen, sich kreuzenden Linien und Gedanken bewegt und es vorzieht, eine ideale Natur fortwährend aus dem Kopfe zu erzeugen, anstatt sich die tägliche Nahrung aus der einfachen Wirklichkeit zu holen.

Der Verfasser dieser Geschichte fühlt sich hier veranlaßt, sich gewissermaßen zu entschuldigen, daß er so oft und so lange bei diesen Künstlersachen und Entwickelungen verweilt, und sogar eine kleine Rechtfertigung zu versuchen. Es ist nicht seine Absicht, so sehr es scheinen möchte, einen sogenannten Künstlerroman zu schreiben und diese oder jene Kunstanschauungen durchzuführen, sondern die vorliegenden Kunstbegebenheiten sind als reine gegebene Facta zu betrachten, und was das Verweilen bei denselben betrifft, so hat es allein den Zweck, das menschliche Verhalten, das moralische Geschick des grünen Heinrich, und somit das Allgemeine in diesen scheinbar zu absonderlichen und berufsmäßigen Dingen zu schildern. Wenn oft die Klage erhoben wird, daß die Helden mancher Romane sich eigentlich mit Nichts beschäftigen und durch | einen andauernden Müßiggang den fleißigen Leser ärgern, so dürfte sich der Verfasser sogar noch beglückwünschen, daß der Seinige wenigstens etwas thut, und wenn er auch nur Landschaften verfertigt. Das Handwerk hat einen goldenen Boden und ganz gewiß in einem Romane ebensowohl wie anderswo. Uebrigens ist nur zu wünschen, daß der weitere Verlauf die Endabsicht klar machen und der aufmerksame Leser inzwischen solche Stellen dulden und von besagtem Standpunkte aus ansehen möge.

VIERTES KAPITEL

Also Heinrich versenkte sich nun ganz in jene geistreiche und symbolische Art. Da er seine Jugendjahre meistens im Freien zugebracht, so bewahrte er in seinem Gedächtnisse, unterstützt von einer lebendigen Vorstellungskraft und seinen alten Studienblättern, eine ziemliche Kenntniß der grünen Natur, und dieser Jugendschatz kam ihm jetzt gut zu Statten; denn von ihm zehrte er diese ganzen Jahre. Aber dieser Vorrath blaßte endlich aus, man sah es an Heinrichs Bäumen; je geistreicher und gebildeter diese wurden, desto mehr wurden sie grau oder bräunlich, | statt grün; je künstlicher und beziehungsreicher seine Steingruppirungen und Steinchen sich darstellten, seine Stämme und Wurzeln, desto blasser waren sie, ohne Glanz und Thau, und am Ende wurden alle diese Dinge zu bloßen schattenhaften Symbolen, zu gespenstigen Schemen, welche er mit wahrer Behendigkeit regierte und in immer neuen Entwürfen verwandte. Er malte überhaupt nur wenig und machte selten etwas ganz fertig; desto eifriger war er dahinter her, in Schwarz oder Grau große Kartons und Skizzen auszuführen, welche immer einen bestimmten, sehr gelehrten oder poetischen Gedanken enthielten und sehr ehrwürdig aussahen.

Und merkwürdiger Weise waren diese Gegenstände fast immer solche, deren Natur er nicht aus eigener Anschauung kannte, ossianische oder nordisch mythologische Wüsteneien, zwischen deren Felsenmälern und knorrigen Eichenhainen man die Meereslinie am Horizonte sah, düstere Haidebilder mit ungeheuren Wolkenzügen, in welchen ein einsames Hünengrab ragte, oder förmliche Kulturbilder, welche etwa einen deutschen Landstrich im | Mittelalter, mit gothischen Städtchen, Brücken, Klöstern, Stadtmauern, Galgen, Gärten, kurz ein ganzes Weichbild aus einem andern Jahrhundert ausbreiteten, endlich sogar hochtragische Scenen aus den letzten Bewegungen der Erdoberfläche, wo dann die rüstige Reißkohle gänzlich in Hypothesen hin und wieder fegte.

Daß Heinrich, dem doch so früh ein guter Sinn für das Wahre

und Natürliche aufgegangen war, sich dennoch so schnell und anhaltend diesem künstlichen und absonderlichen Wesen hingeben konnte, davon lag einer der Gründe nahe genug.

Er hatte von Jugend auf, seit er kaum sein inneres Auge aufgethan, alle Ueberlieferung und alles Wunder von sich gestoßen und sich einem selbstgemachten, manchmal etwas flachen Rationalismus hingegeben, wie ihn eben ein sich selbst überlassener Knabe einseitig gebären kann.

In dem zweifelhaften Lichte dieser Aufklärung stand einsam und unvermittelt sein Gott, ein wahrer Diamantberg von einem Wunder, in welchem sich die Zustände und Bedürfnisse Heinrichs abspiegelten und in flüchtigen Regenbogenfarben ausstrahlten. Er glaubte diesen Diamantfels ureigen in seiner Menschenbrust begründet und angeboren, weil unvorbereitet und ungezwungen ein inniges und tiefes Gefühl der Gottheit ihn erfüllte, sobald er nur einen Blick an den Sternenhimmel warf oder Bedürfniß und Verwirrung ihn drängten.

Er wußte oder bedachte aber nicht, daß das Angeborne eines Gedankens noch kein Beweis für dessen Erfüllung ist, sondern ein bloßes Ergebniß der langen Fortpflanzung in den Geschlechtsfolgen sein kann; wie es denn wirklich sittliche oder unsittliche Eigenschaften giebt, welche sich unbestritten in einzelnen Familien wie in ganzen Stämmen fortpflanzen und oft ganz nah an das Gebiet der Ideen streifen, aber dennoch nicht unaustilgbar sind. Es ist wahrscheinlich, daß die angelsächsische Race nahezu lange genug frei gewesen ist, um das Freiheitsgefühl physisch angeboren zu besitzen, ohne es deswegen für alle Zukunft gesichert zu haben, während den Russen die Zusammenfassung und Verherrlichung der Nationalität in einer absoluten und despotischen Person und der daraus entspringende Unterwürfigkeitstrieb ebensowohl angeboren ist, ohne deswegen unsterblich zu sein. Da also beide, der Freiheitssinn sowohl, wie das Unterthanenbewußtsein im Menschen

VIERTES KAPITEL

angeboren vorkommen, so kann keines sich darauf berufen, um sich als die unbedingte Wahrheit darzustellen; aber beide bestehen in der That um so kräftiger, als ihr Dasein eben die Frucht tausendjährigen Wachsthumes ist.

Wo nun der Fall eintritt, daß der Gegenstand eines angeborenen Glaubens und Fühlens, welches durch Jahrtausende sich im Blut überliefert, außer dieser körperlichen Welt sein soll, also gar nicht vorhanden ist, da spielt das erhabenste Trauer- und Lustspiel, wie es nur die ganze Menschheit mit Allen, die je gelebt haben und leben, spielen kann, und zu dessen Schauen es wirklicher Götter bedürfte, wenn nicht eben diese Menschheit aus der gleichen Gemüthstiefe, aus welcher sie die große Tragikomödie dichtete, auch das volle Verständniß zum Selbstgenuß schöpfen könnte.

Zahllos sind die Verschlingungen und Variationen des uralten Themas und erscheinen da | am seltsamsten und merkwürdigsten, wo sie mit Bildung und Sinnigkeit verwebt sind.

Weil Heinrich auf eine unberechtigte und willkürliche Weise an Gott glaubte, so machte er unter anderem auch allegorische Landschaften und geistreiche, magere Bäume; denn wo der wunderthätige Spiritualismus im Blute steckt, da muß er trotz Aufklärung und Protestation irgendwo heraustreten. Der Spiritualismus ist diejenige Arbeitsscheu, welche aus Mangel an Einsicht und Gleichgewicht der Erfahrungen und Ueberzeugungen hervorgeht und den Fleiß des wirklichen Lebens durch Wunderthätigkeit ersetzen, aus Steinen Brot machen will, anstatt zu ackern, zu säen, das Wachsthum der Aehren abzuwarten, zu schneiden, dreschen, mahlen und zu backen. Das Herausspinnen einer fingirten, künstlichen, allegorischen Welt aus der Erfindungskraft, mit Umgehung der guten Natur, ist eben nichts anderes als jene Arbeitsscheu; und wenn Romantiker und Allegoristen aller Art den ganzen Tag schreiben, dichten, malen und operiren, so ist dies alles nur Trägheit gegenüber derjenigen Thätig|keit, welche nichts anderes ist, als das

02.159.03

nothwendige und gesetzliche Wachsthum der Dinge. Alles Schaffen aus dem Nothwendigen und Wirklichen heraus sind Leben und Mühe, die sich selbst verzehren, wie im Blühen das Vergehen schon herannaht; dies Erblühen ist die wahre Arbeit und der wahre
05 Fleiß; sogar eine simple Rose muß vom Morgen bis zum Abend tapfer dabei sein mit ihrem ganzen Corpus und hat zum Lohne das Welken. Dafür ist sie aber eine wahrhaftige Rose gewesen.

Es war so artig und bequem für Heinrich, daß er eine so lebendige Erfindungsgabe besaß, aus dem Nichts heraus fort und fort
10 schaffen, zusammensetzen, binden und lösen konnte! Wie schön, lieblich und mühelos war diese Thätigkeit, wie wenig ahnte er, daß sie nur ein übertünchtes Grab sei, das eine Welt umschloß, welche nie gewesen ist, nicht ist und nicht sein wird! Wie wunderbar dünkte ihm die schöne Gottesgabe des vermeintlichen Ingeniums,
15 und wie süß schmeckte das Wunder dem rationellen aber dankbaren Gottgläubigen! Er wußte sich nicht recht zu er|klären und ging darüber hinweg, daß sein Freund Lys, wenn er nur einige Stunden in der Woche still und aufmerksam gemalt hatte, viel zufriedener und vergnügter schien, obgleich er ein arger Atheist war, als
20 Heinrich, wenn er die ganze Woche componirt und mit der Kohle gedichtet. Desto bescheiden wohlgefälliger nahm er die Achtung vieler jungen Deutschen hin, welche sein tiefsinniges Bestreben lobten und ihn für einen höchst respectablen Scholaren erklärten.

Warum Heinrich nicht auf dem kürzesten Wege, durch das gute
25 Beispiel Ferdinand's, das ihm so nahe war, zur gesunden Wahrheit zurückkehrte, fand seinen Grund eben in der Verschiedenheit ihrer religiösen Einsichten. Der Holländer hatte ohne besondere Aufregungen abgeschlossen und war ruhig; Heinrich griff ihn beständig an; aber Ferdinand setzte ihm jene Art von Ueberlegenheit ent-
30 gegen, welche nicht sowohl aus der Wahrheit als aus der Harmonie der Grundsätze mit dem übrigen Thun und Lassen entspringt, während Heinrich die Unruhe einer einzelnen, verfrühten oder

verspäteten Ueberzeugung äußerte | und sonderbarer Weise, um dem Spotte, an welchen vielleicht Niemand dachte, zuvorzukommen, Scharfsinn und Phantasie aufbot, Andersdenkende durch Witze in die Enge zu treiben. Wenn er vor Ferdinands hoher Commission, vor der gemalten Bank der Spötter stand, so lachte er den wunderlichen Käuzen in's Gesicht und freute sich über sie; denn er hielt sich wegen seines Rationalismus, auf den er sich gutmüthig viel zu gut that, halb und halb von der Gesellschaft, bis ihn plötzlich die zornige Ahnung überkam, daß es auch auf ihn gemünzt wäre, und der gute Lys, welcher Heinrich wirklich liebte und wohl wußte, daß er nicht vor dies Tribunal gehöre, mußte dann hundert Angriffe und Sarkasmen aushalten.

Außer diesem Umstande verursachte noch ein anderer eine Ungleichheit zwischen beiden Freunden. Lys, der wie Erikson um sechs bis sieben Jahre älter war, als Heinrich, liebte das Glück bei den Weibern und sah, wo er es fand, ohne bisher ein Gefühl für Treue und bindende Dauer empfunden zu haben. Er war höflich und aufmerksam | gegen sie, ohne für sie eine allzugroße Achtung in sich zu beherbergen, während Heinrich zurückhaltend, scheu und fast grob gegen sie war und doch eine herzliche Achtung für jedes weibliche Wesen hegte, das sich nur einigermaßen zu halten wußte. So seltsam vertraut und sinnlich sein Umgang mit Judith gewesen, hatte ihn doch der Instinct der Jugend und die ganze Lage der Dinge vor dem Aeußersten bewahrt, und diese Rettung, auf die er sich nun mit der Coquetterie der Zwanzigjährigen viel zu gute that, betrachtete er nun als ein zu erhaltendes Glück und als eine Erleichterung, dem reineren Andenken Annas leben zu können. Denn obgleich er nun auch bereits merkte, daß jenes jugendliche Gelübde ein Traum gewesen sei, so war er doch weit entfernt, irgend eine neue Liebe zu hoffen und nahe zu sehen, und seine Sehnsucht ging mit ihren Bildern und Träumen daher immer in die Vergangenheit zurück. Dies gab seiner Denkungsart etwas Zartes und Edles, welches er wirklich fühlte und ihn über sich selbst täuschte.

Wenn daher Ferdinand die Weiber beurtheilte, | wie ein Kenner eine Sache, wenn er in galanten, eleganten und ausgesuchten, ja frivolen Dingen, Geräthschaften, Gesprächen und Gebräuchen sich gefiel, wenn er wirklich auf ein Abenteuer ausging oder von einem solchen erzählte, so wurde Heinrich in seiner Gesinnung betroffen und verlegen. Ferdinand besaß ein mit einem Schlosse versehenes Album, in welches er alle seine Liebesabenteuer in verschiedenen Ländern gezeichnet hatte. Man erblickte die bald empfindsamen, bald leichtfertigen Schönen in den verschiedensten Lagen, bald schmollend, zornig, weinend, bald übermüthig und zärtlich in Ferdinand's Armen, diesen aber immer mit der größten Sorgfalt ähnlich gemacht bis auf die Kleidungsstücke, und nicht zu seinem Nachtheile, während den zornigen und schmollenden Schönen durch allerlei Schabernack, entblößte Waden oder triviale Faltenlagen in den Gewändern weniger ein Reiz, als ein Anflug von Lächerlichkeit und Erniedrigung gegeben war. Dies Buch konnte Heinrich nicht ausstehen; sein Freund schien ihm darin sich selbst herabgewürdigt zu haben; aber weit entfernt, mit ihm darüber | zu disputiren oder den Sittenrichter zu spielen, lächelte er vielmehr dazu. Anders, als in den religiösen Fragen, wo er die Existenz seines Bewußtseins auf dem Spiele glaubte, zwang er sich hier, die Art und Weise Anderer gelten zu lassen und sie sogar anzuerkennen. Es war ein Zeichen seiner gänzlichen geistigen Unschuld; denn bei mehr Erfahrung hätte das Verhältniß gerade umgekehrt sein müssen.

Aber alles zusammengenommen bewirkte, daß Heinrich glaubte, sich seinen eigenen Weg in jeder Hinsicht frei halten zu müssen, und für Ferdinand's künstlerisches Beispiel unzugänglich wurde, zumal in dessen fertiger und bewußter Tüchtigkeit etwas von der Keckheit und Erfahrungsreife, von dem Liebesglücke Ferdinand's zu liegen schien.

Sonst waren die Drei, Lys, Erikson und Heinrich, die besten Freunde von der Welt, und Jeder gab seinen Charakter in der unbefangensten Weise dem Andern zum besten. Sie waren um so lieber und unzertrennlicher zusammen, als noch ein besonderes gemeinsames Band sie vereinigte. Jeder von ihnen stammte aus einer Heimath, wo | germanisches Wesen noch in ausgeprägter und alter Feste lebte in Sitte, Sprachgebrauch und persönlichem Unabhängigkeitssinne; alle Drei waren von dem Sonderleben ihrer tüchtigen Heimath abgefallen und zu dem großen Kern des beweglichen deutschen Lebens gestoßen, und alle Drei hatten dasselbe, erstaunt und erschreckt über dessen Art, in der Nähe gesehen. Schon die Sprache, welche der große Haufen in Deutschland führt, war ihnen unverständlich und beklemmend; die tausend und aber tausend „Entschuldigen Sie gefälligst, Erlauben Sie gütigst, Wenn ich bitten darf, Bitt' um Entschuldigung", welche die Luft durchschwirrten und bei den nichtssagendsten Anlässen unaufhörlich verwendet wurden, hatten sie in ihrem Leben nie und in keiner anderen Sprache gehört, selbst das „Pardon Monsieur" der höflichen Franzosen schien ihnen zehnmal kürzer und stolzer, wie es auch nur in dem zehnten Falle gebraucht wird, wo der Deutsche jedesmal um Verzeihung bittet. Aber durch den dünnen Flor dieser Höflichkeit brachen nur zu oft die harten Ecken einer inneren Grobheit und Taktlosigkeit, welche ebenfalls ihren | eigenthümlichen Ausdruck hatten. Sie erinnerten sich, niemals weder in ihrer Heimath noch in fremden Sprachen die in Deutschland so geläufigen Gesellschaftsformeln gehört zu haben: „Das verstehen Sie nicht, mein Herr! Wie können Sie behaupten, da Sie nicht einmal zu wissen scheinen! Das ist nicht wahr!" oder so häufige leise Andeutungen im freundschaftlichen Gespräche, daß man das, was ein Anderer so eben gesagt, für erlogen halte, — welches wieder auf einen anderen noch tieferen Uebelstand schließen ließ. Auch die allgemeine deutsche Autoritätssucht, welche so wunderlich mit der unend-

lichen Nachgiebigkeit und Unterwürfigkeit contrastirte, machte
einen peinlichen Eindruck auf die Deutschen vom Gränzsaume
des großen Volkes; Einer donnerte, die Vortheile seiner Stellung
benutzend, den Andern an, und wer Niemand mehr um sich hatte,
den er anfahren, dem er imponiren konnte, der prügelte seinen
Hund. Recht eigentlich weh aber that den Freunden die gegenseitige Verachtung, welche sich die Süd- und Norddeutschen bei
jeder Gelegenheit angedeihen ließen, und welche ihnen | ebenso
auf ganz grundlosen Vorurtheilen zu beruhen als schädlich schien.
Bei Völkerfamilien und Sprachgenossenschaften, welche zusammen ein Ganzes bilden sollen, ist es ein wahres Glück, wenn sie
unter einander sich etwas aufzurücken und zu stichlen haben; denn
wie durch alle Welt und Natur bindet auch da die Verschiedenheit
und Mannigfaltigkeit, und das Ungleiche und doch Verwandte
hält besser zusammen; aber es muß Gemüth und Verstand in dem
Scherzkampfe sein und dieser zutreffend auf das wahre Wesen der
Gegensätze. Das, was die Nord- und Süddeutschen sich vorwerfen, ist tödtlich beleidigend, indem diese jenen das Herz, jene aber
diesen den Verstand absprechen, und zugleich kann es keine unbegründetere und unbegreiflichere Tradition und Meinung geben,
die nur von wenigen der tüchtigsten Männer beider Hälften nicht
getheilt wird. Wo im Norden w a h r e r Geist ist, da ist immer und
zuverlässig auch Gemüth, wo im Süden wahres Gemüth, da auch
Geist. Es giebt in Norddeutschland Unwissende und Strohköpfe
unter den Gebildeten und in Süddeutschland unter | den Bauern
Witzbolde und Spekulanten. Wenn nun die Drei so oft hören
mußten, wie die Nordmänner die Süddeutschen für einfältige
Leutchen, für eine Art gemüthlicher Duseler ausgaben, und diese
ihre nordischen Brüder hinter dem Rücken anmaßende Schwätzer
und unerträgliche Prahlhänse schalten, so schnitt ihnen dies widerliche Schauspiel in's Herz, weil sie gekommen waren, den Herd des

guten lebendigen deutschen Geistes zu finden und nun eine große
Waschküche voll unnützen Geplauders zu sehen glaubten.

Wie es Fremdlingen oft zu ergehen pflegt, welche in einem
Lande oder in einer Stadt im Genusse des Gastrechtes zusammentreffen, daß sie, dasselbe übel vergeltend, Geist und Sitten, welche
sie vorfinden, mit der entfernten Heimath vergleichen und sich
in gemeinsamem Tadel auf Kosten des gastlichen Landes einigen,
übertrieben auch die drei Freunde vielfach ihren Tadel, nachdem
sie einmal den Schmerz einer großen Enttäuschung empfunden
zu haben glaubten, und sie redeten sich oft in einen großen Zorn
hinein und sagten Deutschland feierlich ab. Erikson sagte, | er
wolle seiner Zwitternatur ein Ende machen und ein guter Däne
werden; Lys behauptete, man müsse an den Deutschen ihr Großes
und Eigenthümliches benutzen und sich im Uebrigen Nichts um
sie bekümmern; nur der grüne Heinrich hing mit seinem ganzen
Herzen an Deutschland. Er schmähte es zwar auch mit dem Munde
und sprach vielleicht noch Stärkeres als die Anderen; er sagte, da
er vor allem aus Schweizer sei, wünsche er manchmal ein Wälscher
zu sein, um nicht mehr deutsch denken zu müssen, und er sei beinahe versucht, französisch schreiben und denken zu lernen. Aber
gerade weil es ihm hiermit bitterer Ernst war und mehr, als den
Freunden, war auch sein Verdruß tiefer und gründlicher. In der
Sprache, mit der man geboren, welche die Väter gesprochen, denkt
man sein ganzes Leben lang, so fertig man eine andere spricht; und
dies anders zu wünschen, die Sprache, in der man sein Geheimstes
denkt, vergessen zu wollen, zeigt, wie tief man getroffen ist und
wie sehr man gerade diese Sprache liebt.

Aber dessen ungeachtet ward er mit jedem | Tage träumerischer
und deutscher und baute alle Hoffnung auf das Deutsche; denn seit
er in Deutschland war, hatte er die Krankheit überkommen, aller
Einsicht zum Trotz das Gegentheil von dem zu thun, was er sprach,
und Theorie und Praxis himmelweit von einander zu trennen. |

Fünftes Kapitel.

Die beste Gelegenheit, ihren Unmuth und Groll zu vergessen und sich wenigstens an dem heraufbeschworenen Glanze früherer deutscher Herrlichkeit zu erheitern, fanden sie, als die ganze reich geartete Künstlerschaft sich zusammenthat, um in einem großen Schau- und Festzuge für die kommende Faschingszeit ein Bild untergegangener Reichsherrlichkeit zu schaffen; denn es war ein wirkliches Schaffen, nicht mittelst Leinwand, Pinsel, Stein und Hammer, sondern wo man die eigene Person als Stoff einsetzte und in vielhundertfältigem Zusammenthun Jeder ein lebendiger Theil des Ganzen war und das Leben des Ganzen in jedem Einzelnen pulsirte, von Auge zu Auge strahlte und eine kurze Nacht sich selber zur Wirklichkeit träumte. |

Es sollte das alte Nürnberg wieder auferweckt werden, wie es wenigstens in beweglichen Menschengestalten sich darstellen konnte und wie es zu der Zeit war, als der letzte Ritter, Kaiser Maximilian I, in ihm Festtage feierte und seinen besten Sohn, Albrecht Dürer, mit Ehren und Wappen bekleidete. In einem einzelnen Kopfe entstanden, wurde die Idee sogleich von achthundert Männern und Jünglingen, Kunstbeflissenen aller Grade, aufgenommen und als tüchtiger Handwerksstoff ausgearbeitet, geschmiedet und ausgefeilt, als ob es gälte, ein Werk für die Nachwelt zu schaffen. Das Vollkommene hat in dem Augenblicke seinen ganzen Werth, wo es geworden ist, und in diesem Augenblicke liegt eine Ewigkeit, welche durch eine Dauer von Jahren nur weggespottet wird; die Künstler empfanden daher in der sachgerechten und allseitigen Vorbereitung eine anhaltend wachsende Lust und Geselligkeit,

welche wohl von der Freude der eigentlichen Feststunden überboten wurde, aber in der Erinnerung endlich der hellere und deutlichere Theil vom Ganzen blieb. |
 Der große Festzug zerfiel in drei einzelne Hauptzüge, von denen der erste die Nürnbergische Bürger-, Kunst- und Gewerbswelt, der zweite den Kaiser mit Reichsrittern und Helden und der dritte einen mittelalterlichen Mummenschanz umfaßte, wie von der reichen Stadt dem gekrönten Gast etwa gegeben wurde. In diesem letzten Theile, welcher recht eigentlich ein Traum im Traume genannt werden konnte, in welchem die in historische Vergangenheit sich Zurückträumenden mit den Sinnen dieser Vergangenheit das Mährchen und die Sage schauten, hatten die drei Freunde ihren Raum gewählt, um als verdoppelte Phantasiegebilde dem Phantasiebilde der gestorbenen Reichsherrlichkeit vorzutanzen.
 Die Töchter, Schwestern und Bräute vieler Künstler hatten sich artig und froh ergeben, dem lebendigen Kunstwerke zum höchsten Schmucke zu gereichen, in manchem Hause waren die Hände geschäftig, schöne Frauenkörper in die weiblichen Prachtgewänder der alten Reichsstadt zu kleiden, und es war nicht das geringste Vergnügen der Künstler, auch hier die Hand anzulegen und, die | alten Trachtenbücher und den Weißkunig vor sich, in Stoff, Schnitt und Schmuck die eigensinnigen Neigungen, den unkundigen Modegeschmack der Frauensleute im Zaum zu halten. Wo Liebe mithalf, da spielte der anmuthigste Roman in den Sammet- und Goldstoffen und um die Perlenschnüre, und manche zur Probe Vollgeschmückte entzog sich den verlangenden Armen ihres augenseligen Geliebten mit einem Lächeln, welches den weisen Sinn der Schönen verrieth, daß sie auf einen bessern Augenblick zu hoffen wisse, wann Pauken und Trompeten ertönten und die glänzenden Paarreihen sich schwängen.
 Heinrich sah solchem Glücke halb gleichgültig, halb sehnsüchtig zu und war, als frei und ledig und mit seinen eigenen Sachen

handlich und ohne Geräusch bald fertig, Anderen dienstbar in ihren vermehrten Geschäften. Es war sein mütterliches Erbtheil, daß er still und rasch seine eigene Person zu versehen und zugleich alle Aufmerksamkeit Anderen zu schenken wußte. Solche Züge verkünden ein tüchtiges Geblüt und weit mehr ein wahrhaft gutes Herkommen, als alle | angelernten Höflichkeiten und Anstandsformen. Wo sie sich, wie hier, in unwichtigen Dingen, sogar nur in Sachen des Vergnügens äußern, während ihre Ausbildung und Bethätigung in den großen Lebenslagen stockt, da muß ein ernstes Schicksal, eine tiefe Verirrung im Anzuge sein, welche sich nur dem unkundigen Beobachter verbergen.

Beide Freunde Heinrich's waren zwei reizenden Wesen für das kommende Fest verpflichtet. In einer vergessenen alterthümlichen Gegend der Stadt lag ein ganz kleiner, gevierter sonniger Platz, wo zwischen anderen ein schmales Häuschen im Renaissance-Styl zierlichst sich auszeichnete, in der Breite ein einziges Fenster von den schönsten Verhältnissen zeigend. Beide Stockwerke bildeten zusammen einen kleinen Thurm oder eher ein Monument und waren durch den Gedanken der Gliederung ein Ganzes; die wohlgefügten, von der Zeit geschwärzten Backsteine zeigten eine scharfe und gediegene Arbeit, und selbst der Thürklopfer von Erz, welcher ein schlankes, den schmalen Leib kühn hinausbiegendes Meerweibchen vorstellte, | verrieth die Spuren vortrefflicher Künstlerarbeit. Ueber der reich verzierten Thür ragte ein morgenländisches Marienbild von schwarzem Marmor, das auf einem stark im Feuer vergoldeten metallenen Halbmonde stand. So erinnerte das Ganze an jene kleinen zierlichen Baudenkmäler, welche einst große Herren für irgend eine Geliebte, oder berühmte Künstler zu ihrem eigenen Wohnsitze bauten. Hierher hatte Ferdinand seine Schritte zu lenken; denn in dem reich gesimsten Fenster sah man ein dunkles Mädchenhaupt auf schmalem Körper schwanken, wie eine Mohnblume auf ihrem Stengel. Die Wittwe eines Malers aus der vorher-

gegangenen Periode wohnte in dem Häuschen, eines Malers, der zu
seiner Zeit oft genannt wurde, von welchem aber nirgends mehr die
Werke zu finden waren; sogar seine seltsame Wittwe, die einst nur
außerordentlich schön gewesen, hatte das letzte Fetzchen gefärbter
Leinwand weggeräumt und dafür das alte Haus inwendig bekleidet
mit allen Erzeugnissen der Modenindustrie und den Spielereien der
Bequemlichkeit. Nur ihr pomphaftes Bildniß, wie der Ver|storbene
sie einst als geschmückte Braut gemalt in aller ihrer Schönheit,
bewahrte sie an einem altarähnlichen Platze und betete das Bild
unverdrossen an. Sonst war die achtzehnjährige Tochter Agnes der   02.171.07
einzige ästhetische Nachlaß des Mannes, und man bedauerte bei
ihrem Anblick den Aermsten, daß er dieses sein bestes Kunstwerk
nicht selber mehr sehen konnte, und man bedauerte um so tiefer,
als die Wittwe gar kein Auge für das liebliche Wunder zu haben
schien, sondern, in die Betrachtung ihrer eigenen früheren Schönheit versunken, die zarte Blume des Kindes schwanken und blühen
ließ wie sie eben wollte.

Von einer Schulter zur andern, mit Inbegriff beider, war Agnes
kaum eine Spanne breit, aber Hals und Schultern waren bei aller
Feinheit wie aus Elfenbein gedrechselt und rund, wie die zwei kleinen vollkommenen Brüstchen, und wie die schlanken Arme, deren
Ellbogen bei aller Schlänke ein anmuthiges Grübchen zeigten. Bis
zu den Hüften wurde der Leib immer schlangenartiger und selbst
die Hüften verursachten eine fast unmerkliche Wölbung; aber diese
war so schön, daß | sie beinahe mehr Kraft und Leben verrieth, als
die breitesten Lenden. Das Gewand saß ihr schön und sicher auf
dem Leibe; sie liebte es ganz knapp zu tragen, so daß ihre ganze
Schmalheit erst recht zu Tage trat, und doch berauschten sich die
Augen dessen, der sie sah, mehr in dieser Erscheinung, als in den
reichen Formen eines üppigen Weibes, und wer einer vollen Schönheit kalt vorüberging, glaubte dies schmale Wesen augenblicklich
in die Arme schließen zu müssen. Auf solchem schwanken Sten-

gel aber wiegte sich die wunderbarste Blume des Hauptes. In dem marmorweißen Gesicht glänzten zwei große dunkelblaue Augen und ein kirschrother Mund, und das Rund des Gesichtes spitzte sich stark in dem kleinen reizenden Kinne zu, und doch war dies Kinn nicht so klein, daß es nicht noch die reizendste Andeutung einer Verdoppelung geziert hätte. Aber der breiteste Theil der ganzen Gestalt im wörtlichen Sinne schien das große volle Haar zu sein, welches sie krönte; die gewaltige, tiefschwarze Last, vielfach geflochten und gewunden und immer mit grünem Seidenbande durchzogen, | wuchtete rund um den kleinen Kopf, und da, wenn die schlanke Geschmeidige sich anmuthig und leicht bewegte und das schöne Haupt senkte, dies unwillkürlich die Vorstellung erregte, das Gewicht des dunklen Haarbundes verursache das liebliche Schwanken und Beugen, so rief sie von selbst das Bild einer Blume hervor; aber noch froher überraschte es, wenn sie sich unversehens frei aufrichtete und die schwere Krone so leicht und unbewußt trug, wie ein schlanker Hirsch sein Geweih.

In ihr geistiges Leben war noch kein sicherer Blick zu thun. Meist schien sie kindlicher zu sein, als es ihrem Mädchenalter eigentlich zukam; gelernt hatte sie auch nicht viel und las nicht gern, ausgenommen komische Erzählungen, wenn sie deren habhaft werden konnte; aber sie mußten gut, ja klassisch sein, und alsdann studirte sie dieselben sehr ernsthaft und verzog nicht den Mund. Manchmal schien sie entschieden beschränkten Verstandes und unbehülflich; sobald aber Ferdinand da war, überfloß sie von klarem krystallenem Witze, der noch in der Sonne der Kindheit funkelte, in|dessen ihre Augen eine reife Sinnenwärme ausstrahlten, wenn sie neckend und zärtlich an seinem Halse hing. Er durfte aber alsdann nicht wagen, sie kosend ebenfalls zu umfassen, wie er überhaupt sich leidend verhalten mußte, wenn er sie nicht erzürnen und von sich scheuchen wollte.

Wie Ferdinand in das Haus gekommen, wußte er selber kaum

mehr zu sagen; er hatte das seltene Gebilde im Rahmen des alten Fensters gesehen, und es war ihm nachtwandlerhaft gelungen, sich alsogleich einzuführen und der tägliche Besucher zu werden.

Aber bald mußte er in einen Zwiespalt mit sich selbst gerathen, da das eigenthümliche und räthselhafte Wesen nicht die gewohnte Art zuließ, das Glück bei Frauen zu erhaschen. Diese Erscheinung war zu köstlich, zu selten und zugleich zu kindlich und zu unbefangen, als daß sie durfte zum Gegenstande einer vorübergehenden Neigung gemacht werden, und auch wieder zu eigen und absonderlich unbestimmt, um gleich den Gedanken einer Verbindung für das Leben zu erlauben. Ferdinand sah, daß das Kind ihn liebte, und er | fühlte auch, daß er ihr von Herzen gut war, noch über das leidenschaftliche Wohlgefallen hinaus, welches ihr Aeußeres erregte; aber er glaubte überhaupt nicht an s e i n e Liebe, er bildete sich ein, nicht dauernd lieben zu können oder zu dürfen, und wußte nicht, daß Liebe im Grunde leichter zu erhalten, als auszulöschen ist; und gerade dieser verzweifelte Zweifel an sich selbst ließ keine tiefere Neigung in ihm reif werden.

„Sie ist ein Phänomen!" sagte er sich und glaubte zu erschrecken bei dem Gedanken, sich für immer ein solches zu verbinden oder, einfach gesagt, ein Phänomen zur Frau zu haben. Und doch war es ihm unmöglich, nur einen Tag vorübergehen zu lassen, ohne das reizende Wunder zu sehen. Nun beschuldigte er sich wieder, daß solches Bedürfniß nur die geheime Begierde sei, die Blume zu brechen, um sie dann zu vergessen, und da er fest gewillt war, sich treu und ehrlich zu verhalten, schon aus einer Art von künstlerischem Gewissen die Verpflichtung fühlend, dies außergewöhnliche Dasein nicht zu verwirren und zu stören, so hielt er sich standhaft in seiner pas|siven Stellung und suchte derselben einen brüderlich freundschaftlichen Anstrich zu geben. Er behandelte sie mehr als Kind und nahm scheinbar ihre Liebkosungen als diejenigen einer kleinen Freundin hin, suchte sie zu unterrichten und nahm hin und wieder ein kaltes und ernsthaftes Ansehen an. Aengstlich vermied er, das Wort Liebe auszusprechen oder es zu veranlassen und vermied mit dem Mädchen allein zu sein. So glaubte er als ein Mann zu handeln und seiner Pflicht und Ehre zu genügen und ahnte nicht, daß er ächt weiblich zu Werke ging. Denn er war nun wirklich auf dem Punkte angelangt, wo liebenswürdige und geistreiche Männer gerade so auf eigennützige Weise mit weiblichen Wesen spielen, wie es tugendhafte Coquetten mit jungen Männern zu thun pflegen.

Auch wußte das ärmste Kind ihm keinen Dank dafür. Sie achtete nicht auf seinen Unterricht und wurde traurig oder unmuthig, wenn er die väterliche Art annahm. Hundertmal suchte sie das Wort auf Liebe und verliebte Dinge schüchtern zu lenken; allein er stellte sich, | als kennte er dergleichen nicht, und der erwachende Trotz verschloß ihr den Mund. Hundertmal liebkoste sie ihn jetzt und hielt sich dann ein Weilchen geduckt und still, damit er das Kosen erwidern solle, und sie war nicht mehr bereit, zornig davon zu fliehen; allein er rührte sich nicht und ertrug das ungeduldige Spiel des schmalen schlangenähnlichen Körpers mit der größten Standhaftigkeit. Dennoch sah die Arme recht gut, daß er mit ganz anderen Gefühlen zu ihr kam, als mit denen eines Bruders oder schulmeisterlichen Freundes, und sah wohl das verhaltene Feuer in seinen Augen, wenn sie ihm nahe trat und das unablässig betrachtende Wohlgefallen, wenn sie umherging; und sie war nur bekümmert, den Grund seines Betragens nicht zu kennen und fürchtete, da sie die Welt nicht kannte, ihr verborgene, unheilvolle Dinge, die gar in ihr selbst lägen, dürften ihrem Glücke im Wege stehen.

In dem Maße aber, in welchem sie täglich verliebter und trauriger wurde, gewann ihr Wesen an Entschiedenheit und Klugheit, und im gleichen Maße wuchs die Verlegenheit Ferdinand's; | denn er sah nun ein, daß er nicht länger sich also verhalten durfte. Ihr verliebtes und sich hingebendes Wesen schreckte ihn durchaus nicht ab, weil er dessen Grund und Natur durchschaute und sie darum nur um so reizender fand; dagegen mußte er nun gestehen, daß wohl eine artige und köstliche Frau aus ihr zu machen wäre und schüttelte sich innerlich bei dem Gedanken, sie je in eines Andern Händen zu sehen, während der Unselige doch immer noch sich nicht entschließen konnte, seine Selbstherrlichkeit mit einem anderen Wesen für immer zu theilen und noch für eine zweite Hälfte zu leben.

Beide Wagschalen standen sich vollkommen gleich und das Zünglein seiner Unentschlossenheit schwebte still in der Mitte, als das Künstlerfest herannahte. Agnes sollte daran Theil nehmen; Ferdinand war beflissen, ihre Gestalt vollends zu einem Feenmährchen zu machen und faßte dabei den Vorsatz, es nunmehr darauf ankommen zu lassen, ob das Fest eine Entscheidung herbeiführe oder nicht; er wollte eine solche weder suchen noch ihr widerstehen; denn noch immer hielt er sich in | seiner Selbstsucht für vollkommen frei. Wenn er aber das Mädchen nur ein einziges Mal geküßt habe, gab er sich das Wort, so solle sie unverbrüchlich die Seinige sein.

Agnes aber hatte einen ähnlichen Plan in ihrem Herzchen ausgesponnen, der indessen sehr einfach war. Sie gedachte, in einem geeigneten günstigen Augenblicke ohne Weiteres mit ihren Armen den Geliebten zu umstricken und zum Geständniß seiner Neigung zu zwingen, und falls dies noch nicht hülfe, die Aufregung der Festfreude benutzend, ihn so mit Liebeschmeicheln zu berauschen und förmlich zu verführen, daß er das Opfer ihrer Unschuld nähme. Dieser verzweifelte Plan gohr und rumorte in ihrem pochenden Busen, daß sie wie eine Träumende umherging und nicht einmal bemerkte, wie Ferdinand starr auf ihren jungen Busen hinsah, als er einen Augenblick beim Probiren der schimmernden Festgewänder entblößt wurde. Sie war in ihrer Unschuld fest überzeugt, daß Ferdinand, wenn ihr Plan gelänge, alsdann für immer der Ihrige würde.

In nicht so bedenklicher Lage fand sich Erik|son, welchem sich alle Dinge, außer seinen Bildern, mühelos und körnig gestalteten; er schritt auch mit ausreichenden Waidmannsschritten, obwohl nicht ohne die nöthige Behutsamkeit, durch sein Liebesverhältniß und auf das Theil zu, das er oder das Schicksal sich erwählt.

Eine reiche und schöne Brauerswittwe hatte bei der Verloosung der großen Gemäldeausstellung ein Bildchen von ihm gewonnen, welches ihm theuer bezahlt worden war. Die Dame stand nicht im Rufe einer besonderen Kunstfreundin, und Erikson hoffte, sie würde froh sein, ihm den Gewinnst um einen ermäßigten Preis wieder abzutreten; er gedachte dann das Bild anderwärts zu versenden zu erhöhtem Preise und so abermals eine Summe einzunehmen, ohne der Qual und Mühsal des Erfindens und der Ausführung eines neuen Gegenstandes ausgesetzt zu sein. Diese Aussicht gewährte ihm so viel Vergnügen, daß er sich unverweilt aufmachte und mit dem Wunsche, alle seine sauern Arbeiten noch einmal und immer wieder verkaufen zu können, das Haus der Wittwe aufsuchte.|

Bald stand er auf dem Vorsaale des stattlichen Wittwensitzes, dessen Pracht das Gerücht von dem unmäßigen hinterlassenen Vermögen des verstorbenen Bierbrauers zu bestätigen schien. Eine alte Aufwärterin, welcher er sein Anliegen mittheilen mußte, brachte ihm indessen gleich den Bericht, daß die Herrin das Bild mit Vergnügen wieder abtrete, daß er aber ein ander Mal vorsprechen möge. Weit entfernt, über diese Willfährigkeit und Geringschätzung empfindlich zu sein, ging Erikson ein zweites und drittes Mal hin, und erst das dritte Mal wurde er etwas betroffen und erbost, als dieselbe Aufwärterin endlich kund that, daß die bequeme Dame das Bild um ein Viertel des angegebenen Werthes wieder verkaufe und die Summe für die Armen bestimme, daß der Herr Maler, um ihm nicht fernere Mühe zu machen, es am anderen Tage bestimmt abholen und das Geld mitbringen möchte. Er tröstete sich indessen

mit der Aussicht, nunmehr sicher ein Vierteljahr nicht malen zu müssen, und das Wetter betrachtend, ob es gute Jagdtage verspräche, machte er sich zum vierten Male auf den Weg. |
 Die unvermeidliche Alte führte ihn in ihr kleines Wärter-gemach und ließ ihn da stehen, um das Kunstwerkchen herbeizuholen. Dieses war aber nirgends zu finden; immer mehr Bedienstete, Köchin, Kammermädchen und Hausknecht rannten umher und suchten in Küche, Keller und Kammern. Endlich rief das Geräusch die schöne Wittwe selbst herbei, und als sie, die, nach dem kleinen wunderlichen Bildchen urtheilend, gewähnt hatte, einen ebenso kleinen und dürftigen Urheber zu finden, als sie nun den gewaltigen Erikson dastehen sah, der mit der Stirn beinahe die Decke des niedern Verschlages berührte, indessen sein nordisches Goldhaar glänzend auf die breiten Schultern fiel, da gerieth sie in die größte Verlegenheit, zumal er, aus einem ruhigen Lächeln erwachend, sie jetzt mit festem und wohlgefälligem Blick betrachtete. Sie war aber auch des längsten Anschauens werth; kaum sechs und zwanzig Sommer alt, stand Rosalie liebreizend da, von der Rosenfarbe der Gesundheit und Lebensfrische überhaucht, von freundlichen Gesichtszügen, mit braunem Seidenhaar und noch brauneren lachen|den Augen. Indessen, um ihre Verlegenheit zu endigen, lud sie den Maler ein, in das Zimmer zu kommen, und wie sie eintraten, sahen sie Beide zugleich die kleine Gemäldekiste, welche als Fußschemel unter dem Arbeitstischchen der Wittwe stand, dieser selbst unbewußt und vergessen, daß sie schon seit einigen Tagen mit ihren Füßchen muthwillig darauf getrommelt.
 Erröthend lachte sie und zog das Bild eigenhändig hervor. Zugleich aber sagte sie, indem sie einen flüchtigen Blick auf Erikson warf, sie hätte sich eines anderen besonnen und bedaure, ihm das Bild nicht mehr für ein Viertel, sondern nur für die Hälfte des Werthes lassen zu können. Besorgt, sie möchte noch mehr den Preis steigern, zog er seine Börse und legte die Goldstücke auf den

Tisch, indessen sie das Bild anscheinend aufmerksam betrachtete und wieder begann: Je mehr sie die Arbeit, welche sie bisher nur oberflächlich besehen, in's Auge fasse, desto besser gefiele sie ihr, sie müsse nunmehr wirklich die volle Summe fordern! Seufzend bot er drei Viertheile der Summe. Allein die schöne Wittwe war unerbittlich und | sagte: „Ihr Eifer, mein Herr, durch baares Geld ihr eigenes Bild wieder zu erwerben, beweist mir den Werth, den ich erst verkannt habe. Ich fordere nun die doppelte Summe, die Freiheit der Frauenlaune benutzend, oder ich will das Werk lieber behalten."

Als Erikson diese seltsame Steigerung auffiel und er sie zu seinen Gunsten auszulegen und zu wenden beschloß, verbeugte er sich lächelnd, strich sein Geld wieder ein und erwiederte: „Da mein kleines Bild eine so gute Stelle gefunden, wäre es lieblos von mir, es derselben zu berauben!" Die Schöne aber fuhr fort: „Und damit Sie sehen, daß nicht Habsucht mich zu dieser Steigerung antrieb, bitte ich, mir ein Seitenstück um diesen verdoppelten Preis zu malen, so bald als möglich, und mir jetzt gleich den Platz für beide Bilder aussuchen zu helfen!"

Erikson spazierte wohl eine Stunde mit ihr in den Gemächern herum, bis er den geeigneten Platz gefunden, und als er sich verabschiedete, grüßte sie ihn freundlich, aber kurz, und lud ihn nicht ein, sonst wieder zu kommen. |

Aber er hatte wohlweislich vergessen, das Maß des Bildchens gleich zu nehmen, und sah sich daher gezwungen, am zweiten Tage sich wieder hinzubegeben, um Vieles sorgfältiger gekleidet. Sie erschien sogleich selbst und führte ihn zu dem Bildchen, hielt ihn aber nach gethaner Verrichtung durchaus nicht weiter auf. Und doch schien sie dem Weggehenden so froh und munter während des kurzen Besuches, daß er höchst zufrieden nach Hause ging und die neue Arbeit begann. Auch vergingen kaum einige Tage, als ihn Rosalie höchst dringend rufen ließ, um sich wegen des Rahmens mit ihm zu besprechen; derjenige des ersten Bildes gefiele ihr ausnehmend wohl und sie wünsche einen ganz gleichen zum zweiten zu bekommen.

Als er sie über diesen Punkt einigermaßen beruhigt, entließ ihn die ihn stets schöner dünkende Rosalie auf das Freundlichste, doch nicht ohne ihn auf den kommenden Sonntag zu Tische gebeten zu haben, indem sie, wie sie anmuthig sich ausdrückte, diese Gelegenheit nun zu benutzen wünsche, ihr Haus mit einiger Künstlerschaft zu | zieren und etwas zu lernen, damit solche grobe Verstöße, wie der begangene, immer weniger wiederkehren könnten.

Erikson betrug sich ruhig und bescheiden, und wie ein Jäger auf ein edles Wild ging er auf sein schönes Ziel los mit klopfendem Herzen, aber ohne einen Schritt zu viel, noch zu wenig zu thun, und zwar nicht aus allzutiefer Berechnung, sondern aus natürlicher Klugheit.

Inzwischen malte er das bestellte Bildchen und ließ sich alle Zeit dazu; er malte diesmal mit wahrer Zufriedenheit ein recht hoffnungsgrünes Frühlingslandschäftchen, welches fast reich und anmuthig zu nennen war; denn es schwante ihm, daß dieses seine letzte Schilderei sein werde.

Es war im Spätherbste, als ihm dies Abenteuer begegnete, und im Februar war er schon so weit, daß Rosalie unter seinem offenen Schutze an dem Künstlerfeste erscheinen wollte. Noch hatte weder Erikson Ferdinand's wundersame Agnes, noch dieser die anmuthsvolle und freundliche Wittwe gesehen, und Beide waren übereingekommen, daß dies am Feste zum ersten Male | geschehen sollte. Heinrich hingegen war beiden Geliebten als ein ungefährliches junges Blut gelegentlich vorgestellt worden und er freute sich, ohne leidenschaftlich betheiligt zu sein, die kommende Festzeit in dem Scheine solcher zwei Sterne mit genießen zu können. |

Sechstes Kapitel.

Das große Theater war in einen Saal umgewandelt und hatte, voll erleuchtet, bereits die beiden Hauptkörper des Festheeres, die, welche das Fest geben, und die, welche es sehen sollten, in sich aufgenommen. Während in den Logenreihen die wohlhabendere und gebildete Hälfte der Stadt in vollem Schmucke versammelt harrte, den königlichen Hof in der Mitte, waren die Seitensäle und Gänge dicht angefüllt von den sich ordnenden Künstlerschaaren. Hier wogte es hundertfarbig und schimmernd durcheinander. Jeder war für sich eine inhaltvolle Erscheinung, und indem er selber etwas Rechtem gleich sah, betrachtete er freudig den Nächsten, welcher, durch die schöne Tracht gänzlich umgewandelt, nun ebenfalls so vortheilhaft und kräftig erschien, wie man es gar nicht in ihm gesucht hätte.

Allen klopfte das Herz vor froher Erwartung, und doch hielten sie sich ruhig und gemessen, wie Leute, welche fühlten, daß ihnen eine schönere äußere Erscheinung für das ganze Leben gebührte und nicht bloß für eine Nacht.

Seltsame Zeit, wo die Menschen, wenn sie sich freudig erheben wollen, das Gewand der Vergangenheit anziehen müssen, um nur anständig zu erscheinen! Und allerdings ist es ein prickliches Gefühl, zu wissen, daß die Nachkommen unsere jetzige Tracht nur etwa hervorziehen werden, um sich im Spotte zu ergehen, wie wir dies jetzo mit derjenigen des achtzehnten Jahrhunderts thun, welches sich selbst doch so wohl gefiel. Und wir können uns nicht anders rächen, als indem wir, wie öfter geschieht, die verborgene Zukunft in muthmaßenden Zerrbildern lächerlich machen und zum Voraus beschimpfen! Wann wird wieder eine Zeit kommen, wo wir uns um die eigene Achse drehen und uns in eigener Gegenwart genügen? |

Nun öffneten sich endlich die Thüren und die Trompeter und Pauker, welche klangvoll erschienen, verbargen in ihrer Breite den hinter ihnen anschwellenden Zug, so daß man ungeduldig harrte, bis sie weiter vorgeschritten und der reichen Entfaltung Raum gaben. Ihnen folgten zwei Zugführer mit dem alten Wappen von Nürnberg, dem Jungfernadler auf den weißen und rothen Wappenröcken, und hinter ihnen schritt schlank und zierlich einher, in dieselben Farben gekleidet, aber mit einem mächtigen Laubkranze auf dem Kopfe, der Zunftführer, welcher der stattlichen Zunft der Meistersänger voranging mit seinem goldenen Stabe. Alle bekränzt, ging jetzt die gute Schaar der nürnbergischen Meistersänger daher mit ihrer Spruchtafel, die Jugend, in welcher noch das abenteuernde Wanderblut wallte, voran in kurzer Tracht mit der Zither auf dem Rücken; dann aber folgten die Alten, um den ehrwürdigen Hans Sachs gesellet; dieser stellte sich dar in dunkelfarbigem Pelzmantel, ehrbar und stattlich wie ein wohlgelungenes Leben und doch mit dem Sonnenschein ewiger Jugend um das weiße Haupt. | Das junge Weib mit voller Brust und rundem Leib, wie Göthe sang, hatte ihm gezeigt:

„Der Menschen wunderliches Weben,
Ihr Wirren, Suchen, Stoßen und Treiben,
Schieben, Reißen, Drängen und Reiben,
Wie kunterbunt die Wirthschaft tollert,
Der Ameishauf' durcheinander kollert! —
Unter dem Himmel allerlei Wesen,
Wie ihr's möcht in sein'n Schriften lesen."

Welcher auch das alte Weiblein zu ihm gleiten sah:

„Man nennet sie Historia,
Mythologia, Fabula.

>   Sie ist rumpfet, strumpfet, bucklet und krumb,
>   Aber eben ehrwürdig darumb" —

auch welcher that einen Narren spüren

> „mit Bocks- und Affen-Sprüngen hofiren;"

welchem endlich stieg

>   „auf einer Wolke Saum
>   Herein zu's Oberfensters Raum
>   Die Muse, heilig anzuschau'n
>   Wie'n Bild unsrer lieben Frau'n.
>   Die umgiebt ihn mit ihrer Klarheit,
>   Immer kräftig wirkender Wahrheit". —

Und obgleich hier der Sängergreis ganz erschien, | wie ihn sein wackerer Schüler Puschmann beschrieben:

>   „In dem Saal stund unecket
>   bedecket
>   ein Tisch mit seiden grüne,
>   am selben saß
>   ein Alt Mann, was
>   Grau und weiß, wie ein Daub dermaß,
>   der hett ein'n großen Bart fürbas;
>   in ein'm schönen großen Buch las
>   mit Gold beschlagen schön;"

so verstand der Darsteller doch sein Urbild so wohl, daß man ihm noch ansah, was Göthe wieder sang:

>   „Ein holdes Mägdlein sitzend warten
>   Am Bächlein bei'm Hollunderstrauch;
>   Mit abgesenktem Haupt und Aug
>   Sitzt's unter einem Apfelbaum
>   Und spürt die Welt ringsum sich kaum;
>   Hat Rosen in ihr'n Schooß gepflückt
>   Und bindet ein Kränzlein gar geschickt,
>   Mit hellen Knospen und Blättern drein.
>   Für wen mag wohl das Kränzel sein. —

> — Wie er den schlanken Leib umfaßt,
> Von aller Müh er findet Rast;
> Wie er in's runde Aermlein sinkt,
> Neue Lebenstäg und Kräfte trinkt. —
> — So wird die Liebe nimmer alt
> Und wird der Dichter nimmer kalt". — |

So ging er jetzt im Schmucke des Alters und der Poesie daher, ein großes Buch tragend.

Aber das bürgerliche Lied war dazumal so reich und überquellend, daß es mit jeder Meisterschaft unzertrennlich war und hauptsächlich auch unter dem Banner der nun folgenden Baderzunft hinter Scheermesser und Bartbecken herging. Da war unter den Kränze-geschmückten Gesellen Hans Rosenplüt, genannt der Schnepperer, der vielgewanderte Schalks- und Wappendichter, ein krumbuckliger munterer Gesell mit einer großen Klystirspritze im Arm. Mit langen Schritten folgte diesem der hochbeinige magere Hans Foltz von Worms, der berühmte Barbier und Dichter der Fastnachtsspiele und Schwänke und als solcher Genoß des Rosenplüt und Vorzünder des Hans Sachs. Zwei Bartscheerer und ein Schuhmacher pflegten so das zarte Schoß des deutschen Theaters.

Liederreich waren alle die alten Zünfte, die jetzt folgten in ihren bestimmten Farben an Kleid und Banner; die Schäffler und Brauer, die Metzger, welche in rothem und schwarzem, mit Fuchs|pelz verbrämten Zunftgewande höchst tüchtig aussahen, so wie die hechtgrauen und weißen Bäcker; die Wachszieher, lieblich in grün, roth und weiß, und die berühmten Lebküchler, hellbraun mit dunkelroth gekleidet; die unsterblichen Schuster, schwarz und grün, in die Farbe des Peches und der Hoffnung gehüllt; buntflikkig die Schneider; die Damast- und Teppichwirker, bei welchen das Künstlichere den Anfang nahm und schon meisterliche Namen aufzeichnete; denn diese webten und wirkten die fürstlichen Teppiche und Tücher, mit denen die Häuser der großen Kaufherren und Patricier angefüllt waren.

Alle nun folgenden Zünfte waren angefüllt mit einer wahren Republik kraftvoller, erfindungsreicher und arbeittreuer Handwerks- und Kunstmänner. Die Tüchtigkeit theilte sich sowohl unter die Gesellen, welche manchen handlichen berühmten Burschen aufzuweisen hatten, als unter die Meister. Schon die Dreher zeigten den Meister Hieronimus Gärtner, welcher mit kindlich frommem Eifer aus einem Stücklein Holz eine Kirsche schnitzte, so zart, daß sie auf dem Stiele | schwankte, und die Fliege, welche auf ihr saß, mit den Flügeln wehte und auf den Füßen sich bewegte, wenn man daran hauchte — der aber zugleich ein erfahrener Meister und Errichter von Wasserwerken und kunstreichen Brunnen war.

Unter den Hufschmieden, roth und schwarz gekleidet wie Feuer und Kohle, ging Meister Melchior, der die großen eisernen Schlangengeschütze aus freier Hand schmiedete; unter den Büchsenmachern der erfindungsreiche Geselle Hans Danner, welcher schon dazumal von den harten Metallen Späne trieb, als hätte er weiches Holz unter den Händen, und sein Bruder Leonhard, der Erfinder von mauerstürzenden Brechschrauben. Da ging auch der Meister Wolff Danner, der Erfinder des Feuersteinschlosses an den Gewehren und Büchsen, die er trefflich schmiedete und künstlich ausbohrte, und neben ihm Böheim, der Meister der Geschützgießer, welche ihre gleißenden, wohlverzierten Geschützröhren, Kanonen, Metzen und Karthaunen durch alle Welt berühmt machten.

Ueberhaupt war der Krieg die zehnte Muse. Die Zunft der Schwertfeger und Waffenschmiede | allein umfaßte eine mehrfach gegliederte Welt kunstreicher, feiner und fleißiger Metallarbeiter. Der Schwertfeger, der Haubenschmied, der Harnischmacher, jeder von diesen brachte den Theil der kriegerischen Rüstung, der seinem Namen entsprach, zur größten Gediegenheit und Zierlichkeit und bewährte darin ein nachhaltiges Künstlerdasein. Wunderbar löste sich diese strenge Eintheilung und Beschränkung in die Freiheit und Allseitigkeit, mit welcher die schlichten Zunftmänner wieder zu den wichtigsten Thaten und Erfindungen vorschritten und Alle wieder Alles konnten, oft ohne lesen und schreiben zu können. So der Schlosser Hans Bullmann, der Verfertiger großer Uhrwerke mit Planetensystemen und musicirenden Figuren, und der Vervollkommner dieser, Andreas Heinlein, welcher auch so kleine Uhren zu wege brachte, daß sie im Knopfe der Spazierstöcke Platz fanden; auch Peter Hele, der eigentliche Erfinder der Taschenuhren, ging hier unter dem handfesten Namen eines Schlossermeisters.

Gleich auf dies handlich sinnige Zunftwesen folgte dasjenige, welches am schärfsten diese Zeit | von einem früheren Jahrtausend unterschied, nämlich das der Buchdrucker und Formschneider, welche für Wort und Bild die Schleusen der unendlichen Vervielfältigung aufthaten und den Strom losließen, der nun die Welt überschwemmt. Vor bald vierhundert Jahren haben sie den Zapfen ausgestoßen, daß das Brünnlein sprang, und wo stehen wir jetzt? Es ist ein großes unentbehrliches Mittel geworden, welches der Unsinn ebenso behende braucht, als die Vernunft; es ist die Luft, welche der Gerechte, wie der Ungerechte athmet, und der Tischklopfer badet sich so munter und unbefangen in seiner Fluth, wie der Sperling im Bache. Weit hinter dieser Fluth ist die langsame aber stäte Bewegung des eigentlichen Geistes geblieben, des Geistes, der nicht auf dem Papier, sondern in Fleisch und Blut lebt und sich nur von Leib zu Leib, von Auge zu Auge, von Ohr zu Ohr mittheilt, überzeugt, trennt und einigt.

Auch hier kommt zuletzt alles wieder auf den persönlichen Menschen an, wie er leibt und lebt und zu dem Anderen hintritt mit seiner Wahrheit oder Täuschung. |

Aber nichts desto minder wollen wir die Gruppe der Meister höchlich ehren, welche nun schwarz und weiß gekleidet daher kam. Es waren die Männer, welche nebst der unschätzbaren Bibel freilich auch das Corpus juris druckten, aber daneben auch eifrig bemüht waren, stattliche Ausgaben der wieder erstandenen Klassiker herzustellen, und eine Ehre darein setzten. So wackere und fähige Werkleute waren sie, daß sie nicht nur das kitzliche und zusammengesetzte Handwerkszeug selbst anfertigten und verbesserten, sondern auch die griechischen und lateinischen Bücher selbst zu corrigiren verstanden.

Es lag aber etwas Griechisches in der Luft jener Zeit, und wie alle Gewerke schon durch den Meistergesang mit der Kunst verbunden waren, so ging beinahe jedes Einzelne unmittelbar in die bildende Kunst über und hatte bei derselben als Legaten die Sprößlinge seiner Werkstatt. So waren hier mit den Buchdruckern die Formschneider gepaart, deren Kunst alsobald der jungen Buchdruckerei zur Seite ging und in dem damaligen Drange, jedem geeigneten Raume Form und | Bild aufzudrücken, sich blühend entfaltete. Ein tödtlicher Frost ist dann lange Jahre hindurch auf diesen Blüthendrang, der in allem Handwerk trieb, gefallen, und erst in neuester Zeit erholt er sich wieder ein wenig und fängt gerade, die bis zur Ueberfeinerung gediehene Kupferstecherei der verdunkelten Jahre überspringend, wieder da an, wie ehemals, nämlich beim Holzschnitt. Aber noch wuchert mit der zehnfachen Mühe, mit welcher das Gute zu thun wäre, das Krabbeliche, Charakterlose und Schwächliche und überwuchert das Klare und Feste, und das Uebel scheint von oben zu kommen, wo man den festen Gedanken, der zur festen Form gehört, nicht freigeben will. Bezeichnend hiefür ist ein Zug, welcher sich unlängst zutrug. Der König eines großen deutschen Staates hatte über seine eigenen Porzellanwerkstätten in ernster Kunst ergraute Männer gesetzt, daß sie die Formen der Gefäße überwachten und den unreinen Geschmack austrieben und fernhielten. Allein eine überroyalistische Zeitung tadelte des Königs Maßregel und bemerkte ziemlich unbotmäßig, daß sich die vornehme Welt wohl keinen | Geschmack vorschreiben ließe, und den Rococostyl, welchen sie einmal zu ihrem Zeichen erhoben, aufrecht zu halten wissen werde. Diese Palastrevo-

SECHSTES KAPITEL

lution gelang denn auch insofern, als die Pairs des Landes nicht des Königs rein geformte Blumengeschirre kauften, sondern sich anderwärts mit solchen versahen, welche einem aufrechtstehenden gefrorenen Waschlappen gleichen, und die Wächter des Geschmakkes bewachten trauernd des Königs Ladenhüter.

Neben Hans Schäufelein, dem fleißigen Schüler Albrecht Dürers, ging unter den Holzschneidern ein kleines Männchen in einem Mäntelchen von Katzenpelz und einer eben solchen Zipfelkappe. Dies war Hieronimus Rösch, ein großer Katzenfreund, in dessen stiller Arbeitsstube überall spinnende Katzen saßen, am Fenster, auf Bänken und auf dem Tische.

Auf das dunkle Katzenmännchen folgte eine lichte Erscheinung, die Silberschmiede in himmelblauem und rosenrothem Gewand mit weißem Ueberwurf, die Klarheit und das kunstweckende Wesen ihres Metalles verkündend, während die | Goldschmiede, ganz roth gekleidet in schwarz-damastenem Mantel und reich mit Gold gestickt, den tieferen Glanz ihres Stoffes zur Schau trugen. Silberne Bildtafeln und goldgetriebene Schalen wurden ihnen vorangetragen; die plastische Kunst lächelte hier aus silberner Wiege und die neugeborene Kupferstecherkunst hatte hier ihren metallischen Ursprung, wunderlich getrennt von dem Holzschnitt, welcher mit der schwärzlichen Buchdruckerei ging.

Mit Holz und Kupfer nur hatten es die nun auftretenden Kupfertreiber und Ornamentschneider zu thun, dafür waren sie aber schon ganz Künstler und unbezweifelte Bildwerker. Sebastian Lindenast arbeitete seine kupfernen Gefäße und Schalen so schön und kostbar, daß ihm der Kaiser das Vorrecht verlieh, sie zu vergolden, welches sonst Niemand durfte. Obgleich dergleichen für heute nicht mehr ziemte, so kann es doch keine sinnigere Beschränkung und Befreiung von derselben geben, als diese, wo ein kunstreicher treuer Mann vom obersten Haupte der Nation, des Reiches die Befugniß erhielt, sein geringes Metall der edlen | Form wegen, die er ihm zu geben wußte, mit Goldglanz zu umgeben und es so zum Golde zu erheben.

Neben dieser, um dieses Umstandes willen so lieblichen und wohlthuenden Gestalt des Lindenast (wie deutsch und grün wehend war schon dieser Name!) ging Veit Stoß, der Mann von wunderlichster Mischung. Dieser schnitzte aus Holz so holde Marienbilder und Engel, und bekleidete sie so lieblich mit Farben, güldenem Haar und Edelsteinen, daß damalige Dichter begeistert seine Werke besangen. Dazu war er ein mäßiger und stiller Mann, der keinen Wein trank und fleißig seines Werkes oblag, die frommen Wunderbilder für die Altäre zu Tage fördernd. Welch reines Gemüth mußte dieser Künstler in sich tragen. Aber er machte eifrigst falsche Werthpapiere, um sein Gut zu erhöhen, und als er ertappt ward, durchstach man ihm beide Wangen öffentlich mit glühendem Eisen. Aber weit entfernt, von solcher Schmach gebrochen zu werden, erreichte er in aller Gemächlichkeit ein Alter von fünf und neunzig Jahren und schnitt nebenbei schöne und lehrreiche | Reliefkarten von Landschaften mit Städten, Gebirgen und Flüssen; auch malte er und stach in Kupfer.

Noch ein sinnreicher Arbeiter in Kupfer war Hans Frei, Dürer's Schwiegervater, welcher reizende und muthwillige Frauenfiguren in Kupfer trieb, die aus den Brüsten und aus dem Kopfputze Wasser springen ließen; zugleich spielte er trefflich die Harfe und war in Musik und Poesie wohl erfahren. Seine schöne böse Tochter Agnes aber, in welcher sich Liebreiz und Unerträglichkeit unablässig vermählten, brachte den Schönheit bedürftigen und sanftmüthigen Albrecht unter den Boden.

Doch als ein ganzer und klassischer Genoß trat nun, unter dem schlichten Namen der Gelb- und Rothgießer, Peter Vischer einher mit seinen fünf Söhnen, die Handtierer in glänzendem Erze. Er sah aus mit seinem kräftig gelockten Bart, seiner runden Filzmütze und seinem Schmiedefell, wie der wackere Hephästos selber.

Sein freundliches großes Auge verkündete, daß es ihm gelang, aus reinlichem Erz sich ein unvergängliches Denk|mal zu setzen, reich in der Arbeit vieler Jahre und beschienen von der fernen Sonne griechischer Welt. Noch heute steht sein Grabmal des heiligen Sebaldus, ein schlank edler Aufbau von romantischer Phantasie und klassischer Anmuth, der reiche Wohnsitz einer Schaar edler mannigfaltiger Bildwerke, die in lichtem Raume den silbernen Sarg des Heiligen hüten. Er wohnte mit seinen fünf Söhnen sammt deren Weibern und Kindern in Einem Hause, an Einer Werkstatt, und konnte so mit seiner Familie einem geheiligten Baume verglichen werden, in dessen Aesten die köstlichen Früchte von Erz reiften, die in alle Länder hin sich verbreiteten. Die Wiege eines Helden, Staatsmannes oder Dichters müßte einmal in solcher Werkstatt stehen, wo unter leidenschaftlich bewegter Arbeit die ehernen Gestalten und eine Welt ebenmäßiger Zierrathen aus Einem Kerne sich bilden und das lang ausdauernde Schaffen einem lebendigen Epos gleicht.

Zu den edelsten und vertrauenswerthesten Gestalten einer wohlbestehenden Stadt gehören die kundigen Baumeister. Sie stehen unter allen | Künstlern dem Rath am nächsten und sind dem Bürgerkinde stets eine werthe Erscheinung, welche ihm Einsicht, Maß und Zierde bedeutet, Rath und That für das öffentliche Ganze, wie für das Bedürfniß des Einzelnen. Sie sind am innigsten mit Land und Boden verbunden; denn sie bauen das Unbewegliche und müssen daher kundig sein in Fels und Wald, wie am rauschenden Wasser. Ganz in diesem Sinne erschien in dem Zuge mit den Maurer- und Zimmermeistern besonders der Eine der beiden Behaims, Hans, von dem die Nachrichten sagen, er sei angesehen gewesen bei Rath und Gemeinde, freundlich und gütigen Bescheids gegen Jedermann, wie gegen die geringsten seiner Arbeitsleute. Wenn man an die zierbegabten und gewaltigen Bauwerke jener Glanzzeit denkt, so muß man dieses Mannes vorzüglich zugleich gedenken. Wir aber, die wir nach menschlicher Schwachheit immer lieber das auffallende und seltsame Gute, als das in gereihter sicherer Ordnung erwachsene, betrachten, sehen jetzt mit Vorliebe jenen großen dickstarken Mann heranschreiten, den Zimmermann Georg Weber, zu | dessen grauem Kleide es einer Unzahl von Ellen handfesten Tuches bedurfte. Dieser war ein rechter Wäldervertilger; denn mit seinen Werkleuten, die er alle so groß und stark aussuchte, wie er selber war, mit dieser Riesenschaft werkte er so mächtig in Bäumen und Balken und zugleich so sinnreich und künstlich, daß er seines Gleichen nicht fand. Aber er war auch ein trotziger Volksmann und machte im Bauernkrieg den Bauern Geschütze aus grünen Waldbäumen, aus welchen sie ganz emsig auf die Adeligen schossen. Er sollte desnahen zu Dinkelsbühl geköpft werden. Allein der Rath von Nürnberg löste ihn wegen seiner Kunst und Nutzbarkeit aus und machte ihn zum Stadtzimmermeister; denn er baute nicht nur schönes und festes Sparren- und Balkenwerk, sondern auch Mühl- und Hebemaschinen und gewaltige lasttragende Wagen und fand für jedes Hinderniß, eine jede Gewichtmasse einen Anschlag unter seiner starken Hirnschale. Das Merkwürdigste war nun, daß er weder lesen noch schreiben konnte und bei aller dieser trotzigen Stärke doch so genau, maßtreffend, sorgfältig und fast zart in | seinem Werke war, wie es nur die mit frommer Kindesunschuld gepaarte Kraft des Volkes sein kann.

Endlich erschien, eröffnet von zwei „Lehrbuben", die eigentliche Zunft der Maler und Bildhauer; wie bei allen anderen Zünften folgten auch hier nach den Lehrlingen die Träger der Zunftzeichen, und nach diesen zwei Gesellen, der Maler Hans Spring in Klee, Dürer's Schüler und Hausgenoß und kunstreich im Malen auf Pergament, in zierlich goldschimmernden und azurblauen Arabesken und Figuren; dann der Bildhauer Peter Flötner, ein geistvoller handsicherer Gesell und Künstler. Einzeln ging jetzt ein schöner Edelknabe mit dem Wappen, das in himmelblauem Felde drei silberne Schildchen zeigt, und von Maximilian dem großen Meister für die ganze geehrte Künstlerschaft gegeben worden ist. Der Sinn dieses Wappens dürfte sich am einfachsten in den Begriff von Tafeln oder Schilderei auflösen. Hätten die Maler selbst es bestimmen dürfen, so würden sie wahrscheinlich in hergebrachtem Sinne eine Trophäe der bekannten Maler|geräthschaften gewählt haben; der wappenkundige und poetische Kaiser aber wußte das einfache Besondere in die einfachste allgemeine sinnige Form zu kleiden.

Hinter diesem anmuthigen Wappen schritt nun Albrecht Dürer, zwischen seinem Lehrer Wohlgemuth und Adam Kraft, wie zwischen den guten Genien seines eigenen Namens. Für seine Person hatte sich ein Maler gefunden, der sein Aeußeres, mit Ausnahme der Kleidung, nicht zu ändern brauchte, um dem Bildnisse des deutschen Meisters, das dieser selbst von sich gefertigt, beinahe ganz zu gleichen. Die hellen Ringellocken fielen zu beiden Seiten gleich gescheitelt ganz so auf die breiten Pelz geschmückten Schultern nieder, das gedankentiefe, fromme heitere Antlitz schien aus jenem Bilde herausgeschnitten, und ein schlank geformter geschmeidiger Leib bewegte sich in dem schwarzen Untergewande. Diese Erscheinung war ganz germanisch und ganz christlich, und wenn sich auch in den geringelten Haaren ein anmuthiger Schalk ahnen ließ, so war auch dieser christlich und ließ sich von der kirchlich an|getrauten bösen Ehehälfte geduldig unter die Erde zanken.

Wie anders jener römische Raphael, der, vom Anschauen des alten Marmors gesättigt, im Christlichen nur das Menschliche sah und sein kurzes blühendes Leben in freudebringendem gewaltigen Schaffen und freier Frauenliebe verzehrte. Albrecht war ein eifriger Reformationsmann, eben weil er ein tiefer Christ war; hätte Raphael die Reformation empfunden und mitgelebt, er würde vielleicht nicht Raphael gewesen sein. Der Glückliche träumte in einer anderen Welt, und Papst wie Luther gingen wie Schatten an seinem Auge vorüber.

Albrecht Dürer schloß als der letzte die vorüberwandelnde Schaar der Bildner und Werkleute. Sie war der bedeutsamste Theil des ganzen Zuges gewesen, weil sie für Alle noch eine Wahrheit war. Wenn auch nicht als organisches, republikanisch bürgerliches Gemeinwesen erwachsen, wie jenes reichsstädtische, sondern durch das Wort eines zufälligen Fürsten zusammengerufen, gepflegt und bestärkt, hatten alle diese Männer und Jüng|linge nicht nur durch die ungebrochene äußere Gestalt, sondern auch durch ihr Können und Wollen die Fähigkeit und das Recht, jene bewährten Vorfahren darzustellen. Denn es war kein dilletantisches Bestreben, was in dieser Stadt herrschte, sondern die Meisterschaft blühte in hundert Zweigen in glänzend reifender Technik. Außer den vielen Malern und Bildhauern gingen Baumeister, Erzgießer, Glas- und Porzellanmaler, Holzschneider, Kupferstecher, Steinzeichner, Medailleure und viele andere Angehörige eines vollen Kunstlebens. In den Gießhäusern standen zwölf Ahnenbilder für den Palast des Königs, so eben vollendet, jedes zwölf Fuß hoch und vom Scheitel bis zur Zehe im Feuer vergoldet; zahlreiche kolossale Statuen von Fürsten, Dichtern und anderen Großen der Nation, zu Roß und Fuß, sammt den reichen Bildwerken ihrer Fußgestelle, waren schon vollendet und über Deutschland zerstreut, riesenhafte Unternehmungen begonnen und es ging in diesen Feuerhäusern wohl schon so gewaltsam und kraftvoll her, wie an jenem Gußofen zu Florenz, als Benvenuto seinen Perseus goß. In | Fresko und in Wachs waren schon unabsehbare Wände bemalt, ja in diesem Gebiete war ein Unerhörtes und Neues geschehen, indem ein schlichter Meister lange Hallen mit italienischen und hellenischen Landschaften auf eine maßgebende und bleibende Weise und zwar so bemalt hatte, daß die Griechen, deren plastischem Auge unsere heutige Landschafterei wahrscheinlich ungenießbar wäre, diese Bilder verstanden und genossen und darin unserer Zeit einen Vortheil beneidet hätten. Haushohe Glasfenster wurden hier gebrannt und zusammengesetzt in einem

Farbenfeuer und mit solch bewußtem Geschmacke, daß sie gegen
die alten Reste, die wir besitzen, als eine neue That gelten konnten,
und was die Gemäldesammlungen des Staates an seltenen und uner-
setzbaren Schätzen auf verwitterter Leinwand bewahrten, wurde
zur Erhaltung von bewährten Arbeitern mit anspruchlosem Fleiße
auf Porzellanplatten und edle Gefäße getreu übergetragen mit einer
Kunst, die man selbst vor zwanzig Jahren nicht geübt hatte. Neue
bedeutsame Sammlungen entstanden auf diese Art.

  Nachdem nun, was eine Stadt baut und ziert | und von ihr lie-
bend gehegt wird, vorangegangen, trat gewissermaßen die Stadt
selbst auf, wenn der nun folgende Zug von jenem irgend noch zu
trennen ist; denn beide zusammen machten ja das Ganze aus, und
sein rühmliches Wohl kannte nur Einen Boden für seine Wurzeln.

  Von zwei bärtigen Helebardirern begleitet wurde das große
Stadtbanner getragen. Hoch trug der kecke Träger im weiß und
rothen, üppig geschlitzten Kleide die wallende Fahne, die eine Faust
stattlich in die Seite gestemmt und anmuthig den Fuß vorsetzend.
Alsdann kam der Stadthauptmann, kriegerisch prachtvoll in roth
und schwarz gekleidet, mit einem Brustharnisch angethan und den
Kopf mit breitem, von Federn wogenden Baretthute bedeckt.

  Ihm folgten gleich die beiden Bürgermeister, staatsmänni-
schen und weisen Ansehens, dann der Syndikus und die Raths-
herren, unter denen manch ein im weiten Reich angesehener und
demselben ersprießlicher Mann war.

  Von den beiden Stadtschreibern, welche neben einander
gingen, war der eine schmächtige Schwarz|gekleidete, mit der schön
geschnitzten Elfenbeinbrille auf der Nase, in Wirklichkeit der Lite-
rator der Künstlerschaft und der gelehrte Beschreiber des Festes.
Sein rühmliches Gedenkbuch ist unserem Gedächtniß dankbar zur
Hülfe genommen.

  Den Schluß bildeten nun die festlichen Reihen der ehrbaren
Geschlechter. Seide, Gold und Juwelen glänzten hier in schwe-

rem Ueberfluß. Diese kaufmännischen Patricier, deren Güter auf allen Meeren schwammen, die zugleich in kriegerischer Haltung mit dem selbst gegossenen trefflichen Geschütze ihre Stadt vertheidigten und an Reichskriegen Theil nahmen, übertrafen den Adel an Pracht und Reichthum und unterschieden sich von ihm durch Gemeinsinn und sittliche Würde, vom gemeinen Bürger aber durch weitsehenden Blick und umfassenden erhaltenden Sinn. Ihre Frauen und Töchter rauschten wie große lebende Blumen einher, und die Damen mußten sich selbst gestehen, daß man vor vierhundert Jahren sich auch zu putzen wußte. Einige gingen mit goldenen Netzen und Häubchen um die schön gezöpften Haare, andere mit federwallenden Baretten und Hüten; | manche die Brüste straff in Goldstoff und Perlenstickerei gespannt, zwei Rubinen auf den höchsten Punkten, mit feinstem Linnen den Hals umschlossen, manche aber mit prächtig entblößten Schultern, von köstlichem Rauhwerk eingefaßt. Das Fremde und Eigensinnige im Schnitt der Gewänder entstellte nicht, wie sonst verjährte oder unkluge Moden, sondern es schmückte auf das Höchste und berauschte den Blick durch Eigenthümlichkeit und Phantasie. Diese Trachten waren allerdings den klassischen einfachen Gewandmassen griechischer Welt gerade entgegengesetzt; aber nichts desto minder verkündeten sie eine kecke Freude am Leben und am Leiblichen, nur daß der persönliche Sinn, der im Christenthume liegt, sich in den wunderlich ausgedachten Umspannungen und Angehängseln des schönen Körpers zeigte.

Ueberhaupt machte der ganze Festzug durch die bloße Tracht, welche auf das Genaueste wiedergegeben war, einen ganz anderen Eindruck, als unsere neuesten frömmelnden Romantiker in ihren unkundigen und siechen Schilderungen des Mittelalters beabsichtigen. |

Inmitten diesen glänzenden Reihen gingen einige venetianische Patricier und Maler, als Gäste gedacht, poetisch in ihre wälschen, purpurnen und schwarzen Mäntel gehüllt um Haupt und Schultern. Diese Gestalten lenkten trefflich die Vorstellungskraft auf die Lagunenstadt und von da in's ungemessene Weite an die Küsten der alten und neuen Welt, um von da wieder zurückzukehren zur spitzbogigen Wunderstadt mitten im Festlande.

Trompeter und Pauker, gefolgt von drei Zugführern in Gold und Schwarz mit dem Reichsadler, eröffneten jetzt den Zug des Kaisers und Reiches, mit Allem was dieses an Tapferkeit und Glanz um jenen geschaart hatte.

Ein Haufen Landsknechte mit seinem robusten Hauptmann gab sogleich ein lebendiges Bild jener Kriegszeit und ihres unruhigen, auf Abenteuer gehenden, wilden und doch sanglustigen kindlichen Volksthumes. Diese frommen Landsknechte, einen Wald von achtzehn Schuh langen Spießen tragend, sahen sehr unfromm aus in ihrer bunten, | aus aller Herren Ländern zusammengeraubten Tracht. Die rechte und linke Seite an demselben Mann war nicht nur ungleichfarbig, sondern auch ungleich geschnitten; das rechte Bein, der linke Arm steckten in ungeheuer aufgebauschten, fabelhaft zerschlitzten und bebänderten Gewandstücken, während der rechte Arm und das linke Bein in knappester Umhüllung sich formten. Der Eine trug Hals und Schultern nackt und sonnenverbrannt, der andere mit einem erbeuteten Panzerstück bedeckt; diesem saß das leichtfertig gekerbte Barett schief auf dem Kopfe, indessen die langen angehäuften Federn ihm unten an die Kniekehle schlugen; Jener hatte es auf dem Rücken hängen und schleifte die gestohlenen Federn gar am Boden. Sonst nannten sie nichts ihre, als den sicheren Tod im Felde, und auf dies schlimme Gut, auf Wein und Weibsbilder und etwa noch auf ihren geliebten Führer Frundsberg dichteten sie die artigsten Liedchen. In diesen weithinziehenden Fußknechten sah der innere Blick Berg und Thal, Wälder, Burgen und Vesten, deutsches und wälsches Land sich ausbreiten, nachdem die | schöngebaute, mauergeschützte und maßvolle Stadt sich vorhin kund gethan.

Vier Edelknaben mit den Wappenschildern von Burgund, von Holland, von Flandern und von Oesterreich, dann vier Ritter mit den Bannern von Steyer, Tyrol, Habsburg und mit dem kaiserlichen Paniere folgten; dann ein Schwertträger und zwei Herolde mit dem schwarzen Doppeladler auf dem goldenen Brust- und Rückentheil ihrer Röcke. Auf die Flamberge tragende Leibwache des Kaisers kam eine zarte Schaar Edelknaben in kurzen goldstoffenen Wämsern, goldene Pokale tragend, dem kaiserlichen Mundschenk vorauf. Ebenso gingen grüne Jäger und Falkoniere dem Oberjägermeister voran, und wiederum Edelknaben dem Kaiser selbst.

Fackelträger mit vergittertem Gesicht umgaben diesen. Rock und Hermelinmantel von schwarzdurchwirktem Goldstoff, einen goldenen Brustharnisch tragend, nebst goldenem Schwert in rother Sammetscheide, und auf dem Barett den königlichen Zackenreif, ging Maximilian I. heroisch daher, das edle Angesicht auf das Heldenmüthige, | Ritterhafte, Gemüth- und Sinnreiche gerichtet. So konnte man sagen selbst bei diesem lebenden Konterfei. Denn es hatte sich für das Bild des Kaisers ein junger Mann aus den fernsten Gauen des ehemaligen Reiches eingefunden, der, ein merkwürdiges Naturspiel, von edler Haltung und edlem Angesicht, wie dazu geschaffen war, ganz dasselbe offene, mannhafte und angenehme Gesicht, die starke gebogene Nase, die bei den besseren Habsburgern immer angenehm hervortretende Unterlippe und das kräftige schlichte, rund um den Kopf gleichgeschnittene Haar.

Unmittelbar hinter dem Kaiser ging sein lustiger Rath Kunz von der Rosen, aber nicht gleich einem Narren, sondern wie ein kluger und wehrbarer Held launiger Weisheit. Er war ganz in rosenrothen Sammet gekleidet, knapp am Leibe, aber mit weiten ausgezackten hängenden Oberärmeln. Auf dem Kopfe trug er ein azurblaues Barett mit einem Kranze von je einer Rose und einer gol-

denen Schelle; an der Hüfte aber hing an rosenfarbenem Gehänge
ein breites langes Schlachtschwert von gutem Stahl. Wie sein Held
| und Kaiser war er nicht sowohl ein Dichter, als was schöner ist,
selbst ein Gedicht.

Der Erbschenk von Kärnthen und Statthalter der innerösterreichischen Lande, Sigmund von Dietrichstein, der als vertrautester und treuester Rath Maximilian's zu dessen Seite begraben liegt, und der zum tüchtigen Feldherrn gediehene gelahrte Doktor der Rechte, Ulrich von Schellenberg, eröffneten nun die lange Reihe dessen, was die Tafelrunde Maxens an glänzenden Ritter- und Fürstengestalten aufzuweisen hatte. Da schritt in Stahl gehüllt und waffenklirrend einher, was von der Lüneburger Haide bis zur alten Stadt Rom, von den Pyrenäen bis zur türkischen Donau gefochten, geblutet und gesiegt hatte. Schlachten und harte Belagerungen, Schießen, Mauerbrechen, Hängen und Köpfen, ritterlich treues Leben und ruhmreiche Thaten knüpften sich an die Namen aller dieser Kämpen, welche alle jedoch von den rastlosen wunderbaren Abenteuern und Thaten des einzigen Kaisers übertroffen wurden.

Den Feldherrnstab auf die Hüfte gestützt, trat zuerst auf Georg von Frondsberg, allein schon | eine ganze Kriegszeit und Historie. Das Schwert Franz I. von Frankreich wurde ihm auf goldenem Kissen vorangetragen mit der Inschrift: Pavia 1525. Ein bärtiger Landsknecht trug seine Hellebarte; denn er liebte es, mit gutem Werkzeug in der Schlacht hie und da selbst mit einigen Streichen nachzuhelfen und auszubessern, wie ein guter Handwerksmeister, und man sah ihn dann dergestalt handtieren, daß er mit jedem Schlage einen Mann niederschlug und dazu hauchte, wie ein Holzhacker. Ein Bergschütz aus seinem Stammland Tyrol, mit Armbrust, Köcher, Panzerhemd und Schwert, trug seinen Wappenschild.

Ihm folgte ein hoher gewaltiger Ritter, Herzog Erich von Braunschweig; seinen Stahlhelm zierte die Herzogskrone, aus welcher ein schillernder Busch von Pfauenfedern empor schwankte, und über diesem schwebte hoch ein goldener Stern. Voraus ging ein Edelknabe mit einer böhmischen Fahne, auf welcher geschrieben stand: R e g e n s b u r g 1 5 0 4 . Die wilde Böhmenschlacht, in welcher er dem Kaiser das Leben gerettet, trat hiemit vor das geistige Auge. |

Schwer an Erinnerung und Bedeutsamkeit folgte Franz von Sickingen, in Eisen gehüllt, mit seinem langen, gerechten und Freiheit liebenden Schwert, seinem langen Arm. Ein Edelknabe trug die Fahne der Picardie voran mit der Inschrift: B o u i l l o n 1 5 1 8 . Zwei geharnischte Reiterknechte gingen hinter ihm mit Waffen und Schild, der seinen Wahlspruch glänzen ließ: G o t t e s F r e u n d , a l l e r W e l t F e i n d . Er selbst aber sah wohl aus wie der, welcher in der Noth eines blutigen wilden Belagerungstodes im Harnischkasten begraben wurde.

Wilhelm von Roggendorf und Graf Niklas Salm, jener von maurischen Siegeszeichen und der Inschrift: B e r g S p a d a n 1 5 2 2 , dieser mit türkischen und der Inschrift: W i e n 1 5 2 9 begleitet, gaben das Bild einer schönen Heldenfreundschaft. Denn der Eine, welcher als Jüngling in die Waffenlehre des Anderen gegeben ward, wurde in seltsam leidenschaftlicher Umkehrung des Weltlaufes der jugendliche Schwiegervater des Heldengreises, der seine Tochter liebte und auch vor ihm, in heißer Türkenschlacht in | seinen Armen starb. Beide aber ruhen in derselben Gruft.

Dem Grafen Andreas von Sonnenburg ward die französische Fahne mit der Inschrift: G u i n e g a s t e 1 4 7 9 vorgetragen. Ein Bergschütz aus seiner tyrolischen Grafschaft, in Panzerhemd und Jägerhut, mit breitem Gürtel, langem Bogen und Köcher folgte und trug den Schild mit dem alten schwäbischen Wappen, zu Ehren seines Ahnherrn, der den letzten Hohenstaufen im Tode beistand.

Dem Fürsten Rudolph von Anhalt ging eine Fahne mit der Inschrift: S t u h l w e i ß e n b u r g 1 4 9 0 voran, und seine Knap-

pen trugen Lanze und Schild mit den Worten: A n h a l t d a s
t r e u e B l u t. Und endlich trug dem in blauer Rüstung und
schwarzem Helmbusch schreitenden Marx Sittich von Hohenems
ein Edelknabe die venetianische Fahne mit der Inschrift: V e r o n a
1 5 1 6 voran.

Jetzt erschienen die gelehrten Räthe des Kaisers; allein gleich
der erste derselben, der berühmte Wilibald Pirkheimer war wieder
ein Stück Krieg, und nicht nur Schriftsteller, Alterthumskenner |
und Beschützer aller Gelehrten und Künstler, sondern auch zuweilen Feldherr; der edle und treue Freund Dürer's führte eine Kriegsschaar seiner Vaterstadt Nürnberg, ein zweiter Xenophon, gegen
die Schweizer im Schwabenkriege; und der gelehrte Mann mußte
sich freilich mit noch bewährteren Kriegsfürsten trösten, wenn er
in dieser schlimmen Gegend nicht die Lorbeeren holte, wie auf den
ruhigen Gefilden der Wissenschaft.

Melchior Pfinzing, Verfasser des Teuerdank, und Marx Treitzsauerwein, der Geheimschreiber des Kaisers und Ordner des Weißkuniges, erschienen als die Zeugen der sinnreichen und fabelweisen
Gemüthsrichtung des römischen Königs.

Ein reicher Hof von Rittern und Edelfrauen und endlich ein
einsamer fahrender Ritter, geharnischt und die Zither über der
Schulter, schlossen das Gefolge des Kaisers, welches ein zweiter
Haufen Landsknechte von dem folgenden Zuge trennte.

Auch diese Ritter- und Kriegswelt, von friedlichen Künstlern
dargestellt, zeigte sich dessen ungeachtet wahr und wesentlich,
getragen von statt|lich körperlicher Befähigung. Hier waren vorzugsweise die in männlicher Reife, Kunst und bürgerlicher Stellung vorgerückten Mitglieder vertreten, deren durch rüstiges und
gelungenes Schaffen erreichter Wohlstand die kostbaren Gewänder
möglich machte. Sie trugen mit kriegerischem Anstand die reichgeschmiedeten Rüstungen aus dem Zeughause, und die kecken, mannigfach geschnittenen Bärte schienen weniger die Zeichen male-

rischen Behabens, als die Zierden wirklich thatenreicher Kämpen zu sein. Da nun aber jeder einzelne Mann nicht etwa ein schöngewachsenes Schema, ein bloßer Statist, sondern eine bedeutende Persönlichkeit, ein rechter Schmied seines Glückes war, der aus diesem, der aus jenem Winkel deutschen Volksthumes hervorgekommen, so mußte man beim Anblick so Vieler unwillkürlich die Hoffnung fassen, daß ein solches Volk doch noch zu was Anderem fähig sei, als zur Darstellung der Vergangenheit, und daß diese körperliche Wohlgestalt, welche so ähnliche Bilder todter Helden und Kaiser zeigte, unausbleiblich einst die wahren Kaiser, die rechten Schmiede und Herrscher des eige|nen Geschickes, die selbständigen Männer der Zukunft hervorbringen werde.

Während die Schaaren aller bisher Vorübergeschrittenen weithin dem Blicke entschwanden und im weiten Rundgange sich kreuzten, rauschte und tanzte jetzt die Mummerei heran, in welcher alles, was die Künstlerschaft an übermüthigen Sonderlingen, Witzbolden, seltsamen Lückenbüßern und Kometennaturen in sich hegte, Platz gewählt hatte.

Der Mummereimeister Peter von Altenhaus eröffnete auf einem launischen Esel den träumerischen Zug, und hinter ihm kollerten die altdeutschen Narrengestalten, die zierlichen bunten Narren Gylyme, Pöck und Guggerillis und die verwachsenen Schälke Metterschi und Duweindel daher nebst vielen anderen Narren, welche aber nie beisammen blieben, sondern unaufhörlich zwischen den Gruppen des Zuges herumfuhren.

Dann kam der bekränzte Thyrsusträger, welcher die behaarte, gehörnte und geschwänzte Musikbande führte. In ihren Bockshäuten nach der eigenen Musik hüpfend und hopsend, brachten diese Gesellen eine uralte, seltsam schreiende und | brummende Musik hervor, bald in der Octave, bald in lauter Quinten pfeifend und schnarrend, jetzt in schwindelnder Höhe, dann in der tiefsten Tiefe.

SECHSTES KAPITEL

Mit goldenem umlaubten Thyrsusstabe schritt der Anführer des Bacchuszuges vor. Ein Kranz blauer Trauben umschattete tief seine glühende Stirn; von den Schultern flatterte und wallte eine festliche Last buntgestreifter Seidenbänder bis auf die Füße und verhüllte wehend den unbekleideten Körper. Nur die Füße waren mit goldenen Sandalen versehen.

In biblischer Erinnerung trugen hierauf, umtanzt von halb mittelalterlich, halb antik geschürzten Winzern mit Krügen, Traubenbutten, die zwei Kundschafter aus dem gelobten Lande an schwer gebogener Stange die große Traube. Vier noch kernhaftere Männer trugen an vier aufrechten Fichten eine noch viel größere Traube. Auch der dicke Silen, welcher unbehülflich und ängstlich zu Fuß ging und die tobende Schaar von Schenken, Faunen und Winzern, welche den Wagen des Bacchus zogen, schoben und umschwärmten, | Schalen, Becken und Stäbe zusammenschlagend, waren halb modern, halb mythologisch gekleidet. Selbst der junge, epheubekränzte Bacchus, sonst ganz nackt, trug mittelalterlich gedacht ein zierliches Küferschürzchen um die runden Hüften. Eine Rebenlaube wölbte sich und die dichten Trauben bildeten einen dunkelblauen Himmel über ihm, in den er sehnsüchtig hineinlächelte. Es war ein schöner rosiger Jüngling mit schwarzgelocktem Haar.

Könige mit Krone und Scepter, zerlumpte Bettler mit dem Schnappsack, Pfaffen und Juden, Türken und Mohren, Knaben und weiße Greise zogen nun den Triumphwagen der Venus herbei. Diese war Niemand anders als die schöne Rosalie in aller Anmuth ihres rosig lachenden Wesens. Sie ruhete auf einem Rosenlager unter durchsichtiger Blumenlaube, in ein seidenes antikes Purpurkleid gehüllt, mit bloßen Armen und Füßen. Ueber der Stirn strahlte ein goldener Stern aus den dunklen Locken, in der Hand hielt sie eine goldene Weltkugel, auf welcher zwei silberne Täubchen saßen, die mit den Flügeln schlagend sich schnäbelten. Zwei Kreuzfahrer gingen unter | den Gefangenen der Venus zu beiden

Seiten des Wagens und gereichten ihr mit aufmerksamer Haltung zu besonderem Schutzgeleit. Sie aber sah sich dann und wann begierig und lächelnd um, da gleich hinter ihrem Wagen der biedere Erikson, welcher den Zug der Diana anführte, als wilder Mann einherschritt, seinen kraftvollen schönen Körper nur um Lenden und Stirn mit dichtem Eichenlaub geziert; er überragte um einen Kopf seine Umgebung, obgleich noch manche stattliche Gestalt dabei war. Viele Jäger folgten ihm mit grünen Zweigen auf Hüten und Kappen, die großen Hifthörner mit Laubwerk umwunden, das Jagdkleid aber mit Iltisfellen, Luchsköpfen, Rehpfoten und Eberzähnen besetzt. Einige führten Rüden und Windspiele, einige, mit Gebirgsschuhen und Steigeisen am Gürtel, trugen Gemsböcke auf dem Rücken, andere Auerhähne und Bündel von Fasanen und wieder andere auf Bahren Schwarzwild und Hirsche mit versilberten Hauern, Geweihen und Pfoten. Dann trug eine Schaar trotziger wilder Männer einen wandernden Wald belaubter Bäume aller Gattung, in welchen Affen, | wilde Katzen und Eichhörnchen kletterten und Vögel nisteten. Durch die Stämme dieses Waldes aber sah man bereits die silberne Gestalt der schmalen Diana schimmern, der lieblichen Agnes, wie sie von Ferdinand geschmückt worden war. Ihr Wagen war von allem möglichen Wilde bedeckt und dessen Köpfe umkränzten ihn mit vergoldetem Gehörn und bunten Federn. Sie selbst saß mit Bogen und Pfeil auf einem bemosten Fels, aus welchem ein lebendiger Quell in ein natürliches Becken von Tropfsteinen sprang, an welches die wilden Männer und Jäger sich manchmal durstig niederbeugten und aus der Hand tranken.

Agnes war in ein Gewand von Silberstoff gekleidet, welches bis tief auf die Hüften ganz anliegend war und alle ihre geschmeidigen Formen wie in Silber gegossen erscheinen ließ. Die kleine klare Brust war wie von einem Silberschmied zierlich getrieben. Vom Schooße abwärts aber, der von einem grünen Gürtel mehrfach umwunden war, floß das Gewand weit und faltig, mehrfach

SECHSTES KAPITEL

geschürzt, doch bis auf die Füßchen, welche | mit silbernen Sandalen keusch hervorguckten. Im schwarzen, griechisch geknüpften Haare machte sich mit Mühe die strahlende Mondsichel sichtbar, und wenn sich Agnes nur ein bischen regte, so wurde sie von den dunklen Locken zeitweise ganz bedeckt. Ihr Gesicht war weiß wie Mondschein und noch bleicher als gewöhnlich; ihr Auge flammte dunkel und suchte den Geliebten, während in dem silberglänzenden Busen der kühne Anschlag, den sie gefaßt, pochte und rumorte.

Ferdinand aber, welcher das Gewand eines jagdliebenden Königs gewählt hatte, um der Diana nahe zu sein, hatte sich längst unter den Triumphzug der Venus gemischt, betrachtete sie wie ein Träumender unverwandt und wich keinen Schritt von ihrem Wagen, ohne sich dessen inne zu werden; denn kaum hatte er Rosalien beim Beginne des Festes gesehen, so ließ er Agnes, die er geschmückt und so eben auf den Wagen gehoben, wie sie war, und folgte jener gleich einem Nachtwandler.

Heinrich hatte sich in ein laubgrünes Narrenkleid gehüllt und trug einen Jagdspieß statt des | Kolbens; um die Schellenkappe hatte er ein Geflecht von Stachelpflanzen und Stechpalme mit ihren rothen Beeren geschlungen als eine grünende Dornenkrone. Was er damit wollte, wußte er selbst kaum zu sagen; es war eine mehr unwillkürliche Geschmacksäußerung, welche der innersten Seelenstimmung entsprang. Er ging, nur hie und da sich umsehend und durch den wandelnden Wald huschend, immer der Diana zur Seite, da sonst kein Befreundeter um sie war; denn Erikson, der wilde Mann, hielt sein Auge auf Rosalien und Ferdinand gerichtet, ohne indessen stark aus seiner Gemüthsruhe zu gerathen.

Als nordisches Mährchen folgte diesen südlichen Bildern der Zug des Bergkönigs. Ein ansehnliches Gebirge von glänzenden Erzstufen und Krystallen war auf seinem Wagen errichtet und darauf thronte die riesige Gestalt in grauem Pelztalar, den schneeweißen Bart, wie das Haar bis auf die Hüften gebreitet und diese davon umwallt. Das Haupt trug eine hohe goldene Zackenkrone.

Um ihn her schlüpften und gruben kleine Gnomen in den Höhlen und Gängen; dieses waren | wirkliche kleine Bübchen; aber der kleine Berggeist, welcher vorn auf dem Wagen stand, ein strahlendes Grubenlicht auf dem Köpfchen, den Hammer in der Hand, war ein kaum drei Spannen hoher, ausgewachsener Künstler, aber dennoch ebenmäßig fein gebaut, mit männlich schönem Gesichtchen, wundervollen blauen Augen und blondem Zwickelbart; das kleine Wesen, einem Zaubermährchen gleichend, war nichts weniger als eine bloße Seltsamkeit, vielmehr ein wohlbewußter und rühmlicher Maler.

Hinter dem Bergkönig auf demselben Wagen schlug der Prägemeister aus Silber und blankem Kupfer (statt des Goldes) kleine Denkmünzen auf das Fest; ein Drache speiete sie in ein klingendes Becken und sie diesem entnehmend, warfen zwei Pagen „G o l d" und „S i l b e r", die schimmernden Münzen, unter das schauende Volk.

Ganz zuletzt und einsam schlich der Narr Gülichisch her, traurig und achselzuckend den geleerten Beutel schüttelnd, umkehrend und rings umher zeigend. Es war aber noch nicht ernst gemeint mit diesem Bedauern; denn dem nach|hinkenden Narren auf dem Fuße folgte wieder der glänzende Anfang; wieder gingen die Zünfte, das alte Nürnberg, Kaiser und Reich und die Fabelwelt vorüber, und so zum dritten Male, bis aller Augen sich an dem Gestaltenwechsel gesättigt hatten.

Dann schaarte sich die ganze Masse in gedrängte Ordnung; die sangkundige Menge der Künstler ließ die Festlieder ertönen und brachte dem vergnügten wirklichen Könige, in dessen Machtkreis zuletzt diese ganze Traumwelt hing, ein opferndes Lebehoch. Durch den Logensaal der königlichen Familie, wo diese versammelt war, bewegte sich nun der ganze Zug und auf bedeckten Gängen in die Residenz hinüber, durch deren Säle und Korridore, welche alle von begünstigten Zuschauern angefüllt waren.

Als Heinrich in die Nähe des zufriedenen Königs kam, gedachte er jenes wunderlichen Auftrittes, wo dieser ihm die Mütze heruntergeschlagen hatte. Er hatte ihn nie wieder so nahe gesehen bis jetzt, und ihm längst verziehen; denn wenn die Könige nicht beleidigt werden dürfen, so kön|nen sie auch nicht beleidigen noch beschimpfen, da ihre einsame Willkür alle gewöhnliche Wirkung aufhebt. Doch mußte er jetzt lachen, als er sich vorstellte, wie schön der König sich nun vergreifen würde, wenn er ihm die stachlichte Schellenkappe abschlagen wollte. Muthwillig bot er ihm sein bestechpalmtes Haupt hin und sagte leise: He König! schlag' mir die Kappe 'runter! Der König sah ihn betroffen an, schien sich zu erinnern und sagte kein Wort. Heinrich sah ihn ernsthaft an, klingelte bedeutsam mit den Schellen auf seinem Kopfe und sprang davon.

In den Gemächern und Gängen des Palastes, wie in den Gartenarkaden gingen die Künstler recht durch ihr eigenes Werk, das in vielfältiger Gestalt, von Säulen, Wänden, Decken und Treppen, in Gold, Farben und Marmor sie umglänzte. Und als sie über den von Pechflammen erleuchteten Platz zogen, durch das Gewoge des Stadtvolkes hin, ragte wieder überall ihr Werk in Erzbildern und hohen Gebäuden.

Doch mündete nun der Zug in das benachbarte große Odeon und ergoß sich froh aufathmend | in den zu Bankett und Spiel geschmückten mächtigen Saal. Mit Mühe gelang es den Führern und Ceremonien-Meistern die Plätze zu ordnen, da die traumhafte Selbsttäuschung auch hier fortdauern und die Theilnehmer nach Rang und Bedeutung bankettiren sollten. Ein erhöhtes Halbrund war mit des Königs kostbaren Teppichen, welche er sammt reichem Tischzeug, Silbergeschirr und goldenen Pokalen und Kannen aus seinen Kammern gegeben, bekleidet, um den Kaiser mit seinen

Grafen und den Patriziern aufzunehmen. Mit großem Anstande nahmen sie Platz, und noch mehr, als der glänzende Kaiser, welcher sich mit wirklich monarchischem Behagen gefiel, wußten sich die schönen Damen in adelichem Thun zu gefallen. Die Mundschenken und Edelknaben aber dienten und warteten auf und fanden hierin, unter Lust und Scherz, ihre volle Zufriedenheit.

An langen Tafeln saßen die Zünfte und die Landsknechte; nur Albrecht Dürer hatte seinen Platz neben dem Kaiser, wo auch der majestätische mährchenhafte Bergkönig ragte.

Von hohen, mit goldgestickten Teppichen be|hangenen, blumenüberwölbten Gallerien tönten die lauten Musikchöre, bald selbständig, bald die Bankettlieder begleitend; es war nicht ein Schuh von moderner prosaischer Kleidung im Saale, und selbst in den Nebengemächern, wo noch viele kleinere Kreise tafelten und zechten, sah man nichts als Mittelalter bis auf die Leute des Wirthes, welche alle kostümirt waren. Darum verbreitete sich ein prächtig rauschender Strom der Freude über die Menge, in welchem sie sich froh und aufblühend badete. Kaum konnte der Kaiser mit der schönsten Dame den alterthümlichen Fackeltanz eröffnen, bis die Reihen der Handwerksmänner und Landsknechte, welche an den springenden goldenen Weinquellen saßen, allmälig sich zurückdrängen ließen, und sie thaten es endlich um so williger, als die prächtigen Damen sich weigerten, mit den Schustergesellen und wilden Fußknechten zu tanzen. Denn die Schönen hatten sich schon so tief in ihre Gewänder hineingelebt, daß sie vergaßen, wie mancher der Verschmähten von gleichem Range mit ihnen war und obgleich er ein reinliches neues Schurzfell trug und in weißen | Hemdsärmeln ging, doch gleich ihnen sich freute, von einem würdigen Kaufmann, Professor oder geheimen Registrator abzustammen. Für den Anblick gewann jedoch durch diese Wunderlichkeit der Tanz an Schönheit, als die Ritterpaare, Raum gewinnend, mit wogenden Federn und wehenden Mänteln in langsamem Walzer oder anderen Tänzen sich feierlich bewegten.

Doch wurde der Tanz öfters unterbrochen durch die Schauzüge, welche in immer neuer Gestaltungslust durch den Saal tosten. Bald erschien der Mummenschanz, welcher nicht satt wurde, sich in neue Mährchen umzubilden und seine einzelnen Theile fabelhaft zu vermischen, bald stürmten die singenden Landsknechte vorbei, welche es so gut trieben, daß sich von diesem Feste her noch lang eine förmliche Landsknechtscultur erhielt in Bild und Lied, und deren Zechweise und verlorenes Leben als das löblichste Bild deutscher Romantik erschien. Bald gaben die Zünfte eine Schaustellung, bald führten die Narren dem Kaiser ihre Schwänke auf.

Die Meistersänger hielten in einem kleineren Saale bei offenen Thüren eine Singschule. Es wurde unter den zünftigen Gebräuchen wettgesungen, ein Schulfreund oder Singer zum Meister gesprochen u. dergl. Die vorgetragenen Gedichte enthielten Lobpreisungen und Danksagungen gegen den kunstsinnigen König, dann aber hauptsächlich Hecheleien der verschiedenen Kunstrichtungen, Verspottung irgend einer anmaßlichen oder eigensinnigen Gestalt der Künstlerschaft, Klagen über Verwaltung gemeinsamer Anstalten, gesellige Uebelstände und solches mehr. Es war so zu sagen eine allgemeine Abrechnung, und vorsorglich hatte jede Richtung und jede Größe ihren Vertreter mit fertigem Gedicht unter die Meistersänger gesteckt. Es erklangen öfter ganz scharfe und satyrische Verse, aber dieser Inhalt nahm sich höchst seltsam aus in den trockenen und feierlichen Formen, in denen er vorgebracht wurde, und mit dem komischen Wesen dieser Formen. Denn während alle Singenden in demselben eintönigen und schalkhaften Leierton ihr Gedicht sangen, und in denselben Knittelversen, so wurde doch bei jedem vorher mit lautem Ausruf eine andere neue Weise angegeben, wie sie ehemals von den wackeren Meistersängern erfunden und getauft wurden. Da wurde angeblich gesungen in der „glatten

Seidenweise, der rothbacketen Oepfelinweise, der Strohhalmweise, der Schreibpapierweise, in der Stechpalmweise, süßen Pfirsichweise, blauen Traubenweise, Silberweise, überhohen Bergweise, glitzerigen Thurngockelweise, Rosentonweise, spitzigen Pfeilweise, krummen Zinkenweise, Orpheus sehnlicher Klagweise", in der „gelben Löwenhautweise, stachlichten Igelweise", in der „schwarzen Agatsteinweise, blauen Kornblümelweise", wie in der „verschlossenen Helmweise". Das Gelächter war groß, wenn nach diesen pomphaften, malerischen und poetischen Ankündigungen sich immer der alte grämliche Leierton mit den trockenen Witzen hören ließ. Aber nicht alle Gedichte waren dieses satyrischen Inhaltes. Einige blutjunge Meistersingerlein wagten es, ihre durch den lauschenden Frauenkranz angeregten Gefühle zu äußern und diese oder jene Gestalt nicht undeutlich zu besingen. Ein blühendes Schuhmächerlein pries, um Rache | zu nehmen für den Stolz, welchen die Damen beim Tanz gezeigt hatten, sein heimliches Glück bei mehr als einer goldenen Gräfin, und sogleich nahm ein lustiger Schneiderlehrling den Kampf mit ihm auf in Festsetzung der Liebes- und Glücksregeln im Frauendienst. Der Schuster behauptete, daß Tiefsinnigkeit, poetisches Wesen und stolze Bescheidenheit die Frauen gewännen; der Schneider hingegen verlangte zu solchem Glücke Anmaßung, Muthwillen und leichtsinniges Aufgeben der eigenen Person. Hans Rosenplüth, der Schnepperer, aber schlichtete den Streit und erklärte die Frauen für wunderliche Wesen, welche stets die eine Art liebten, wenn die andere gerade nicht zu haben wäre, und daß beide abwechselnd ihres Glückes genössen.

In einer schön geschmückten großen Nische war um Rosalien ein ordentlicher Venushof versammelt. Zwei oder drei anmuthige Frauen hatten sich ihr zugesellt, weil es hier fröhlich und galant herging und sich der ganze Schwarm der Gefangenen der Schönheit mit großer Geschicklichkeit und Aufrichtigkeit in seine Rolle fand. |

In einer anderen Nische, welche mit dieser durch eine offene
Thür verbunden war, hatten die Jäger ihren Sitz aufgeschlagen, und
einige lustige junge Mädchen zur Gesellschaft der Diana herbeigelockt. Heinrich saß Agnes zur Seite und beschützte sie insbesondere. Erikson, der wilde Mann, ging ab und zu; er konnte seiner
seltsamen Tracht wegen nicht wohl tanzen, noch sich in zu große
Nähe der Frauen setzen und beschränkte sich daher, hier und dort
einen Becher zu trinken oder an den improvisirten Spielen Theil
zu nehmen. Fast bereute er, diese Rolle gewählt zu haben, und sah
ziemlich unbehaglich, wie Ferdinand fort und fort Rosalien den
Hof machte; sie hatte sich mit weißen Atlasschuhen versehen und
tanzte zuweilen mit Ferdinand, der in seinem Hubertusgewande
sehr wohl aussah und sich mit sicherem Anstande betrug. Er hatte
einige kostbare Brillanten, Zeichen seines holländischen Reichthumes, in Ringen und Spangen angelegt, und die reiche Rosalie
benahm sich gegen ihn mit der heiteren Ungezwungenheit, welche
die gesicherten Reichen gegenseitig zu üben pflegen. | Sie lachte,
scherzte und strahlte von freundlichem Liebreiz, indem sie gegen
Alle sich hold und froh zeigte, gegen Ferdinand aber ihre Unwissenheit beklagte und bedauerte, welche sie so lange von den wahrhaft
frohen und klugen Kreisen der Künstler fern gehalten habe und sie
selbst jetzt nur ihre Freude, nicht aber den Ernst ihrer Arbeit verstehen lasse. Sie drückte sich aber mit so artigen und klugen Worten
aus, daß Ferdinand von ihrem naiven, anmuthigen Geiste entzückt
wurde und immer weniger seine Blicke von ihr wandte oder von
ihrer Seite wich. Es wehte ein süßer Hauch der Frauenhaftigkeit
ihn an, wenn sie lächelte und sprach, und der Stern in ihren Locken
glänzte wirklich wie der Stern der Venus.

Er fühlte eine Fesselung aller Sinne, welche ihn alles Andere
vergessen und alles Trachten auf das reizende Weib richten ließ,
von dem sie ausging, als ob sonst kein Heil in Zeit und Ewigkeit zu
finden wäre. Bei den meisten Männern ist dies ein vorübergehen-

des inneres Begehren, eine rasche, allmälig verwehende Aufwallung des | Denkens, die hundertmal entsteht und hundertmal verschwindet. Ferdinand war aber Einer von denen, welche, in allen anderen Dingen klar und besonnen, in diesem Einen Punkte die Verblendung und Aufwallung mit schrankenloser und unverhüllter Selbstsucht kund geben. Rosalie lieh seiner beredten Aufmerksamkeit ein williges Ohr und blickte ihn dabei mit großem Wohlwollen an, nur zuweilen einen flüchtigen, aber zufriedenen Blick auf die prachtvoll und mächtig geformte Gestalt Erikson's werfend, wenn er vorüber ging, so daß dieser mit der Wahl seines Kostümes sich ausgesöhnt, wenn er diese Blicke gesehen hätte. Er ließ aber den Unmuth nicht über sich Herr werden, sondern betrug sich gleichmüthig und stolz, und nur wenn sein Blick denjenigen Rosaliens traf, sah er sie mit großen fragenden Augen an.

Agnes hatte schon lange stumm neben Heinrich gesessen; sie wiegte trauernd, und den Busen von ungestümem Schmerze bewegt, das schwarz gelockte Haupt auf den schmalen Silberschultern, und nur zuweilen schoß sie einen flammenden | Blick zu Ferdinand und Rosalien hinüber, zuweilen sah sie verwundert und wehmüthig hin, aber immer sah sie dasselbe Schauspiel.

Heinrich, welcher aus Ferdinand's Betragen nicht klug wurde, indem ihm eine solche Unmittelbarkeit des Wechsels und unter solchen Umständen doch nicht glaubhaft schien, versank in tiefes Sinnen. Die vergangene Zeit kam über ihn, und indem er an die bemalte Decke des Saales empor sah, erinnerte er sich jener Fastnacht, wo er unter dem freien Himmel der Heimath, auf luftigen Bergen unter Vermummten sich umgetrieben oder neben der todten Anna durch den Wald geritten. Er verfiel mehr und mehr auf das Andenken dieses guten Mädchens, und eine große Verliebtheit erfüllte ihn, wie er sie lange nicht empfunden.

Ein tiefer Seufzer weckte ihn auf, welchen die silberne Agnes neben ihm that, und sogleich schlossen sich seine Empfindungen,

die aus dem Schattenreiche gleich Abendnebeln aufgestiegen, an
diesen lebendigen Kern; er sah ihre seltsame Schönheit und trank
verwirrt aus seinem Weinglase, als Agnes ihn plötzlich aufforderte, mit ihr | zu tanzen. Schon drehten sie sich rasch durch die
rauschende Menge, und Jedermann lachte voll Vergnügen, als der
grüngekleidete Narr mit der elfengleichen Diana dahin walzte. Sie
tanzten zwei und dreimal um den Saal und begegneten jedesmal
der rosigen Venus, deren Purpurgewand flog und den mit ihr tanzenden Lys zeitweise halb verhüllte. Dieser grüßte das Dianenpaar froh und zufrieden, wie man Kinder grüßt, welche sich gut
zu unterhalten scheinen, denn er war in dieser Sache so verblendet,
daß er sich vollkommen unverpflichtet und frei glaubte, bloß weil
er mit dem armen Mädchen absichtlich noch nie von Liebe gesprochen hatte. Rosalie hingegen, welche von der früheren Bewandtniß dieses Verhältnisses nichts wußte, freute sich über das zierliche
Kind und verlangte dasselbe in ihrer Nähe zu haben, als Heinrich
mit Anderen an einigen lustigen Spielen, die aufgeführt wurden,
theilnehmen mußte.

  Kunz von der Rosen führte an einem langen Seile alle vorhandenen Narren durch das Gedränge; jeder trug auf einer Tafel
geschrieben | den Namen seiner Narrheit, und von den leichteren
und liebenswürdigeren Narrheiten schied der lustige Rath neun
schwere aus und stellte mit ihnen vor dem Kaiser ein Kegelspiel
auf. So standen da vor Aller Augen: Hochmuth, Neid, Vielwisserei,
Grobheit, Eitelkeit, Wankelmuth in der Hoffnung, Halsstarrigkeit,
thatlose Vergleichungssucht und unfruchtbare Selbstbespiegelung.
Mit einer ungeheuren Kugel, welche die leichteren Narren mit
komisch heftigen Geberden herbeiwälzten, versuchte nun mancher
Ritter und Bürger, nach den neun Narren zu schieben, aber nicht
Einer wankte allen diesen Einzelwürfen, bis endlich der kaiserliche,
tadellose Held, in welchem sich gewissermaßen das ganze deutsche

Volk darstellte, sie alle mit Einem Wurfe über den Haufen warf, daß sie possierlich übereinander purzelten.

Kunz von der Rosen richtete die Gefallenen halb auf und ordnete sie zu einer plastisch-mimischen Darstellung der Niobiden-Gruppe, und von diesem Scherze ging er zur Bildung anderer berühmten Gruppen über; drei reizende, nicht völlig ausgewachsene Schüler im Narrenhabit | stellten die Grazien dar, und das so anmuthig schalkhaft, daß sie, kaum auseinander gegangen, in den Kreis der Damen gelockt wurden, ohne zu wissen wie, und sich dort auf's liebreichste geschmeichelt und gehätschelt sahen. Des gleichen Vorzuges genoß ein schöner Zwerg, der kleinere Bruder jenes Koboldes auf dem Wagen des Bergkönigs, und welcher mit klassischem Anstande den sterbenden Fechter machte in seinem Schellenkleidchen. Dann stellte Erikson den Laokoon vor durch mächtige Papierschlangen mit zwei jungen Narren verbunden.

Als er in der beschwerlichen Stellung da saß und sich nicht rühren durfte, indessen seine kräftigen Muskeln alle in wunderschönem Spiele seiner Bewegung gehorchten, sah er, wie Rosalie, deren Augen unverwandt an ihm gehangen, fast gewaltsam von Ferdinand weggezogen und durch die Räume geführt wurde. Er hielt es nun nicht länger aus, und kaum von den Schlangen losgewickelt, durchstürmte er das Haus und bettelte sich von befreundeten Gestalten Gewandstücke zusammen, die sie in der vorgerückten Stunde nun | wohl entbehren konnten, und warf sich dieselben hastig über. Wunderlich gekleidet, theilweise ein Mönch, ein Jäger und ein wilder Mann, den Kopf noch grün belaubt, suchte er die engere Gesellschaft auf und setzte sich dicht an die andere Seite Rosaliens; denn die Bacchusleute, die Jäger und der Hof der Venus hatten sich nun in einem großen Kreise vereinigt, um bis zum nahenden Morgen gemeinsam zu jubiliren, und Ferdinand wich nicht von der Seite der schönen Wittwe. Mit der größten Tollheit fuhr er fort, ihr den Hof zu machen, obgleich er die Hoff-

SECHSTES KAPITEL

nungen Erikson's wohl kannte. Dieser saß und lauschte seinen Worten, ohne daß er sich seine Unruhe anmerken ließ und ohne seine Schöne zu belästigen, welche ebenfalls fortfuhr, Ferdinand's Huldigungen ihre Freundlichkeit entgegen zu setzen und sich von ihm auf's Angenehmste unterhalten zu lassen. Erikson besorgte wohl, daß der Teufel sein Spiel treiben und ihm die Jagd verderben könnte; aber als ein erfahrener Jäger verharrte er unbeweglich auf dem Anstande, weil ihm das zu erjagende Wild zu kostbar und edel war, als | daß er sich durch Leidenschaftlichkeit verwirren wollte.

Gegenüber an dem großen Tische saß Agnes, welche den grünen Heinrich ängstlich bei sich festhielt, da er Ferdinand's Freund und das einzige Band war, welches sie mit diesem Ungetreuen einigermaßen zusammenhielt. Alles freute und ergötzte sich, klang und jubelte in gewichtiger rauschender Pracht um sie her, nur sie allein verzehrte sich in ungestillter Begierde. Die Nacht näherte sich ihrem Ende, und statt die gehoffte Liebesentscheidung zu bringen, sah sie ihr Glück deutlich entfliehen.

In der schmerzlichsten Aufregung verlangte sie wieder zu tanzen und zog Heinrich fort. Dieser berauschte sich, indem er sie zum Tanze umfing, an ihrem Anblick; ein heftiges Begehren wallte durch seinen ganzen Körper, daß der äußerste Zipfel an seiner grünen Kappe erzitterte und die Schelle daran leise erklang. Als aber Agnes plötzlich anhielt, ihm die Hand auf die Schulter legte und leidenschaftlich schmeichelnd bat, er möchte doch sogleich hingehen und Ferdi|nand bitten, daß er nur ein Mal mit ihr tanze, lief er gehorsam, ja eifrig hin, zog seinen Freund zur Seite und beschwor ihn mit zärtlichen Worten, es zu thun. Lys bat ihn angelegentlich, statt seiner mit Agnes zu tanzen, und entzog sich ihm rasch.

Die beiden jungen Leute drehten sich nun wieder heftig und lustig herum. Das Mädchen athmete so hoch, daß die schmale Spanne ihrer Silberbrust wogte und funkelte, wie die glänzenden

Wellen im Mondschein, und alle Glöckchen an Heinrich's Kleid und Kappe zitterten und klangen.

Abermals sandte sie ihn zu Ferdinand mit dem nämlichen Auftrag, und da Heinrich diesen mit eindringlichen und tadelnden Worten, sehr aufgeregt, ausrichtete, fuhr ihn jener an und sagte: „Was ist denn das für eine Sitte von einem jungen Mädchen? Tanzt mit einander und laßt mich zufrieden!"

Heinrich fühlte sich halb erzürnt und halb erfreut über diese Antwort, und die dämonische Lust, eine schlimme Sachlage zu benutzen, stieg | in ihm auf; doch bis er zu dem harrenden Mädchen gelangte, siegte das Mitleid und die natürliche Artigkeit, und er hinterbrachte ihr nicht Ferdinand's harte Worte, sondern suchte sie zu vertrösten.

Noch einmal tanzten sie und noch bewegter und ungestümer herum, und noch einmal sandte sie ihn zu dem Wankelmüthigen und ließ diesen bitten, sie nach Hause zu bringen.

Ferdinand eilte jetzt sogleich herbei, besorgte den warmen Mantel des Mädchens und ihre Ueberschuhe, und als sie gut verhüllt war, führte er sie unter die Hausthür, legte ihren Arm in denjenigen Heinrich's und bat diesen, indem er sich von Agnes in freundlich väterlichem Wohlwollen verabschiedete, seine kleine Schutzbefohlene recht sorgsam und wacker nach Hause zu geleiten.

Zugleich verschwand er, nachdem er Beiden die Hände gedrückt, wieder in der Menge, welche die breite Treppe auf und nieder stieg.

Da standen sie nun auf der Straße; der Wagen, welcher sie hergebracht, war nicht zu finden, und nachdem Agnes traurig an das er|leuchtete Haus, in welchem es sang und klang, hinaufgesehen, kehrte sie ihm noch trauriger den Rücken und trat, von Heinrich geführt, den Rückweg an durch die stillen Gassen, in denen der Morgen graute.

Sie hielt das Köpfchen tief gesenkt und vermochte nicht auf

SECHSTES KAPITEL

den Mantel Acht zu geben, welcher alle Augenblicke von den Schultern sank, so daß ihr feiner Oberkörper durch das Zwielicht schimmerte, bis Heinrich sie wieder verhüllte. In der Hand trug sie unbewußt den großen eisernen Hausschlüssel, welchen ihr Lys in der Zerstreuung zugesteckt, statt ihrem Begleiter. Sie trug ihn fest umschlossen in dem dunklen Gefühle, daß Ferdinand ihr das kalte rostige Eisen gegeben. Als sie bei dem Hause angekommen waren, stand sie schweigend und rührte sich nicht, obgleich Heinrich sie wiederholt fragte, ob er die Glocke ziehen sollte, und erst als er den Schlüssel in ihrer Hand entdeckte, aufschloß und sie bat, hineinzugehen, legte sie ihm langsam die Arme um den Hals und küßte ihn, aber wie im Traume und ohne ihn anzusehen. Sie zog hierauf die | Arme enger zusammen und küßte ihn heißer und heißer, bis Heinrich unwillkürlich sich regte und sie auch in die Arme schließen wollte. Da erkannte sie ihn, eilte wie wahnsinnig in's Haus und schlug die Thür zu. Heinrich hörte, wie sie, die Treppe hinaufgehend, sich wiederholt an den Stufen stieß. Alles war dunkel und still in dem romantischen Hause; die Mutter schien fest zu schlafen, und nachdem Heinrich eine Weile auf dem kleinen Platze, von seltsamen Empfindungen und Gedanken erfüllt, umhergegangen, schlug er endlich den Rückweg nach dem Odeon ein.

Die Sonne ging eben auf, als er in den Saal trat. Alle Frauen und viele ältere Männer waren schon weggegangen; die große Menge der Jungen aber, von höchster Lust bewegt, tummelte sich singend durch einander und schickte sich an, eine Reihe von Wagen zu besteigen, um unverzüglich, ohne auszuruhen, in's Land hineinzufahren und das Gelage in den Forsthäusern und Waldschenken fortzusetzen, welche romantisch an den Ufern des breiten Gebirgsstromes lagen.

Rosalie besaß in jener Gegend ein Landhaus, | und sie hatte die fröhlichen Leute der Mummerei eingeladen, sich auf den Mittag dort einzufinden, bis wohin sie als bereite Wirthin ebenfalls da sein würde. Insbesondere hatte sie viele Damen gebeten, und diese hatten ausgemacht, da es einmal Fasching sei, in der mittelalterlichen Tracht hinaus zu fahren; denn auch sie wünschten so lange als möglich sich des schönen Ausnahmezustandes zu erfreuen.

Erikson war nach Hause geeilt, um sich nun gänzlich umzukleiden; mit Hülfe einer ganzen Schneiderwerkstatt brachte er in einigen Stunden noch ein gutes ehrbares Jägergewand zu Stande, in welchem er hinaus eilte. Aber auch Ferdinand war nicht müssig. Er nahm einen Wagen, kaufte theure Stoffe ein und fuhr von Schneider zu Schneider, jedem ein Stück in die Arbeit gebend und dieselben zur größten Eile anspornend. In kaum einer Stunde war die Tracht eines altorientalischen Königs fertig, von feinster weißer Leinwand und Purpurseide. Dann fuhr er zu einem Banquier und von da zu allen Juwelieren, den tauglichsten Schmuck aussuchend und | sich mit demselben bedeckend; er verwandte eine solche Summe für Gold und Steine, als ob er damit handeln wollte, und doch wußte er recht gut, daß es nur eine vorübergehende Leidenschaft, eine Art Tollwuth sei, für welche er so hartnäckig alles daran setzte, der sonst kein Verschwender war, sondern vielmehr mit großer Sparsamkeit und sehr zweckmäßig die Mittel abwog, welche er an sein Leben und Vergnügen wandte.

Zuletzt ließ er sich das lockige Haar salben mit den köstlichsten Oelen; die Arme trug er bloß und mit goldenen Spangen geschmückt, und so erschien er Mittags, ohne vorher die im Walde lagernden Künstler aufgesucht zu haben, in Rosaliens Landhaus.

Heinrich hingegen fuhr gleich in der Morgenfrühe mit der übrigen Schaar hinaus. Große Wagen mit Landsknechten über und überladen und von deren Spießen starrend, fuhren voraus, und ihnen nach die lange Reihe der bunten Gestalten in die helle Morgensonne hinein, am Rande der schönen Buchenwälder, hoch auf dem Ufer des tiefliegenden Stromes, der in glänzenden | Windungen sich um die Geschiebe- und Gebüschinseln wälzte. Ueber den

Wäldern sah man wie blaue Schatten die Kuppen des fernen Hochlandes.

Es war ein milder Februartag und der Himmel blau; die herrlichen Buchen wurden bald von der wärmenden Sonne durchschossen, und wenn ihnen das Laub fehlte, so glänzte das weiche Moos am Boden und auf den Stämmen um so grüner, und in der Tiefe dampfte und leuchtete das blaue Bergwasser.

Der Zug ergoß sich über eine malerische Gruppe von Häusern, welche vom Wald umgeben auf der Uferhöhe lag. Ein Forsthof, ein alterthümliches Wirthshaus und eine Mühle an schäumendem Waldbach waren bald in ein gemeinsames, von Farben glänzendes Freudenlager verwandelt und verbunden; die stillen Bewohner sahen sich wie von einem lebendig gewordenen Traume überfallen und umklungen; den Künstlern aber weckte die freie Natur, der erwachende Lenz den Witz in der tiefsten Seele. Die frische Luft verwehte den Rausch der Nacht und legte die zartesten und beweglichsten Fühlfäden der Freude und Aufgeregtheit bloß; wenn die Lust der verschwundenen Festnacht zum größten Theil auf Verabredung und Einrichtung beruhte, so lockte dagegen die heutige ganz frei und in sich selbst gegründet, wie eine am Baume prangende Frucht zum lässigen Pflücken. Die schönen, dem phantastischen Fühlen und Genießen angemessenen Kleider waren nun wie etwas Hergebrachtes, das schon nicht mehr anders sein kann, und in ihnen begingen die Glücklichen tausend neue Scherze, Spiele und Tollheiten von der geistreichsten, wie von der allerkindlichsten Art, oft plötzlich unterbrochen durch den wohlklingenden, festen Männergesang.

Heinrich trieb sich überall umher und vergaß sich selber; er war überwacht und doch nicht müde, vielmehr neugierig und begierig, erst recht in den glänzenden Becher des Lebens zu schauen. Das klare Licht, das Land, die Leute, der Gesang umwirkten ihn seltsam. Als alle die Hundert auf den närrischen Einfall eines Einzel-

nen plötz|lich auf die Bäume geklettert waren und wie ein großer
Schwarm fremder, farbiger Vögel in den kahlen Aesten saßen, blieb
er, nachdem sie voll Gelächter hinabgesprungen, in Gedanken auf
einer schwanken Birke sitzen; denn er verwunderte sich, wie nun
das ganze Wesen in die Runde gleich einer stillen weiten Ferne um
ihn war und die Rufe und Lieder selbst wie über eine weite See her
klangen, auch die Gestalten wirr und traumhaft sich bewegten. Es
war einer jener Augenblicke, wo die Zeit eine Minute still zu stehen
scheint und man von aller Außenwelt losgelöst endlich sich selbst
sieht, fühlt und bemerkt. Es fiel ihm auf, daß er nun schon bei fünf
und sechs Jahren zurückzählen konnte, ohne aus dem Bereiche
des bewußten, reifenden Alters zu gerathen; er fühlte zum ersten
Male die Flucht des Lebens. Er war nun zwei und zwanzig Jahre
alt; plötzlich kam es ihm in den Sinn, daß er in seiner Wohnung
diese und jene kleine Gegenstände besaß, ein Pappdeckelchen, eine
Schachtel oder gar etwas, das an Spielzeug gränzte, welche unmittelbar aus der Kinderzeit stammten und | die er in fortwährendem
Gebrauche um sich gehabt, ohne sich dessen inne zu sein.

Er sah deutlich ihre Gestalt, kleine Beschädigungen, und
erinnerte sich, wo und wann er sie verfertigt, ein Stückchen Papier
abgerissen oder mit dem Federmesser daran gekritzelt hatte.

Sogleich glaubte er vom Baume herunterspringen, nach Hause
laufen und die unschuldigen Sachen vernichten zu müssen. Denn
sie kamen ihm nun ganz unerträglich vor. Er sah auch seine Jugendgeschichte vor Augen, ihren Einband, den er selbst verfertigt, das
Geschreibsel, Alles würde er sogleich zerrissen und vernichtet
haben, wenn er es in Händen gehabt hätte.

Alles Vergangene erschien ihm thöricht, dumpf und beschämend, auch erinnerte er sich genau aller Dummheiten, die er
gemacht, sogar solcher, die er im Kinderröckchen begangen, und er
fühlte sich roth werden über alle, weil er sich jetzt unendlich klug
und gereift vorkam. Auch nahm er sich vor, von diesem Augen-

blicke an ganz klug zu sein und durchaus nichts Thörichtes mehr anzustellen. |
Aber alles dies geschah mit reißender Schnelligkeit in wenig Augenblicken, und er ließ sich, schon von anderen Gedanken ergriffen, von der Birke herunter, als eben Erikson aus der Stadt herangeschritten kam.

Ihr erstes Gespräch war das Benehmen Ferdinand's. Erikson sagte nicht viel, während Heinrich mit großer Beredsamkeit sein Erstaunen ausdrückte, wie jener ein solches Wesen, wie Agnes sei, also behandeln könne. Er ergoß sich in den bittersten Tadel und um so lauter, als er selbst in das schöne Kind verliebt war und sein Gewissen ihm sagte, daß das nichts weniger als in der Ordnung sei.

Erikson hörte nicht viel darauf, sondern sagte: „Ich will wetten, daß er das arme Ding heute sitzen läßt und nicht mitbringt. Wir sollten ihm aber einen Streich spielen, damit er zur Vernunft kommt. Nimm einen der Wagen, fahre in die Stadt und sieh ein wenig zu! Findest Du den verliebten Teufel nicht zu Hause, noch bei dem Mädchen, so bring' dieses ohne Weiteres mit, und zwar in Rosaliens Namen und Auftrag, so kann | die Mutter nichts dagegen haben; ich werde dies verantworten. Zu Lys wirst Du nachher einfach sagen, daß Du das für Deine Pflicht gehalten, da er Dir die Schöne am Abend vorher so hartnäckig anvertraut."

Heinrich ließ sich nicht zweimal auffordern und fuhr sogleich in die Stadt. Auf dem Wege traf er Ferdinand ganz allein in einer Kutsche.

„Wohin willst Du?" rief er Heinrich zu. „Ich soll," erwiderte dieser, „Dich aufsuchen und sehen, daß Du das feine Mädchen mitbringst, im Fall Du es nicht ohnehin thun würdest. Dies scheint nun so zu sein und ich will sie holen, wenn Du nichts dagegen hast. Erikson's schöne Wittwe wünscht es."

„Thu' das, mein Sohn!" erwiderte Ferdinand ganz gleichgültig, indem er sich dichter in seinen Mantel hüllte und fuhr seines Weges, und Heinrich hielt bald darauf vor Agnesens Wohnung an. Das Rollen und plötzliche Stillstehen der Räder widerhallte auffallend auf dem kleinen stillen Platze, so daß Agnes im selben Augenblicke mit strahlenden Augen an's Fenster fuhr. Als sie | Heinrich aussteigen sah, verschleierte sich der Blick wieder, doch harrte sie neugierig, daß er in die Stube träte.

Ihre Mutter empfing ihn, beschaute ihn um und um, und indem sie fortfuhr, mit einer Straußfeder, die sie in der Hand hielt, ihren Altar, das darauf stehende Bild ihrer vergangenen Schönheit, die Porzellansachen und Prunkgläser davor, abzustäuben und zu reinigen, begann sie mit einem seelenlosen, singenden Tone zu plaudern: „Ei, da kommt uns ja auch ein Stück Carneval in's Haus, gelobt sei Maria! Welch' allerliebster Narr ist der Herr! Aber was tausend habt Ihr denn, was hat Herr Lys nur mit meiner Tochter angefangen? Da sitzt sie den ganzen Morgen, sagt nichts, ißt nichts, schläft nicht, lacht nicht und weint nicht! Dies ist mein Bild, Herr! wie ich vor zwanzig Jahren gewesen bin! Dank sei unserem Herrn Jesus Christ, man darf es ansehen! Sagen Sie nur, was ist es mit dem Kinde? Gewiß hat sie Herr Lys zurechtweisen müssen, ich sag' es immer, sie ist noch zu ungebildet für den feinen Herrn, sie lernt nichts und | beträgt sich unanständig. Ja, ja, sieh nur zu, Nesi! lernst Du das von mir? Siehst Du nicht auf diesem Bild, welchen Anstand ich hatte, als ich jung war? Sah ich nicht aus, wie eine Edeldame?"

Heinrich antwortete auf alles dies mit seiner Einladung, welche er sowohl in Ferdinand's als in Rosaliens Namen ausrichtete; er suchte einige Gründe hervor, warum e r und nicht jener selbst komme, indessen die Mutter einmal über das andere rief: „So mach', so mach', Nesi! Jesus Maria, wie reiche Leute sind da beisammen! Ein Bischen zu klein, ein kleines Bischen ist die gnädige Frau, sonst aber reizend! Nun kannst Du nachholen, was Du gestern etwa versäumt und verbrochen! Geh, kleide Dich an, Undankbare! mit den kostbaren Kleidern, die Herr Ferdinand Dir geschenkt! Da liegt der köstliche Halbmond am Boden. Aber komm, jetzt muß ich Dir das Haar machen, wenn's der Herr erlaubt!"

Agnes setzte sich mitten in die Stube; ihre Augen funkelten und die Wangen rötheten sich leis von Hoffnung. Ihre Mutter frisirte sie nun | mit großer Geschicklichkeit; sie führte mit großer Anmuth den Kamm und Heinrich mußte gestehen, als er die hochgewachsene Frau betrachtete und die immer noch schönen Anlagen und Züge ihres Gesichtes sah, daß sie wenigstens einen wahren Grund ihrer Eitelkeit gehabt. Doch wurde sein Auge bald von Agnes allein beschäftigt. Sie saß mit bloßem Halse, von der Nacht der aufgelösten Haare umschattet; um die langen Stränge zu kämmen und zu salben, mußte die Mutter weit von ihr zurücktreten. Sie sprach fortwährend, indessen weder Heinrich noch Agnes etwas sagten. Er hätte gewünscht, ein Jahr in dieser Ruhe zu verharren und keinen anderen Anblick zu haben, als diesen.

Endlich war das Haar gemacht und Agnese ging in ihre Kammer, das Dianengewand wieder anzuziehen; die Mutter ging mit, ihr zu helfen; allein sobald sie einigermaßen damit zu Stande gekommen, erschienen sie wieder und vollendeten den Anzug in der Stube, weil die Alte sich unterhalten wollte.

Agnes sah nun wo möglich noch wunderbarer | aus, als gestern; denn ihr seltsamer Zustand, in dem sie nicht geschlafen hatte, während sie doch von neuer Hoffnung und Sehnsucht belebt und durchglüht war, warf einen geisterhaften Glanz über sie.

Sie fuhren in verschlossenem Wagen durch die Stadt; sobald sie aber im sonnigen Freien waren, ließ Heinrich die Decke zurückschlagen. Agnes athmete auf und fing an zu plaudern. Heinrich mußte ihr erzählen, wie die heutige Lustbarkeit sich veranlaßt habe, wer draußen zu treffen und wo Ferdinand sei. Sie wurde immer vertraulicher, sah ihm freundlich lächelnd in die Augen und ergriff seine Hand; denn er war ihr wie ein guter Engel erschienen, der sie zum Glücke führen sollte. Die Landleute am Wege sahen mit Verwunderung das einzelne Pärchen dahin fahren, das wie aus einer anderen Welt kam, und Heinrich fühlte sich zufrieden und beglückt.

Der Mensch nährt sich, wird gut oder böse, vom Schein. Wenn ihm das Glück eine bloße Situation giebt, so wurzelt er daran, wie eine Pflanze am nackten Felsen. Weil Heinrich nun | wieder mit einem reizenden und ungewöhnlichen Mädchen, in schöner Tracht, in vertrautem Zusammensein unter dem blauen Himmel dahin fuhr wie vor Jahren, als er mit einem wirklichen Liebchen über den Berg geritten, erklärte sich sein Herz zufrieden und verlangte nichts Besseres.

Er faßte sich also zusammen und nahm sich vor, ordentlich zu sein. Zwar fühlte er sich noch mehr als gestern in Agnes verliebt, aber er fühlte nun auch, daß er ihr herzlich gut war und nur Gutes wünschte. Daher entschloß er sich, ihr als treuer Freund zu dienen und Alles daran zu setzen, daß ihr kein Unrecht geschähe.

Als sie schon das weiße Landhaus in geringer Entfernung glänzen sahen, gerieth Agnes auf's Neue in große Aufregung; sie wurde bald roth, bald blaß, und da sich eine kleine ländliche Kapelle am Wege zeigte, verlangte sie auszusteigen.

Sie eilte, ihr langes Silbergewand zierlich zusammennehmend, in die Kapelle; der Kutscher nahm seinen Hut ab und stellte ihn neben sich auf den Bock, um die fromme Muße auch zu einem Vaterunser zu benutzen, und Heinrich trat | verlegen unter die offene Thür. Das Innere der Kapelle zeigte nichts, als einen wurmstichigen Altar, bedeckt mit einer verblichenen veilchenblauen Decke. Das Altarbild enthielt einen englischen Gruß, und vor demselben stand noch ein kleines Marienbildchen in einem starren Reifröckchen von Seide und Metallflittern in allen Farben. Rings um den Altar hingen geopferte Herzen von Wachs, in allen Größen und auf die mannigfaltigste Weise verziert; im einen stak ein Papier-

blümchen, im anderen eine Flamme von Rauschgold, das dritte
durchbohrte ein Pfeil, wieder ein anderes war ganz in rothe Sei-
denläppchen gewickelt und mit Goldfaden umwunden, eines war
gar mit großen Stecknadeln besteckt, wie ein Nadelkissen, wohl
zum Zeichen der schmerzvollen Pein seiner Spenderin.

Auf den Bänken aber lagen zahlreiche Abdrücke eines Gebe-
tes, das auf Pappe gezogen auch an der Thür hing und folgende
Ueberschrift trug: Gebet zur allerlieblichsten, allerseligsten und
allerhoffnungsreichsten heiligen Jungfrau Maria, der gnadenrei-
chen und hülfespendenden Fürbitterin | Mutter Gottes. Approbirt
und zum wirksamen Gebrauche empfohlen für bedrängte weibliche Herzen durch den hochwürdigsten Herrn Bischof etc.

Dazu war noch eine Gebrauchsanweisung gefügt, wie viele
Ave und andere Sprüche dazwischen zu beten seien.

Agnes lag auf den Knieen vor dem Altare, und den Rosenkranz,
den sie aus dem Busen gezogen, um die Hände gebunden, betete
sie leise aber inbrünstig, das Gebet vor sich auf dem Boden. Wenn
sie einige Worte abgelesen hatte, so schaute sie flehend auf zu dem
Marienpüppchen und bat die göttliche Frau mit heiligem Ernst, ihr
beizustehen in ihrer Bedrängniß und in ihrem Vorhaben.

Endlich stand sie mit einem großen Seufzer auf und ging nach
dem Weihkessel, in welchen sie ihre weißen Finger tauchte. Da sah
sie Heinrich in die Thür gelehnt, wie er sie unverwandt betrachtete
und an seiner Haltung sah sie, daß er ein Ketzer sei. Aengstlich
tauchte sie den vorhandenen Wedel tief in den Kessel, eilte damit
auf Heinrich zu, wusch ihm förmlich das Gesicht | und besprengte
ihn über und über mit Wasser, indem sie mit dem Wedel unaufhör-
liche Kreuze schlug. Nachdem sie so die schädliche Einwirkung
seiner Ketzerei auf ihre Andacht gebannt, ergriff sie beruhigter
seinen Arm und ließ sich wieder in die Kutsche heben.

Heinrich zog sein Taschentuch und trocknete sich das Gesicht,
welches von Weihwasser troff; Agnes wollte ihn daran verhin-

dern und zog ihm das Tuch weg, und indem sie so in einen Streit geriethen, der zuletzt zum muthwilligen Scherz wurde, vergaßen sie ganz, daß sie bereits an dem Garten Rosaliens angekommen waren.

Die zahlreiche Gesellschaft, welche schon in dem Landhause versammelt war, begrüßte die liebliche Erscheinung mit lauter Freude. Rosalie hatte außer den Künstlern und den Damen von gestern noch mehrere ihrer Verwandten und Freunde holen lassen, welche sich nun in sonntäglicher moderner Kleidung unter die Vermummten mischten, wovon die Gesellschaft ein zufälliges und leichtes Ansehen gewann. Rosalie selbst, um ihren Pflichten als Wirthin besser nachzukommen, | zeigte sich in einfacher häuslicher Tracht, welcher sie auf das Anmuthvollste einigen heiteren Schmuck beigefügt hatte.

Als Agnes Ferdinand in seinem fremdartigen und fast weiblichen Schmucke erblickte, blieb sie einen Augenblick offenen Mundes stehen und gerieth in eine verwirrte Berauschung, da er zärtlich auf sie zueilte, Heinrich für seine Mühe dankte und mit voller Aufmerksamkeit für sie besorgt war. Erst nach und nach kam sie wieder zum Bewußtsein, wachte nun auf in froher Hoffnung und ging, indem es ihr wie ein Stein vom Herzen fiel, in eine blühende Fröhlichkeit über. Sie fing an zu zwitschern, wie ein Vögelchen im Frühling, und schaute vergnügt um sich; denn sie sah nun wirklich Ferdinand neben sich sitzen und hörte seine vertraute Stimme in artigen Worten, die er an sie richtete.

Das kleine, schön gebaute Haus war mit Gästen angefüllt. In dem mäßigen Saale und den wohnlichen Zimmern brannte lockendes Kaminfeuer, indessen die Sonne wärmend durch die Fenster schien und auf dem Garten lag, so daß | man durch die offenen Glasthüren aus und ein ging. Ueberall blühten Hyacinthen und Tulpen, und das Treibhaus, welches im schönsten Flore stand, war zwischen seinen grünen Gebüschen mit gedeckten Tischchen versehen. Einige Musiker waren bestellt und man tanzte in dem Saale, jedoch ohne Hast und ohne Ceremonien, sondern behaglich und abwechselnd. Es war anmuthig zu sehen, wie ein Theil der Gesellschaft zierlich und fröhlich tanzte, während ein anderer Theil sich in Spielen und Erfindungen erging in Haus und Garten, indessen ein dritter sich im traulichen Zimmer in weitem Ringe um den runden Tisch reihte und die Champagnergläser hob. Die Wirthin war so unermüdlich und liebenswürdig, daß der Fremdeste sich bald zu Hause fühlte. Jedem wußte sie durch einen einzigen Blick, durch ein Wort oder eine Frage dies Gefühl zu geben, und diejenigen jungen Leute, welche aus dürftiger Dachkammer herabgestiegen, nur durch ihr Faschingsgewand in diese Räume der Wohlhabenheit und Zierlichkeit geführt und wenig an die Gebräuche der sogenannten guten Gesellschaft ge|wöhnt waren, richteten sich nichts desto minder mit großer Unbefangenheit an ihren Trinktischen ein, und Rosalie schien geehrt und erfreut zu sein durch das treuherzige Schenkeleben, welches sie mit Maß und Sitte zur Schau stellten.

Dadurch gewann sie sich die Herzen aller Anwesenden, so daß sich alle mehr oder weniger in sie verliebten. Sie war so zu sagen die Frau von Gottes Gnaden, deren Anmuth Wohlwollen und Trost ausstrahlte und allgemeines Wohlwollen erntete, und indem in ihrer Umgebung jeder Einzelne bei ihrem Anblick des Glaubens wurde, daß sie ihm besonders freundlich sei, so begnügte er sich mit diesem Gefühle, und sie sah sich von der Bescheidenheit und Sitte Aller umgeben.

Nur Ferdinand verhärtete sich immer mehr in seiner Leidenschaft. Er hatte sein Benehmen gegen Agnes nur geändert, um ihren Werth und ihre Schönheit erst recht an das Licht zu stellen, zu zeigen, welch' ein seltenes Wesen er so gut wie in der Hand hätte, wie dieses ihn aber ganz unberührt lasse, ja, wie er sie ganz und gar nur als ein liebliches Kind betrachte, welches neben | der gereiften Schönheit Rosaliens nicht in Rede kommen könne. Er hatte auch mit großer Feinheit seine Rolle gespielt, so daß Niemand deren Falschheit bemerkte, als Rosalie und Agnes selbst, welche bald nach ihrer ersten Freude die alte Weise Ferdinand's erkannte und darüber tödtlich erschrak.

Rosalien war seine veränderte kokette Tracht aufgefallen, und sie fühlte sich dadurch beleidigt; auch hatte sie von Erikson, so viel dieser davon wußte, sein Verhältniß zu Agnes erfahren und war erst Willens, durch ein kluges Verfahren dem jungen seltsamen Mädchen, das ihr wohl gefiel, zu seinem Rechte zu verhelfen und Ferdinand in Güte zu ihr hinzulenken. Im Verlauf des Tages sah sie aber ein, daß er kein Glück sei für ein so naives Kind und daß sie mit gutem Gewissen nicht in dessen Geschick eingreifen dürfe, und sie entschloß sich, den selbstsüchtigen Untreuen seinen Weg gehen zu lassen und ihn auf ihre Weise zu bestrafen.

Als er daher Agnes, nachdem er sie der Obhut Heinrich's übergeben, plötzlich wieder verließ | und begann, seine Bewerbungen um Rosalien fortzusetzen, empfing sie ihn mit alter Freundlichkeit, und als er sie auf Schritt und Tritt begleitete, hörte sie ihn holdselig an und that, als ob sie weder dies, noch die mißbilligende Verwunderung der Gesellschaft bemerkte.

In einem Seitengemache gefiel sich eine gewählte Gesellschaft darin, in den glänzenden Fabelgewändern ruhig eine Partie Whist zu spielen. Rosalie und Ferdinand traten ein, um sich hier umzusehen, und betheiligten sich am Spiele. Er benutzte dasselbe, um allerlei Galanterien zu begehen und ungestört eine Weile ihr gegenüber zu sitzen. Sie lächelte ihm zu und hielt gut mit ihm zusammen. Als die Partie geendet, ergriff sie die Karten und bat die Spieler und Andere, welche in der Nähe waren und welche alle aus vermöglichen Personen bestanden, eine kleine Rede von ihr anzuhören.

„Ich habe mich," sagte sie, „bisher arg gegen die Kunst versündigt und trotzdem, daß ich mit Glücksgütern gesegnet bin, so

SECHSTES KAPITEL

viel wie nichts für sie gethan; ich bin um so tiefer beschämt, als ich | durch dieses Fest die sinnige, treuliche Lebenslust empfinden gelernt habe, welche in den Künstlern ist und von ihnen ausgeht, und ich möchte einen besseren Anfang machen und wünsche in meiner Dankbarkeit, daß heute in meinem Hause, welches durch die fröhliche Anwesenheit so vieler Künstler geehrt wird, etwas Gutes geschähe und daß ich, was wie ich glaube für die rechte Kunstbeförderung eben so nothwendig ist, auch Andere veranlasse, etwas Gutes zu thun. Ich sehe unter meinen Gästen so manches junge Bürschchen mit glänzenden Augen, dem es aber, nach seiner schüchternen Haltung zu urtheilen, nicht zum Besten geht. Wie schön wäre es, wenn wir wenigstens einen oder zwei dieser flüggen Vögel unmittelbar aus dieser Festfreude heraus nach Italien schicken könnten! Da ich aber an Niemanden bestimmte Anforderungen machen darf, so will ich hier Bank halten und diejenigen, welche es können, zum Spiele einladen. Was gewonnen wird, legen wir zusammen, ich verdopple die Summe alsdann, und je nach dem Befunde wählt dann die anwesende Gesellschaft denjenigen aus ihrer | Mitte, welchen sie für den Würdigsten und Bedürftigsten hält!"

Und mit verbindlichem Lächeln sich zu Ferdinand wendend und ihn zum Tische ziehend, sagte sie: „Herr Lys, sie sind ein reicher Mann! Geben Sie ein gutes Beispiel und fangen Sie an!"

Ferdinand hatte von der bedeutenden Summe, welche er in seiner Narrheit bei den Juwelieren ausgegeben, noch zehn bis zwölf Louisd'ors übrig, die er in ein Papier gewickelt in den Busen gesteckt hatte, da in der Eile an seinem ganzen Costüm nicht eine Tasche angebracht worden. Verlegen zog er das Geld hervor, wie ein Mädchen einen Liebesbrief, und verlor es schnell an die schöne Bankhalterin.

Sie warf es in eine leere Fruchtschale und dankte ihm, indem sie zugleich bedauerte, daß er nicht mehr zu verlieren habe. Ihm schien aber das Verlorene schon zu viel zu sein und um wieder etwas davon zu gewinnen, warf er, scheinbar um noch mehr beizutragen, den kleinsten seiner Ringe hin.

Allein er verlor auch diesen. Rosalie hatte | zu ihrer großen Freude ein merkwürdiges Glück, Ferdinand verlor Stück um Stück von seinem Schmucke; Armspangen, Agraffen, Ringe und Ketten warf er auf den Tisch in dem aufgeregten Bestreben, wieder zu dem Seinigen zu kommen; Rosalie setzte gemünztes Gold dagegen, aber nach wenigen Schwankungen lag der ganze Schmuck Ferdinand's, im Werth von über drei tausend Gulden, schimmernd in der Schale.

Rosalie klatschte in die Hände und verkündete unverhohlen ihre Freude über dies unverhoffte Gelingen, und als sie Ferdinand holdselig dankend die Hand reichte, mußte auch dieser eine gute Miene machen, obgleich er nun eine seltsame Figur spielte, da der noch seltsamere Schmuck jetzt erst recht die Aufmerksamkeit erregte.

Aber nun ging es erst recht an. Die Damen wurden von den Edelsteinen mächtig angezogen, und in der Hoffnung, dies oder jenes, was ihnen besonders gefiel, zu gewinnen, drängten sich bald alle um den Tisch und spielten eifrig um den Schmuck; denn sie nahmen sich sammt und sonders vor, ihre Männer oder Väter zu bewegen, | den verhofften Gewinnst mit baarem Gelde auszulösen. Allein Rosalie hatte unverwüstliches Glück und häufte endlich fast alles vorhandene Geld zu dem Schmuck in die Schale, und als zuletzt Niemand mehr spielte, rief sie: „Obgleich mein Unternehmen einen Umfang gewonnen hat weit über das erwartete Ziel hinaus, so freue ich mich dennoch, mein Wort zu halten und diesen ganzen Gewinnst zu verdoppeln!"

Einige angesehene ältere Künstler und ein anwesender Kaufmann beriethen nun die Sache, und es fand sich, daß man zwei junge Leute reichlich ausstatten könne auf einige Jahre.

SECHSTES KAPITEL

Das Ereigniß erregte das größte Erstaunen und den freudigsten Jubel im ganzen Hause, und die Freude war so plötzlich gekommen, daß nicht der leiseste Schatten von Neid sich darunter mischte, als man nun auf Rosaliens Wunsch die zwei jungen Maler auswählte, welche die Reise nach Italien machen sollten.

Die Wahl war ein neues und das edelste Vergnügen von allen bisherigen, und es wurde auf das Sinnreichste und Lieblichste hin und her | gewandt, da es so gut schmeckte, und endlich wurden zwei Brüder gewählt, welche sich ebenso durch ihren Fleiß, als durch ihre Armuth auszeichneten, zwei liebenswürdige Bürschchen aus Sachsen, welchen während ihres Aufenthaltes in der Kunststadt Vater und Mutter gestorben und jeder Unterhalt verloren war. Man begriff nicht, wie sie leben konnten, so kümmerlich nährten sie sich, und doch waren sie der Kunst so anhänglich und treu und immer so guten Muthes, daß sie bei aller Armuth und Sparsamkeit doch immer einige blanke Gulden bereit hatten, jedes Künstlerfest mit zu feiern und Jedermann durch ihre bescheidene Fröhlichkeit zu erfreuen.

Die zwei Kirchenmäuse wußten nicht, wie ihnen geschah und küßten in ihrer Verwirrung der reizenden Urheberin dankbar die Hand. Rosalie konnte sich nicht enthalten, den schüchternen jungen Bürschchen die Wangen zu streicheln und hätte sie gern geküßt, wenn es sich hätte thun lassen.

Sie wurden im Triumph herumgeführt, woraus | sich ein neues Anordnungs- und Wandervergnügen ergab.

Indessen verfiel Ferdinand gänzlich seinem Geschick. Es begab sich mit ihm, was sich immer begeben hat, er gerieth durch das Schiefe und Unrechte der einen Leidenschaft in eine Niedrigkeit des Empfindens und Denkens, welche sonst nicht in ihm lag. Er war allerdings selbstsüchtig und sparsam gegen Andere, sobald es Geld oder Gut betraf, aber doch nicht in dem Grade, daß es sich nicht im Allgemeinen mit einem anständigen und liebenswürdigen

Charakter vertragen hätte; er würde über den erlittenen Verlust unter allen Umständen verdrießlich geworden sein, aber nicht so sehr, daß der Verdruß im mindesten auf andere Ideen und Vorstellungen eingewirkt oder dieselben getrübt hätte. Jetzt aber verband sich mit seinem geheimen Aerger sogleich der Gedanke, sich zu entschädigen; er machte in seinem Inneren Rosalien sich verpflichtet und hielt sie durch den Vorfall für gebunden an ihn durch ein starkes Band.

Diese bedenkliche Ausschweifung verwirrte ihn | ganz und trieb ihn demgemäß zum Handeln. Er nahm sich also äußerlich zusammen, da er in seiner Thorheit seiner Sache sicher zu sein glaubte, und beobachtete Rosalien mit mehr Ruhe, um den günstigen Augenblick zu finden, sie allein zu sehen.

Rosalie schien ihn hierin zu unterstützen; denn er bemerkte, daß sie mehrmals allein wegging auf eine Weise, als ob sie wünsche, daß Jemand ihr folge und sie aufsuche.

Sie hatte Spiel, Schmuck und Ferdinand vergessen und war jetzt mit einem anderen Gedanken beschäftigt, und dieser Gedanke röthete ihre Wangen und entfachte ihre Augen in holder Gluth. Sie wünschte, daß Erikson sie suchte und allein spräche, ohne daß sie ihn geradezu aufforderte. Aber dieser merkte von allem nichts, und anstatt daß er selber auf den Gedanken kam, den er vielmehr beinahe scheute, wie eine gefährliche Entscheidung, beobachtete er Ferdinand, der sich nun ruhiger hielt, und glich einem Jäger, der nach einer anderen Seite sieht, wo er etwa einen Fuchs | vermuthet, während das schöne Reh in Schußweite vor ihm hinspringt.

Ferdinand aber verlor nun keine Zeit mehr, sondern verschwand unversehens aus dem Saale, als er gesehen, daß Rosalie sich wiederum entfernt habe. Sobald er auf dem Gange war, folgte er ihr mit stürmischen Schritten, daß seine assyrischen Gewänder nur so flogen, erreichte sie in einem abgelegenen stillen Zimmerchen, welches zur Sommerzeit ihr Boudoir war, ergriff ihre beiden

Hände und begann dieselben leidenschaftlich zu küssen. Sie hatte gehofft, daß Erikson hinter ihr her käme; aber bald erkannte sie an dem leichten Schritte, daß er es nicht sei, und wußte nun in der Verwirrung nicht sogleich, was sie anfangen sollte.

Doch entzog sie ihm die Hände, indessen er sagte: „Schönste Frau! Sie haben zwei Glückliche gemacht! Beglücken Sie den dritten, indem Sie mir erlauben, Ihnen zu sagen, wie tief ich von Ihrer Schönheit und Anmuth, von Ihrem ganzen Wesen ergriffen bin!"

Rosalie zappelte mit ihren Händchen, ihn | abwehrend, und rief halb ängstlich, halb lachend: „Herr Lys! Herr Lys! ich bitte Sie! Sehen Sie denn nicht, daß ich heute in meinen Alltagskleidern stecke und nicht mehr die Göttin der Liebe bin?"

„O schöne, liebe Rosalie!" rief Lys und fuhr fort mit schöner Beredsamkeit, „mehr als je sind Sie die Schönheit und Liebe selbst und alles das, was die Alten so tiefsinnig vergöttert haben! Sie sind eine ganze Frau im edelsten Sinne des Wortes, in Ihnen ist nur Anmuth und Wohlwollen, und Sie verwandeln alles dazu, was um Sie ist. O jetzt begreife ich, warum ich ein Ungetreuer und Wankelmüthiger war mein Leben lang! Wie kann man treu und ganz sein, wo man immer nur das halbe und durch Sonderlichkeit getrübte Weib trifft, bald unfertig in seinem Bewußtsein, bald eigensinnig und überreif in demselben? Sie sind das wahre Weib, in dem der Mann seine Ruhe und seinen dauernden Trost findet, Sie sind heiter und sich selber gleich, wie der Stern der Venus, den Sie gestern trugen! O verkennen Sie sich nicht, erkennen Sie Ihr | eigenes Wesen! Diese göttliche Freundlichkeit, welche Sie beseelt, ist nichts als Liebe, welche gewähren muß, sobald sie erkannt und verstanden wird! Sie muß sich äußern hoch über der trüben Welt von Tugend und Sünde, Pflicht und Verrath, in der Höhe des klaren unveränderlichen Lebens ihres eigenen Wesens!"

Er hatte wieder ihre Hand ergriffen und sah jetzt so schön und aufrichtig aus, daß sie ihm nicht gram werden konnte; sie ließ ihm desnahen noch eine Weile die Hand und sagte mit großer Anmuth und Freundlichkeit: „Sie sind jetzt sehr liebenswürdig, Herr Lys! und ich will deshalb vernünftig mit ihnen sprechen. Ich bin weit entfernt, Ihre Grundsätze zu verdammen, oder Ihnen eine zimperliche Predigt halten zu wollen, da ich sehe, daß dieselben nicht leere Worte eines unsicheren Mannes, vielmehr nur zu deutlich die Aeußerung einer tiefer begründeten Lebensrichtung sind. Sehen Sie zu, wie Sie dabei ihr Glück und Ihre Ruhe finden, von der Sie sprechen! Aber ich muß Ihnen wenigstens sagen und kann Sie auf das Heiligste versichern, daß ich mich | selber sehr wohl kenne und daß Sie sich hinsichtlich meines Wesens vollkommen getäuscht haben. Sehen Sie, Herr Lys! (und hier zog sie ihre Hand zurück und maß ihm eine rosige Fingerspitze vor, indessen sie etwas ungeduldig mit den Füßchen strampelte) ich empfinde nicht s o viel Neigung für Sie, und ich schwöre Ihnen, daß, was meine Freundlichkeit betrifft, dieselbe nun und nimmermehr d a s für Sie sein wird, was Sie Liebe nennen oder was ich Liebe nenne! Ja vielmehr steht sie auf dem Punkte, in Haß und Abscheu umzuschlagen, wenn Sie Ihr Benehmen nicht sogleich ändern! Entschließen Sie sich dazu, oder ich bitte Sie, mein Haus zu verlassen, denn Sie stören mir alle Freude und machen ein unnützes Aufsehen!"

Als sie dies sprach, funkelte zuletzt durch alle lächelnde Freundlichkeit ein lichter Zorn in ihren Augen, gleich einem Blitz im Sonnenschein, welcher zwar bezaubernd, aber auch so deutlich und entschieden war, daß Lys nicht ein Wort zu erwidern wußte. Er sah sie erstaunt und wehmüthig an, wie einer, der aus seiner ganzen persön|lichen Beschaffenheit und Ueberzeugung heraus gehandelt hat und darüber traurig ist, daß er keinen Anklang findet. Dann ging er ohne ein Wort zu sagen langsam aus dem Zimmer.

Rosalie schaute ihm nach, und während sie aufathmend sich auf ein Sopha warf, mischte sich in den freundlichen Spott, den sie empfand, doch ein geheimstes bedauerndes Gefühl, daß ihr

Wohlwollen nicht etwas der Art sein dürfe, für was Lys es gehalten wissen wollte.

Inzwischen hatte Erikson endlich ihre und Ferdinand's gleichzeitige Abwesenheit entdeckt und da er Rosalien zu sehr ehrte und liebte in seiner breiten Brust, um sie genauer zu kennen, und auch ein ziemlicher Neuling in dieser Lage war, so verließ ihn plötzlich sein bisheriges Phlegma und er gerieth in die heftigste Aufregung.

Die abenteuerlichsten und graulichsten Geschichten von der geheimen Verworfenheit und Schwachheit der Weiber, welche er in Schenken und Männergesellschaften gehört, fuhren ihm wie Gespenster durch den Kopf, die wunderlichsten Eroberungen und Ueberrumpelungen durch kühne | Gesellen, unter den schwierigsten Umständen, kamen ihm in den Sinn und wechselten mit dem Bilde der sich immer gleichen Rosalie, und dies Bild verscheuchte dann alle jene Schrecken für einen Augenblick; aber sie kehrten wieder und peinigten ihn auf das Aergste.

Und als er sie endlich gewaltsam unterdrückte, sagte er sich: Und was wäre es denn, wenn mir dieser Teufel zuvorkäme und das thäte, was ich schon längst hätte wagen sollen? Wer wäre zu tadeln, als ich selbst? Soll mir die liebe Schöne sich selbst auf einem Teller präsentiren? Hole der Henker das Geld! Ich glaube, ich wäre nicht halb so blöde, wenn sie nicht so reich wäre! Aber was thut das zur Sache? Sie ist ein Weib, ich ein Mann, Himmel! sie wird mir den Kopf nicht abbeißen!

Als ob seine Seligkeit auf dem Spiele stände, durchmaß er alle Zimmer, und als er sie nirgends fand, riß er voll Furcht und Zorn die letzte Thür auf, die ihm noch übrig blieb, trat hastig in das schwach erleuchtete Stübchen und fand Rosalien auf dem Sopha sitzend. Sie hielt sich ganz still | und sah ihn an, und Erikson stand plötzlich rathlos da.

Nachdem er eine Weile gestanden, indessen sich die Schöne nicht gerührt, gewann er über ihrem Anblicke seine Bewegung wieder, stärker als vorhin, aber nun rein und gleichmäßig, eine schöne, mächtige Wallung. Er that einen Schritt auf sie zu, ergriff ihren Arm so fest, daß es sie schmerzte und gab nun seinen Gefühlen und Meinungen Worte, so gut er sie zu finden vermochte.

Rosalie beklagte sich nicht über den Druck seiner starken Hand, es schien sogar, als ob ihr der kleine Schmerz das größte Vergnügen gewähre. Sie hörte ihn mit schwerverhaltenem Lächeln an, und eine Viertelstunde nachher sah man ihn feierlich und zufrieden durch die Räume kommen, mit glänzenden Augen einige Verwandte Rosaliens zusammen zu suchen und zu ihr zu berufen, und abermals eine Viertelstunde nachher erschienen diese wieder und ordneten in dem Saale eine Abendtafel für die gesetztere Hälfte der Gesellschaft und besonders für sämmtliche Verwandte und Freunde Rosaliens, deren noch manche schnell | geholt wurden; und als alles dies zu Stande gekommen, indessen auch die Lichter angesteckt wurden, verkündete ein ehrwürdiger Oheim die unverhoffte Verlobung, und das glückliche Paar nahm die überraschten Glückwünsche von allen Seiten frohlauschend auf.

Alle, die in gewöhnlicher Kleidung anwesend waren, führten unter sich alsbald eine gelinde Kritik über die seltsame Verlobung und die künstlerischen Neigungen der reichen Wittwe, die so rasch nach einander zu Tage träten; doch wenn sie, besonders die Schönen, auf Erikson blickten, so blieben ihre Worte nur noch tönende, während das Auge gestehen mußte, daß die feine Rosalie wohl zu wählen gewußt habe.

Die Künstler aber freuten sich unbändig über diese neue glückliche Wendung zu Ehren ihres Standes und machten Erikson glückwünschend zu ihrem Helden, nicht ahnend, welcher Abfall von Pinsel und Palette mit dieser Verlobung sich vollende. Denn Erikson hat in der That nie wieder gemalt, obgleich er den Künstlern zuge|than blieb und mit vieler Behaglichkeit sich später eine Bildersammlung anlegte.

Nur Ferdinand ertrug diesen Vorfall nicht; er verlor sich in der größten Uneinigkeit mit sich selbst aus dem Hause und stürmte in den Buchenwald hinaus, in welchem viele einzelne Masken umherirrten und lärmten. Viele kamen auch von den Forsthäusern auf die Kunde von den artigen Begebenheiten in das Landhaus der Wittwe oder nunmehrigen Braut und wurden da bewirthet. Erikson rührte sich sogleich lustig als künftiger Herr des Hauses und schaffte mit ausgiebiger Bewegung Raum und Stoff in die Verwirrung, die rauschend hereingebrochen war.

Dann aber geleitete er Rosalien, die sich zurückziehen wollte, als sie Alles im besten Gange und durch treue Freunde und Diener überwacht sah, nach der Stadt. Sie erbebte in der Dunkelheit vor Vergnügen, als er sie in den Wagen hob und als der leichte Kasten heftig schaukelte, da der hünenmäßige Erikson einstieg.

Während sich dies Alles begeben, hauste in dem Gewächshause ein kleines Trüppchen Leute, | abgelegen und vergessen von der großen Gesellschaft, und führte zwischen den Myrthen- und Orangenbäumen ein wunderlich verborgenes Leben. Da saß an einem Tischchen der fabelhafte Bergkönig, welcher mit seiner Krone und seinem weißen Barte aussah, als wäre er eben aus den Fluthen des Rheines, aus der Nibelungenzeit heraufgestiegen, und sang, indem er das lange Kelchglas schwenkte, die lustigsten Lieder; neben ihm zechte ein Winzer aus dem Bacchuszuge, ein wirklicher Rheinländer, welcher eine Anzahl Champagnerflaschen erhascht und unter den Myrthen verborgen hatte. Es war ein untersetzter Mann von dreißig Jahren mit einem braunen Krauskopfe und kindlich lachenden Augen, welche bald mit frommem Ausdrucke in die Welt schauten, bald in schlauer Lustigkeit funkelten. Seine Hände verkündeten einen fleißigen Metallarbeiter und der weichgeschnittene Mund einen andächtigen Trinker, indessen doch die Mundwinkel einen sinnenden festen Zug hatten vom häufigen Verschließen und Verziehen des Mundes über der beharrlichen pla-

stischen Arbeit. Man nannte ihn den kleinen | Gottesmacher, weil
er nicht nur alle für den katholischen Cultus nothwendigen Silbergefäße, sondern auch sehr wohlgearbeitete Christusbilder in
Elfenbein verfertigte. Nebenbei war er ein trefflicher Musikus, der
mehrere Instrumente spielte und ein Kenner der alten Kirchenmusik sowohl, als einer Menge melancholischer Volkslieder war. Diese
sang er jetzt abwechselnd mit dem Bergkönig und dem grünen
Heinrich, welcher mit Agnes den kleinen Kreis vervollständigte.

Das verzweifelte Mädchen hatte sich hieher zurückgezogen,
weil sie nicht unter den anderen Frauensleuten sein mochte, die alle
glücklich waren und sich ihres Lebens freuten. Sie saß nun wieder
stumm und still und lauschte auf die Worte Heinrich's, welcher
ihr fortwährend Hoffnung machte und zuflüsterte, sie solle nur
Geduld haben; wenn erst diese tolle Zeit vorüber sei, so würde sich
Ferdinand schon besinnen und müsse es, er wolle ihn dazu zwingen. Als das Geräusch der Verlobung sich verbreitete, eilte Heinrich weg, um Ferdinand aufzusuchen, während Agnes mit banger
Hoffnung und aufblitzender Lebenslust sei|ner harrte. Aber er fand
ihn nirgends und kehrte allein zurück.

Agnes versank in eine tiefe Erstarrung, alles vergessend, was
um sie war. Der Bergkönig und der Winzer begannen jetzt ihren
Zustand zu erkennen und bewährten sich als bescheidene und treuherzige Gesellen, welche mit herzlicher Schicklichkeit ihrer schonten und zugleich mit derselben sie aufzuwecken und zu beleben
suchten.

Heinrich bot ihr an, sie nach Hause zu bringen; allein sie verweigerte es und ging nicht von der Stelle, indem sie behauptete,
Ferdinand müsse sie nach Hause begleiten und würde gewiß noch
kommen. Sie trank nun mehrere Mal von dem brausenden Weine,
den sie in ihrem Leben noch nie getrunken, und als derselbe seine
Wärme durch ihr Blut ergoß, wurde sie allmälig laut und ergab
sich einer selbstbetäubenden Freude. Sie sang nun selbst mit den

Gesellen und ließ eine so wohlklingende Stimme ertönen, daß alle bezaubert wurden. Sie wurde immer lustiger und trank in kurzer Zeit einige Gläser aus.

Die drei Burschen, wenig erfahren in so be|denklichen Sachen, ließen sich nun ohne Arg von ihrer Ausgelassenheit hinreißen und freuten sich über das reizende lustige Mädchen, über welches ein eigenthümlicher dämonischer Zauber gegossen war. Sie brach blühende Myrthen- und Lorbeerzweige und flocht Kränze daraus; sie plünderte das ganze Gewächshaus, um Sträuße zu binden, und indem sie ihre Zechbrüder mit den fremden Wunderblumen aufputzte und ihnen die Kränze aufsetzte, sowie sich selbst, tanzte sie nicht wie eine Diana, sondern wie eine kleine angehende Bacchantin herum, ohne daß indeß die ganze Scene das Geringste von ihrer Unschuld und Harmlosigkeit verloren hätte.

Aber plötzlich, als die Lust am größten war, veränderte sich ihr Gesicht und sie fing bitterlich an zu weinen; sie warf sich auf einen Stuhl und weinte mehr und mehr, es war als ob alle Quellen des Leides sich geöffnet hätten, und bald war das Tischtuch, auf das sie ihr schluchzendes Haupt niederbeugte, von ihren strömenden Thränen benetzt, die sich mit dem Champagner ihres umgestürzten Glases vermischten. |

Mit durchdringender, klagender Stimme rief sie, vom Schluchzen unterbrochen, nach Ferdinand, nach ihrer Mutter. In größter Rathlosigkeit suchten die Gesellen sie zu beruhigen und aufzurichten, zugleich befürchtend, daß andere Gäste herbeikommen und Agnesens bedenklichen Zustand sehen möchten.

Allein ihr Schrecken wurde noch größer, als die Thränen unversehens versiegten, Agnes vom Stuhle sank und in wilde Krämpfe und Zuckungen verfiel. Sie warf ihre feinen weißen Arme umher, die Brust drohte das spannende Silbergewand zu sprengen, und die schönen dunkelblauen Augen rollten wie irre Sterne in dem bleichen Gesicht. Heinrich wollte nach Hülfe rufen, aber der

Bergkönig, welcher der älteste war, hielt ihn davon ab, um einen allgemeinen Auftritt zu verhüten. Sie hofften, der Anfall würde vorübergehen, sprengten ihr Wasser in's Gesicht und lüfteten das Brustgewand, daß der kleine pochende Busen offen leuchtete. Heinrich hielt das schöne tobende Mädchen, das mehr dem Tode, als dem Leben nahe schien, auf seinen Knieen, da kein | geeigneter Ruhesitz im Treibhause war, und indem er das zärtlichste Mitleid für sie fühlte, verwünschte er den eigensüchtigen Ferdinand, welcher nun weiß Gott wo umherschweifen mochte.

Als aber der unglückliche Zustand, anstatt vorüberzugehen, immer schlimmer und bedrohlicher wurde, indem die Zuckende kaum mehr zu halten war, entschlossen sie sich in der größten Angst, die Kranke vorsichtig nach dem Hause zu tragen.

Der Bergkönig und der Winzer hoben sie auf ihre Arme und trugen die tobende Diana auf dem dunkelsten Seitenwege durch den Garten, indessen Heinrich voranging und die Gelegenheit erspähte. So gelangten sie mit der verrätherisch glänzenden und ächzenden Last mit Mühe endlich durch eine Hinterthür in das Haus und in das obere Stockwerk, wo sie ein mit Betten versehenes Zimmer fanden. Sie legten dort das arme Kind hin und suchten in der Stille einige weibliche Hülfe herbei. Es war auch die höchste Zeit, denn sie lag nun in tiefer Ohnmacht; zugleich erregte aber die herbeigeeilte Gärtnersfrau, die Heinrich gefunden, ein solches Lamento, daß bald | alle noch anwesenden Damen in dem Zimmer waren, der Vorfall nun mit dem größten Aufsehen bekannt ward und die betroffenen drei Zecher sich in den Hintergrund ziehen mußten.

Es gelang endlich, die Ohnmächtige wieder in's Leben zu rufen, und da sich auch zweckmäßige Hülfsmittel fanden, erholte sie sich in etwas, ohne jedoch zum klaren Verstande zu kommen. Doch konnte keine Rede davon sein, sie noch heute nach Hause zu bringen, obgleich ein schnell herbeigekommener Arzt die Sache

nicht für gefährlich erklärte und Ruhe und Schlaf als die sicherste
Hülfe zur gänzlichen Erholung bezeichnete.

Heinrich machte sich auf den Weg nach der Stadt, um Agnesens
Mutter zu benachrichtigen. Die Fahrstraße war bedeckt mit Wagen,
die, mit Tannenreis geschmückt, die heimkehrenden Masken trugen,
und dazwischen von vielen Fußgängern. Um schneller vorwärts zu
gelangen und ungestörter zu sein, schlug Heinrich einen Fußpfad
ein, welcher im lichten Walde sich hinzog zur Seite der Straße. Als
er einige Zeit gegangen, holte er Ferdinand ein, dessen weiter seidener Mantel, | sowie der Saum des battistenen langen Rockes sich
unablässig in den Sträuchern und Dornen verwickelten und zerrissen und so sein Fortkommen erschwerten. Fluchend schlug er sich
mit dem Gestrüpp herum, als Heinrich zu ihm stieß.

Sobald sie sich erkannten, erzählte Heinrich das Vorgefallene und in einem Tone, welcher deutlich verrieth, wo der Erzähler hinaus wollte. Ferdinand, welcher ein ausdauernder Trinker
war, aber alle eigentliche Betrunkenheit schon an Männern verabscheute, empfand einen tiefen Verdruß und suchte überdies mit
der Aeußerung desselben den weiteren Auslassungen Heinrich's
zuvorzukommen.

„Das ist eine schöne Geschichte!" rief er, „ist das nun Deine
größte Heldenthat? Ein unerfahrenes Mädchen berauscht zu
machen? Wahrhaftig, ich habe das arme Kind guten Händen übergeben!"

„Uebergeben! Verlassen, verrathen willst Du sagen!" rief Heinrich und übergoß nun seinen Freund mit einer Fluth der bittersten
Vorwürfe.

„Ist es denn so schwer," schloß er, „seinen | Neigungen einen
festen Halt zu geben und gerade dadurch die Gesammtheit der
Weiber recht zu lieben und zu ehren, daß man E i n e r treu ist?
Denn es ist ja doch Eine wie die Andere und in der Einen hat man
Alle!"

Ferdinand hatte sich indessen aus den Dornen losgewickelt; er sah nun aus wie ein zerzauster und gerupfter Vogel. Da er sah, daß er Heinrich nicht einschüchtern konnte, ergab er sich und sagte ruhig, indem sie weiter gingen: „Laß mich zufrieden, Du verstehst das nicht!"

Heinrich brauste auf und rief: „Lange genug habe ich mir eingebildet, daß in Deiner Sinnes- und Handlungsweise etwas liege, was ich mit meiner Erfahrung nicht übersehen und beurtheilen könne! Jetzt aber sehe ich nur zu deutlich, daß es die trivialste und nüchternste Selbstsucht und Rücksichtslosigkeit ist, welche Dich treibt, so leicht erkennbar, als verabscheuenswerth. O wenn Du wüßtest, wie tief Dich diese Art entstellt und befleckt und allen Denen weh thut, welche Dich kennen und achten, Du würdest aus eben dieser | Selbstsucht heraus Dich ändern und diesen häßlichen Mackel von Dir thun!"

„Ich sage noch einmal," erwiderte Lys, „Du verstehst das nicht! Und das ist Deine beste Entschuldigung in meinen Augen für Deine unziemlichen Reden! Nun, Du Tugendheld! ich will Dich nicht an Deine Jugendgeschichte erinnern, die Du so artig aufgeschrieben hast, erstens um Dein Vertrauen nicht zu mißbrauchen, und zweitens, weil Dir nach meiner Ansicht aus derselben wirklich nichts vorzuwerfen ist. Denn Du hast gethan, was Du nicht lassen konntest, Du thust es jetzt, und Du wirst es thun, so lange Du lebst. —"

„Halt," sagte Heinrich, „ich hoffe wenigstens, daß ich immer weniger das thue, was ich lassen kann, und daß ich zu jeder Zeit etwas lassen kann, das schlecht und verwerflich ist, sobald ich es nur erkenne!"

„Du wirst zu jeder Zeit," erwiderte Ferdinand kaltblütig, „das lassen, was Dir nicht angenehm ist!"

Heinrich wollte ihn ungeduldig nochmals un|terbrechen, allein Lys übersprach ihn und fuhr fort: „Angenehm oder unangenehm aber ist nicht nur alles Sinnliche, sondern auch die mora-

lischen Hirngespinnste sind es. So bist Du jetzt sinnlich verliebt
in das eigenthümliche Mädchen, dessen absonderliche Gestalt und
Art die äußersten Sinne reizt, wie ich nun an mir einsehe; dies ist
Dir angenehm; aber weil Du wohl merkst, daß Du dabei kein rechtes Herz hast, nicht in Deinem eigentlichen Sinne liebst, so verbin-
dest Du mit jenem Reiz noch die moralische Annehmlichkeit, Dich
für das schmale Wesen in's Zeug zu werfen und den uneigennüt-
zigen Beschützer zu machen. Wisse aber, wenn Du einen Funken
eigentlicher Leidenschaft verspürtest, so würdest und müßtest Du
allein darnach trachten, Deinen Schützling meinem Bereiche ganz
zu entziehen und Dir anzueignen. Du hast aber die wahre Leidenschaft noch nie gekannt, weder in meinem noch in Deinem Sinne.
Was Du als halbes Kind erlebt, war das bloße Erwachen Deines
Bewußtseins, das sich auf sehr normale Weise sogleich in zwei
Theile spaltete und an die ersten zufälligen Ge|genstände haftete,
die Dir entgegen traten. Die sinnliche Hälfte an das reife kräftige
Weib, die zartere geistige an das junge transparente Mädchen, das
Du an jenes verrathen hast. Dies würdest Du, trotz Deiner selbst,
nie gethan haben, wenn eine wirkliche ganze Liebe in Dir gewesen wäre! Wisse ferner, was mich betrifft: jeder ganze Mann muß
jedes annehmliche Weib sogleich lieben, sei es für kürzer, länger
oder immer, der Unterschied der Dauer liegt bloß in den äußeren Umständen. Das Auge ist der Urheber, der Vermittler und der
Erhalter oder Vernichter der Liebe; ich kann mir vornehmen, treu
zu sein, aber das Auge nimmt sich nichts vor, das gehorcht und fügt
sich der Kette der ewigen Naturgesetze. Luther hat nur als Normal-
mann, als einer von Denen gesprochen, welche Religionen stiften,
oder säubern und die Welt verändern, wenn er sagte, er könne kein
Weib ansehen ohne ihrer zu begehren! Erst durch ein Weib, welches durch specifisches Wesen, durch Reinheit von allem eigensinnigen, kränklichen und absonderlichen Beiwerke, eine Darstellung
einer ganzen Welt von | Weibern ist, durch ein Weib von so unver-

wüstlicher Gesundheit, Heiterkeit, Güte und Klugheit, wie diese Rosalie — kann ein kluger Mann für immer gefesselt werden. Wie beschämt sehe ich nun ein, welche vergängliche Specialität, welch phänomenartiges Wesen ich in dieser Agnes mir zu verbinden im Begriffe war! Du aber schäme Dich ebenfalls, als solch ein zierlich entworfenes, aber noch leeres Schema in der Welt umherzulaufen, wie ein Schatten ohne Körper! Suche, daß Du endlich einen Inhalt, eine solide Füllung bekommst, anstatt Anderen mit Deinem Wortgeklingel beschwerlich zu fallen!"

Vielfach beleidigt schwieg Heinrich eine Weile; er war tief gereizt und es kochte und gährte gewaltig in ihm; denn er war in seinem besten Bewußtsein angegriffen und fühlte sich um so verletzter und verwirrter, als in Ferdinand's Worten etwas lag, das er im Augenblick nicht zu erwidern wußte. Der genossene Wein und die nun schon vierundzwanzigstündige ununterbrochene Aufregung thaten auch das ihrige, seine Lust, die Sache vollends auszufechten, zu entflammen, und | er begann daher wieder mit entschiedener Stimme: „Nach Deiner vorhinnigen Aeußerung zu urtheilen, bist Du also nicht sehr Willens, dem Mädchen die Hoffnungen, die Du ihr leichtsinniger Weise angeregt, zu erfüllen?"

„Ich habe keine Hoffnungen angeregt," sagte Lys, „ich bin frei und meines Willens Herr, gegen ein Weib sowohl wie gegen alle Welt! Uebrigens werde ich für das gute Kind thun, was ich kann, und ihr ein wahrer und uneigennütziger Freund sein, ohne Ziererei und ohne Phrasen! Und zum letzten Mal gesagt: Kümmere Dich nicht um meine Liebschaften, ich weise es durchaus ab!"

„Ich werde mich aber darum kümmern," rief Heinrich, „entweder sollst Du einmal Treue und Ehre halten, oder ich will es Dir in die Seele hinein beweisen, daß Du Unrecht thust! Das kommt aber nur von dem trivialen trostlosen Atheismus! Wo kein Gott ist, da ist kein Salz und kein Schmalz, nichts als haltloses Zeug!"

Ferdinand lachte laut auf und rief: „Nun Dein Gott sei gelobt!

Dacht' ich doch, daß Du endlich noch in diesen glückseligen Hafen einlaufen | würdest! Ich bitte Dich aber jetzt, grüner Heinrich, laß den lieben Gott aus dem Spiele, der hat hier ganz und gar nichts damit zu thun! Ich versichere Dich, ich würde mit oder ohne Gott ganz der Gleiche sein! Das hängt nicht von meinem Glauben, sondern von meinen Augen, von meinem Hirn, von meinem ganzen körperlichen Wesen ab!"

„Und von Deinem Herzen!" rief Heinrich zornig und außer sich, „ja, sagen wir es nur heraus, nicht Dein Kopf, sondern Dein Herz kennt keinen Gott! Dein Glauben oder vielmehr Dein Nichtglauben ist Dein Charakter!"

„Nun hab' ich genug, Verläumder!" donnerte Ferdinand mit starkem und erschreckendem Tone, „obgleich es ein Unsinn ist, den Du sprichst, welcher an sich nicht beleidigen kann, so weiß ich, wie Du es meinst; denn ich kenne diese unverschämte Sprache der Hirnspinner und Fanatiker, die ich Dir nie, nie zugetraut hätte! Sogleich nimm zurück, was Du gesagt hast! Denn ich lasse nicht ungestraft meinen Charakter antasten!"

„Nichts nehm' ich zurück und werfe Dir Dei|nen Verläumder zu eigenem Gebrauche zu! Nun wollen wir sehen, wie weit Dich Deine gottlose Tollheit führt!" Dies sagte Heinrich, während eine wilde Streitlust in ihm aufflammte. Ferdinand aber antwortete mit bitterer verdrußvoller Stimme: „Genug des Schimpfens! Du bist von mir gefordert! Und zwar mit Tagesanbruch halte Dich bereit, einmal mit der Klinge in der Hand für Deinen Gott einzustehen, für den Du so weidlich zu schimpfen verstehst! Sorge für Deinen Beistand, und nun geh' Deines Weges und laß mich allein!"

Er brauchte dies nicht zweimal zu sagen; denn Heinrich hatte unter anderen Thorheiten, als er fechten gelernt, sich auch das großländische Benehmen in sogenannten Ehrensachen gemerkt und angeeignet, ohne daß er es bis jetzt bethätigen konnte; und obgleich er noch genug auf dem Herzen hatte und gern noch lange gesprochen und gezankt hätte, gleich den alten Helden, welche wenigstens eben so viele Worte als Streiche auszugeben wußten und bei aller Thatkräftigkeit doch gern vorher den Streit gründlich besprachen, | so ging er doch jetzt eben so stramm und lautlos von hinnen, wie ein geforderter Student oder Gardeofficier, während der Zipfel seiner Kappe gemüthlich klingelte und sein Herz gewaltig klopfte.

Beide erzürnte Freunde fanden nur zu leicht und bald andere Thörichte unter den heimwärts schwärmenden Künstlern, welche sogleich mit feierlicher Bereitwilligkeit die erforderlichen Verabredungen und Vorbereitungen trafen. Das Duell sollte in Ferdinands Wohnung stattfinden.

Dieser begab sich nach Hause und blieb den übrigen Theil der Nacht auf, ohne sich umzukleiden. Er schrieb einige Briefe und versiegelte sie, warf das erotische Album, das ihm in die Hände fiel, unwillkürlich und erröthend in's Feuer, ordnete dies und jenes, und als er damit zu Ende war, löschte er das Licht, setzte sich an das Fenster und erwartete den anbrechenden Morgen. Ohne Haß gegen Heinrich zu empfinden, war er doch sehr traurig und gekränkt durch das unbedachte und bösartige Wort, welches dieser ihm in's Gesicht geworfen. Er unterdrückte daher den Gedanken, als der Aeltere die Beleidigung zu | verzeihen und sich bei kaltem Blute mit dem jungen Freunde auszugleichen, und gedachte dem Unbesonnenen als einem Vertreter einer ganzen Gattung und Lebensrichtung einmal eine Lection zu geben, oder wenigstens durch den Ernst des Vorfalles ihm die Augen zu öffnen. Für sich war er nicht besorgt und es war ihm in seiner jetzigen Stimmung gleichgültig, was ihn betreffen möchte, ja er wünschte, daß Heinrich ihn träfe und sein Blut vergösse, damit er recht empfindlich für seine leichtsinnige Kränkung bestraft würde.

Dann richtete er seine Gedanken auf Rosalien, die ihm nun, da sie liebte und verlobt war, noch schöner und wünschenswerther erschien. Er glaubte überzeugt zu sein, daß er sie dauernd geliebt hätte und sah sich die schöne Frau wie ein guter Stern entschwinden, der nie wiederkehrt.

Heinrich fühlte sich so aufgeregt und munter, daß er, anstatt nach Hause zu gehen und auszuruhen, sich bis zum Morgen in verschiedenen Zechstuben herumtrieb, wo die unermüdlichsten der Künstler die zweite Nacht ohne Schlaf bei | Wein und Gesang vollendeten. Auch sagte ihm ein schlauer Instinkt, daß er, wenn er anders das tüchtige Erlebniß, das thatkräftige Gebaren, das ihn lockend durchfieberte, nicht verlieren wollte, die Sache nicht vorher beschlafen und mit der Einkehr in seine Behausung und bei sich selbst etwa auf nüchterne Gedanken kommen dürfe.

Er sah jetzt nur das Kreuzen der glänzenden Klingen, mit welchem er das Dasein Gottes entweder in die Brust des liebsten Freundes schreiben, oder es mit seinem eigenen Blute besiegeln wollte. Beides reizte ihn gleich angenehm, und er dachte daher an Ferdinand mit ungewöhnlicher Zärtlichkeit, wie an ein köstliches Pergament, auf welches man seine heiligste Ueberzeugung schreiben will. Der Morgen ging endlich auf und Heinrich eilte an den verabredeten Ort. Unterwegs kam er an seiner Wohnung vorbei; aber er ging nicht hinein, um nur das Geringste zu besorgen, sondern eilte hastig weiter. An einem Brunnen wusch er sich sorgfältig Gesicht und Hände und ordnete seine Kleider, und darauf trat er frisch und munter, mit seltsam gespannter Lebenskraft | in Ferdinand's großes Atelier, wo schon alle Betheiligten versammelt waren.

Man hatte kurze dreikantige Stoßdegen gewählt, welche mit einer vergoldeten Glocke versehen waren, sehr hübsch aussahen und Pariser genannt wurden. Jeder nahm seine Waffe, ohne den Anderen anzusehen; doch als sie sich gegenüberstanden, mußten sie unwillkürlich lächeln und begannen mit sehnsüchtiger Lust die Klingen in behaglicher Langsamkeit aneinander hingleiten zu lassen.

Sie standen gerade vor dem wandgroßen Bilde, auf welchem die Bank der Spötter gemalt war. Das schöne Bild glänzte im Morgenlicht und in all' seiner festen, vollen Farbenpracht, und die Spötter schienen die Kämpfenden neugierig und launig zu betrachten. Der Abbé nahm seine Prise, der Alte schlug ein Schnippchen und der Taugenichts hielt die Rose vor den höhnischen Mund.

Bis jetzt war das Fechten ein Spiel gewesen, bei welchem nichts herauskommen konnte, da Jeder mit Leichtigkeit die Stöße des Anderen übersah und parirte. Die scharfgeschliffenen Spitzen, welche | vor ihren Augen herumflirrten, übten aber eine unwiderstehliche Lockung, und Beide gingen fast gleichzeitig in ein rascheres Tempo über. Heinrich, welcher der Hitzigere und Bethörtere war, in welchem auch eine Menge Weines glühte, wurde noch ungestümer und entschiedener, und unversehens trat Lys mit einem leisen Schrei einen Schritt zurück und sank dann auf einen Stuhl.

Er war in die rechte Seite getroffen, das Blut tropfte erst langsam durch das weiße Kleid, bis der Arzt die Wunde untersuchte und offen hielt, worauf es in vollen Strömen sich ergoß. Nach einigen Minuten, während welcher Ferdinand sich munter und aufrecht hielt, beruhigte der Arzt die Anwesenden möglichst und erklärte die Verletzung zwar für gefährlich und bedenklich, aber nicht für unbedingt tödtlich. Die Lunge sei verletzt und alle Hoffnungen oder Befürchtungen eines solchen Falles müßten mit ruhiger Vorsicht abgewartet werden.

Heinrich hörte dies aber nicht, obgleich er dicht bei dem Verwundeten stand und denselben umfaßt hielt. Er war nun todtenbleich und sah | sich ganz verwundert um. Die Kraft verließ ihn und er mußte sich selbst auf einen Stuhl setzen, wo er wie durch einen Traum hindurch das rothe Blut fließen sah.

Erikson, welchen es trieb, die Freunde aufzusuchen und, da er sich nun geborgen sah, in gemüthlichem Scherze den verunglückten Ferdinand zu trösten und etwas zu hänseln, trat jetzt ein und sah mit Schrecken das angerichtete Unheil, nicht wissend, was es bedeute.

„Was zum Teufel treibt ihr denn da?" rief er und eilte bestürzt und besorgt auf Ferdinand zu.

„Nichts weiter," sagte dieser schmerzlich lächelnd, „der grüne Heinrich hat nur die Feder, mit welcher er seine Jugendgeschichte geschrieben, an meiner Lunge ausgewischt — ein komischer Kauz. —"

Weiter konnte er nicht sprechen, da ihm Blut aus dem Munde drang und eine tiefe Ohnmacht ihn befiel.

Ende des dritten Bandes.

Der

grüne Heinrich.

Roman

von

Gottfried Keller.

In vier Bänden.

Vierter Band.

Erstes Kapitel.

Da der wunderliche Zweikampf in Ferdinand's Wohnung vorgefallen war und der schwer Verwundete ohne Aufsehen daselbst gepflegt wurde, so konnte der unglückliche Vorfall ohne Mühe gänzlich geheim gehalten werden. Es wurde ausgesagt, Lys habe eine Reise angetreten, und Heinrich hielt sich ebenfalls in seiner Werkstatt verschlossen, ohne sich sehen zu lassen.

Agnes saß in trostloser Traurigkeit in ihrem Häuschen; sie hatte die vorgebliche Abreise Ferdinand's vernommen, daß er weit, weit fortgegangen sei, und wähnte der alleinige Grund dieser plötzlichen Entfernung zu sein. In der Stadt hatte sich das Gerücht gebildet, daß das seltsame Mädchen sich an dem Feste höchst leidenschaftlich und ungeberdig übernommen, sich berauscht und so den reichen Holländer, dessen Hand ihr schon sicher gewesen sei, von sich abgeschreckt und zu eiliger Flucht bewogen hätte. Diese Sage drang auch in ihr Haus, die zornige Mutter, welche eine geborgene glanzvolle Zukunft sich entschwinden sah, überhäufte die Arme mit ihren singenden monotonen Vorwürfen, und so saß Agnes, welche selbst einen Theil dieses Geredes für wahr hielt und sich schuldig glaubte, voll Scham und Furcht und in verlorner Sehnsucht da.

Da Heinrich in jener Nacht über dem Streite mit Ferdinand ganz seine Absicht vergessen hatte, Agnesens Mutter von dem Unfalle zu benachrichtigen, und also weder diese, noch Ferdinand, noch Heinrich wieder in dem Landhause erschienen, so hatte sich das verlassene Mädchen aufgerafft und entschieden begehrt, in die Stadt gebracht zu werden. Sie war daher in einen Wagen gesetzt und durch die Gärtnersfrau begleitet worden. Ueberdies hatte sich der rheinische Gottesmacher auf den Bock gesetzt und war treulich besorgt | gewesen, die kranke Schöne in ihrer Behausung unterzubringen.

Als einige Tage verflossen waren und die Blume jenes Gerüchtes völlig aufgegangen, versammelte der Gottesmacher einige Musikgenossen, mit welchen er gewöhnlich Quartett spielte, und übte mit ihnen einen ganzen Tag lang. Am Abend führte er sie vor Agnesens kunstreiches Häuschen; der Violoncellist, welcher ein Landschafter war, hatte seinen Feldstuhl mitgenommen und setzte sich auf denselben zum Spiele, die anderen Drei standen neben ihm, und nachdem sie leise und sorgfältig die Saiten gestimmt, erklangen die harmonischen, gehaltenen Töne der Geigen über den kleinen, stillen Platz. Augenblicklich öffneten sich alle Fenster in der Runde, die Nachbaren steckten neugierig entzückt die Köpfe in die laue Märznacht hinaus, und die Frauen und Mädchen spähten, wem die unerwartete Serenade gelten möchte.

Die Musiker spielten einige ernste, klagende Stellen aus älteren Tonwerken, deren edle, kräftige Unbefangenheit süß und wohllautend das | helle Mondlicht durchklang und in ihrer klaren Bestimmtheit mit den scharfen Umrissen der voll beleuchteten Gegenstände wetteiferte. Agnes saß zuhinterst in der matt erleuchteten Stube; die schöne Musik tönte in ihren dumpfen Schmerz hinein, sie erhob das schwere Köpfchen und lauschte alsobald mit kindlich neugierigem Wohlbehagen den Tönen, ohne sich zu wundern noch zu kümmern, woher sie kämen. Ihre Mutter dagegen eilte an's Fenster, und sobald sie sich überzeugt hatte, daß die Herren nur an i h r Haus hinaufspielten, rief sie: „Bei Maria's Hülf und frommer Fürbitte! Wir haben ein Ständchen! Wir haben ein Ständchen!" Sie zündete sogleich die zwei rosenrothen Wachskerzen an, welche sonst immer wie Altarleuchter vor ihrem Bildnisse standen, und stellte dieselben feierlich auf den Tisch, damit Jedermann an der

hell erleuchteten Stube sehen sollte, wem die Musik gelte. Dann
zog sie ihre Tochter, die sie kurz vorher gescholten hatte, freundlich
zum Fenster und Agnes sah lächelnd auf die freundlichen Musiker
nieder. Diese gingen nun in einen rascheren Takt und | in hellere
Weisen über, und nachdem sie dieselben mit kräftigem Bogenstrich
geschlossen, begannen sie plötzlich, ebenso geübt im Gesange, wie
im Spiel, ein vierstimmiges Frühlingslied zu singen, daß der wohl-
tönende Gesang heiter in die Lüfte stieg. Sie begleiteten sich selbst
auf ihren Instrumenten, bald mit zartem Bogenstrich, bald mit der
Hand die Saiten rührend.

In der zarten und doch festen Tüchtigkeit dieses Vortrages that
sich ein wohlbestelltes Gemüth kund, und die zusammenklingen-
den Männerstimmen richteten Agnesens Seelchen auf und drangen
mit ehrendem und tröstendem Schmeicheln in ihr verzagtes Blut.

Sie erröthete freundlich und schlief diese Nacht wieder zum
ersten Mal froh und ruhig, in beiden zierlichen Ohrmuscheln die
wohlthuenden Töne bewahrend.

Am anderen Tage fand sich der Gottesmacher im Häuschen der
Malerswittwe ein und stellte sich als den Urheber des nächtlichen
Concertes vor. Die Alte erröthete noch mehr als ihre Tochter, und
alle Drei befanden sich in einiger | Verlegenheit. Um diese zu unter-
brechen, erbat sich der Rheinländer Entschuldigung für die Freiheit, die er sich genommen, so ohne Weiteres mit einer Nachtmusik
aufzuwarten, und zugleich die Erlaubniß, seine Besuche fortset-
zen zu dürfen. Diese wurde ihm gewährt; das junge Mädchen fand
sich durch die musikalische Ehrenrettung aus einer peinvollen und
öden Lage erlöst; sie fühlte nun reiner das süßherbe Weh des Lie-
besunglückes, und in ihr Leid um Ferdinand Lys mischte sich mit
nicht abzuwehrender Wärme die Dankbarkeit gegen den wohlge-
sinnten Gottesmacher.

Dieser brachte mehrere Male seine Freunde sammt den Instrumenten mit und führte mit ihnen in Agnesens Wohnung kleine

Concerte auf, denen Niemand zuhörte, als sie und ihre Mutter. Die klare Musik, die wohlgemessenen Töne hellten ihren Geist auf und erweckten reifende, bewußte Gedanken in ihr, so daß eine ernste Haltung, ein inhaltsvollerer Blick mit ihrer Kindlichkeit und ihrem naiven Wesen sich mit großem Reize vereinigten.

Als eines Abends der Gottesmacher sich mit | seinen Freunden entfernt hatte, kehrte er gleich darauf allein zurück und in sonderbarer angenehmer Aufregung, und indem er einen glänzenden Blick auf die reizende Gestalt des Mädchens warf, küßte er der Mutter die Hand, nahm sich zusammen und hielt, im Anfang nicht ohne Stottern, folgende Rede:

„Sie sind, liebeköstliche Agnes — Ihre Tochter ist, verehrte Frau! von einem glänzenden Liebhaber herzlos verlassen. Weder mit den persönlichen Vorzügen, noch mit den Reichthümern jenes Treulosen begabt, fühle ich dennoch mich unaufhaltsam getrieben und gezwungen, das Glück herauszufordern, mich an die Stelle des Verschwundenen zu drängen und mit meiner Hand der Verlassenen ein leidenschaftlich erregtes aber dauerhaftes und treues Herz anzubieten! — Ich bin ein Silberschmied und am Rhein zu Hause; meine Eltern sind mir schon früh gestorben, so daß ich von Jugend auf allein in der Welt stand. Aber nachdem ich in Arbeit, Musik und Lustigkeit viele sorgenvolle und lustige, klangvolle Jahre zugebracht, fiel mir von weiter Verwandtschaft | her das Erbe eines schönen, frommen und nährenden Heimwesens zu, durch den Schutz der gebenedeiten Jungfrau. Ich hatte nun reichlicher zu leben und durfte, einigen künstlerischen Neigungen folgend, mit denen ich versehen bin, auf einige Jahre hierher kommen, um in dieser gut katholischen Stadt mein Handwerk durch etwas gute Bildnerei verbessern zu lernen. Die vorgesetzte Zeit ist nun vorüber, ich kehre nächstens an den schönen Strom zurück, wo Kirchen, Klöster und vornehme Prälaten meine Arbeiten begehren. Mein Gut liegt zwischen zwei uralten Städtchen am sonnigen Abhang,

aus dem Hause tritt man in den Garten und schaut den goldenen
Rheingau hinauf und hinunter, Thürme und Felsen schwimmen in
bläulichem Dufte, durch welchen sich das glänzende Wasser zieht;
hinter dem Hause legt sich der edle, einträgliche Wein, der mir Gut
und Freude bringt, an den aufsteigenden Berg, und oben steht eine
Kapelle unserer lieben Frau, die weit über die Gauen, Wälder und
in die Berge hineinschaut und sich in's letzte Abendroth taucht.
Dicht daneben habe ich ein kleines Lust|häuschen gebaut und
unter demselben einen kleinen Keller in den Felsen gehauen, wo
stets ein Dutzend Flaschen klaren Weins liegen. Wenn ich nun
einen neuen kunstreichen Kelch fertig habe, so steige ich, eh' ich
ihn inwendig vergolde, hier hinauf, und nachdem ich der Jungfrau
meinen Dank abgestattet für ihre Hülfe bei der Arbeit, probire und
weihe ich das Gefäß in dem luftigen Häuschen, und leere es drei,
auch wohl vier Mal auf das Wohl aller Heiligen und aller unschuldigen frohen Leute. Ich führe dies hier an, weil ich damit meine
Schwäche bekenne, daß ich nämlich bis jetzt ein bischen viel Wein
getrunken habe, zwar nie so viel, daß ich nicht jenen Berg wieder
allein hätte hinunter gehen können, so steil er auch ist. Meine Sil-
berarbeit, Musik und Wein sind meine einzige Freude gewesen und
meine schönsten Tage die sonnigen Kirchentage der Mutter Gottes,
wenn ich zu ihrem Preise auf dem Chore der benachbarten Kirchen
spielte, während unten am belaubten und bekränzten Altare meine
Gefäße glänzten. Ein klingendes und singendes Weinräuschchen
an heiterer Pfaffentafel, | in Refectorien oder in schön gebohn-
ten, duftenden Pfarrhäusern war dann der Gipfel des vergnügten
Daseins. — Aber seit einiger Zeit sehnten sich meine Lippen auch
nach einem anderen Tranke, es war mir immer, als möchte ich die
unsichtbare Himmelskönigin einmal küssen, und wenn ich die
Bilder, die ich von ihr in Silber oder Elfenbein machte, zu küssen
mich gewaltsam bekämpfen mußte, bat ich die schöne Gottesfrau
schmerzlich, mir aus meiner Noth zu helfen. — Da habe ich Dich

bei dem Feste gesehen, ärmste, schönste Agnes, und sogleich war es mir, als hätte die Jungfrau selbst Deine Gestalt angenommen, mir zur Freude, und meinem Silber, meinem Elfenbein zu Vorbild und Richtschnur; denn was ich bislang an zartem Gebilde in Traum und Wachen vergeblich gesucht und angestrebt, das sah ich nun plötzlich lebendig vor mir! Ich wußte nicht, drängte es mich zuerst, zu Stift und Griffel zu greifen, um Deine kostbare Erscheinung hastig dem edlen Metalle einzugraben: oder, Dich mit dem Schwure zu umschließen, daß ich Dich nun und immerdar mir aneignen und auf Händen tragen wolle, das | lichte Seelchen, das in Deiner Gestalt wohnt, in Frömmigkeit küssend! Kommst Du mit mir in meine Heimath, so soll die Zeit des Weines für mich vorüber sein und die Zeit der Liebe und Schönheit beginnen! Das Land ist schön und fromm und fröhlich, Ruhe und Heiterkeit sollen Dich und Deine geehrte Mutter umgeben, indessen jeder Punkt Deines Daseins und Deiner Erscheinung ein Gegenstand meiner immerwährenden Verehrung sein wird. Zahlreiche Kapellen und Kirchlein unserer lieben Frau, die aus allen lauschigen Winkeln, auf Bergen und im Strome glänzen, stehen bereit, Deine sonstigen Wünsche und Anliegen und meine Dankgebete für die Eine Gnade Deines Besitzes aufzunehmen."

Als der Gottesmacher seine Rede in schöner und einnehmender Erregtheit geendet, und Agnesens Hand ergreifend, sie mit seinen lebhaften Aeuglein, die in gemüthvollem poetischen Feuer funkelten, anblickte, wollte die Mutter mit diplomatischer Geberde das Wort ergreifen; allein ihre Tochter, welche während der Zeit ihr prächtiges Auge mit melancholischem Lächeln auf die Erde | gerichtet hatte, richtete sich jetzt auf, unterbrach die Alte und erwiederte mit einem freien und vollen Blicke auf den Rheinländer, indem sie ihm die Hand ließ:

„Ja, ich will Dein sein, mein lieber Freund! Du hast mir Ehre erwiesen und Trost gebracht und Deine schöne Musik hat ein helles Licht in meinem verwirrten Gemüthe verbreitet! Und indem ich überlege, wie ich es Dir am besten und wahrsten danken kann, fühle ich wohl und fühle es gern, daß es am besten mit meinem verlassenen Selbst geschieht, das nun nicht mehr verlassen ist! Ohne zu forschen, ob Deine Neigung fest und dauernd sei, will ich mich mit all' der Sehnsucht meiner verschmähten Liebe unter den Schutz Deines fröhlichen Herzens flüchten und so zugleich das Unheil einer neuen Verschmähung verhüten. Ich will nicht rückwärts schauen und nur fühlen, daß ich mit meiner Einen Kraft liebe und wieder geliebt werde. Sollte es mir geschehen, daß ich einmal den Namen des Verschwundenen statt des Deinigen ausspreche, so sei mir nicht böse, ich will Dich dafür zwei|mal an's Herz drücken! Was den Wein betrifft, so bitte ich Dich, wegen meiner nicht einen Becher weniger zu trinken! Dieser goldene Schelm hat mir Weh gethan und ich habe ihn schmerzlicher Weise dafür lieb gewonnen; ich sah, daß an seinen Quellen ehrliche Freude, Herzlichkeit und Artigkeit wohnen; jene Stunden zwischen den Myrthen und Orangen, obgleich ich sie nie zurück wünsche, sind wie ein unauslöschliches Mährchen in meinem Gedächtniß, wie ein schmerzlich süßer Traum, welchen ich zwischen neuen, unbekannten und doch vertrauten treuherzigen Gestalten geträumt.

„Aber noch Eines muß ich sagen. In die vielen Kirchen und Kapellen am Rheine werde ich nicht eintreten! Ich habe in meiner Noth um den Ungetreuen zu der fabelhaften Frau im Himmel gefleht und sie hat mir nicht geholfen! Oder ich habe um Ungehöriges und Sündliches gefleht; dann aber dünkt es mich, daß ein wahres göttliches Wesen hierzu niemals verlocken kann. Als ich noch hoffte, den schlimmen Ferdinand mein zu nennen, wußte ich, daß er nichts glaubte und im | Stillen über mein Vertrauen zur Jungfrau lächelte. Ich war darüber bekümmert und gedachte in meiner Kindheit, ihn noch gut katholisch zu machen. Jetzt, wo seine Entfernung und sein selbstsüchtiger Verrath mir seine

Grundsätze doppelt verdächtig und verhaßt machen sollten, fühle ich mich seltsamer Weise zu denselben hingezogen, ja ich wünsche zuweilen, wie wenn ich nach seinem Beifall lüstern wäre, daß er es wissen möchte!

„Zürne nicht hierüber, liebster frommer Gottesmacher! Ich will Dir kein Aergerniß geben, sondern Dein gehorsames und treues Haus- und Bergfräulein sein! Ich will fromm Deiner Trauben pflegen und Dir jeden Becher credenzen, den Du trinkest!"

Die Zuhörer waren höchlich verwundert über diese Reden; die Mutter bekreuzte sich dreimal, indem sie sowohl über Agnesens Beredtsamkeit, als über den Inhalt ihrer Worte sich entsetzte, und sie wollte ein lautes Lamentiren beginnen. Aber sie wurde wieder unterbrochen durch den Gottesmacher, welcher, nachdem er sich von seinem Erstaunen erholt, erwiederte: |

„Ich hätte allerdings nicht vermuthet, daß meine ehrwürdige, von frommen Meistern gesetzte Musik ein Licht dieser Art in einem jugendlichen Frauenhaupte aufstecken und eine solche anmuthige Beredtsamkeit erzeugen würde! Doch die Wege des Herrn sind wunderbar! möchte ich fast sagen, wenn nur dieses Sprichwort hier besser angewendet wäre!

„Ich bin in dem andächtigen Glauben an Gott und seine Heiligen erzogen, und insbesondere das Bild der Maria hat mich von Kindheit auf in seiner Milde und Schönheit angelacht. Ihr Cultus hat mich zur Kunst begeistert und mir Brot gegeben, als ich arm, verlassen und unwissend war; sie war mir Mütterchen, Geliebte, göttliche Fürbitterin, Muse in Bild und Tönen, und überdies belebte sie wie eine allgegenwärtige Göttin die Fluren meiner schönen Heimath. Aus der Bläue des Himmels, auf goldenen Wolken, im Glänzen des Gewässers, im leuchtenden Grün der Wälder, auf den Blumensternen, auf den rothen Rosen lächelte mir die unsichtbare Himmelsfrau sichtbar entgegen und weckte ein süßes Sehnen in meiner | Brust. Jetzt ist mir beinahe, als wäre dies Sehnen gestillt, auch weiß ich gar wohl, daß derlei katholische Dinge von aufgeklärten oder auch nur unbefangenen Leuten nicht mehr geglaubt werden; aber warum wollen wir die selige Menschgöttin unserer Jugendzeit, die uns Unschuld und Anmuth bedeutet, so ohne Weiteres absetzen? Ist es uns nicht lieblicher und vertrauter, die Altbekannte, Schöne ferner über unseren Fluren zu ahnen und sie mit dem armen Volke in den geschmückten Tempeln zu verehren, in denen wir so wohl zu Hause sind, als uns den Kopf zu zerbrechen und für das, was uns beglückt, gelehrte heidnische Namen oder gar nur tönende Worte zu gebrauchen? Wenn ich erst einmal anfinge, mich in solche Dinge einzulassen, so hätte ich nicht mehr Zeit, mein Silber zu treiben; denn mein Kopf ist nicht zu leichten Uebergängen eingerichtet und muß Alles gründlich einüben. Also schlage ich vor, daß wir uns diese Sache nicht unnöthig schwer machen, vielmehr dieselbe, so zu sagen, der heiligen Jungfrau selbst überlassen! Was jenen unglücklichen Verräther betrifft, so wage ich zu hoffen, daß ich sein Andenken je länger, je weniger zu fürchten brauche, ja sogar, daß das Bestreben, in Glauben oder Unglauben zu gefallen, eines Tages sich mir gänzlich zuwenden werde; denn ich fühle eine solche Ganzheit und Sicherheit der Liebe zu Dir in mir, daß ich mir Meisterschaft und Kunst genug zutraue, den Lauf Deines Geblütes endlich ganz zu meinen Gunsten zu lenken!"

Agnes blickte während dieser Worte wieder vor sich nieder, ohne den Mund zu verziehen, wie in tiefen Gedanken verloren; doch dann stand sie auf und küßte den Gottesmacher mehrere Male auf den Mund.

Es wurde nun beschlossen, gleich mit dem Beginne des Frühlings die Hochzeit zu begehen und nach dem Rheine zu ziehen, was auch Alles auf das Beste geschah, und der Gottesmacher war und blieb so glücklich, daß daraus nothwendig auf Agnesens eigenes Glück zu schließen war. Ihre Mutter war erst in der großen belebten Stadt geblieben, da ihrem eiteln Sinne dieselbe zur Unterlage nöthig schien; auch hoffte sie im | Geheimen durch die Abwesenheit der störenden Schönheit ihrer Tochter noch einen stillen und erbaulichen Nachsommer ihrer eigenen Person zu genießen, wenn auch nur vor sich selbst und Angesichts ihres Bildes. Aber bald mußte sie zu ihrem Schrecken erfahren, daß ihr Licht nicht mehr genugsam leuchtete, und daß sie, ohne es zu wissen, schon bislang im Widerschein von ihres Kindes Schönheit geathmet hatte. Sie fühlte sich einsam, alt und verwelkt, mehr, als sie es im Grunde war, erhob einen großen Jammer, bis sie zu dem jungen Paare reisen konnte, und es war rührend zu sehen, wie sie sich klagend beeilte, nur wieder in den Bereich der Jugend und Schönheit zu kommen, die Jugend von ihrer Jugend und Schönheit von ihrer Schönheit war.

Ehe aber das seltsam erregte Paar abgereist, hatte es auf den besonderen Wunsch Agnesens den abgeschlossenen Heinrich aufgesucht, um sich bei ihm zu verabschieden.

Die erste Gefahr in Ferdinand's Zustande war einstweilen vorüber und der Verwundete ging einer leidlichen Herstellung entgegen. Heinrich | hatte ihn aber noch nicht wieder gesehen. Eine tiefe Verwirrung und Scham, welche ihn in der starken Abspannung nach jenen aufgeregten Tagen befiel, mischte sich mit einer Art trotziger Scheu, sich an das Krankenbett zu drängen, und als die Lebenskräfte des Kranken sich wieder gesammelt, fragte er wohl nach Heinrich, aber er verlangte ihn nicht zu sehen. Ein bitteres Schmollen waltete zwischen Beiden, welches zwar bei Jedem mehr gegen sich selbst gerichtet war, aber doch den Anderen mit hineinzog, da ohne denselben die begangene gefährliche Thorheit nicht möglich geworden wäre. Und wie eine sündliche Thorheit, in Aufregung und Verblendung hereingebrochen und für einmal noch gnädig ablaufend, doch den Vorhang lüftet vor einem unliebsamen Dunkel, das in uns zu wogen scheint, so zeigte das Vorgefallene dem melancholischen grünen Heinrich eine dunkle Leere in sich selber, in welcher seine eigene Gestalt mit tausend Fehlern und Irrthümern behaftet ganz unleidlich auf und nieder tauchte.

Er wohnte längst nicht mehr in jenem behag|lichen Stübchen, das er bei seiner Ankunft gemiethet, sondern in einem großen saalartigen Raume mit hohen grauen Wänden, der durch ein mächtiges helles Fenster erleuchtet war. Seine ungeheuerlichen Cartons mit den abenteuerlichen Compositionen, die großen blassen Bilder auf Leinwand bildeten zusammen ein Labyrinth von verschiedenen helldunkeln Gelassen und Winkeln, als ob Eine kolossale spanische Wand, mit spanischen Schlössern bemalt, sich durch den Raum zöge. Der einzige Luxusgegenstand im Zimmer war ein mächtiges breites Sopha, das aber ganz mit Papier und Büchern bedeckt war und dadurch verrieth, daß der junge Bewohner sich noch stramm und aufrecht zu halten gewohnt war und trotz seiner Melancholie keines Lotterbettes bedurfte. Sonst war jede Zierlichkeit und Fülle vermieden; auf ein paar wackeligen Tischchen lagen bestäubt die Geräthe Heinrich's, auf dem Boden seine Mappen, die Wände waren kahl und öde, und wenn er früher einer museumartigen Fülle, einer beschaulichen Kramseligkeit bedurft hatte, um sich zu gefallen, so schien er jetzt | mit einer düstern Leere und Schmucklosigkeit zu cokettiren. Nur ein etwa anderthalb Fuß hoher borghesischer Fechter, trefflich gearbeitet, aber vielfach beschädigt und beräuchert, stand in einer Ecke auf dem Boden, und von der Fensternische herab hing zerrissen und verdorrt eine große Epheuranke. Auf der kahlen Mauer, wo der Epheu früher in die Höhe gewachsen, sah man dieselbe Ranke mit Kohle höchst sorgfältig und reinlich nachgezeichnet, nämlich nach den Umrissen des Schattens, welchen der Epheu einst in der frühen Morgensonne auf die Mauer geworfen hatte.

Aber diese Spur eines melancholischen Müßigganges war noch höchst heiter und tüchtig zu nennen im Vergleich zu einer anderen, welche in Heinrich's Werkstatt zu entdecken war, oder vielmehr dem ersten Blicke auffiel. Unter den großen Schildereien ragte besonders ein wenigstens acht Fuß langer und entsprechend hoher Rahmen hervor, mit grauem Papiere bespannt, der auf einer mächtigen Staffelei im vollen Lichte stand. Am Fuße desselben war mit Kohle ein Vordergrund angefangen und einige Föhrenstämme, mit | zwei leichten Strichen angegeben, stiegen in die Höhe. Davon war Einiges bereits mit der Schilffeder markirt, dann schien die Arbeit stehen geblieben. Ueber den ganzen übrigen leeren Raum schien ein ungeheures graues Spinnennetz zu hangen, welches sich aber bei näherer Untersuchung als die sonderbarste Arbeit von der Welt auswies. An eine gedankenlose Kritzelei, welche Heinrich in einer Ecke angebracht, um die Feder zu proben, hatte sich nach und nach ein unendliches Gewebe von Federstrichen angesetzt, welches er jeden Tag und fast jede Stunde in zerstreutem Hinbrüten weiter spann, so daß es nun den größten Theil des Rahmens bedeckte. Betrachtete man das Wirrsal noch genauer, so entdeckte man den bewunderungswerthesten Zusammenhang, den löblichsten Fleiß darin, indem es in Einem fortgesetzten Zuge von Federstrichen und Krümmungen, welche vielleicht Tausende von Ellen ausmachten, ein Labyrinth bildete, das vom Anfangspunkte bis zum Ende zu verfolgen war. Zuweilen zeigte sich eine neue Manier, gewissermaßen eine neue Epoche der Arbeit, neue Muster und | Motive, oft sehr zart und anmuthig, tauchten auf, und wenn die Summe der Aufmerksamkeit, Zweckmäßigkeit und Beharrlichkeit, welche zu dieser unsinnigen Mosaik erforderlich war, verbunden mit Heinrich's gesammeltem Talente, auf eine wirkliche Arbeit verwendet worden wäre, so hätte er ein Meisterwerk liefern müssen. Nur hier und da zeigten sich kleinere oder größere Stokkungen, gewissermaßen Verknotungen in diesen Irrgängen einer zerstreuten, gramseligen Seele, und die sorgsame und kluge Art, wie sich die Federspitze aus der Verlegenheit zu ziehen gesucht, bewies deutlich, daß das träumende Bewußtsein Heinrich's aus irgend einer Patsche hinauszukommen suchte.

Schon seit vielen Wochen hatte er jeden Tag zur eigentlichen Arbeit angehoben und war alsobald, ohne es zu wissen noch zu wollen, in dunklem Selbstvergessen an die Fortsetzung der kolossalen Kritzelei gerathen, und er arbeitete eben wieder mit eingeschlummerter Seele, aber großem Fleiß und Scharfsinn an derselben, als an die Thür geklopft wurde.

Er erschrak heftig und fuhr zusammen, als | ob er über einem Verbrechen ertappt wäre. Agnes und ihr Bräutigam traten herein, und kaum hatte man sich begrüßt, so erschien Erikson mit seiner nunmehrigen Frau Rosalie, und Heinrich sah sich von Geräusch, Leben und Schönheit wach gerüttelt. Er hatte weder von Erikson's Hochzeit, als von Agnesens Verlobung Etwas gewußt, und der Zufall wollte, daß beide Paare am folgenden Tage abreisen wollten, das eine nach dem Rheine, das andere nach Italien.

„Meine Frau," sagte Erikson, „bestand darauf, mit hinaufzukommen, als ich, unten vorbei gehend, mich beurlauben wollte, um Dir Adieu zu sagen. Wir bleiben bis zum Juni im Süden, dann gehen wir durch Frankreich nach dem Norden, streichen in meiner Heimath herum und sehen, wo wir da einmal leben wollen. Vielleicht in einer Seestadt, etwa Hamburg. Hernach besuchst Du uns auf einige Zeit, wir wollen Dich protegiren und ein Bischen zurechtstutzen!" Rosalie unterbrach ihn und verlangte auf das Freundlichste von Heinrich das Versprechen, daß er sie aufsuchen werde, und Agnes nebst dem | Gottesmacher begehrten, daß er jedenfalls den Rhein hinunterfahren und auch sie besuchen solle.

Inzwischen hatte sich Erikson vor die Staffelei gestellt und betrachtete höchst verwundert Heinrich's neueste Arbeit. Dann betrachtete er mit bedenklichen Blicken den Urheber, welcher in peinlicher Verlegenheit dastand, und sagte: „Du hast, grüner Heinrich, mit diesem bedeutenden Werke eine neue Phase angetreten und begonnen, ein Problem zu lösen, welches von größtem Einflusse auf unsere deutsche Kunstentwickelung sein kann. Es war in der That längst nicht mehr auszuhalten, immer von der freien und für sich bestehenden Welt des Schönen, welche durch keine Realität, durch keine Tendenz getrübt werden dürfe, sprechen und raisonniren zu hören, während man mit der gröbsten Inconsequenz doch immer Menschen, Thiere, Himmel, Sterne, Wald, Feld und Flur und lauter solche trivial wirkliche Dinge zum Ausdrucke gebrauchte. Du hast hier einen gewaltigen Schritt vorwärts gethan von noch nicht zu bestimmender Tragweite. Denn was ist das Schöne? Eine reine Idee, dargestellt mit | Zweckmäßigkeit, Klarheit, gelungener Absicht! Diese Million Striche und Strichelchen, zart und geistreich oder fest und markig, wie sie sind, in einer Landschaft auf materielle Weise placirt, würden allerdings ein sogenanntes Bild im alten Sinne ausmachen und so der hergebrachten gröbsten Tendenz fröhnen! Wohlan! Du hast Dich kurz entschlossen und alles Gegenständliche hinausgeworfen! Diese fleißigen Schraffirungen sind Schraffirungen an sich, in der vollkommensten Freiheit des Schönen schwebend, dies ist der Fleiß, die Zweckmäßigkeit, die Klarheit an sich, in der holdesten, reizendsten Abstraction! Und diese Verknotungen, aus denen Du Dich auf so treffliche Weise gezogen hast, sind sie nicht der triumphirende Beweis, wie Logik und Kunstmäßigkeit erst im Wesenlosen recht ihre Siege feiern, im Nichts sich Leidenschaften und Verfinsterungen gebären und sie glänzend überwinden? Aus Nichts hat Gott die Welt geschaffen! Sie ist ein krankhafter Absceß dieses Nichts, ein Abfall Gottes von sich selbst. Das Schöne, das poetische, das Göttliche besteht eben darin, daß | wir uns aus diesem materiellen Geschwür wieder in's Nichts zurück abstrahiren, nur dies kann eine Kunst sein! — Aber mein Lob muß sogleich einen Tadel gebären, oder vielmehr die Aufforderung zu weiterem energischen Fortschritt! In diesem reformatorischen Versuch liegt noch immer ein Thema vor, welches an

Etwas erinnert, auch wirst Du nicht umhin können, um dem herrlichen Gewebe einen Stützpunkt zu geben, dasselbe durch einige verlängerte Fäden an den Aesten dieser Föhren zu befestigen, sonst fürchtet man jeden Augenblick, es durch seine eigene Schwere herabsinken zu sehen. Hierdurch aber knüpft es sich wiederum an die abscheulichste Realität! Nein, grüner Heinrich! nicht also! nicht hier bleibe stehen! Die Striche, indem sie bald sternförmig, bald in der Wellenlinie, bald rosettenartig, bald geviereckt, bald radienartig, strahlenförmig sich gestalten, bilden ein noch viel zu materielles Muster, welches an Tapeten oder bedruckten Kattun erinnert. Fort damit! Fange oben in der Ecke an und setze einzeln neben einander Strich für Strich, eine Zeile unter die andere; von Zehn zu | Zehn mache durch einen verlängerten Strich eine Unterabtheilung, von Hundert zu Hundert eine wackere Oberabtheilung, von Tausend zu Tausend einen Abschluß durch einen tüchtigen Sparren. Solches Decimalsystem ist vollkommene Zweckmäßigkeit und Logik, das Hinsetzen der einzelnen Striche aber der in vollkommener Tendenzfreiheit in reinem Dasein sich ergehende Fleiß. Zugleich wird dadurch ein höherer Zweck erreicht. Hier in diesem Versuche zeigt sich immer noch ein gewisses Können; ein Unerfahrener, Nichtkünstler hätte diese Gruselei nimmer zu Stande gebracht. Das Können aber ist von zu leibhafter Schwere und verursacht tausend Trübungen und Ungleichheiten zwischen den Wollenden; es bringt die tendenziöse Kritik hervor und steht der reinen Absicht fort und fort feindlich entgegen. Das moderne Epos zeigt uns die richtige Bahn! In ihm zeigen uns begeisterte Seher, wie durch dünnere oder dickere Bände hindurch die unbefleckte, unschuldige, himmlisch reine Absicht geführt werden kann, ohne je auf die finsteren Mächte irdischen Könnens zu stoßen! Eine goldschnittheitere, | ewige Gleichheit herrscht zwischen der Brüderschaft der Wollenden! Mühelos und ohne Kummer theilen sie einige tausend Zeilen in Gesänge und Strophen ab; der wahre Fleiß an sich freut sich seines Daseins, kein schlackenbeschwerter Könnender stört die Harmonie der Wollenden. Und weit entfernt, daß der Bund der Wollenden etwa eine einförmige, langweilige Schaar darstellte, birgt er vielmehr die reizendste Mannigfaltigkeit in sich und kommt auf den verschiedensten Wegen zum Ziele. Hauptsächlich theilt er sich in drei große Heerlager; das eine dieser Heerlager will, das heißt arbeitet, ohne Etwas gelernt zu haben; das zweite wendet mit eiserner Ausdauer das Gelernte, aber nicht Begriffene an; das dritte endlich arbeitet und will, ohne das Gelernte u n d Begriffene auf sich selber anzuwenden, und alle drei Heerzüge vereinen sich an Einem friedlichen Ziele. Wer kann ermessen, wie nahe die Zeit ist, wo auch die Dichtung die zu schweren Wortzeilen wegwirft, zu jenem Decimalsystem der leichtbeschwingten Striche greift und mit der bildenden Kunst in Einer äußeren Form sich vermählt? | Alsdann wird der reine Schöpfer- und Dichtergeist, welcher in jedem Bürger schlummert, durch keine Schranke mehr gehemmt, zu Tage treten, und wo sich zwei Städtebewohner träfen, wäre der Gruß hörbar: „Dichter?" „Dichter!" oder: „Künstler?" „Künstler!" Ein zusammengesetzter Senat geprüfter Buchbinder und Rahmenvergolder würde in wöchentlichen olympischen Spielen massenhaft die Würde des Prachteinbandes und des goldenen Rahmens ertheilen, nachdem sie sich eidlich verpflichtet, während der Dauer ihres Richteramtes selbst keine Epen und keine Bilder zu machen, und ganze Cohorten wissenschaftlich wie ästhetisch verbildeter Verleger würden die gekrönten Epen in stündlich folgenden Auflagen von je einem Exemplare über ganz Deutschland hin so tiefsinnig verlegen, daß sie kein Teufel wieder finden könnte!"

„Lieber Mann, was befällt Dich, wo willst Du hin?" rief Rosalie, die wie die Anderen mit offenem Munde dagestanden und abwechselnd bald den über und über bekritzelten Rahmen, bald den Redner betrachtet hatte, indessen Heinrich, mit Roth begossen, dann bleich werdend, in der un|glückseligsten Laune verharrte.

„Laßt es gut sein!" sagte Erikson, „dieser Witz, dieses Geschwätz
sei für einmal mein gerührter Abschied von Deutschland! Von nun
an wollen wir dergleichen hinter uns werfen und uns eines wohlangewandten Lebens befleißen!" Dann nahm er mit ernsterem Blicke
Heinrich bei der Hand, führte ihn hinter einen großen Carton und
sagte leise zu ihm: „Lys läßt Dich freundlichst grüßen; der Arzt
hat ihm gerathen, nun sogleich nach dem Süden zu gehen und sich
dort wenigstens zwei Jahre aufzuhalten. Er wird nach Palermo und
dort genesend in sich gehen; die Krankheit scheint doch etwas an
ihm geändert zu haben. Dein Gekritzel da auf dem Rahmen zeigt
mir, daß Du Dich übel befindest und nicht mit Dir einig bist; sieh,
wie Du aus der verfluchten Spinnwebe herauskommst, die Du da
angelegt hast, und wenn Du Dich mit dem Ding, mit der Kunst
oder deren Richtung irgend getäuscht fändest, so besinne Dich
nicht lange und stelle die Segel anders! Ich bin im gleichen Falle
und muß erst jetzt sehen, wie ich noch etwas Tüchtiges hantiren |
werde, daß einige nützliche Bewegung von mir ausgeht!"

Heinrich ward sehr beklemmt und erwiederte nichts, als:
„Wann geht Ferdinand fort?" „In den nächsten Tagen," sagte Erikson, „er wünscht indeß, daß Ihr Euch für jetzt nicht sehet; überhaupt laßt uns alle Drei auf's Gerathewohl auseinander gehen, ernst
und doch leicht, und es der Zukunft überlassen, was sie aus Jedem
machen und ob sie uns wieder zusammenführen wird! Ein dreifaches stilles Gedenken mag um so treuer in uns leben; Du besonders bist uns beiden Anderen lieb, wie ein kleiner Benjamin, und es
nimmt uns höchlich Wunder, was aus Dir, welcher so viel jünger ist
als wir, eigentlich sich noch hervorspinnen wird."

Als sie wieder hinter ihrer Coulisse hervorgetreten, wurde
rasch Abschied genommen. Erikson und der Gottesmacher drückten ihm kräftig die Hand; Rosalie, welche mit feinem Sinne wohl
ahnte, daß Heinrich Etwas fehlte, dämpfte mit zartem Gefühl den
muntern Glanz des Glückes in ihren Augen, als sie ihm die Hand

reichte | und freundlich lächelte, und Agnes, welche sich zugleich herandrängte, schoß vollends einen warmen, dunklen Blick in seine Augen, und zwischen ihren schwarzen Wimpern schimmerte es wie silberner Thau. Er fühlte, daß das wundersame Wesen ihm mit Wenigem viel sagen möchte, daß sie dem Vertrauten jener schmerzlichen Freudentage ihre tiefbewegte Verwunderung über sich selbst, über den Lauf der Welt verschweigen mußte. Selbst verwundert stand Heinrich einen Augenblick zwischen zwei reizvollen Weibern, dann sah er sich allein und schaute in dem grauen, zum Theil düsteren, zum Theil mit grellem Lichte durchstrahlten Raum herum, in welchem soeben sich kräftige und schöne, glücklich gepaarte Menschengestalten bewegt hatten.

Er sah auf die Thür, durch welche sie verschwunden und welche mit ihrer weißgestrichenen Fläche vor seinen Augen schwirrte und flimmerte wie eine Leinwand, von welcher mit Einem Zuge ein lebendiges Gemälde weggewischt worden. Er sah durch das hohe Fenster, dessen untere Hälfte verhüllt war, in die leere Luft hinaus, das freund|liche Stück blauen Himmels schien anderswohin niederzublicken auf rüstig bewegtes Menschengewimmel; sein Blick irrte hierauf über die umherstehenden anspruchsvollen Arbeiten hin, welche grau in grau, als wesenlose Fictionen von Bäumen und Steinen, in einander schwammen. Eine beklemmende Unruhe bemächtigte sich seiner, heftig schritt er auf und nieder und sich Raum schaffend rückte und schob er die Bilder und Cartons ringsherum zurück, zusammen, drängte sie auf einen Haufen an die Wand, bis das große Zimmer leer und geräumig erschien. Wie einen guten tröstenden Freund entdeckte er da die Gypsfigur des borghesischen Fechters, welche aus ihrem Winkel zu Tage trat. Unwillkürlich hob er sie empor und setzte sie auf ein Tischchen mitten in das hereinströmende Licht.

Alles war Leben in dem von Sonne, Wind und Wetter gereiften Körper dieses abgehärteten Kriegers, der mit ehrlichem Fleiße sich seiner Haut wehrte. Den feindlichen Angriff abwehrend und zugleich selbst kraftvoll angreifend, war der ganze Mann mit allen Gliedern in der Anregung | dieses Doppelzweckes gespannt; Vertheidigung und Ausfall, Selbsterhaltung und Wirkung nach außen, Zusammenziehen und Ausdehnung vereinigten sich in Einem Momente, in welchem das schönste Spiel der Muskeln darstellte, wie das Leben recht eigentlich durch sich selbst um sich selber kämpfte in dieser munteren Menschenkrabbe.

Trotz des bröcklichen beschmutzten Gypses ging ein Licht von dem rüstigen, tapferen Bilde aus, welches erhellend in Heinrich's Augen fiel. Er hatte sonderbarer Weise noch nie einen ernstlichen Versuch zur kundigen Nachahmung der menschlichen Gestalt gemacht und gerade seit seinem Aufenthalte in der Kunstresidenz, wo Mittel und Aufforderung genug im größten Maßstabe sich aufdrängten, sich eigensinnig davon zurückgehalten, in der willkürlich bescheidenen Einbildung, daß Beruf und Bestimmung die ausschließliche Ausbildung des einmal gewählten Zweiges erforderten. Nicht nur verkannte er das Gesetz, daß je weiter und mannigfaltiger die Kunde verwandter Gegenstände ist, desto freier und vollkommener ein Auserwähltes betrieben | werde, sondern es verbarg sich in jener Bescheidenheit auch die Anmaßung, schließlich in dem Einen Fache so glänzen zu wollen, daß alle andere Kenntniß entbehrlich erschiene. Nicht sowohl in der Erkenntniß dieses Irrthums, als mehr um sich irgend Luft zu verschaffen, spitzte er rasch eine schlanke Reißkohle scharf zu, stemmte einen Blendrahmen, mit frischem Papier bezogen, gegen die Knie und begann aufmerksam und aufgeregt den Fechter zu zeichnen. Obschon er nicht die mindeste Kenntniß von dem besaß, was unter der Haut wirkte und sich darstellte, und kaum eine zufällige Ahnung vom Knochengerüste hatte, ging es doch in der ersten Anspannung und Hitze ganz gut vonstatten, und er freute sich sogar, die Dinge zu nehmen, wie er sie unmittelbar sah, und mit natürlichem Scharfblicke sich zurechtzufinden.

Er zeichnete anhaltend mehrere Stunden und brachte nicht eine elegante Studie, sondern eine Arbeit zu Stande, welche ihn unvermutheter Weise wenigstens nicht abschreckte. Aber je länger er zeichnete, desto wunderlicher erging es ihm; | die Phantasie eilte, indem die Kohle in der Hand rüstig arbeitete, mächtig voraus und sah sich bereits weit vorgeschritten in der Behandlung und Verwendung der menschlichen Gestalt. Und wie in der fieberischen Aufregung die Glieder des Fechters sich verhältnißmäßig leicht gestalteten und die kraftvollen Muskelwölbungen sich reihten, deren Namen und Bedeutung er nicht kannte, flog die Phantasie in die Vergangenheit zurück, und Heinrich erinnerte sich plötzlich, wie frühere und früheste Versuche in Figuren, in der Heimath aus Scherz oder Laune unternommen, ihn eigentlich nicht ein Jota mehr Mühe gekostet, als andere Dinge; er malte sich die Erinnerung, die Gegenstände und Anlässe auf das Genaueste aus und glaubte deutlich zu sehen, wie nur der Mangel an Pflege und Fortsetzung Schuld sei, warum er nicht in diesem Gebiete ebenso viel und vielleicht Besseres leistete, als in der erwählten Landschaft. Mit Einem Worte, mit einem seltsamen Frösteln überzeugte er sich, aufspringend und die Tafel von sich schleudernd, daß seine geliebte und begeisterte Wahl, der er vom vierzehnten Jahre an | bis heute gelebt, nicht viel mehr als ein Zufall, eine durch zufällige Umstände bedingte Ideenverbindung gewesen sei.

Jünglinge von zwei oder drei und zwanzig Jahren wissen noch nicht, daß jedes Leben seinen eigenen Mann macht, und haben noch keine Trostgründe für Jahre, welche sie verloren wähnen. Wenn sie schon bei acht Jahre zurückzählen können, die sie über einer Lebensthätigkeit zugebracht, so befällt sie eine Art heiligen Grauens, selbst wenn diese Jahre wohl angewandt sind. Sie vertändeln, verträumen die Stunden und Tage, aber sie hegen einen tiefen

Respect vor den Jahren, thun sich auf ihre Jugend so viel als möglich zu gut und stecken sich unaufhörlich feste Ziele, welche sie in so oder so viel Jahren erreichen wollen.
Um so verdutzter und bitterlicher lächelte Heinrich jetzt vor sich hin. Er ergriff in der Verwirrung seine alte Flöte, that einige seiner naturwüchsigen selbsterfundenen Läufe darauf und warf sie wieder weg. Der Aermste ahnte aber nicht einmal, was die verklungenen Töne gesungen | hatten, und daß, wenn zufällig ein Klavier in seinem älterlichen Hause gestanden und er etwa als Kind einen Musikkundigen in der Nähe gehabt hätte, es sich vielleicht jetzt gar nicht einmal um Bäume oder Menschen handeln, sondern er irgendwo als eingeübter Musikant oder gar als hoffnungsvoller Componist existiren würde, der auf seinen selbstgewählten Beruf schwüre, ohne auf einem festeren Grunde zu stehen, kurz, daß ihn der Zufall auf hundert andere vermeintliche Bestimmungen hätte führen können. |

Zweites Kapitel.

Mehr um für seine verwirrten Gedanken ein Unterkommen zu finden, als aus einem festen Entschlusse, drehte nun Heinrich den Fechter herum und zeichnete denselben während mehrerer Tage von verschiedenen Seiten. Sobald aber das erste instinctive Geschick und Feuer sich abgekühlt, drängte es ihn, die Erscheinungen, welche sich auf dieser bewegten Oberfläche zeigten, in ihrem Grund und Wesen näher zu kennen. In der Meinung, keine Zeit mehr zu verlieren, ging er vor Allem aus, eine genauere Kunde vom menschlichen Körper zu erwerben, und suchte zu diesem Zwecke einige junge Mediciner auf, die er als Landsleute kennen gelernt und zuweilen gesehen hatte. Sie zeigten ihm bereitwillig ihre anatomischen Atlanten, erklärten aus ihrem Wissen heraus, was ihnen gut dünkte, und führten ihn in die öffentlichen Sammlungen, wohl auch durch die Säle, wo ein blühendes Geschlecht von Jünglingen, geleitet von gewandten Männern, mit vergnügtem Eifer einen Vorrath von Leichen zerlegte.

Als Heinrich erstaunte, so viele begeisterte Leute zu sehen, welche ein und denselben Gegenstand in allseitigster Bestrebung hin und her wandten, und sich der bloßen Erkenntniß freuten, ohne Etwas dazu noch davon zu thun, noch die mindeste Erfindungslust zu besitzen, als er noch mehr erstaunte über die reiche Welt selbst, welche sich bei näherer Einsicht an diesem einzigen Gegenstande selbst aufthat, mit weiten unerforschten Gebieten, Vermuthungen, Hoffnungen, welche so voll und wichtig klangen, wie diejenigen, welche die Vorgänge des Weltraumes, des gestirnten Himmels zum Gegenstande hatten; als er endlich nicht wußte, wie er sich zu all

diesem verhalten sollte, rieth ihm ein junger Doctor, eine berühmte
Vorlesung über Anthropologie zu besuchen, welche | eben in diesen
Tagen ihren Anfang nahm. Der kluge junge Mann wußte wohl,
daß dergleichen allgemeine, einleitende Lehren am besten geeignet
wären, die erste verzeihliche Neugierde zu stillen, den Nichtberu-
fenen aber gerade dadurch abhielten, sich dann ferner da zwecklos
umherzutreiben, wo er nicht hingehörte.

So trat Heinrich zum ersten Male in das weitläufige, palast-
artige Universitätsgebäude und sah sich unter die summende Menge
junger Leute verwickelt, welche aus allen Sälen strömte und auf
den Gängen und Treppen sich kreuzte. Heinrich mußte alle diese
jungen Männer als seit zartester Jugend der Schule angehörend sich
denken, unter dem doppelten Schutze des Staates und der Familie
ununterbrochen lernend in's männliche Alter und in die Selbständigkeit hinüberreifend, und zwar so, daß mit der letzten Prüfung
zugleich der sichere Eintritt in das bürgerliche Leben verbunden
war. Sie bildeten gewissermaßen die Staatsjugend, gegenüber welcher er sich als obscuren Gegenstand, als Stoff des Staates fühlte,
besonders da sein heimathliches demokra|tisches Bewußtsein hier
zurücktrat vor der allgemeinen Kluft, welche durch alle europä-
ische Erziehung sich ausdehnt. Diese durcheinanderwogenden
Jünglinge erschienen ihm auf den ersten Blick rücksichtslos und
selbstgefällig, und in Erwartung von Amt und Würden, welche sie
zu verhöhnen vorgaben, einstweilen ihren Entwickelungszustand
zu einer Art souverainer Autorität machend, von welcher aus Alles
sich bemessen und verachten ließe; ja innerhalb derselben schien
es noch verschiedene Kasten, Stufen und Abzeichen zu geben, als
reichliche Gelegenheit, schon hier, unter dem Deckmantel der aka-
demischen Freiheit, den Corporalsstab der Autorität tüchtig zu
schwingen, und mancher jugendliche Führer sah schon leibhaftig
aus, wie ein Recruten quälender Corporal.

Doch diese Eindrücke wechselten rasch mit anderen, als

Heinrich in den bezeichneten Hörsaal trat, dessen Bänke noch leer waren. Die kahle Wand, die schwarze Tafel an derselben, die zerschnittenen und mit Tinte bekleksten Tische, Alles erweckte in ihm das Gefühl, als verwirkliche sich | jener ängstliche Traum aller Autodidakten, welche sich im Mannesalter, ja mit grauen Haaren in die Schulstube versetzt sehen, mitten unter ein Geschlecht muthwilliger Knaben, den alten strengen Lehrer vor sich, der sie beschämt und um ganze Reihen von blühenden Buben hinunterrücken läßt. Er fürchtete sich, aufgefordert zu werden, aufzustehen und Rechenschaft zu geben von Allem, was er nicht gelernt habe.

Nun füllte sich aber allmälig der Saal, und voll Verwunderung änderte sich Heinrich's Stimmung wieder, als er die gedrängte Versammlung übersah. Neben einer Menge junger Leute seines Alters, welche höchst selbständig und rücksichtslos ihre Plätze einnahmen und behaupteten, erschienen Viele vorgerückteren Alters, gut oder schlecht gekleidet, welche schon stiller und bescheidener unterzukommen suchten, und sogar einige alte Herren mit weißem Haar, selbst rühmliche Lehrer in anderen Gebieten, nahmen entlegene Seitenplätze ein, um dort zu sehen, was es noch für sie zu lernen gäbe. So mochten über hundert Zuhörer versammelt sein, welche des Vortragenden harr|ten, Jeder mit anderer Empfänglichkeit, anderen Absichten und anderen Erfahrungen, so daß eigentlich Jeder im wahren Sinne des Wortes hier ein Autodidakt war, das heißt, ein Solcher, der sich am Ende selbst zu dem macht, was er ist und wird. Dies wurde in der That augenscheinlich, als der berühmte Mann endlich in die Thür trat, sich das Haar zurecht strich, rasch und anständig nach seinem Känzelchen eilte und dort mit achtungsvoller Anrede seinen Vortrag begann, nicht wie Einer, der streng und trocken lehren will, sondern wie ein Künstler, welcher durch Artigkeit, Wahl der Worte, Verbindung der Gedanken, durch Geist und Witz sich hervorthun möchte und sichtlich bestrebt ist, sich den Beifall auch der geringsten seiner Zuhörer zu erwerben. Aus

43 | 44 | 45

der leichten Anordnung und dem rednerischen fließenden Vortrage des Gegenstandes, ohne alle geschriebene Vorlage, machten sich nicht im mindesten die mühseligen Studien und die gewissenhaft sorgfältigen Arbeiten fühlbar, welche sie gekostet hatten; die schnell vorübergehende anschauliche Rede schien mehr eine Anregung und | Aufforderung zu eigener Belehrung, als eine feststehende unveränderliche Lehre zu sein, bei Jedem wieder anders wirkend und sein unmittelbares Selbsturtheil erweckend. Der gleiche Gegenstand führte den Einen sofort und vielleicht für immer zu philosophischem Denken, den Anderen zu umfassender Naturbetrachtung, den Dritten zur besonderen Erforschung des menschlichen Körpers oder zur Heilkunst; der Vierte endlich, durch die Darstellung des Nahrungsprocesses, verfiel gar auf nationalökonomische Studien und wurde vielleicht ein großer Politicus, während der Fünfte, Sechste und Siebente die gleichen Dinge nur anhörten und niederschrieben, um sie in einem halben Jahre gänzlich zu vergessen und später als große Theologen, Seelenkundige und Sittenlehrer von Fleischeslust, Herzensverstocktheit, Augen- und Ohrendienst zu reden, ohne eine klare Vorstellung von den betreffenden Organen zu besitzen.

Auf Heinrich, welcher arglos gekommen war, zu äußerer plastischer Verwendung einige gute Kenntnisse zu holen, wirkte schon die erste Stunde so, daß er sowohl seinen Zweck als alle seine | Verhältnisse vergaß und allein gespannt war auf die zuströmende Erfahrung. Hauptsächlich beschäftigte ihn alsobald die wunderbar scheinende Zweckmäßigkeit in den Einzelheiten des thierischen Organismus; jede neue Thatsache schien ihm ein Beweis zu sein von der Scharfsinnigkeit und Geschicklichkeit Gottes, und obgleich er sich sein Leben lang die ganze Welt nur als vorgedacht und geschaffen vorgestellt hatte, so war es ihm nun bei diesem ersten Einblicke zu Muth, als ob er bisher eigentlich gar nichts gewußt hätte von der Erschaffung der Creatur, dagegen jetzt mit der lebendigsten Ueberzeugung wider Jedermann das Dasein und die Weisheit des Schöpfers behaupten könne und wolle. Aber nachdem der kluge Lehrer die Trefflichkeit und Unentbehrlichkeit der Dinge auf das Schönste geschildert, ließ er sie unvermerkt in sich selbst ruhen und so vollkommen in einander aufgehen, daß die ausschweifenden Schöpfergedanken eben so unvermerkt zurückkehrten und in den geschlossenen Kreis der Thatsachen gebannt blieben, welcher jener Schlange der Ewigkeit gleicht, die sich selbst in den Schwanz | beißt. Und wo ein Theil noch unerklärlich war und dunkel in's Fabelhafte verschwand, da holte der Redner ein helles Licht aus dem Erklärten und ließ es in jene Dunkelheit glänzen, so daß wenigstens alle unbescheidenen und ungehörigen Seitengedanken vertrieben wurden und der dunkle Gegenstand unberührt und jungfräulich seiner Zeit harrte, wie eine ferne Küste im Frühlichte. Selbst da, wo er entsagen zu müssen glaubte auf eine jemalige Erkenntniß, that er dies mit der überzeugenden Hinweisung, daß doch Alles mit rechten Dingen zuginge und in der Gränze des menschlichen Wahrnehmungsvermögens keineswegs eine Gränze der Folgerichtigkeit und Einheit der Natur läge. Hierbei brauchte er keinerlei gewaltsame Reden und vermied gewisse theologische Ausdrücke so gut, wie den Widerspruch dagegen; die Stumpfsinnigen und Eingenommenen merkten auch von Allem nichts, und schrieben unverdrossen nieder, was ihnen zweckdienlich schien für Eigenliebe und aufzustellende Meinungen, während die Unbefangenen alle Hintergedanken fahren ließen und bei des Lehrers klugen Wendungen | mit frohem Lächeln die Achtung vor dem reinen Wissen lernten.

Auch im zuhörenden Heinrich traten die willkürlichen Voraussetzungen und Anwendungen bald in den Hintergrund, ohne daß er wußte, wie ihm geschah, als er sich den Einwirkungen der einfachen Thatsachen hingab; denn das Suchen nach Wahrheit ist immer ohne Arg, unverfänglich und schuldlos; nur in dem Augenblicke, wo es aufhört, fängt die Lüge an bei Christ und Heide. Er versäumte nun keine Stunde in dem Hörsaal und nahm begierig ein neues Ganzes in sich auf, welches er vom Anfang bis zum Ende verstand und übersehen konnte. Wie ein Alp fiel es ihm vom Herzen, daß er nun doch noch etwas zu wissen anfing; im gleichen Augenblicke bereute er auch nicht mehr die gewaltsame und lange Unterbrechung des Lernens, da dasselbe dem Stillen des leiblichen Hungers gleicht; sobald der Mensch zu essen hat, empfindet er nichts mehr von der Pein und der Ungeduld des Hungers. Das Glück des Wissens gehört auch dadurch zum wahren Glücke, daß es einfach und rückhaltlos | und ob es früh oder spät eintrete, immer ganz das ist, was es sein kann, ohne Reue über das Versäumte zu erwecken; es weiset vorwärts und nicht zurück und läßt über dem unabänderlichen Bestand und Leben des Gesetzes die eigene Vergänglichkeit vergessen.

Heinrich wurde von Wohlwollen und Liebe erfüllt gegen den beredten Lehrer, von dem er nicht gekannt war und mit welchem er nicht ein Wort gesprochen hatte; denn es ist nicht eine schlimme Eigenschaft des Menschen, daß er für geistige Wohlthaten dankbarer ist als für leibliche, und sogar in dem erhöhten Maße, daß die Dankbarkeit und Anhänglichkeit wächst, je weniger selbst die geistige Wohlthat irgend einem unmittelbaren äußerlichen Nutzen Vorschub zu leisten scheint. Nur wenn leibliches Wohlthun so hingebend und unwandelbar ist, daß es Zeugniß giebt von einer moralischen Kraft, also dem Empfänger wiederum zu einer geistigen Erfahrung und Wohlthat, zu einem inneren Halt- und Stützpunkte wird, erreicht seine Dankbarkeit eine schönere Höhe, welche ihn selber bildet und veredelt. | Die Erfahrung, daß unbedingte Tugend und Güte irgendwo sind, ist ja die schönste, die man machen kann, und selbst die Seele des Lasterhaften reibt sich vor Vergnügen ihre unsichtbaren dunklen Hände, wenn sie sich überzeugt, daß Andere für sie gut und tugendhaft sind.

Mit dem praktischen Sinne und dem raschen Aneignungsvermögen des Autodidakten fand sich Heinrich zurecht in der reichen Welt, die sich ihm aufthat; mit der plastischen Anschauungsweise, welche er als Künstler mitbrachte, wußte er die verschiedenen Momente des organischen Wesens lebendig aufzufassen, auseinander zu halten, wieder zu verbinden und sich deutlich einzuprägen, und so die Kunde von dem, woraus er eigentlich bestand, wodurch er athmete und lebte, in dem edelsten Theile desselben selbst aufzubewahren und mit sich herumzutragen, ein Vorgang, dessen Natürlichkeit jetzt endlich wohl so einleuchtend werden dürfte, daß er zum Gegenstande allgemeinster Erziehung gemacht wird. Mit dieser Kenntniß, auf welche der Mensch das erste Anrecht hat, müßten alle Volksschulen abschließen; | sie ist es, welche alle anderen von selbst anzieht, und in nothwendigster Weise sehr zweckmäßig gerade je nach Beschaffenheit des lernenden jungen Menschen. Alle Einwürfe von Altklugheit, Halbverständniß oder gar von Verbreitung einer allgemeinen Hypochondrie in das unbefangene Volksgemüth werden verstummen, sobald die classische Form für den großen öffentlichen Unterricht vom leiblichen Menschen gefunden ist.

Die Kenntniß vom Charakteristischen und Wesentlichen der Dinge läßt diejenige vom letzten Grunde einstweilen eher vermissen oder führt wenigstens auf den Weg, denselben auf eine vernünftigere und mildere Weise zu suchen, während sie zugleich alle unnützen, müßigen Mährchen und Vorurtheile hinwegräumt und dem Menschen einen schönen, wirklichen Stoff und Halt zum Nachdenken giebt, ein Nachdenken, welches dann zu dem einzig möglichen Ideal, zu dem, was wirklich besteht, hinführt. Welch' ein Unterschied ist zwischen dem theosophischen Phantasten, der immerdar von der Quelle des Lichtes, als von einem irgendwo in's Centrum gesetzten sprühen|den Feuertopfe spricht, und zwischen dem sterbenden Goethe, welcher nach mehr Licht rief, aber ein besseres Recht dazu besaß, als jener, der nie sich um einen wahrhaften wirklichen Lichtstrahl bekümmert hat. Welch' ein Ersatz für das hergebrachte begriffslose Wort Ewigkeit ist die Kenntnißnahme von der Entfernung der Himmelskörper und der Schnelligkeit des Lichtes, von der Thatsache, daß wir allaugenblicklich Licht, also Körper mit ihren Schicksalen, in ihrem Bestehen, wahrnehmen, welches vor einem Jahre, vor hundert, tausend und mehr Jahren gewesen ist, daß wir also mit Einem Blicke tausend Existenzen tausend verschiedener Zeiträume auffassen, vom nächsten Baume an, welchen wir gleichzeitig mit seinem wirklichen augenblicklichen Dasein wahrnehmen, bis zu dem fernen Stern, dessen Licht länger unterweges ist, als das Menschengeschlecht unsers Wissens besteht, und der vielleicht schon nicht mehr war, ehe dasselbe begann, und den wir doch jetzt erst sehen.

Wo bleibt da noch eine Unruhe, ein zweifelhaftes Sehnen nach einer unbegriffenen Ewigkeit, | wenn wir sehen, daß Alles entsteht und vergeht, sein Dasein abmißt nach einander und doch wieder zumal ist.

Das Licht hat aber den Sehnerv gereift und ihn mit der Blume des Auges gekrönt, gleich wie die Sonne die Knospen der Pflanzen erschließt; es hat das Auge scheinbar selbständig sich gegenüber gesetzt, so daß, wenn das Auge des Thieres und des bewußtlosen Menschen sich schließt, für dasselbe auch kein Licht mehr in der Welt ist; aber im bewußten Menschen bleibt die Erfahrung, und durch die Generationen vereinigt die eingeborne Kunde wieder die Welle mit der Quelle, das Auge mit dem Lichte, so daß beide Eines sind, und wenn ein Auge sich schließet, so weiß es: noch ist das Licht da und genug Augen, es zu sehen. Das Licht hat den Gesichtssinn hervorgerufen, die Erfahrung ist die Blüthe des Gesichtssinnes und ihre Frucht ist der selbstbewußte Geist; durch diesen aber gestaltet sich das Körperliche selbst um, bildet sich aus, und das Licht kehrt in sich selber zurück aus dem von Geist strahlenden

Auge. Denn der Geist, welchen | die Materie die Macht hat in sich zu halten, hat seinerseits die Kraft, in seinen Organen dieselbe zu modificiren und zu veredeln, Alles mit „natürlichen Dingen", und jeder Lebende, der mit Vernunft lebt und insofern er sich fortpflanzt oder erhebliche Geistesthaten übt, hat im strengsten Sinne des Wortes seinen bestimmten Antheil z. B. an der Ausbildung und Vergeistigung des menschlichen Gehirnes, seinen ganz persönlichen, wenn auch unmeßbaren Antheil.

Nur d i e s e n Kreislauf können wir sehen und erkennen, und wir thun es; was darüber hinaus liegen sollte, das geht uns zunächst nichts an, und darf uns nichts angehen; denn so erfordert es die große Oekonomie des Weltlebens und der Welterkenntniß. Sollte wider allen sinnlichen Anschein und alles sinnliche Gefühl ein übernatürliches geistiges Gottwesen der Urgrund der Natur und unser Aller sein, so würde erst recht dieses Wesen selbst solche Oekonomie in die Welt gelegt und angeordnet haben, auf daß Alles seinen Gang gehe und Nichts vorweggenommen werde. Diese Oekonomie verlangt, daß wir an das Na|türliche glauben, so lange wir es nicht ausgemessen haben und mit unseren kleinen Schädeln an den Rand gestoßen sind, und sie ist es, welche uns zuruft: Was wollet ihr aus der Schule laufen und suchet ein Verdienst darin, an das Uebernatürliche zu glauben, welches der Tod des Natürlichen ist, so lange eure kühnsten und erhabensten übernatürlichen Einbildungen und Vorstellungen noch tausendmal dunkler, ungewisser und kleiner sind, als die natürlichen Wirklichkeiten, zu deren Erkenntniß und Begriff ihr ein sicheres Pfand in der Hand habt? Ist das Verdienst, Treue, Ausdauer und Weisheit? Nein, es ist Untreue, Feldflüchtigkeit und Thorheit!

Dergleichen Dinge ließ der vortragende Lehrer, nicht in solchen Ausdrücken, aber mit solchen Eindrücken seine Zuhörer gelegentlich zwischen den Zeilen lesen. Heinrich gehörte zu denen, welche recht wohl zwischen den Zeilen zu lesen wußten, und zwar weil

er einen natürlichen Sinn für das Erhebliche besaß, auf welches es
ankommt, und mit der Aufmerksamkeit und dem raschen Instincte
der Autodidakten das Wesentliche ersah, das hin|ter den Dingen
liegt. Er merkte auch bald, daß es sich um nichts Geringeres, als um
seinen Glauben an Gott und Unsterblichkeit handle; aber indem
er denselben für lange geborgen und es nicht für nöthig hielt, auf
seine Rettung bedacht zu sein, war er um so freisinniger beflissen,
Alles aufzufassen und zu begreifen, was die innere Nothwendigkeit, Identität und Selbständigkeit der natürlichen Dinge bewies;
denn eine wahrhaft wahre und freie Natur steht nicht an, sondern
sie sucht es geflissentlich, Zugeständnisse zu machen, wo sie nur
immer kann, gleich jenem idealen Könige, der noch nie dagewesen
ist, und von welchem man träumt, daß er nicht aus Klugheit, sondern um ihrer selbst willen und rein zu seinem Vergnügen Conces-
sionen mache. Rechthaberei und Noth sind die Mütter der Lüge;
aber die Nothlüge ist ein unschuldiges Engelskind gegenüber der
Lüge aus Rechthaberei, welche Eines ist mit Hochmuth, Eitelkeit,
Engherzigkeit und nackter Selbstsucht und nie ein Zugeständniß
macht, eben um keines zu machen. So entstand aus der Lüge die
Rechtgläubigkeit auf Erden und aus der | Rechtgläubigkeit wieder
die Lüge; freilich auch ein Kreislauf und eine Identität!

    Heinrich freute sich im Gegentheile, im Namen seines libera-
len und generösen Gottes jedes Fleckchen Welt einzuräumen, das
sich selbst bewirthschaften konnte, und er gab sich redliche Mühe,
ein festes Bewußtsein von solcher freien Nothwendigkeit oder
nothwendigen Freiheit zu gewinnen, nicht zweifelnd, daß Alles
zur größeren Ehre Gottes geschehe wie des Menschen, dessen Ehre
mit der größeren Selbständigkeit und Verantwortlichkeit wachsen
mußte.

    Er suchte sich daher auch außer den anthropologischen Stun-
den so gut als möglich zu unterrichten, und wie er z. B. durch die
Lehre vom Auge zum ersten Male veranlaßt wurde, sich in das

Wesen des Lichtes einen Blick zu verschaffen, dadurch in die unendlichen Räume der Außenwelt geführt ward und von da wieder in den selbstbewußten Punkt seines eigenen sehenden Auges zurückkehrte, so geschah es noch in manch' anderer Hinsicht, und alles das ohne zu große Mühe noch Zeitaufwand. Die Ergebnisse der wahren | Wissenschaft haben die gute Eigenschaft, daß sie sich auf den ersten Blick von allem Phantastischen und Willkürlichen unterscheiden und in kürzerer oder längerer Zeit zum überzeugenden festen Lehrsatz eignen ohne fortwährende Probe ihres besonderen Rechenexempels. Der Satz, daß die Erde sich um die Sonne bewegt, wird in allen Kinderschulen gelehrt, und die Kinder nehmen ihn in ihr Wissen auf, ohne die physikalische Untersuchung seines Beweises anzustellen, während sie für ein einziges religiöses Dogma bis zu ihrer Mündigwerdung mit allem katechetischen Apparate unterwiesen werden, ohne am Ende mehr zu wissen als am Anfange, und ohne wider den Zweifel geschützt zu sein. Noch nie hat es einen Krieg gegeben wegen verschiedener Meinungen über Naturgesetze, weil ihre Art friedfertig, rein und genügend ist, und es gelang den Theologen nicht einmal, eine wehrbare Secte für die stehende Erde oder zum Schutze der mosaischen Schöpfungsgeschichte auf die Beine zu bringen; Religionskriege aber wird es geben, so lange es Priester, Dogmen und Bekenntnisse giebt. Im Kleinen schaut | man diesen Vorgang alle Tage; hat Jemand eine gute Wahrheit oder Thatsache geäußert, und sie wird ihm angezweifelt, so fällt es ihm nicht ein, darüber aufgebracht zu werden und sich in's Zeug zu werfen; wenn derselbe Mensch aber eine Sache erzählt oder vorgibt, von der er doch nicht so recht überzeugt und überführt ist, so wird er alsobald in die größte Hitze gerathen und Ehre, Gut und Leben verpfänden, am liebsten aber demjenigen gleich an den Kragen gehen, der ihm einen Zweifel entgegensetzt. Wenn ein Bauersmann sagt: Ich habe das Korn besehen; es ist reif! der Nachbar aber erwiedert: Ich glaube nicht, daß es reif ist! so wird er ruhig sprechen:

Das ist eure Sache! Ich halt' es für reif und werde es schneiden! Wenn derselbe Bauer aber sagt: Ich sah vergangene Nacht einen Geist auf meinem Markstein sitzen, und der Nachbar spricht: Das ist nicht möglich, denn es giebt keine Geister! so wird der Bauer einen großen Lärm erheben, erstlich weil man ihm abstreitet, was er mit eigenen Augen gesehen haben will, zweitens weil man die Geister läugnet, und endlich weil | man in Folge dessen wohl gar nicht an ein „anderes Leben" und an eine Wiedervergeltung nach dem Tode glaubt. Ja, er wird deswegen vielleicht dem Nachbar gar nicht antworten, aber demselben nichts mehr vertrauen und allen Umgang mit ihm abbrechen; und doch hätte er als Bauer mehr Grund, jenem zu mißtrauen, welcher die Reife des Kornes nicht zu beurtheilen weiß, da derselbe in seinen Augen nothwendig ein schlechter Landwirth sein muß. Aber er thut dies im Grunde auch ganz gewiß; nur macht er kein Aufhebens davon und läßt es sich nicht anmerken, da er über die Sache klar und ruhig ist, da er sie übersieht und weiß, daß Zank die Wahrheit nicht ändert, das Korn nicht unreif macht und die Regeln des Ackerbaues nicht aufhebt. Sein Lärm gegen den Gespensterläugner hingegen ist ein blinder Lärm und Trotz, der mehr gegen sich selbst gerichtet ist, gegen die Dunkelheit und Unsicherheit des eigenen Bewußtseins über den kitzligen Punkt. Und so ist es von je gewesen, ist es und wird es sein. Jeder, der einem Anderen moralische oder physische Gewalt anthut wegen dessen, | was er nur glaubt oder behauptet, aber nicht weiß, giebt mit jedem Gewaltstreiche sich selbst eine Ohrfeige, und dieser geheime Uebelstand verleiht solchem Streite den schmerzlichen, bitterlichen und fanatischen Charakter, den Religionskriegen das vertracte hypochondrische Ansehen.

Ketzer braten ist ein durchaus hypochondrisches, trübsinniges Vergnügen, ein selbstquälerisches und wehmüthiges Geschäft und gar nicht so lustig, wie es den Anschein hat.

Heinrich faßte indessen alles Wissen, das er erwarb, sogleich in ausdrucksvolle poetische Vorstellungen, wie sie aus dem Wesen des Gegenstandes hervorgingen und mit demselben Eines waren, so daß, wenn er damit hantirte, er die allerschönsten Symbole besaß, die in Wirklichkeit und ohne Auslegerei die Sache selbst waren und nicht etwa darüber schwammen, wie die Fettaugen über einer Wassersuppe. So waren ihm die beiden Systeme des Blutkreislaufes und der Nerven mit dem Gehirne, jedes in sich geschlossen und in sich zurückkehrend, wie die runde Welt, und doch jedes das andere bedingend, die schön|sten plastischen Charakterwesen, welche ihm allezeit bewundernswerth, geheimnißvoll und anlockend waren, ohne mystisch zu sein. Das schöne rothe Blut, sicht-, fühl- und hörbar, unablässig umgetrieben und wandernd, gegenüber dem unbeweglichen, still verharrenden und farblosen Nervensystem, welches doch der allgegenwärtige und allmächtige Herr der Bewegung ist, mit geheimnißvoller Blitzesschnelle herrschend, während jenes in ehrlicher und handgreiflicher Arbeit wandern muß, das Blut war ihm der allgemeine Strom organischen Lebens, angefüllt mit sphärischen Körpern, jeder schon eine kleine Welt und ungezählt, wie die Sterne des Himmels; und jeder dieser Myriaden Körper, der einige Pulsschläge lang kreiste, ehe er unterging, war ihm so wichtig und merkwürdig, wie jene leuchtenden Globen, welche Millionen Jahre sich im Strome fortschwingen, ehe sie eben auch wieder anderen Platz machen. Wenn man dem Menschen einen bestimmten Theil seines Blutes entzieht und weggießt, so wird er dadurch weder verstümmelt, noch verändert, und jenes Blut ersetzt sich unaufhörlich; daher sah der grüne | Heinrich recht eigentlich in ihm das rothe Lebensbächlein, das vorüber fließt, an welchem erst die bleiche geheimnißvolle Individualität des Nervensystemes sitzt, wie der Knabe an der Quelle, immer durstig daraus trinkend, behende um sich schauend und dabei ein wahrer Hexenmeister von Proteus, bald Gesicht, bald Gehör, bald Geruch, bald Gefühl, jetzt Bewegung und jetzt Gedanke und Bewußtsein, und doch bezwingbar wie Proteus, sich in seiner wahren Gestalt zu zeigen, wenn man das seltsame Wesen unerschrocken greift und festhält.

Die Menschen, insofern sie sich unterrichten, zerfallen unter sich vorzüglich in zwei verschiedene Arten oder Classen; die eine derselben lernt ohne plastischen und drastischen Anknüpfungspunkt Alles, was ihr unter die Zähne geräth, Alles zumal, Alles mit gleicher Leichtigkeit oder Schwierigkeit, das Wichtige wie das Unwichtige, und Alles zu äußerlichem Gebrauche, schnell es ausgebend und noch schneller vergessend, oder auch wohl die tönende Formel unermüdlich wiederholend, während der lebendige Inhalt schon längst | todt und verschwunden ist. Da diese Heerschaar das Wesentliche vom Unwesentlichen, wie es von Zeit und Umständen bedingt wird, nie unterscheidet, sondern beides mit gleichem Eifer betreibt, das Wesentliche aber seiner gewichtigeren Natur nach unter diesem Eifer leicht zu Boden fällt, so bleibt ihr meistens die Spreu des Unwesentlichen zwischen den Fingern, welche sie hastig hin und her wendet, besieht und an die Nase hält. Weil sie das Wesentliche immer entschlüpfen läßt, so hält sie es für schwieriger und höchst geheimnißvoll, zunftmäßig und exclusiv, streitet sich darüber mit den Manieren und Eigenschaften des Unwesentlichen, mit dem sie es gewöhnlich zu thun hat, oder behandelt dieses mit dem Gewichte des Wesentlichen, welches ihr längst unter den Händen verschwunden ist. In der That ist aber beides gleich leicht und gleich schwer zu lernen, das Wesentliche und das Unwesentliche, wenn es nur zur rechten Stunde geschieht, und die Verkennung dieser Thatsache, welche mit dem ganzen Gesetz der Natur innig verbunden und vereint ist, bringt den Lärm und Ruf der falschen Gelehrsamkeit | hervor, welche die Welt erfüllt, verwirrt und verdunkelt, statt sie zu erhellen.

Die zweite Classe der Lernenden besteht aus denjenigen, welche Nichts lernen, ohne daß der innere Antrieb und die Einsicht des vernünftigen Zweckes mit dem äußeren Anlasse zusammenfällt, welche absolut Nichts verstehen, was nicht vernünftig und wesentlich für sie ist, denen alle Mittel furchtbare Räthsel sind, so lange sie nicht das Gesetz einsehen, das sie bewegt, und den Zweck, um dessentwillen sie da sind. Vor allem Unwesentlichen stehen diese wie Dummköpfe und begreifen das Treiben der Welt nicht, und sie verharren in ihrer Demuth und halten das auch wohl für etwas, was sie eben nicht verstehen; gewohnt, selbst nur das Wesentliche und Lebendige zu begreifen und zu verstehen, setzen sie dies auch von allen Anderen voraus, welche vorgeben, etwas zu verstehen. Aus diesem letzteren Umstande, wenn sie endlich doch einen Zipfel erhaschen, sich Luft verschaffen und mit der ersten Classe zusammenstoßen, entstehen alsdann neue sonderbare Mißverständnisse und Verwirrungen, indem die Leute | des Wesentlichen den Leuten des Unwesentlichen das, worauf es ankommt, entgegen halten, was diese nicht verstehen; diese aber das, worauf es nicht ankommt, hervorkehren, was jene hinwieder nicht begreifen. Beide Abtheilungen verfallen aber einer sehr tragischen Schuld; die eine, weil sie sich immer mit Dingen abgiebt, auf welche es unter den gegebenen Umständen niemals ankommt, läßt sich eine muthwillige und unnütze Thätigkeit zu Schulden kommen; die andere, weil in der allgemeinen Verwirrung ihr leicht Alles eitel und werthlos erscheint, hat eine Neigung, es dem Zufall zu überlassen, ob er ihr Anknüpfungspunkte zum Erfassen und Durcharbeiten zuführen wolle, und einen bedenklichen Hang zur Trägheit, anstatt die Dinge zu schütteln und das Wesentliche aus freiem Entschlusse an die Oberfläche und an sich heranzuziehen. Jene leben daher in munterer Begehungssünde, diese leiden an Unterlassungssünden.

Heinrich fühlte plötzlich, daß er, was wenigstens das Unterlassen betrifft, bisanher zu der letzteren Sündenschaar gehört habe, als der Professor | die Nervenlehre mit einigen Bemerkungen über den sogenannten freien Willen abschloß. Denn obgleich er schon

hundertmal diesen Ausdruck gehört und gelesen, auch genügsam
wilde Philosophie und Theologie, wie sie in seinem Garten wuchs,
getrieben hatte, so war es ihm doch noch nie eingefallen, darüber
nachzudenken, oder hielt höchstens den „freien Willen" für eine
05 Art müßigen Lückenbüßers für zusammengesetzte Dinge, woran
er nicht ganz unrecht that, nur daß er dazu nicht reif und befä-
higt war, ehe er die fragliche Sache näher kannte und verstand. Es *03.019.11*
giebt eine Redensart, daß man nicht nur niederreißen, sondern
auch aufzubauen wissen müsse, welche von gemüthlichen und
10 oberflächlichen Leuten allerwege angebracht wird, wo ihnen eine
sichtende Thätigkeit oder Disciplin unbequem in den Weg tritt.
Diese Redensart ist da am Platze, wo man abspricht oder negirt,
was man nicht durchlebt und durchdacht hat, sonst aber ist sie
überall ein Unsinn; denn man reißt nicht immer nieder, um wieder
15 aufzubauen; im Gegentheil, man reißt recht mit Fleiß nieder, um
einen freien Raum | für das Licht und die frische Luft der Welt zu
gewinnen, welche von selbst überall da Platz nehmen, wo ein sper-
render Gegenstand weggenommen ist. Wenn man den Dingen in's
Gesicht sieht und sie mit Aufrichtigkeit gegen sich selbst behandelt,
20 so ist Nichts negativ, sondern Alles ist positiv, um diesen Pfeffer-
kuchenausdruck zu gebrauchen, und die wahre Philosophie kennt
keinen andern Nihilismus, als die Sünde wider den Geist, d. h. das
Beharren im selbstgefühlten Unsinn zu einem eigennützigen oder
eitlen Zwecke.
25 Was aber Heinrich besonders zu seinen Gedanken über den
freien Willen antrieb, das war die auffallende Energie, welche in
den kurzen Bemerkungen des Lehrers lag, gegen dessen sonstige
Gewohnheit in solchen heikeln Punkten. Denn es war das Stecken-
pferd des sonst durchaus unbefangenen und duldsamen Mannes,
30 die Lehre vom freien Willen des Menschen überall anzugreifen und
abzuthun, wo und wie er ihr nur beikommen konnte, und er ließ
sich desnahen sogar in seinen Vorlesungen an dieser Stelle jedes-

mal zu einer kurzen aber sehr kräftigen Demon|stration gegen das Dasein der moralischen Kraft, die man freien Willen nennt, hinreißen in einem auf die Spitze getriebenen materialistischen Sinne. Diese Absonderlichkeit war nun zwar durchaus keine negative nihilistische Manie, sondern sie ruhte auf der „positiven" Grundlage einer durchgeführten Nachsicht und Geduldsamkeit für die Irrthümer, Schwächen und trübselig thierischen Handlungen der schlechtbestellten Menschenkinder; aber nichts desto minder hatte sie ihren Grund in der unglücklichen Neigung vieler, selbst ausgezeichneter Naturalisten, auch an ungehöriger Stelle die Materie auf abstoßende und ganz überflüssige Weise zu betonen. Wenn man aus einem grünen Tannenbaum drei Dinge macht: eine Wiege, einen Tisch und einen Sarg, so sagt man nicht, so lange diese Dinge ihre nutzbare Bestimmung erfüllen: bringt mir das Tannenholz, das dermalen eine Wiege formirt; setzt euch an das Tannenholz, welches auf vier Beinen sich zum Tische erhebt, legt mich in das sechsbretterige Tannenholz; sondern man nennt diese Gegenstände schlechtweg eine Wiege, einen Tisch und einen Sarg, | und erst wenn sie ihre vergängliche Bestimmung erfüllt haben, erinnert man sich wieder an das Holz, aus welchem sie gemacht, und man sagt beim Anblicke ihrer Trümmer: dies ist altes Tannenholz, lasset es uns verbrennen; Alles zu seiner Zeit!

Ihre Zeit hat auch die Rose. Wer wird, wenn sie erblüht, um sie herum springen und rufen: He! Dies ist nichts als Pottasche und einige andere Stoffe, in den Boden damit, auf daß der unsterbliche Stoffwechsel nicht aufgehalten werde! Nein, man sagt: Dies ist zur Zeit eine Rose für uns und nichts Anderes, freuen wir uns ihrer, so lange sie blüht!

Während Schiller, der idealste Dichter einer großen Nation, seine unsterblichen Werke schrieb, konnte er nicht anders arbeiten, als wenn eine Schublade seines Schreibtisches gänzlich mit faulen Aepfeln angefüllt war, deren Ausdünstung er begierig einathmete,

und Goethe, den großen Realisten, befiel eine halbe Ohnmacht, als
er sich einst an Schiller's Schreibtisch setzte. So niederschlagend
dieser ausgesuchte Fall für alle verklär|ten und übernatürlichen
Idealisten sein mag, so wird während des Genusses von Schiller's
Geistesthaten deswegen Niemand an die faulen Aepfel denken oder
mit besonderer Aufmerksamkeit bei ihrer Erinnerung verweilen.

Aber der Professor konnte sich von der Vorstellung des ununterbrochenen activen und passiven Verhaltens des Gehirnes und der
Nerven, als des hervorbringenden lebendigen Ackergrundes, niemals trennen zu Gunsten des Hervorgebrachten, der moralischen
Frucht, als ob eine Aehre und eine Erdscholle nicht unzweifelhaft
zwei Dinge, zwei Gegenstände wären.

Das kam daher, daß er jedesmal auf diesem Punkte einer kleinen Verwirrung anheimfiel, welche seine Begeisterung für seinen
materiellen Gegenstand anrichtete, und in welcher er ein wenig zu
jener großen Schule derer gehörte, die das Wesentliche vom Unwesentlichen nicht zu unterscheiden wissen; denn in dem Augenblicke,
wo es sich um eine moralische Welt handelt, hört die Materie, so
fest jene an diese geschmiedet ist, auf, das Höchste zu sein, und
nach dem Edleren muß | man trachten, sonst wird das, was man
schon hat, blind und unedel.

Es reizte Heinrich, auch in dieser Frage die Welt seinem Gotte,
zwar immer in dessen Namen, unabhängig gegenüber zu stellen
und einen moralischen freien Willen des Menschen, als in dessen
Gesammtorganismus begründet und als dessen höchstes Gut, aufzufinden. Sogleich sagte ihm ein guter Sinn, daß wenn auch dieser
freie Wille ursprünglich in den ersten Geschlechtern und auch jetzt
noch in wilden Völkerstämmen und verwahrlosten Einzelnen nicht
vorhanden, derselbe sich doch einfinden und auswachsen mußte,
sobald überhaupt die Frage nach ihm sich einfand, und daß, wenn
Voltaire's Trumpf: „wenn es keinen Gott gäbe, so müßte man einen
erfinden!" viel mehr eine Blasphemie als eine „positive" Redensart

war, es sich nicht also verhalte, wenn man dieselbe auf das Dasein des freien Willens anwende, und man vielmehr nach Menschenpflicht und Recht sagen müsse: Wenn es bis diesen Augenblick wirklich keinen freien Willen gegeben hätte, so wäre es „des Schweißes der Edlen" werth, | einen solchen zu erringen, hervorzubringen und seinem Geschlechte für alle Zeiten zu übertragen.

Gegenüber den materialistischen sowohl, als den mystischen Gegnern des freien Willens, den Leuten von der Gnadenwahl, steht die rationelle Richtung, die Vernunftgläubigkeit von Gottes Gnaden, die Bekennerin des bestimmten und unbeschränkten freien Willens, göttlichen Ursprungs, unzweifelhafter Allmacht und der untrügliche Richter seiner selbst. Aber diese Richtung hegt, bei diesem Anlasse, eben so wenig Achtung vor dem Körperlich-Organischen und dessen bedingender Continuität, als die Materialisten von der gröbsten Sorte vor dem vermeintlichen Abstractum, und ihr absoluter rationalistischer freier Wille ist ein kleiner Springinsfeld, dessen Leben, Meinungen und Thaten eben auch nicht weiter reichen, als es gelegentlich allerlei Umstände erlauben wollen. Heinrich, welcher seinen bisherigen Meinungen nach ganz dazu angethan war, sich zu dieser Fahne zu schlagen, hatte jetzt schon zu viel Aufmerksamkeit und Achtung für das Leibhafte und dessen gesetzliche Macht erworben, als daß er es | unbedingt gethan hätte. Vielmehr gerieth er auf den natürlichen Gedanken, daß das Wahrste und Beste hier wohl in der Mitte liegen dürfte, daß innerhalb des ununterbrochenen organischen Verhaltens, der darin eingeschachtelten Reihenfolge der Eindrücke, Erfahrungen und Vorstellungen, zuinnerst der moralische Fruchtkern eines freien Willens keime zum emporstrebenden Baume, dessen Aeste gleichwohl wieder sich zum Grunde hinabbögen, dem sie entsprossen, um dort unablässig auf's Neue Wurzeln zu schlagen.

„Diesen Proceß," sagte er sich, „kann man am füglichsten mit einer Reitbahn vergleichen. Der Boden derselben ist das Leben

dieser Welt, über welches es gilt hinwegzukommen auf gute
Manier, und kann zugleich den festen derben Grund aller Materie
vorstellen. Das wohlgeartete und geschulte Pferd ist das besondere,
immer noch materielle Organ, der Reiter darauf der gute menschliche Wille, welcher jenes zu beherrschen und zum freien Willen
zu werden trachtet, um auf edlere Weise über jenen derben Grund
wegzukommen; der Stallmeister endlich mit seinen hohen Stie|feln
und seiner Peitsche ist das moralische Gesetz, das aber einzig und
allein auf die Natur und Eigenschaften des Pferdes gegründet ist
und ohne dieses gar nicht vorhanden wäre, nicht ‚gedacht werden
könnte‘, wie die Juden sagen. Das Pferd aber würde ein Unding
sein, wenn nicht der Boden da wäre, auf welchem es traben kann, so
daß also sämmtliche Glieder dieses Kreises durch einander bedingt
sind und keines sein Dasein ohne das andere hat, ausgenommen
den Boden der stummen und blinden Materie, welcher daliegt, ob
Jemand über ihn hinreite oder nicht. Nichtsdestoweniger giebt
es gute und schlechte Reitschüler, und zwar nicht allein nach der
körperlichen Befähigung, sondern auch, und zwar vorzüglich, in
Folge des freien entschlossenen Zusammennehmens. Den Beweis
dafür liefert das erste beste Reiterregiment, das uns über den Weg
reitet. Die tausend Mann Gemeine, welche keine Wahl hatten, mehr
oder weniger aufmerksam zu lernen, sondern durch eine eiserne
Disciplin in den Sattel gewöhnt wurden, sind alle gleich zuverläs-
sige und brave Reiter, keiner zeichnet sich besonders | aus, keiner
bleibt zurück, und um das Bild von einem tüchtigen und gesunden
Schlendrian des gemeinen Lebens vollständig zu machen, kommen
ihnen die zusammengedrängten und in die Reihe gewöhnten Pferde
auf halbem Wege entgegen, und was der Reiter etwa versäumen
sollte, thut unfehlbar sein Organ, das Pferd, von selbst. Erst wo
dieser Zwang und Schlendrian, oder das bitter Nothwendige der
Masse aufhört und wo die Freiheit beginnt, beim hochlöblichen
Offiziercorps, giebt es sogenannte gute Reiter, schlechtere Reiter

und vorzügliche Reiter; denn diese haben es in ihrer Gewalt, über das geforderte Maß hinaus mehr oder weniger zu leisten. Das Ausgezeichnete, Kühne, was der Gemeine erst im Drange der Schlacht, in unausweichlicher Gefahr und Noth unwillkürlich und unbewußt thut, die großen Sätze und Sprünge übt der Offizier alle Tage zu seinem Vergnügen, aus freiem Willen und gewissermaßen theoretisch; doch fern sei es von ihm, daß er deswegen allmächtig sei und nicht trotz allem Muth und aller seiner Kunst von einem erschreckten Pferde einmal abgeworfen, | oder von seinem allzu überlegenen Thiere bewogen werden könne, durch ein anderes Sträßlein zu reiten, als er eigentlich gewollt hat. Ob nun ein gutes Reiterregiment denkbar wäre, das aus lauter Offizieren bestände, das heißt aus Leuten, welche ihren freien Willen zur Grundlage ihrer Tüchtigkeit machten, und in Betracht, daß Bürgerwehrcavallerie, wo dies der Fall ist, nicht viel taugt, dies zu beantworten, gehört nicht hierher, da jedes Gleichniß hinkt, welches man über seine Bestimmung hinaus verfolgt."

„Wird der Steuermann," fuhr Heinrich fort, „zufälliger Stürme wegen, die ihn verschlagen können, der Abhängigkeit wegen von günstigen Winden, wegen schlechtbestellten Fahrzeuges und unvermutheter Klippen, wegen verhüllter Leitsterne und verdunkelter Sonne sagen: es giebt keine Steuermannskunst! und es aufgeben, nach bestem Vermögen sein vorgenommenes Ziel zu erreichen?

Nein, gerade die Unerbittlichkeit, aber auch die Folgerichtigkeit, Nothwendigkeit der tausend ineinandergreifenden Bedingungen in ihrer Klarheit müssen uns reizen, das Steuer nicht fahren | zu lassen und wenigstens die Ehre eines tüchtigen Schwimmers zu erkämpfen, welcher in möglichst gerader Richtung quer durch einen stark ziehenden Strom schwimmt. Nur Zwei werden nicht über solchen Strom gelangen: derjenige, welcher sich nicht die Kraft zutraut und sich von den Wellen widerstandslos fortreißen läßt, und der Andere, welcher vorgiebt, er brauche gar nicht zu schwimmen, er wolle hinüberfliegen in der Luft, er wolle nur noch ein Weilchen warten, bis es ihm recht gelegen und angenehm sei!"

Dann kam Heinrich noch einmal auf den Satz zurück, wiederholte ihn und befestigte ihn recht in sich: die Frage nach einem gesetzmäßigen freien Willen ist zugleich in ihrem E n t s t e h e n die Ursache und Erfüllung derselben, und wer einmal diese Frage gethan, hat die Verantwortung für eine sittliche Bejahung auf sich genommen.

Dies war einstweilen das Schlußergebniß, welches er aus jenen anthropologischen Vorlesungen davontrug, und indem er dasselbe sich ernsthaft vorsagte, merkte er erst, daß er bis jetzt vom Zufälligen sich habe treiben lassen, wie ein Blatt | auf dem Bache; oder er dachte sogleich an seine aufgeschriebene Jugendgeschichte, die in seinem alten Koffer lag, und an alles seither Erlebte, und Alles kam ihm nunmehr mit Einem Blicke vor wie ein unbewußter Traum. Zugleich fühlte er aber, daß er von nun an sein Schifflein tapfer lenken und seines Glückes und des Guten Schmied sein müsse, und ein sonderbares, verantwortlichkeitsschwangeres Wesen kräuselte sich tief in seinem Gemüthe, wie er es bis jetzt noch nie empfunden zu haben sich erinnerte. |

Drittes Kapitel.

Aber der freie Wille des Menschen gleicht dem Keime, der im Samenkorne liegt und des feuchten und warmen Erdreiches bedarf, um sich entwickeln und wachsen zu können. Heinrich mußte sogleich erfahren, daß dieser Keim, dieser löbliche Vorsatz des freien Willens, auch beim besten Willen, noch über seine Meinung hinaus das bedingteste Wesen von der Welt ist und ohne die nothwendige Nahrung, ohne einen gesättigten Grund von Erfahrung, Einsicht und bereits erfüllten Bestimmungen so ruhig schläft, wie das Weizenkorn auf dem Speicher. Dieser Grund, dieser Humus aber ist für jede Anlage ein anderer, gleichwie die Distel nicht da gedeiht, wo das Korn wächst, die Fichte noch fortkommt, wo | die Tanne verschwindet, und selbst auf dem gleichen Boden bildet der Lindenkeim ein rundes Blatt, die Eiche ein gezacktes.

Heinrich's Lage erforderte, daß er sich nun mit allem Ernste in seinem erwählten Berufe an ein Ziel bringe, entweder seine eingetretene Muthlosigkeit und Täuschung in der Wahl, wenn dieselbe eine vorübergehende war, überwinde, oder, wenn er sich darüber klar gemacht, mit raschem Entschlusse ein anderes Bestimmtes ergreife, ehe noch mehr Jahre in's Land gingen. Allein eben zu diesem Entschlusse, noch zu irgend einem hatte er durchaus keine Wahl, weil er sich zu dieser Zeit an Erfahrung und Umsicht tausendmal ärmer fühlte, als früher, da er ein bescheidenes aber sicher begrenztes Ziel verfolgt hatte. Doch er war sich nicht einmal dieses Mangels einer Wahl und eines freien Entschlusses bewußt, sondern wie der Keim eines Samenkornes, sobald er etwas Wärme und Feuchte verspürt, nur erst ein Würzelchen auszudehnen und ein Stämmchen an das

Licht zu bringen sucht, ehe er seine besondere Blattform ansetzt, so wurde Heinrich durch seinen | Instinct getrieben, das Bewußtsein ohne Nutzanwendung und Mäßigung zu bereichern, und zu erfahren, was es eigentlich überhaupt zu lernen und zu bebauen gäbe in der Menschengeschichte.

So sog er, während er mit ernstem Pathos einen bewußten freien Willen zu üben wähnte, aber willenlos alle seine Angelegenheiten und bisherige Thätigkeit da liegen ließ, wo sie zuletzt gelegen, so sog er jetzt, einer willenlosen durstigen Pflanze gleich die Nahrung der Erfahrung und das Lebenslicht der Einsicht in sich und setzte damit nur den im zarten Knabenalter gewaltsam unterbrochenen Proceß fort, aber mit um so größerer Schwere, als er unterdessen ein erwachsener Mensch geworden.

Sein liebster Aufenthalt war nun das Universitätsgebäude. Er besuchte die verschiedensten Vorlesungen und sah überall, was da gelernt werde, darüber alle Sorgen vergessend und das äußere Auge vor der Zukunft verschließend, aber innerlich umhertastend gleich der Raupe, die für ihren bestimmungsvollen Heißhunger ein anderes Baumblatt sucht. |

Zu der Zeit seiner Jean Paul'schen Belesenheitsbildung hatte er das Rechtswesen für eine Sache gehalten, von der absolut nichts zu wissen, noch zu ahnen, eine Ehre für jeden wohl angelegten Menschen sein müsse, und die Juristen waren ihm eine Art unglücklicher, in keiner Beziehung beneidenswerther Schicksalsgenossen gewesen, deren unterste Stufe etwa die Häscher und Abdecker wären, vom Abhub und Eiter der Gesellschaft lebend. Der Civilrichter war ihm dazumal noch viel verächtlicher, als der Proceßsüchtige und dessen Advocat; denn, sagte er, wenn die Menschen stupid und schlecht genug sind, unklare und falsche Ansprüche gegen einander zu erheben und sich um des Kaisers Bart zu zanken, so ist derjenige noch der viel größere Esel, der sich dazu hergiebt, sich von den Zankbolden anschreien und belügen zu lassen und ihre schmutzige Wäsche rein zu machen. Vielmehr, meinte er, sollte man alle Leute sich so lange zanken lassen, bis der Eine oder der Andere Gewalt braucht, diesen alsdann beim Kopf nehmen, dem Strafrichter überweisen und erst jetzt zugleich mit dem | Strafprocesse die civilrechtliche Frage entscheiden, den aber noch besonders abstrafen, der den Proceß verliert. Denn mit dem Strafrichter allein machte er eine Ausnahme, und der war ihm eine geheiligte Person.

Solche harmlose Aussprüche der Unschuld vergessend, war Heinrich jetzt öfter in den verrufensten aller Vorlesungen, in den Pandekten zu finden, fast leidenschaftlich beflissen, ein Stück Textur und Gewebe römischen Rechtes vor seinen Augen ausbreiten und erklären zu sehen. Er sah aus den naturwüchsig concreten Anfängen mit ihren plastischen Gebräuchen das allgemeinste in sich selbst ruhende Rechtsleben hervorgehen, zu einer ungeheuren für Jahrtausende maßgebenden Disciplin sich entwickeln, doch in jeder Faser eine Abspiegelung der Menschenverhältnisse, ihrer Bestimmungen, Bedürfnisse, Leidenschaften, Sitten und Zustände, Fähigkeiten und Mängel, Tugenden und Laster darstellen. Er sah, wie dies ganze Wesen, dem Rechts- und Freiheitsgefühl einer Race entsprossen, in seiner Befähigung zur Allgemeinheit, seither neben der staatlichen Verkom|menheit und der Knechtschaft hergehend, von dieser allein geübt und gepflegt, gerade seiner in sich wurzelnden Allgemeinheit wegen als eine Fähigkeit des menschlichen Geschlechtes eher geeignet war, unter den betrübtesten Verhältnissen den Sinn des Rechtes und mit diesem den Sinn der Freiheit, wenn auch schlafend, aufzubewahren, als das germanische Recht, welches seiner Gewohnheitsnatur, seiner eigensinnigen Liebhabereien, seines äußerlichen Gebrauchswesens und seines unächten Individualismus halber sich unfähig gezeigt hat, den vielgerühmten germanischen Sinn für Recht und Freiheit im Ganzen und Großen zu erhalten, so wenig als sich selbst. Denn das Recht ist eigentlich nichts als Kritik; diese soll so allgemein und grundsätzlich als möglich sein, und das productive Leben, der Gegenstand dieser Kritik, ist es, welches allzeit naturwüchsig und individuell sein soll.

Dafür regte das, was er vom germanischen Recht erfaßte, durch den poetischen und ehrwürdigen Duft und Glanz seiner verjährten Sprache und durch das malerische Costüm seine Begier | und Aufmerksamkeit für die Geschichte. Er hatte, durch den fragmentarischen Einblick in diese Disciplinen aufgefordert, damit geschlossen, sich einen allgemeinen Begriff von der Rechtsgeschichte zu verschaffen, und indem er, durch das Lesen deutscher Rechtsalterthümer veranlaßt, Vergangenheit und Ursprung der deutschen Sprache in den von trefflichen Männern dargebotenen Werken betrachtete, erstaunte er, in dieser Sprachgeschichte, die zugleich die schönste Völkergeschichte war, ein wahrhaftes, großes, singendes und klingendes Epos zu finden, in zahllosen Völkerstämmen herüberziehend und rauschend aus den grünen Waldschatten der Vorzeit, an Strömen und Meerborden hin- und herwandelnd, Völkerschlachten schlagend, Städte bauend und eine Geschichte lebend in frommem Ernst und derbem Schwank, in Festglanz und Todesschauern. Die uralte heilige Ehrbarkeit, mit welcher in der Menschensprache überall das Abgetheilte, Zahl, Maß und Gewicht, Trockenes und Flüssiges, Bodeneintheilung und Geschlechtsverwandtschaft erschienen, wies von selbst wieder hin auf die Rechtsgeschichte und be|stätigte deren Qualität in der Menschennatur, sowie die ehrwürdige und ursprüngliche Allgemeinheit der Wörter für die wichtigsten physischen Gegenstände mit der inneren Einfachheit und Allgemeinheit der Natur selbst zusammentraf, wie er sie in den betreffenden Betrachtungen und Studien kennen und ehren gelernt hatte.

So gewann nun Heinrich, durch die unmittelbare Anschauung solcher Dinge, erst eine lebendige Liebe zu der Geschichte, wie überhaupt die unmittelbare Kenntniß der Faser und der Textur der

Wirklichkeit tiefere, nachhaltigere und fruchtbarere Begeisterung erweckt in allen Uebungen, als alles abstracte Phantasiren. Und selbst diejenigen, welche nur theilweise Kenntniß genommen haben vom Bestehen dieses organisch-nothwendigen Gewebes, dieser Textur der Dinge, werden dem Ganzen ersprießlicher sein durch die erworbene Fähigkeit, sich alles gewaltsamen Raisonnirens zu enthalten und nicht länger eine ungleichmüthige Verwirrung bald feiger, bald übermüthiger Stimmungen und Forderungen über die Dinge auszugießen, die sie nicht begreifen | und die sich doch von selbst verstehen und machen.

Heinrich trug ein zwiefaches praktisches Ergebniß von seinem Selbstunterricht in der Geschichte davon. Erstlich gewöhnte er sich gänzlich ab, irgend einen entschwundenen Völkerzustand, und sei er noch so glänzend gewesen, zu beklagen, da dessen Untergang der erste Beweis seiner Unvollständigkeit ist. Er bedauerte nun weder die beste Zeit des Griechenthums noch des Römerthums, da das, was an ihr gut und schön war, nichts weniger als vergangen, sondern in jedes bewußten Mannes Bewußtsein aufbewahrt und lebendig ist, und in dem Grade, nebst anderen guten Dingen, endlich wieder hervortreten wird, als das Bewußtsein der Menschengeschichte, d. h. die wahre menschliche Bildung allgemein werden wird. Insofern bestimmte Geschlechter und Personen die Träger der Tugenden vergangener Glanztage sind, müssen wir ihnen, da diese Hingegangenen Fleisch von unserem Fleische sind, den Zoll weihen, der allem Wesentlichen, was war und ist, gebührt, ohne sie zurückzuwünschen, da sonst wir selbst nicht Raum noch Dasein hätten. |

Sodann lernte er die unruhigen Gegensätze von Hoffnung und Furcht, wie sie durch Fortschritt und Rückschritt in der Geschichte wach gehalten werden, in sich bändigen und ausgleichen, und zwar in Bezug auf den Theil davon, den die nächste Zeit und der Einzelne selbst erlebt. Er sah, daß die Geschichte nicht

DRITTES KAPITEL

einem schlechten Romane gleicht, wo eine Anzahl gemüthlicher und tadelloser Menschen von der willkürlichen Teufelei absoluter Schurken gehemmt und verwickelt wird, sondern daß in ihr das Unheil eben nur der Lückenbüßer und Aehrenleser des Heiles, d. h. der Rückschritt nichts Anderes als der stockende Fortschritt ist; oder mit deutlicheren Worten gesagt, wenn ein sogenannter Fortschritt nicht Stich hält, so ist er eben keiner gewesen.

Daher ist der Grund und das Wesen einer Reaction nicht in ihr selbst zu suchen, als in einer selbständigen feindlichen Kraft, sondern in der Unvollkommenheit des Fortschrittes; denn es giebt nur Eine wirkliche Bewegung, diejenige nach vorwärts; alle Völker und Menschen wollen vorwärtsschreiten auf ihre Weise, und die Reactio|näre von Profession, die sich so nennen, wissen selbst nicht, warum und woher sie in der Welt sind. Sie sind nämlich nur die Fußschwielen der vorwärtsschreitenden Menschheit. So wenig die Physiker der Wärme gegenüber eine eigenthümliche Kälte kennen, so wenig es dem Schönen gegenüber eine absolute dämonische Häßlichkeit giebt, wie die dualistischen Aesthetiker glauben, so wenig wie es ein gehörntes und geschwänztes Princip des Bösen, einen selbstherrlichen Teufel giebt, so wenig giebt es eine Reaction, welche aus eigener innewohnender Kraft und nach einem ursprünglichen Gesetze zu bestehen vermöchte.

Der hervorspringendste Beweis hiervon ist die umfangreichste That der Reaction, wie sie ist, der Jesuitismus. Dieser ist an sich nichts, als die Anziehung und Beschäftigung aller unnützen und eitlen Köpfe, welche zur Ausübung ihres Unsinnes einer kolossalen Methode bedürfen, um sich selbst zu genügen. Dies ist das innerste Geheimniß des Jesuitismus.

Daß er eine ungeheure hohle Blase ist, ein eingefleischter Widerspruch und Muthwillen, be|weist die fürchterliche Dummheit, mit welcher er tiefer zu sein glaubt, als die Kluft zwischen Wahrheit und Lüge, die gräuliche Naivetät, mit welcher er allen

Ernstes glaubt, etwas Erkleckliches hervorzubringen durch die krasse Weltklugheit, die er in tausend verbohrte Schädel pflanzt, geschwollen von Herrsch- und Imponirsucht, und der Köhlerglaube, daß eine Armee solcher methodisirten Hans Narren eine höhere positive Welt bauen und sichern werden, die einen eigenen Leib und Geist habe.

Welch' eine kindische Unbefangenheit für Leute, welche etwas Großes wollen: fortwährend mit der einen Hand eine sogenannte Casuistik anzuwenden und mit der anderen abzuläugnen, als ob der Weltgang Muße und Unschuld genug hätte, auf dergleichen Thorheiten einzugehen, und als ob ein großer Zweck mit kleinlichen Mitteln erreichbar wäre! Deswegen ist auch der Jesuitenspruch: der Zweck heiligt die Mittel! ein charakteristischer Hauptunsinn; denn nicht nur heiligt kein Zweck ihm entgegengesetzte Mittel, sondern | er kennt gar keine solchen Mittel in seiner Eigenschaft als Zweck. Hätten die Jesuiten einen einfachen, offen auszusprechenden, materiell weltlichen Zweck für ihr Dasein, so würden ihre materielle Machtverbreitung, ihre Schlauheit, ihre Politik, ihre Gewaltsamkeit und Fügsamkeit, ihre tausend Künste vielleicht große Mittel sein; so wie sie aber einen religiösen, geistlichen, überweltlichen Zweck zu haben auch nur v o r g e b e n , so werden in einem Handumkehren alle jene Anstrengungen zu unsäglich kleinen mißgriffenen und thörichten Mitteln, welche die ewigen Henker ihres eigenen Zweckes sind. Auch arbeiten die Jesuiten, als moderne Sisyphusse, im Schweiße ihres Angesichtes an ihrer unausgesetzten Selbstaufhebung, und wo sich die rechtmäßige Weltbewegung, die keine Ränke übt, nur im Schlafe schüttelt, müssen sie davonlaufen oder der Bewegung dienen ohne Dank. Am seltsamsten nehmen sich in solchen Katastrophen alle jene Müßiggänger aus, welche unter dem drohenden Namen von „geheimen Jesuiten" in aller Welt herumliegen und thun, als ob sie was zu thun hätten außer | der zwecklosen

Unruh- und Zwietrachtserregung, die ihr närrisches Gebahren hervorbringt!

Weil die Reformation ihrer Zeit und Möglichkeit nach eine Halbheit war, so entstand durch ihre Bewegung sogleich der Jesuitismus, um den leeren Raum zu füllen; oder vielmehr war er selbst eine leere Löwenhaut, in welche sich, dem wirklichen Löwen der Reformation gegenüber, andere Thiere steckten, vom Esel an bis zum Wolf und Tiger, und selbst wenn sich ein löwenartiges Thier darin verbarg, so hob sich dieses selbst wieder auf durch die doppelte Haut, wie zwei Nein sich aufheben oder zwei Ja wirkungslos und matt werden.

Diese Löwenhaut ist eben die Methode, die Verfassung, die Weltverbreitung, das scheinbare Gelingen der Jesuiten, und das tragikomische Schicksal dieses gewaltigen Balges ohne ein eingewachsenes, eigenthümliches Thier hat ein neuerer Schriftsteller wohl bezeichnet, wenn er sagt „dadurch, daß der Jesuitismus in die weltliche Gesellschaft eintritt und sich mit ihr vereinigt, wird er unfähig, sich von ihr loszumachen, | d. h. sie etwas Besonderes zu lehren, die Welt hat ihn erobert, nicht er die Welt."

Es giebt daher, wenigstens in unserer Zeit, keinen edleren Principienkampf gegen ihn, sondern nur Polizei, Execution und Austreibung, wo immer er sich mit fleißiger Rührigkeit dazu reif gemacht hat. Die neue Bundesverfassung der Schweizer that sehr wohl daran, die Verpönung der Jesuiten unmittelbar neben den Paragraphen zu setzen, welcher von den gemeingefährlichen Seuchen handelt; denn eben so äußerlich, wie diese, kommt, verschwindet und kommt wieder der Jesuitismus. Gegen ihn selbst soll darum keine tiefere Leidenschaft des Hasses mehr Raum finden; dagegen soll sich diese wider alles das kehren, was dem Jesuitismus Nahrung giebt, d. h. wir müssen das edle Pathos des wahren Hasses zur Reinigung unserer selbst gegen das wenden, was im allgemeinen Vorrath unserer Eigenschaften, Neigungen und Zustände dem Jesuitismus den Stoff und die Werkzeuge liefert. Der Stoff ist das zu verführende, zu beherrschende oder zu bestimmende Volk; dieses dem Jesuitismus abzu|ringen, ist der einzig radicale Weg: sich in allen Ränken den Jesuiten g e r a d e e n t g e g e n g e s e t z t zu verhalten, in der That und in der Wahrheit. Was dies heißen will, darüber soll Jeder im vorkommenden Fall nachdenken. Die Werkzeuge sind obige unnütze und eitle Köpfe, blasirte und verdorbene Fähigkeiten aller Art, deren verkünsteltem und autoritätssüchtigem Wesen es besser zusagt, sich in eine marktschreierische und methodische Autoritätscompagnie zu retten, wenn auch als „Leichnam", als sich der offenen, einfachen und naiven Weltbewegung, die sie in ihrer Verschrobenheit für trivial halten, anzuschließen. Es ist eine Krankheit, welche man die Talentfäulniß nennen könnte und welche vorzüglich in Uebergangszeiten entsteht und wuchert. Den damit Behafteten ist es nicht gegeben und nicht möglich, ihre Anlagen reifen zu lassen und mit anderen ehrlichen Leuten an derselben unmittelbaren Sonne des Lebens zu gehen und zu wirken; sie wollen das Allgemeine überholen und überlisten, und indem sie einen Vorsprung zu gewinnen trachten, geben sie sich dem Gemachten und Künstlichen, dem Complicir|ten und Mittelbaren hin, dem Unächten und dem Erlogenen, und von diesem Gebiete aus, wo es ihnen nicht mehr möglich ist, recht zu thun, werden sie die geschworenen Feinde des Allgemeinen, das schlecht und recht vorwärts geht. Dies Unwesen in allen Graden, auf jedem Boden und in jeder Umgebung zu bekämpfen und zu ersticken und jedes kranke Glied abzuschneiden, ist der beste Kampf auch gegen den Jesuitismus.

So kam Heinrich zu der Ueberzeugung, daß das historische und politische Bewußtsein weniger in der Ausbildung eines specifischen Hasses gegen die Hemmung, als in der Reinigung und Befestigung seiner selbst bestehen und hierdurch wesentlich die

Aufmerksamkeit, Thätigkeit und Hoffnung gelenkt werden solle. Schon weil alles das, was sich reactionär nennt, jederzeit haßerfüllt, straf- und rachsüchtig ist, so kann es der Fortschritt unmöglich sein, oder er ist keiner. Die Reaction liebt z. B. das Blut, folglich darf es der Fortschritt nicht lieben, wenn er ihr wahrhaft überlegen sein will. Auch die gerechteste Rache führt den eigenen schließlichen Untergang mit sich, und | die heldenmüthigsten Rächer bringen mit ihrem Siege höchstens eine große Tragödie zu Stande; es handelt sich aber eben in der Geschichte und Politik um das, was die kurzathmigen Helden und Rhetoren nie einsehen: nicht um ein Trauerspiel, sondern um ein gutes Ziel und Ende, wo die geläuterte unbedingte Einsicht Alle versöhnt, um ein großes heiteres Lustspiel, wo Niemand mehr blutet und Niemand weint. Langsam aber sicher geht die Welt diesem Ziele entgegen.

Mit Einem Worte, Heinrich erlangte die gute und nützliche Erkenntniß: Alles, was wir an unseren Gegnern verwerflich und tadelnswerth finden, das müssen wir selber vermeiden und nur das an sich Gute und Rechte thun, nicht allein aus Gutmüthigkeit und Neigung, sondern recht aus Zweckmäßigkeit und energischem geschichtlichen Bewußtsein.

Wie er nun dazu noch sah, daß jede geschichtliche Erscheinung genau die Dauer hat, welche ihre Gründlichkeit und lebendige Innerlichkeit verdient und der Art ihres Entstehens entspricht, wie die Dauer jedes Erfolges | nur die Abrechnung der verwendeten Mittel und die Prüfung des Verständnisses ist, und wie gegen die ununterbrochene Ursachenreihe auch in der Geschichte weder hoffen noch fürchten, weder jammern noch toben, weder Uebermuth noch Verzagtheit etwas hilft, sondern Bewegung und Rückschlag ihren wohlgemessenen und begründeten Rhythmus haben, so gab er besonders Acht auf die Zeit- und Dauerverhältnisse in der Geschichte und verglich den Charakter der Ereignisse und Zustände mit ihrer Dauer und dem Wechsel ihrer Folge:

welche Art von anhaltenden Zuständen z. B. ein plötzliches oder ein allmäliges Ende nehmen, oder welche Art von unerwarteten raschen Ereignissen dennoch einen dauernden Erfolg haben, und warum? Welche Bewegungsarten einen schnellen oder langsamen, einen gänzlichen oder theilweisen Rückschlag hervorrufen, welche von ihnen scheinbar täuschen und in die Irre führen, und welche den erwarteten Gang offen gehen? In welchem Verhältniß überhaupt die Summe des moralischen Inhaltes zu dem Rhythmus der Jahrhunderte, der Jahre, der Wochen und der | einzelnen Tage in der Geschichte stehe u. s. w.? Dies alles betrieb er nicht, um eine Kalenderwissenschaft aufzustellen, sondern lediglich um die Eine moralische Anschauung von allen Dingen zu verstärken. Durch diese Anschauung wurde er befähigt, schon im Beginn einer Bewegung nach ihren Mitteln und nach ihrer Natur die Hoffnung oder Furcht zu beschränken, die er auf sie zu setzen hatte, wie es einem besonnenen, freien Staats- und Weltbürger geziemt. Es ist, nicht leider, sondern glücklicher Weise, kein Gemeinplatz, sondern eine eiserne Wahrheit, daß in der Geschichte überall keine Hexerei, sondern das Sprüchlein: wie man's treibt, so geht's! die lehrreichste Erklärung für Alles ist.

Der ruhige feste Gleichmuth, welcher aus solcher Auffassung des Ganzen und Vergleichung des Einzelnen hervorgeht, glücklich gemischt mit lebendigem Gefühl und Feuer für das nächst zu Ergreifende und Selbsterlebte, macht erst den guten und wohlgebildeten Weltbürger aus. Denn wenn er in diesen, in seinen eigenen Bestrebungen scheitert oder ein großes Mißlingen oder einen | Untergang miterlebt, so giebt nur jene Ruhe ihm denjenigen Trost und Halt, ohne welchen kein selbstbewußtes menschliches Wesen denkbar ist und leben kann.

Heinrich erwarb sich indessen nichts weniger als eine große Gelehrsamkeit oder gar die bloße Einbildung einer solchen; lediglich schaute er sich um, von einem dringenden Instincte getrieben, erhellte sein Bewußtsein von den Dingen, die da sind, gelehrt, gelernt und betrieben werden, und hatte an Allem eine ungetrübte gleichmäßige Freude, ohne sich anzumaßen, sich selbst etwa hervorthun zu wollen, oder sich für dies oder jenes selbstthätig entscheiden zu können. Alles, was gründlich und zweckmäßig betrieben wurde und ächt menschlich war, erschien ihm jetzt gleich preiswürdig und wesentlich, und Jeder schien ihm glücklich und beneidenswerth, der, seinen Beruf recht begreifend, in Bewegung und Gesellschaft der Menschen, mit ihnen und für sie, unmittelbar wirken kann.

Dies alles hatte die kleine Figur des borghesischen Fechters veranlaßt, und Heinrich trieb es, wie etwa der Sohn eines wohlhabenden guten | Hauses, welcher sich zu seiner Formirung im Auslande aufhält und einige allgemeine Studien treibt, von Allem ein Bischen lernt, um dereinst einen wohlbestellten und unterrichteten Bürgersmann vorzustellen, welcher weiß, warum es sich handelt, und, ohne gelehrt zu sein, doch in manchem Falle, wo er nicht schon eine eigene Meinung hat, im Stande ist, sich eine solche auf dem kürzesten Wege anzueignen.

So verging die Zeit, und während Heinrich ohne freien Willen, denn er konnte gar nicht anders, rücksichtslos und gänzlich die Zeit verwendete, sich Zeug und Stoff für seinen freien Willen zu verschaffen, nämlich Einsicht, wußte er bereits nicht mehr, wovon er leben sollte und sah sich plötzlich zu seinem großen Erstaunen von Noth und Sorge umgeben, so daß er kaum wußte, wie ihm geschah. |

Viertes Kapitel.

Als er vor nun bald vier Jahren sein Vaterhaus und seine Heimath verließ, war zu seinem Eintritt in die Welt die mäßige Baarsumme bestimmt, welche seine Mutter während ihres Wittwenstandes, trotz ihrer beschränkten Verhältnisse und ungeachtet sie zu gleicher Zeit einen Sohn erzog, doch unbemerkt erspart hatte. Diese Summe war bei bescheidener Lebensweise für etwa ein Jahr hinreichend, nach dessen Ablauf sich ernähren und zugleich weiterbilden zu können Heinrich nicht zweifelte und seine Mutter eben so sicher hoffte, da es geschehen m u ß t e , und sie ihrer ganzen Lebensart nach selbst von nichts Anderem wußte, als dem Nothwendigen sich zu fügen und ihm gerecht zu werden. Sie nannte dies „sich nach | der Decke strecken", und verzierte jeden ihrer Briefe, die sie an den Sohn schrieb, sorgfältigst am Eingang und am Schlusse mit dieser Metapher, und der Sohn nannte dieselbe scherzweise das Prokrustesbette seiner Mutter. Indessen, um für alle Fälle das Ihrige zu thun, veränderte sie sogleich am Tage nach seiner Abreise ihre Wirthschaft und verwandelte dieselbe beinahe vollständig in die Kunst, von Nichts zu leben.

Sie erfand ein eigenthümliches Gericht, eine Art schwarzer Suppe, welches sie Jahr aus, Jahr ein, einen Tag wie den anderen um die Mittagszeit kochte, auf einem Feuerchen, welches ebenfalls beinahe von Nichts brannte und ein Klafter Holz ewig dauern ließ. Sie deckte während der Woche nicht mehr den Tisch, da sie nun ganz allein aß, nicht um die Mühe, sondern die Kosten der Wäsche zu ersparen, und setzte ihr Schüsselchen auf ein einfaches Strohmättchen, welches immer sauber blieb, und indem sie ihren abgeschliffenen Dreiviertels-Löffel in die Suppe steckte, rief sie pünktlich den lieben Gott an, denselben für alle Leute um das tägliche Brot bittend, besonders | aber für ihren Sohn. Nur an den Sonn- und Festtagen deckte sie den Tisch förmlich, und setzte ein Pfündchen Rindfleisch darauf, welches sie am Sonnabend eingekauft. Diesen Einkauf selber machte sie weniger aus Bedürfniß — denn sie hätte sich für ihre Person auch am Sonntage noch mit der lakonischen Suppe begnügt, wenn es hätte sein müssen —, als vielmehr um noch einen Zusammenhang mit der Welt und Gelegenheit zu haben, wenigstens ein Mal die Woche auf dem alten Markt zu erscheinen und den Weltlauf zu sehen. So marschirte sie denn still und eifrig, ein kleines Körbchen am Arm, erst nach den Fleischbänken, und während sie dort klug und bescheiden hinter dem Gedränge der großen Hausfrauen und Mägde stand, welche lärmend und stolz ihre großen Körbe füllen ließen, machte sie höchst kritische Betrachtungen über das Behaben der Leute und ärgerte sich besonders über die munteren leichtsinnigen Dienstmägde, welche sich von den lustigen Metzgerknechten also bethören ließen, daß sie, während sie mit ihnen scherzten und lachten, ihnen unversehens eine ungeheure | Menge Knochen und Luftröhrenfragmente in die Wagschale warfen, so daß es die Frau Elisabeth Lee fast nicht mit ansehen konnte. Wenn sie die Herrin solcher Mädchen gewesen wäre, so hätten diese ihre Verliebtheit an den Fleischbänken theuer büßen und jedenfalls die Knorpel und Röhren der falschen trügerischen Gesellen selbst essen müssen. Allein es ist dafür gesorgt, daß die Bäume nicht in den Himmel wachsen, und diejenige, welche von allen anwesenden Frauen vielleicht die böseste und strengste gewesen wäre, hatte dermalen nicht mehr Macht, als über ihr eigenes Pfündlein Fleisch, das sie mit Umsicht und Ausdauer einkaufte. Sobald sie es im Körbchen hatte, richtete sie ihren Gang nach dem Gemüsemarkt am Wasser und erlabte ihre Augen an dem Grün, an den frischen Früchten, welche aus Gärten und Fluren hereingebracht waren. Sie wandelte von Korb zu Korb und über die schwanken Bretter von Schiff zu Schiff, das aufgehäufte Wachsthum übersehend und an dessen Schönheit und Billigkeit die Wohlfahrt des Staates und dessen innewohnende Gerechtigkeit ermes|send, und zugleich tauchten in ihrer Erinnerung die grünen Landstriche und die Gärten ihrer Jugend auf, in welchen sie einst selbst so gedeihlich gepflanzt hatte, daß sie zehnmal mehr wegzuschenken im Stande war, als sie jetzt bedächtig und theuer einkaufen mußte. Hätte sie noch große Vorräthe für eine zahlreiche Familie einzukaufen und zu ordnen gehabt, so würde das ein Ersatz gewesen sein für das Pflanzen und Graben; aber auch dieser Beruf war ihr genommen und daher war die Handvoll grüner Bohnen, Spinatblättchen oder junge Rübchen, welche sie endlich in ihr Körbchen that, nachdem sie manchen scharfen Verweis und Zuspruch wegen Uebertheuerung ausgetheilt, ihr ein nothdürftiges Pfand und Symbolum, sammt dem Büschelchen Petersilie oder Schnittlauch, das sie gratis erkämpft. Dies war ihre Poesie, Elegie und Samstagstragödie.

Das schöne weiße Stadtbrot, das bislang in ihrem Hause gegolten, schaffte sie nach Heinrich's Abreise sogleich ab und bezog alle vierzehn Tage ein billiges rauhes Landbrot, welches sie so sparsam | aß, daß es zuletzt immer steinhart wurde, und dasselbe vergnüglich und zufrieden bewältigend, schwelgte sie ordentlich in ihrer freiwilligen Ascese.

Zugleich wurde sie karg und herb gegen Jedermann, in ihrem gesellschaftlichen Leben vorsichtig und zurückhaltend, um alle Ausgaben zu vermeiden, und bewirthete Niemanden, oder doch so knapp und ängstlich, daß sie bald für geizig und ungefällig gegolten hätte, wenn sie nicht durch eine verdoppelte Bereitwilligkeit mit dem, was sie durch die Mühe ihrer Hände, ohne andere Kosten, bewirken konnte, jene herbe Sparsamkeit aufgewogen hätte. Ueberall wo sie mit Rath und That beistehen konnte, im ganzen Umkreise ihrer Nachbarschaft, war sie immer wach und rüstig bei der Hand, keine Mühe und Ausdauer vermeidend, insofern sie nur nichts kostete, und da sie für sich bald fertig war und sonst nichts zu thun hatte, so verwandte sie fast ihre ganze Zeit zu solchen Dienstleistungen, still und fleißig denselben obliegend, bald in diesem Hause, bald in jenem, wo Krankheit oder Tod die Menschen bedrängten.

Aber überallhin brachte sie ihre strenge Eintheilung und Sparsamkeit mit, so daß die unerfahrenen und behäbigen Weiber, während sie dankbar und rühmend ihre unermüdliche Hülfe sich gefallen ließen, doch hinter ihrem Rücken sagten, es wäre eigentlich doch eine Sünde von der Frau Lee, daß sie gar so ängstlich sei und so spröde in sich verschlossen dem lieben Gott nichts überlassen könne oder wolle. Dies war aber durchaus nicht der Fall; sie überließ der Vorsehung des Gottes Alles, was sie nicht verstand, vorerst die Verwicklungen und Entwicklungen der moralischen Welt, mit denen sie nicht viel zu thun hatte, da sie sich nicht in Gefahr begab; nichts desto minder war Gott ihr auch der Grundpfeiler in der Victualienfrage; aber diese hielt sie für so wichtig, daß es für sie eine eigentliche Ehrensache war, sich zuerst selber mit Hand und Fuß zu wehren. Denn ein doppelter Strick halte besser, und wenn auf Erden und im Himmel zugleich gesorgt würde, so könne es um so weniger fehlen!

Und mit eiserner Treue hielt sie an ihrer Weise fest; weder durch die Sonnenblicke der Fröhlichkeit, noch durch düsteres Unbehagen, weder im Scherz noch im Ernst ließ sie sich verleiten und überrumpeln, auch die kleinste ungewohnte Ausgabe zu machen. Sie legte Groschen zu Groschen, und wo diese einmal lagen, waren sie so sicher aufgehoben, wie im Kasten des eingefleischten Geizes. Mit der Ausdauer und Consequenz des Geizes sammelte sie Geld, aber nicht zu ihrer Freude und zur Lust ihrer Augen, denn das Gesammelte beschaute sie niemals und überzählte es nie, und hierdurch unterschied sich ihr Thun und Lassen von demjenigen der Geizigen.

Allein diese ihre Art, indem sie zurückhaltend, ängstlich und geizig erschien und zugleich dienstfertig, still, hülfereich und liebenswürdig war, verlieh ihr einen eigenthümlichen und einsamen Charakter, so daß die Leute ihre freundliche und nützliche Seite annahmen und über ihr stilles, strenges Sorgen, Hoffen und Fürchten sie nicht befragten.

Zudem würden sie dasselbe weder begriffen, noch gebilligt haben; denn alle verlangten von ihren eigenen Söhnen, wenn sie nicht Gelehrte | wurden, daß sie sich zeitig selbst ernährten, und wenn je einmal eine ganz behagliche Familie ihrem in die Klemme gerathenen Sohn Schreiner oder Schlosser einige Thaler übersandte, so geschah dies mit einem erheblichen Aufwande von Lärm, und des Goldeinwechselns, Verpackens, Versiegelns, Versicherns auf der Post und des Sprechens von alledem war kein Ende; daß aber Heinrich schon abgereist war, um förmlich im Auslande von einer bestimmten Summe zu leben, dazu hatten die Nachbaren schon die Köpfe geschüttelt und gemeint, er hätte doch schon genug gekostet und könnte nun sehen, etwas zu verdienen, wie anderer Leute Kinder auch. Deshalb sagte seine Mutter zu Niemandem, warum sie so sparsam sei.

Der Held dieser Geschichte reichte auch mit jener Summe für ein Jahr so knapp aus; denn obgleich dieselbe sehr bescheiden war, so waren seine Gewohnheiten und Ansprüche zu jener Zeit trotz aller Anlage zu einem tüchtigen Aufschwunge eben so bescheiden, und da die Mutter ihm das Geld vorsorglich nur in vielen kleinen Abtheilun|gen übersandte, jede in einen Brief mit obigem Motto gewickelt, so kam mit den guten Silberstücken, von denen sie jedes einzelne in den sparsamen Händen gehabt, jedesmal auch ihr häuslicher Machteinfluß und die eiserne Gewohnheit der Bescheidenheit und des Respectes mit. Als jedoch das erste Jahr und mit ihm die mütterlichen Sendungen zu Ende gingen, da hatte Heinrich noch nicht die mindesten Anstalten getroffen, sich auf eigene Faust zu ernähren; denn hier trat nun der Zeitpunkt ein, wo die allgemeine und doch so geheimnißvolle Macht dieser modernen Kunst und Heldenschaft sich ihm offenbaren sollte. In der heutigen Welt sind Alle, die in der Werkstatt der fortschreitenden Cultur beschäftigt sind und es mit einem Zweige derselben zu thun haben, geschieden von Acker und Herde, vom Wald und oft sogar vom Wasser. Kein Stück Brot, sich zu nähren, kein Bündel Reisig, sich zu wärmen, keine Flocke Flachs oder Wolle, sich zu kleiden, in großen Städten keinen frischen Trunk Wasser können sie unmittelbar durch eigene frohe Mühe und Leibesbewegung von der Natur gewinnen. | Viele unter ihnen, wie die Künstler und Schriftmenschen, empfangen ihre Nahrung nicht einmal von denen, welche der Natur näher stehen, sondern wieder von solchen, welche ihr eben so entfernt stehen, wie sie selbst, und eine künstliche abstracte Existenz führen, so daß der ganze Verkehr ein Gefecht in der Luft, eine ungeheure Abstraction ist, hoch über dem festen Boden der Mutter Natur. Und selbst dann noch, wenn die Einen die Mittel ihres Daseins von den Anderen empfangen, geschieht dieses so unberechenbar, launenhaft und zufällig, daß Jeder, dem es gelungen ist, dies nicht als den Lohn seines Strebens, sein Verdienst betrachten darf, sondern es als einen blinden Glücksfall, als einen Lotteriegewinnst preisen muß. In diesem seltsamen Zusammentreffen der Geister, oder vielmehr der Leiber ist der unmittelbare Proceß des Essens, des Zusichnehmens der Nahrung zwar noch nicht offen als eine Tugend und Ehre an sich ausgesprochen, und noch immer gilt zur Nothdurft die Moral, daß das Essen eine verdienstlose Nothwendigkeit sei, obgleich Mancher sein Brot so ißt, daß man sieht, er macht sich | das Beißen und Kauen schon zur Ehre, und kaut dem, der keines hat, recht unter die Nase; aber der glückliche Erwerb des Brotes ist zu dieser Zeit aus einer einfachen Naturpflicht zu einer ausgesuchten Ehrentugend und Ritterschaft geworden, zu deren Erlangung der Neuling nicht ohne Weiteres zugelassen wird, sondern verschiedene freimaurerische Grade der Niederträchtigkeit oder der Verdrehtheit und zweckwidrigen Unsinnes jeder Art durchmachen muß. In der Bevölkerung, welche ihr Leben unmittelbar der Natur und dem untersten Bedürfniß abgewinnt, ist die Heiligkeit und die Bedeutung der Arbeit noch klar und verständlich; da versteht es sich von selbst, daß Keiner dem Anderen zusehen darf, wie er gräbt und schaufelt, um ihm das Herausgegrabene wegzunehmen und zu verzehren. Alles, was einer da thut, hilft ihn und die Welt erhalten und hat einen unbezweifelten, wahren und sicheren Zweck. In jener höheren abstracten Welt aber ist einstweilen Alles auf den Kopf gestellt und die Begriffe von der Bedeutung der Arbeit verkehrt bis zum Unkenntlichwerden. |

Hier führt ein bloßes Wollen, ein glücklicher Einfall ohne Mühe zu reichlichem Erwerb, dort eine geordnete und nachhaltige Mühe, welche mehr der wirklichen Arbeit gleicht, aber ohne innere Wahrheit, ohne vernünftigen Zweck, ohne Idee. Hier heißt Arbeit, lohnt sich und wird zur Tugend, was dort Nutzlosigkeit, Müßiggang und Laster ist. Hier nützt und hilft etwas theilweise, ohne wahr zu sein; dort ist etwas wahr und natürlich, ohne zu nützen, und immer ist der Erfolg der König, der den Ritterschlag in dieser künstlichen Welt ertheilt. Und alle diese Momente vermischen und kreuzen sich auf so wunderliche Weise, daß für die gesunde Vernunft das Urtheil schwer wird.

Ein Speculant geräth auf die Idee der Revalenta arabica und bebaut dieselbe mit aller Umsicht und Ausdauer; sie gewinnt eine auffallende Ausbreitung und gelingt glänzend; Hunderttausende, vielleicht Millionen werden dadurch in Bewegung gesetzt und gewonnen, und doch sagt Jedermann: es ist ein Betrug und ein Schwindel! Und doch muß man die Sache näher | ansehen. Betrug und Schwindel nennt man sonst, was gewinnen soll ohne Arbeit und Mühe, gegründet auf eine Vorspiegelung oder Täuschung. Niemand wird aber sagen können, daß das Revalentageschäft ohne Arbeit betrieben werde; es herrscht da gewiß eine so gute Ordnung, Fleißigkeit, Betriebsamkeit, Um- und Uebersicht, wie in dem nothwendigsten, solidesten Handelszweige oder Staatsgeschäfte; es ist, gegründet auf den Einfall des Speculanten, eine umfassende Thätigkeit, eine wirkliche Arbeit entstanden.

Die Beschaffung des Mehles, die Anfertigung der Blechbüchsen, die Verpackung und Versendung, der Vertrieb in den verschiedensten Ländern schafft vielen Menschen Handarbeit und Gewinn. Die zahllosen marktschreierischen Ankündigungen, mit einer durchdachten und mühevollen Umsicht betrieben, bringen Hunderten von Zeitungen reichlichen Gewinn, und diese brauchen in gleichem Maße vermehrte Arbeitskräfte; Setzer und Drucker finden viele Tage Nahrung in dem weitesten Umkreise nur durch die Inserate der Revalentamänner, und diese selbst, das Ganze beherrschend, | nennen ihre Thätigkeit gewiß nicht minder Arbeit, wenn sie aus ihrem Comptoir kommen, als ein Rothschild die seinige. Hier sind der speculative Einfall, oder was die Unternehmer wahrscheinlich die Idee nennen, und die Mühe, die wirklichste Arbeit verbunden; es wird gewirkt und genützt im vollen Maße und wohl Niemandem was geschadet, und doch ist das Ganze ein scandalöser Schwindel und sein Kern eine hohle Nuß, indem die Hauptsache, der vorgegebene Zweck, die Eigenschaft des Gegenstandes dieser ganzen Thätigkeit eine offenkundige Täuschung ist, und dessenungeachtet doch wieder der Chef dieser ungeheuren Blase der Zeit in seiner Umgebung so geachtet und geschätzt, wie jeder andere Geschäftsmann. Wo liegt hier die Ehre und wo die Schande? Dies ist aber nur ein grobes Beispiel aus dem gröberen Weltverkehr. Es wird Revalenta arabica gemacht in Kunst und Wissenschaft, in Theologie und Politik, in Philosophie und bürgerlicher Ehre aller Art, nur mit dem Unterschied, daß es nicht immer so unschädliches Bohnenmehl ist, aber mit dergleichen räthselhafter Vermischung | von Arbeit und Täuschung, innerer Leerheit und äußerem Erfolg, Unsinn und weisem Betriebe, von Zwecklosigkeit und stattlich ausgebreitetem Gelingen, bis der Herbstwind des Todes Alles hinwegfegt und auf dem öden Stoppelfelde nichts übrig läßt, als hier ein seltsam zusammengewürfeltes Vermögen, dort ein Haus, dessen Erben nicht zu sagen wissen, auf welchem Grund und mit welchem Recht es gegründet ist, und wenn dies Erbe auch noch verweht ist, so ist weder eine geistige noch leibliche Spur, noch ein Zusammenhang mehr zu finden zum Zeugniß, daß jene Betriebsamen einst auch dagewesen seien und sich, obgleich fleißig, doch mit Recht und Ehre genährt haben, während jeder wohlbestellte Acker ein Denkmal ist dessen, der ihn einst geackert hat.

Will man hingegen aus der großen öffentlichen Welt ein Beispiel wirkungsreicher Arbeit, die zugleich ein wahres und vernünftiges Leben ist, betrachten, so muß man das Leben und Wirken Schiller's ansehen. Dieser, aus dem Kreise hinausflüchtend, in welchem Familie und Landesherr ihn halten wollten, alles das im Stiche lassend, | zu was man ihn machen wollte, stellte sich in früher Jugend auf eigene Faust, nur das thuend, was er nicht lassen konnte, und schaffte sich, um ein eigengehöriges Leben zu beginnen, sogar durch eine schreiende Ausschweifung, durch eine überschwengliche und wilde Räubergeschichte, durch einen Jugendfehler Luft und Licht; aber sobald er dies gewonnen, veredelte er sich unablässig von innen heraus und sein Leben ward nichts Anderes, als die Erfüllung seines innersten Wesens, die folgerechte und krystallreine Arbeit der Wahrheit und des Idealen, die in ihm und seiner Zeit lagen. Und dieses einfach fleißige Dasein verschaffte ihm Alles, was seinem persönlichen Wesen gebührte; denn da er, mit Respect zu melden, bei alledem ein Stubensitzer war, so lag es nicht in demselben, ein reicher und glänzender Weltmann zu sein. Eine kleine Abweichung in seinem leiblichen und geistigen Charakter, die eben nicht Schillerisch war, und er wäre es auch geworden. Aber nach seinem Tode erst, kann man sagen, begann sein ehrliches, klares und wahres Arbeitsleben seine Wirkung und seine Erwerbsfähigkeit zu zeigen, | und wenn man ganz absieht von seiner geistigen Erbschaft, welche er der Welt hinterlassen, so muß man erstaunen über die materielle Bewegung, über den bloß leiblichen Nutzen, den er durch das bloße treue Hervorkehren seines geistigen Ideales hinterließ. So weit die deutsche Sprache reicht, ist in den Städten kaum ein Haus, in welchem nicht seine Werke ein- oder mehrfach auf Gesims und Schränken stehen, und in Dörfern wenigstens in einem oder zwei Häusern. Je weiter aber die Bildung der Nation sich verbreitet, desto größer wird die jetzt schon ungeheure Vervielfältigung dieser Werke werden und zuletzt in die niederste Hütte dringen. Hundert Geschäftshungrige lauern nur auf das Erlöschen des Privilegiums, um die edle Lebensarbeit Schiller's so massenhaft und wohlfeil zu verbreiten, wie die Bibel, und der umfangreiche leibliche Erwerb, der während der ersten Hälfte eines Jahrhunderts stattgefunden, wird während der zweiten Hälfte desselben um das Doppelte wachsen und vielleicht im kommenden Jahrhundert noch einmal um das Doppelte. Welch' eine Menge von Papiermachern, | Papierhändlern, Buchdruckersleuten, Verkäufern, Laufburschen, Commentatoren der Werke, Lederhändlern, Buchbindern verdienten und werden ihr Brot noch verdienen, welch' eine fortwährende That, welch' nachhaltiger Erwerb im materiellsten Sinne waren also die kurzen Schiller'schen Arbeits- und Lebensjahre. Dies ist, im Gegensatz zu der Revalenta arabica manches Treibens, auch eine umfangreiche Bewegung, aber mit einem süßen und gehaltreichen Kern, und nur die äußere derbe Schale eines noch größeren und wichtigeren geistigen Glückes, der reinsten nationalen Freude.

Gegenüber diesem einheitlichen organischen Leben giebt es nun auch ein gespaltenes, getrenntes, gewissermaßen unorganisches Leben, wie wenn Spinoza und Rousseau große Denker sind ihrem inneren Berufe nach, und um sich zu ernähren, zugleich Brillengläser schleifen und Noten schreiben. Diese Art beruht auf einer Entsagung, welche in Ausnahmsfällen dem selbstbewußten Menschen wohl ansteht, als Zeugniß seiner Gewalt. Die Natur selbst aber weist nicht auf ein | solches Doppelleben, und wenn diese Entsagung, die Spaltung des Wesens eines Menschen allgemein gültig sein sollte, so würde sie die Welt mit Schmerz und Elend erfüllen. So fest und allgemein wie das Naturgesetz selber sollen wir unser Dasein durch das nähren, was wir sind und bedeuten, und das mit Ehren sein, was uns nährt. Nur dadurch sind wir ganz, bewahren uns vor Einseitigkeit und Ueberspanntheit und leben mit der Welt im Frieden, so wie sie mit uns, indem wir sie sowohl bedürfen mit ihrer ganzen Art, mit ihrem Genuß und ihrer Müh', als sie unser bedarf zu ihrer Vollständigkeit, und alles das, ohne daß wir einen Augenblick aus unserer wahren Bestimmung und Eigenschaft herausgehen.

Wenn nun schon unter den hervorragenden Existenzen jenes künstlichen Ernährungsverkehres ein solches Durcheinander von Geltung, Pflicht, Ehre und Zweckmäßigkeit herrscht, so daß diese in jedem Augenblicke und an jeder Stelle einen anderen Maßstab und eine andere Anerkennung verlangen, eine andere Energie und eine andere Geschicklichkeit, wie schwierig wird diese Verwicke|lung erst für den unbefangenen und einfach gearteten Neuling, Kleinen und Werdenden! Weit entfernt, sein wahres Wesen hervorkehren zu dürfen und dieses einfach wirken zu lassen, soll er tausend kleine Künste und Fähigkeiten lügen oder gewaltsam erwerben, welche zu Allem, was er sonst ist, treibt und gelernt hat, sich vollkommen unsinnig und zweckwidrig verhalten. Er soll lernen, auf den Vortheil zu schießen, wie eine Spinne auf die Mücke, während vielleicht die besondere Natur seines Berufes langsam, gründlich und beschaulich ist; er soll demüthig und kriechend sein, wo er stolz sein möchte, und hinwieder unverschämt und prahlerisch, wo er nur bescheiden sein kann; er muß geizig und zurückhaltend sein mit dem Reifen und Fertigen, das sich wie die Frucht von dem Baume seines Daseins ablösen will, und er muß hinwieder mit blutendem Herzen freigebig sein mit dem Unreifen und Werdenden und es wegwerfen um des Erwerbes willen. Wenn er nimmt, was ihm gebührt, so muß er dafür danken, und erst wenn er empfängt, was ihm nicht gebührt, so ist er des Dankes quitt und hat Ehre | davon, so daß schon die nothwendige Angewöhnung und Gewandtheit des Erwerbes unwillkürlich nach einem verwerflichen Ziele führt.

Welch' eine Menge von kleinen persönlichen und gesellschaftlichen Verumständungen gehört dazu, wenn es dem jungen Künstler gelingen soll, sein Erstlingswerk an den Mann zu bringen, und von diesem einzigen Erfolge hängt meistens das weitere glückliche Fortschreiten der nächsten fünf, ja zehn Jahr ab, die Entscheidung, ob die lange Jugend bis tief in die Männerjahre hinein eine blühende und glückliche Zeit, oder eine dürre und finstere sein, freilich auch oft, ob der Mann auf der leichtfertigen und oberflächlichen, oder auf der tieferen und nachhaltigen Seite des Lebens stehen soll. Gleich dem armen Weibe, dessen Leben im Niedergange ist und welches aus zarter Baumwolle und etwas Goldschaum ein Schäfchen wikkelt, dasselbe auf den Weihnachtsmarkt trägt und dort mit seinen vier steifen Beinchen auf einen trockenen Stein setzt, gewärtigend, ob einer von den tausend Vorübergehenden seinen Blick auf das Schäfchen lenke und dasselbe kaufe, stellt in der | Regel der junge Kunstmann, dessen Leben im Aufgange ist, sein erstes Werk an einen öffentlichen Ort, und all' sein Vertrauen und seine Hoffnung auf das, was er gelernt und geleistet hat, vergessend, ist er schon bereit, nur den Zufall zu preisen, der einen geneigten Käufer vor sein Weihnachtslämmchen führt und durch ein halbes Almosen vielleicht seinem Lebenslaufe den Ausschlag giebt.

Als Heinrich zu Ende des ersten Jahres seinen letzten Thaler in der Hand hielt, und vorher keinen Augenblick, machte er endlich ernstliche Anstalten, sich sein Brot zu erwerben, und zweifelte nicht im mindesten, daß dieses bei der ersten offenen Bemühung sofort gelingen werde, zumal er täglich Arbeiten verkaufen sah, welche zu Stande zu bringen er für kein Hexenwerk hielt. Er beschloß, ein Bild auszustellen, und ersann zu diesem Ende hin ein anmuthiges und reichhaltiges Motiv, welches nicht nur die Entfaltung poetischer Einfälle und feiner Zeichnung, sondern auch schöne Farbenverhältnisse von selbst bedingte und mithin ein sehr glücklich und richtig gewähltes war. |

Als er es entworfen hatte, ersuchte er einen Künstler, welchem er vom Sehen einigermaßen bekannt war, ihn einmal mit seinem Besuch zu beehren und seines guten Rathes theilhaftig zu machen. Der Künstler, ein stattlicher verheiratheter Mann mit einem ansehnlichen Leibe, war einer von denen, die in der Wolle sitzen, und er verdiente es auch vollkommen; denn er war ein gesunder und meisterhafter Kumpan und schritt mit seinen schön und energisch gemalten Bildern, die von selbst eine glänzende Kritik alles Schwächlichen waren, rüstig über den krabbelnden und kletternden Anspruch des gedankenlosen Haufens hinweg. Sein Wahlspruch war: „Erst etwas recht lernen und dann gute Musik machen! Nichts trübseliger, als allerlei lernen und dann schlecht musiciren!"

Es war seit Jahren das erste Mal, daß ein erfahrener Meister wieder Heinrich's Arbeit berieth und kritisirte, und dieser fand alle Ursache, über sein eigenes Ungeschick zu erstaunen, als der Mann in seinem Entwurfe herumwirthschaftete und denselben so trefflich behandelte und zusammenrückte, | daß durch die Anwendung der kräftigen und praktischen Meisterkünste des dicken Herrn Heinrich's Idee erst schön und wahrhaft idealisirt wurde. Es zeigte sich, daß das reale technische Wissen und Empfinden allein die Gedanken gut macht und noch bessere von sich aus vermittelt und hervorzurufen im Stande ist. Durch das bloße Besprechen und Durcharbeiten der äußeren technischen Seite des Gegenstandes thaten sich mehrere ganz neue und glückliche Motive auf, welche gewissermaßen in der Natur der Sache lagen und doch die ursprünglichen Erfindungen des armen Heinrich, so geistreich dieselben waren, an Wirkung weit hinter sich ließen.

Der Künstler hatte in einer halben Stunde, immerfort sprechend, auf ein besonderes Blatt seine Meinung hingezeichnet und so in aller Raschheit eine treffliche Meisterskizze hergestellt, welche füglich für eine werthvolle Handzeichnung gelten konnte und welche Heinrich mit äußerstem Wohlgefallen betrachtete. Als aber die Audienz beendigt war, faltete der Meister ruhig das Blatt zusammen, steckte es in die Tasche und überließ | den dankbaren Heinrich freundlich seinen weiteren Bestrebungen.

Dieser setzte sich denn auch rüstig an die Arbeit; allein hier ahnte er eben nicht, woran es lag, daß sein Bild nun doch nicht so wurde, wie es nach allen diesen Umständen hätte werden sollen. Das zu einer Sache berufene besondere Talent macht diese, sobald ihm ein Licht aufgesteckt ist, ohne Weiteres immer gut, und das erste, was es von Hause aus mitbringt, ist ein glückliches Geschick zum vollständigen Gelingen. Der allgemeine wohleingerichtete Kopf aber kann sich mit hundert Dingen beschäftigen, dieselben verstehen und einsehen, ohne es darin zu einem reif gestalteten Abschluß zu bringen; nur eine lange und bittere Erfahrung oder eine augenblickliche Erleuchtung können manchmal ein vorübergehendes Zusammenraffen und eine Ausnahme hervorbringen, welche aber das ganze Wesen nur noch räthselhafter und meistens mißlicher machen. Dies ist das innere Wesen des gebildeten, strebsamen, talentvollen Dilettantismus, und tausend Existenzen in allen Lebensthätigkeiten, berühmt oder un|berühmt, haben in ihm ihr Geheimniß. Sie treiben und betreiben, suchen und haschen im Schweiße ihres Angesichtes und mit hochtrabender Zufriedenheit, während ihr wahres Geschick, ihre eigenthümliche Kraft schlummert für ewige Zeiten oder für eine andere Sache aufbewahrt bleibt. Besonders in Literatur und Kunst sucht der Dilettantismus die mangelnde naive Meisterschaft durch Neuheit und Betriebsamkeit in allerhand Versuchen zu ersetzen, zeichnet sich fortwährend durch halbe Anläufe aus und gewinnt nach diesen einige Poesie, einiges Pathos in einem wehmüthigen elegischen Ende. Er bereitet die Blüthenzeit vor, bringt sie zu Fall und verscharrt sie eifrigst, düngt aber wieder ihr Grab zu neuem Wachsthum. Er ist der große Vermittler, Dämpfer und Hinhalter in der Weltökonomie; denn wenn die schlafenden Meisternaturen, die zweifelsohne jeden Augenblick vorhanden sind, aber unbewußt hinter dem Pfluge gehen oder auf dem Dreifuß des Schusters sitzen, alle ihre Bestimmung entdecken und erfüllen würden, so würde unsere Erdenherrlichkeit längst ihr Lied abgeschnurrt haben, | gleich einer Uhr, aus welcher man die Hemmung genommen hat; denn jenes Liedchen hat eigentlich einen einfachen und eintönigen Inhalt. Indessen ist der Dilettantismus trotz seiner umfangreichen Macht ein unerfreuliches Dasein; im Grunde sind trotz aller äußeren Schicksale nur die Meister glücklich, d. h. die das Geschäft verstehen, was sie betreiben, und wohl Jedem, der zur rechten Zeit in sich zu gehen weiß. Er wird, einen Stiefel zurechthämmernd, ein souveräner König sein neben dem hypochondrischen Ritter vom Dilettantismus, der im durchlöcherten Ordensmantel melancholisch einherstolzirt.

Heinrich's Werklein, als es fertig war, sah nun höchst seltsam aus. Er hatte sich die vollsaftige Frische des Vortrages, auf welche die von dem Meister gerathene Anordnung durchaus berechnet war, doch nicht geben können und war unwillkürlich wieder in seine blasse traumhafte Malerei verfallen, während die vielen naiven und liebenswürdigen Züge eines erfindungslustigen Gemüthes, welche auch ein solches mangelhaftes Werk gewissermaßen ansprechend und unterhaltend | machen, daraus entfernt waren. So stellte es nun durch seinen gesichteten Inhalt und das magere scheinlose Machwerk den geübten geistreichen Dilettantismus dar, obgleich es auf der Stube noch ziemlich respectabel aussah und von den Leuten, welche das ernstlich Angestrebte, aber nicht ganz Gelungene immer zärtlicher behandeln als das schlechtweg Gute, vergnüglich belobt wurde.

Er ließ es nun mit einem knappen hölzernen Rahmen versehen, um dem Bilde noch mehr ein ernstgemeintes und gelehrtes Ansehen zu geben, brachte es auf den Saal, wo wöchentlich die neuesten Arbeiten ausgestellt wurden, gab schüchtern und verschämt die Anzeige der Verkäuflichkeit und den Preis ab, der ihn nun bis auf Weiteres ernähren sollte, und zog sich so eilig aus dem Hause zurück, als ob er etwas darin habe entwenden wollen.

Als der Sonntagmorgen kam, wo ein elegantes Publicum die Räume füllte, in welchen die neuen glänzenden Bilder hingen, ging Heinrich mit einigen Bekannten hin und sah sein Werk, weit weg an ihm vorübergehend, mit einem halben | Blick dahängen. Sogleich kam es ihm, indem sein Auge auf andere stattliche Gegenstände hinüberstreifte, unerträglich vor in seiner bleichen Farblosigkeit. Als er aber in einen Nebensaal trat, hing da im besten Lichte der gleiche Gegenstand, unübertrefflich gemalt mit wenigen sehr zweckmäßigen Abänderungen von jenem tüchtigen Meister, welcher seine Skizze kritisirt und die hübsche Kritik in die Tasche gesteckt hatte. Wie vom Donner gerührt betrachtete Heinrich das Bild und konnte nicht umhin, über das, was der Künstler daraus gemacht hatte, die größte Freude allmälig zu empfinden und sich sogar geschmeichelt zu fühlen. Uebrigens war das Bild schon mit einem Zettel versehen, welcher anzeigte, daß die Commission dasselbe bereits zu einem sehr erklecklichen Preise angekauft, noch ehe es ausgestellt gewesen, und Jedermann lobte den Kauf.

Heinrich's Bekannte, welche so schlecht und recht zum betriebsamen nicht ungeschickten Mittelschlage gehörten, waren höchlich entrüstet über das Verfahren eines wohlversorgten und glücklichen Meisters und nannten sein frisch und mun|ter glänzendes Werk einen Diebstahl und eine rücksichtslose Räuberei, eine Herzlosigkeit und eine Gemeinheit. Heinrich jedoch schwieg still und verarbeitete, als ein löblicher und gelehriger Jüngling, die soeben gemachte Erfahrung, die er sogleich begriff: daß es in Sachen der Kunst keinerlei Patent giebt, sondern nur den e i n e n Satz: Mach's, wer kann! Sei's wer's wolle, wenn's nur entsteht! und daß, wer eine gute Idee schlecht ausführt, dem Rabenvater gleicht, welcher ein Kind aussetzt, wer sie rettet, demjenigen, der es aufnimmt und pflegt!

Er fühlte keinen Groll gegen den behenden Meister, sondern veranstaltete stracks die Wegnahme seiner eigenen Arbeit und steckte beschämt jenen Zettel wieder ein, auf welchem er seinen Preis angegeben hatte nebst seinem Namen.

Dies war einstweilen der erste und letzte Versuch Heinrich's, durch seiner Hände Arbeit sein Leben zu gewinnen, und nichts ging daraus hervor, als die unbezahlte Rechnung für den ernsthaften stoischen Rahmen. Er begann zwar bald einige andere Sachen, welche er besser zu machen | gedachte, und man sollte glauben, daß er bei seiner Unbefangenheit und Einsicht dies wirklich hätte müssen zu Wege bringen; aber es ist eben das Kennzeichen der berufenen Meister einer Art, daß sie von selbst mit dem Guten und Richtigen den Drang verbinden nach gemeiner Brauchbarkeit und Genießbarkeit und das Ziel erreichen, ohne ihrer Ehre zu vergeben; der Dilettanten dagegen, daß sie immer wieder in ihren unfruchtbaren Eigensinn zurückfallen und dem angenehmen Erfolge hochfahrend entsagen. Dies nennen sie meistens edlen Stolz und treues Beharren am Höheren. Bei Heinrich war es indeß nicht sowohl dieser Eigensinn, als die zuströmende Gedankenthätigkeit, welche, keinen anderen Ausweg sehend, ihn abermals bald auf das alte Erfindungswesen und die wechselnde Unternehmungslust gerathen ließ, das dringende Lebensbedürfniß allmälig vergessend. Dazu war er scheu

VIERTES KAPITEL

und zag geworden, der Welt seine Arbeit gegen Geld anzubieten, und war aufrichtig überzeugt, daß dieses unrechtmäßig gewonnen wäre, so lange er nicht selbst zufrieden sei mit seinen Erzeugnissen, un|gleich jenen rüstigen Weltmenschen, welche sich desto mehr mit einem glückhaften Erwerbe brüsten, je werthloser und thörichter das ist, was sie leisten und durch irgend eine verkehrte Laune des Geschmackes unterzubringen wissen.

Während er aber solche stolze Ehrlichkeit besaß, besann er sich, da er Credit fand als ein unbescholtener junger Mensch, gar nicht, Schulden zu machen, und fand es ganz in der Ordnung, auf diese Weise bequem und ohne weiteres Kopfzerbrechen das zweite Jahr hindurch zu leben.

Die Schulden sind für den modernen Menschen eine ordentliche hohe Schule, in welcher sich sein Charakter auf das Trefflichste entwickeln und bewähren, oder in welcher er, falls dieser von Hause aus fest ist, s e i n Urtheil und s e i n e Anschauungsweise der Welt gründen und reguliren kann. Jener beliebte Paragraph in den gang und gäben Verhaltungslehren „eines Vaters an seinen Sohn": Borge von Niemandem, aber borge auch Niemandem, denn das Borgen entfremdet die besten Freunde und stört alle Verhältnisse! ist ein gedankenloser, schäbiger Para|graph, der Paragraph der Kindsköpfe, die nichts erfahren haben, nichts erfahren wollen und nichts sein und bleiben werden, als eben Kindsköpfe. Verhältnisse, welche durch Schulden zerstört werden, haben von Anfang an nichts getaugt, und es ist ein närrisches Wesen der Leute, daß sie wollen Leute sein und gute Freunde bleiben, ohne ihr gemüthliches Vertrauen, ihre Achtung und Liebe irgendwie auf eine wirklich „unbequeme" Weise prüfen und beweisen zu müssen. Ein kluger Mann wird daher jene kurzgeschorene Kahlmäuser-Weisheit kassiren und zu seinem Sohne sagen: „Mein Sohn! wenn Du ohne Noth und so zu sagen zu Deinem Vergnügen Schulden machst, so bist Du in meinen Augen nicht sowohl ein Leichtsinniger, als vielmehr eine niedrige Seele, die ich im Verdachte eines schmutzigen Eigennutzes habe, der Andere unter dem Deckmantel einer gemüthlichen Liederlichkeit absichtlich um ihre Habe bringt. Wenn aber ein Solcher von Dir borgen will, so weise ihn ab; denn es ist besser, Du lachest über ihn, als er über Dich! Wenn Du hingegen in Verlegenheit geräthst, so borge so | viel es sein muß, und ebenso diene Deinen Freunden, ohne zu rechnen, und alsdann trachte, für Deine Schulden aufzukommen, Verluste verschmerzen oder zu dem Deinigen gelangen zu können, ohne zu wanken und ohne schimpflichen Zank; denn nicht nur der Schuldner, der seine Verpflichtungen einhält, sondern auch der Gläubiger, der ohne Zank dennoch zu dem Seinigen kommt, beweist, daß er ein wohlbestellter Mann ist, welcher Ehrgefühl um sich verbreitet. Bitte Keinen zweimal, der Dir nicht borgen will, und laß Dich eben so wenig drängen; denke immer, daß Deine Ehre an die Bezahlung der Schulden geknüpft sei, oder vielmehr denke das nicht einmal, denke an gar nichts, als daß so und so viel zu bezahlen sei; aber hüte Dich, über einen Anderen, der Dir ein gegebenes Versprechen nicht einhalten kann, sogleich den Stab zu brechen und Dich auf seine Ehre zu berufen. Nach dem Maße aber, in welchem Du Dich in Verpflichtungen begiebst und Deine in Dir selbst liegenden Kräfte dabei in Erwägung ziehst, wirst Du erfahren, ob Du Dich überhaupt unter- oder überschätzest, und wenn | eines von Beidem der Fall wäre, so würde es gleichgültig sein, ob Du es gerade noch in Schuldsachen thätest, da Du es in allen anderen Dingen doch auch thun und ein unglückseliger Patron mit oder ohne Schulden sein würdest. Wenn Du aus alledem unbescholten und als ein Freund Deiner Freunde hervorgehst, so bist Du mein Mann! Du wirst die Abhängigkeit unseres Daseins menschlich fühlen gelernt haben und das Gut der erkämpften Unabhängigkeit auf eine edlere Weise zu brauchen wissen, als der, welcher nichts geben und nichts schuldig sein will."

Idealisirt ist das wahre Wesen des ehrlichen Schuldenmachens *03.034.*

im Cid, welcher den Juden eine Kiste voll Sand versetzt und sagt: Es ist Silber darin! und dann erst auszieht, um auf gut Glück mit dem Schwerte in der Hand seine Lüge wahr zu machen! Welche Verdrießlichkeiten, wenn ein Neugieriger vor der Zeit die Kiste erbrochen und untersucht hätte! Und doch wäre es derselbe Cid gewesen, dessen Leiche noch das Schwert ein Bischen aus der Scheide zog, als sie ein Jude am Bart zupfen wollte! |

Wir wollen indessen den grünen Heinrich nicht mit jenem tapferen Cid vergleichen, welcher in seinem Manneshandwerk ein Meister war und jeden Augenblick wußte, was er wollte. Heinrich wußte dies, als er wie ein Robinson in der civilisirten Wildniß nach Nahrungsmitteln ausgehen sollte, schon nicht mehr deutlich, und die beiden Entdeckungsreisen, diejenige nach seiner menschlichen Bestimmung und diejenige nach dem zwischenweiligen Auskommen, trafen auf höchst mißliche Weise zusammen. Genug, da er vor allem Muße brauchte, so war er sein eigener Mäcen und machte Schulden. |

Fünftes Kapitel.

Er verschwieg dies sorgsam vor seiner Mutter, schrieb ihr aber auch nicht, daß er etwas erwerbe, da es ihm nicht einfiel, sie anzulügen, und da es ihm in der That bei seiner Sorglosigkeit und seinem sicheren Gefühl, daß er schon etwas werden müsse und würde, ganz gut erging, so berichtete er der Mutter in jedem Briefe, es ginge ihm gut, und erzählte ihr weitläufig allerlei lustige Dinge, die ihm begegneten oder welche er in dem fremden Lande beobachtete. Die Mutter hingegen glaubte ächt frauenhaft, wenn man von einem Uebel nicht spreche, so bleibe es ungeschehen, und hütete sich, ihn nach etwaigen Schulden zu befragen, in der Meinung, daß wenn solche noch nicht vorhanden wären, so würden sie durch diese Erkun|digung hervorgerufen werden; auch hatte sie keine Ahnung davon, daß ihr Söhnchen, welches sie so knapp gehalten hatte, in seiner Freiheit etwa so lange Credit finden würde. Sie hielt ihre Ersparnisse fortwährend bereit, um sie auf die erste Klage theilweise oder ganz abzusenden, während Heinrich seine Lage verschwieg und sich an das Schuldenwesen gewöhnte, und es war rührend komisch, wie beide Theile über diesen Punkt ein feierliches Schweigen beobachteten und sich stellten, als ob man von der Luft leben könnte; der eine Theil aus Selbstvertrauen, der andere aus weiblicher Klugheit.

Gerade mit einem Jahreslaufe ging aber Heinrich's Credit zu Ende oder vielmehr bedurften die Leute ihr Geld, und in dem Maße als sie ihn zu drängen anfingen und er höchst verlegen und kleinlaut war, wurden auch seine Briefe seltener und einsilbiger, so daß die Mutter Angst bekam, die Ursache errieth und ihn endlich zur Rede stellte und ihm ihre Hülfe anbot. Diese ergriff er nun ohne besondere dankbare Redensarten, die Mutter sandte sogleich ihren Schatz | ab, froh, zur rechten Zeit dafür gesorgt zu haben, und zweifelte nicht, daß damit nun etwas Gründliches und Rechtes gethan sei. Der Sohn aber hatte nun Gelegenheit, die andere Seite des Schuldenmachens kennen zu lernen, welche ist die nachträgliche Bezahlung eines schon genossenen und vergangenen Stück Lebens, eine unerbittliche und kühle Ausgleichung, gleichviel ob die gelebten Tage, deren Morgen- und Abendbrot angeschrieben steht, etwas getaugt haben oder nicht. Ehe zwei Stunden verflossen, hatte Heinrich in Einem Gange die zweijährige Ersparniß der Mutter nach allen Winden hin ausgetragen und behielt gerade so viel übrig, als zu dem Mitmachen jenes Künstlerfestes erforderlich war.

Ein recht vorsichtiger und gewissenhafter Mensch würde nun ohne Zweifel in Rücksicht auf diese Umstände und auf die Herkunft des kostbaren Geldes sich vom Feste zurückgezogen und doppelt sparsam gelebt haben; aber derselbe hätte sich auch recht bescheiden und ärmlich angestellt, die Größe der erhaltenen mütterlichen Gelder verschwiegen und seine Gläubiger demüthig und vorsichtig hin|gehalten, Alles aus der gleichen Rücksicht, und hätte seine Vorsicht mit dem lebendigen Gefühl der Kindespflicht gerechtfertigt. Heinrich aber, da er dies nicht that, befand sich nach dem Feste wieder wie vorher, und wenn er sich darüber nicht verwunderte oder grämte, so geschah dies nur, weil seine Gedanken und Sorgen durch jene anderweitigen Folgen der übel abgelaufenen Lustbarkeit abgelenkt wurden.

Er lebte also von Neuem auf Borg, und da er diese Lebensart nun schon eingeübt hatte, auch dieselbe nach der stattgehabten Abrechnung trefflich von Statten ging, Heinrich zugleich aber nicht mehr an der zusammenhaltenden Handarbeit saß und auch nicht mehr mit solchen Freunden umging, die den Tag über an zurückgezogener werkthätiger Arbeit saßen, sondern mit allerlei studirendem, oft halbmüßigem Volke, so gewann dies neue Schuldenwesen wieder einen anderen Anstrich als das frühere; je weniger er bei seinem neuen Treiben ein nahes Ziel und eine Auskunft vor sich sah, desto mehr verlor und vergaß er sein armes Muttergut und den Mutterwitz der ökono|mischen Bescheidenheit und Sparsamkeit, die Kunst, sich nach der Decke zu strecken, und den Maßstab des Möglichen auch mitten in der Verwirrung. Er verlor dies Muttergut zwar nicht von Grund aus und für immer wie einen Anker, den ein Verzweifelter sinken läßt, sondern wie ein Geräth, welches für einen gewagten Auszug nicht recht paßt und welches man unwillkürlich liegen läßt, um es bei der Rückkehr wieder aufzunehmen, wie eine feine kostbare Uhr, welche man vor einer zu erwartenden Balgerei von sich legt, oder wie das ehrbare Bürgerkleid, welches man in den Schrank hängt beim Einbruch der Elemente, der Regenfluth und des Schmutzwetters.

Die vermehrten Vorstellungen und Kenntnisse, das täglich neu genährte Denkvermögen, welches so lange geschlummert, erweckten von selbst eine rührige Bewegung, so daß Heinrich sich vielfach umtrieb und mit einer Menge von Leuten umging, welche den verschiedensten Studien, Richtungen und Stimmungen angehörten. Es wiederholte sich jener Vorgang aus seiner Kinderzeit, als er, indem er seine Sparbüchse verschwendete, | plötzlich ein lauter und beredter Tonangeber geworden war. Auch jetzt entwickelte er unversehens eine große Beredtsamkeit, ward, was er sich früher auch einmal sehnlich gewünscht hatte, ein meisterlicher Zecher, welcher die deutsche Zechweise mit so viel Phantasie und Geschicklichkeit betrieb, daß die so verbrachten Stunden und Nächte eher ein lehrreicher Gewinn, eine Art peripatetischer Weisheit schienen, als ein Verlust. Das was man lernte und sich mittheilend kehrte und wendete, gerieth durch das aufgeregte Blut erst recht in Bewegung und durch die gesellschaftlichen Gegensätze, durch die hundert bald

FÜNFTES KAPITEL

komischen, bald ernsten Conflicte in lebendigen Fluß, und das scheinbar rein Wissenschaftliche und Farblose bekam durch das gesellschaftliche und moralische Verhalten der Leute bestimmte Färbung und Anwendung oder diente diesem zu sofortiger Erklärung. Erst war die gewohnte Art herrschend gewesen, bei hervortretendem Widerspruche sich unwiderruflich auf seiner Seite zu halten, die Ehre in der Hartnäckigkeit zu suchen, mit welcher man um jeden Preis eine Meinung behaupten zu | müssen glaubt und im Allgemeinen bei allen Andersdenkenden einen bösen Willen oder Unfähigkeit und Unwissenheit vorauszusetzen. Heinrich aber, welchen nun die Dinge von Grund aus zu berühren anfingen und welcher sich mit warmer Liebe um das Geheimniß ehrlicher Weltwahrheit bekümmerte, wie sie im Menschen sich birgt, ihn bewegt oder verläßt, brachte mit unbefangener und durchdringender Kraft zur anfänglichen Verwunderung der Anderen die Lebensart auf, Recht- oder Unrechthaben als ganz gleichgültige Dinge zu betrachten und erst ihre Quellen als einen beachtenswerthen Gegenstand aufzunehmen, in der höflichen und artigen Voraussetzung, daß es Alle gut meinen und Alle fähig wären, das Gute einzusehen. Dabei war er, wenn er sich in's Unrechthaben hineingeredet hatte, selbst der Erste, welcher darüber nachdachte und bei kühlerem Blute sich selbst preisgab, die Sache wieder aufnahm und seinen Irrthum auch nach den eifrigsten und härtesten Aeußerungen eingestand und von Neuem untersuchen half, jene falsche Höflichkeit verdrängend, welche mit dem | kalten Aufsichberuhenlassen einer Sache einen um so größeren heimlichen Hochmut und einen Dorn im Bewußtsein Aller davonträgt. Diese Weise machte sich um so leichter geltend, als es sich bald bemerklich machte, daß nur diejenigen, welche einen wirklich bösen Willen oder eine gewisse Unfähigkeit besitzen mochten, mit jenem kalthöflichen Abbrechen sich zurückzuziehen beliebten, und Jeder also auch den Schein hiervon vermeiden wollte. In solchen Fällen stellte es sich dann auf das Liebenswürdigste heraus, daß durch diesen bloßen Schein die innerlich Widerstrebenden und Murrenden doch eine goldene Brücke fanden und unvermerkt auf die bessere Seite gezogen wurden und so einen Gewinn davontrugen, den sie früher nie gekannt in ihrem verstockten Wesen. Zugleich kam die löbliche Manier auf, Alles im gleichen Flusse und mit gleicher Schwere oder Leichtigkeit zu behandeln und die anmaßliche Art zu unterdrücken, einzelne vorübergehende Entdeckungen, Einfälle und Bemerkungen feierlich zu betonen und steifschreierisch vorzutragen, als ob jeden Augenblick eine Perle gefunden wäre zu unge|heuerster Erbauung, welche Art derjenigen schlechter Scribenten gleicht, die alle Augenblicke ein Wort unterstreichen, einen neuen Absatz machen und ihre magere Schrift mit allen aufgehäuften interpunctorischen Mitteln überstreuen. Denn die gute schriftliche Rede soll so beschaffen sein, daß wenn sie durch Zeit und Schicksale aller äußeren Unterscheidungszeichen beraubt und nur e i n e zusammengelaufene Schriftmasse bilden würde, sie dennoch nicht ein Jota an ihrem Inhalt und an ihrer Klarheit verlöre.

Alle diese Lebensart gewann nun einen gewissermaßen veredelnden und rechtfertigenden Anstrich dadurch, daß von dem Verkehr mit Weibern keine Rede war, sondern zufällig eine Schaar junger Leute zusammentraf, welche sich darin gefiel, in diesen Dingen unberührt zu heißen oder höchstens einer Neigung sich bewußt zu sein, welche heilig gehalten und unbesprochen sein wollte. Heinrich war sogleich seiner äußeren leiblichen Unschuld froh und vergaß gänzlich, daß er jemals nach schönen Gesichtern gesehen hatte und daß es solche überhaupt in der Welt gab, die Fähigkeit | des Menschen erfahrend, zu jeder Zeit neu werden zu können, wenn er die letzten zarten Schranken der Dinge nirgends überwältigt und durchbrochen hat. Er fühlte diese ganze Seite des Lebens wohlthuend in sich ruhen und schlummern, und je früher und stärker seine Phantasie und seine Neigungen sonst wach gewe-

FÜNFTES KAPITEL

sen waren, um so kühler und unbekümmerter lebte er jetzt und
glich einen langen Zeitraum hindurch an wirklicher Reinheit der
Gedanken dem jüngsten und sprödesten der Gesellen. Höchstens
spielten die Frauen als Gegenstand der Betrachtung und Unter-
suchung in den Gesprächen eine zierliche Rolle, wobei sie denn
freilich, da die Erfahrung der rüstigen Meinungskraft nicht gleich
kam, meistens nicht zu gerecht beurtheilt wurden. So war denn
auch sogar dieser Umstand schon in jener Knabenzeit vorgezeich-
net, wo die jungen Zecher und Prahler zugleich die Mädchenfeinde
spielten.

Sollte sich nun vollends jener Abschluß der Knabenzeit, die
Ausstoßung aus der Schule, als eine solche Vorzeichnung erwei-
sen und Heinrich in der Schule des Lebens unhaltbar werden, so |
waren seine Aussichten nicht die rosenfarbensten, und ein Gefühl
dieser Art, abgesehen von dem neulich Erlebten, gab seinem Treiben eine dunkle Grundlage. Indessen war es ihm unmöglich, aus
sich herauszugehen, und da er sich unterrichtete und zugleich
deutsche Luft athmete, so war es erklärlich, daß er in seiner rhe-
torischen Welt ein Weiser und Gerechter, ein geachteter Tonange-
ber war, äußerst Weises und Gerechtes dachte und sprach, ohne im
mindesten etwas Gerechtes wirklich zu thun, d. h. für Gegenwart
und Zukunft thätlich einzustehen.

Das Ende davon war, daß er sich nach Verlauf einer guten Zeit
mit noch weit bedeutenderen Schulden überhäuft sah als das erste
Mal, und diesmal war Er es, welcher zuerst das Schweigen brach
und, da er sich durchaus zu leben und etwas zu werden getraute,
seiner Mutter in einem überzeugenden und hoffnungsvollen Briefe
die Nothwendigkeit darthat, noch einmal eine gründliche und
umfangreichere Aushülfe zu veranstalten. Es war dies weniger eine
unedle und selbstsüchtige Zumuthung, als das ehrliche Bestreben,
ehe man | die fremden Menschen beeinträchtige, mit Allem, was
einem angehört und also auch mit dem Gute seiner Angehörigen

einzustehen und von diesen zuerst zu verlangen, volles Vertrauen in das Dasein der Ihrigen zu setzen und mit denselben zu stehen oder zu fallen.

Die Mutter erschrak heftig über seinen Brief; statt desselben hatte sie den Sohn selber bald erwartet und jetzt schien Alles wieder in Frage gestellt. Jedoch da er ja mehrere Jahre älter war, in der Fremde lebte unter so viel gescheidten Leuten, und besonders da sie erfuhr, daß er Manches lerne und studire und so doch noch von der wenig empfohlenen Künstlerei abzukommen schien, hauptsächlich aber weil in ihm der gleiche Trieb, etwas zu werden, wie im verstorbenen Vater zu leben schien und sie selbst ja sich nur als eine Vermittelung zwischen diesen beiden Gliedern betrachtete, zuletzt aber auch einzig und allein, weil das Kind dessen bedürftig war und es forderte, so traf sie unverweilt Anstalten, dem Verlangen zu genügen. Die Ersparnisse wollten aber diesmal nicht viel sagen und sie mußte, um die an|gegebenen Mittel aufzubringen, eine Summe auf ihr Haus aufnehmen und eintragen lassen. Dies war nun seit langen Jahren das erste Mal, daß an ihrem kleinen Besitzthum eine eingreifende Veränderung vorgenommen wurde, und zwar nicht zu dessen Vermehrung; zudem herrschte gerade eine Geldklemme, so daß die gute Frau viele Mühe und viele saure Gänge bei Geschäftsleuten und Unterhändlern aller Art zu bestehen hatte, bis endlich das Geld in ihrem Schreibtische lag und sie dazu noch die Darleiher, welche für ihren Nutzen hinlänglich gesorgt hatten, als große Wohlthäter betrachten mußte. Nun war sie aber auch so müde und eingeschüchtert, daß sie nicht vermochte, sich etwa nach einem bequemen Wechselbrief umzusehen, sondern sie wickelte das Geld in vieles starkes Papier ein, umwand es mit vielen dicken Schnüren und wandte es seufzend und unter Thränen um und um, überall das heiße Siegelwachs aufträufelnd und höchst ungeschickt siegelnd und petschirend. Dann legte sie das schwere unbeholfene Packet in ihren Strickbeutel, nahm diesen auf den Arm und schlich

damit auf | Seitenwegen zur Post; denn sie wünschte um Alles in
der Welt nicht, daß Jemand sie sähe, und zwar aus dem Grunde,
weil sie, befragt, wo sie mit dem Gelde hinwolle, durchaus um eine
Antwort verlegen gewesen wäre. Sie reichte, den seidenen Ridikül
05 verschämt und zitternd abstreifend, den Pack durch das Schiebfen-
sterchen, der Postbeamte besah die Adresse und dann die Frau, gab
ihr den Empfangschein, und sie machte sich davon, als ob sie so viel
Geld Jemandem genommen, anstatt gegeben hätte. Der linke Arm,
auf welchem sie das Geld getragen, war ganz steif und ermüdet, und
10 so kehrte sie auch körperlich angegriffen in ihre Behausung zurück
und war froh, als sie dort war. Nichts desto minder fühlte sie einen
gewissen mütterlichen Stolz, als sie durch so viele selbstzufriedene
und prahlende Männer und Weiber hindurchging, welche unfehlbar ihren Gang scharf getadelt hätten und selbst eher dafür, daß
15 sie den Knieriemen tüchtig handhabten, sich am liebsten von ihren
Kindern gleich einen Erziehergehalt ausbezahlen ließen, anstatt
irgend etwas Ungewöhnliches für sie zu opfern oder zu wagen. |

    Mit Heinrich, als er das Geld empfing, begab sich jetzt etwas
sehr Natürliches und doch wieder sehr Sonderbares. Er hatte seiner
20 Mutter gerade um so viel Geld geschrieben, als seine Schulden betru-
gen, aus Gewissenhaftigkeit und Bescheidenheit mitten im Leicht-
sinn, und erst als die Summe unterwegs war, fiel ihm ein, daß er ja,
wenn die Schulden bezahlt seien, abermals auf dem gleichen Punkte
stehe wie vorher. Er nahm sich also vor, diesmal weltklug zu sein
25 und, wie er es schon öfter bei anderen ganz ehrbaren Leuten gesehen, seinen Gläubigern einstweilen die Hälfte ihrer Forderungen
zu tilgen, mit der anderen Hälfte aber dann gut Haus zu halten und
ganz gewiß und mit festem Willen den Anfang zu einem selbstän-
digen Leben zu machen. Die Gläubiger waren alles solche, welche
30 den entschieden und verständig angebrachten Antrag gern angenommen hätten, und auch der zweite Vorsatz war bei dem erweiter-
ten Gesichtskreis und guten Willen keine Unmöglichkeit; vielmehr

kam es nur auf frische Lust, gute Laune und einiges Glück an, das
jeder Tag bringt, wenn der Mensch nur be|reit ist, es zu haschen. Als
aber die Gläubiger, die diesmal sich nicht aufsuchen ließen, erschienen und sich freuten, sich auch hier nicht getäuscht zu haben in der
Ehrlichkeit der Jugend, da brachte es Heinrich nicht über sich, auch
nur bei einem Einzigen mit seinem Vorschlag herauszurücken; er
befriedigte vielmehr einen Jeden bei Heller und Pfennig, ohne zu
zögern und zu seufzen, und dem Letzten, welcher weniger eilig war
und sich nicht sehen ließ, brachte er sein Guthaben ängstlich ins
Haus beim ärgsten Regenwetter. Jetzt hatte er noch einige Thaler
in der Hand, welche er, ohne einen Groschen weniger auszugeben,
aufbrauchte und zu Ende gehen sah. Dies geschah auch in kurzer
Zeit, und eines Morgens, als er aufstand, erinnerte er sich, daß er
nicht einen Pfennig mehr im Vermögen hatte. Obgleich er dies vorausgewußt, so war er doch ganz verblüfft darüber und noch mehr,
als er nun klar fühlte, daß er unmöglich jetzt von Neuem borgen
könne; denn theils wußte er nun bestimmt, daß er neue Schulden
nicht mehr bezahlen könne, theils widerstrebte es ihm, nach Verlauf einiger | Tage abermals bei denen anzuklopfen, die er soeben
befriedigt hatte, kurz auf einmal verließ ihn alle die Herrlichkeit,
Weisheit und Gewandtheit, der Schleier fiel von der dürren Lage
der Dinge und er ergab sich ganz demüthig und geduldig dem
Gefühle der nackten Armuth. Als der Mittag kam, ging er aus in
alter Gewohnheit, verbarg sich aber vor allen Bekannten; er kehrte
wieder in seine Wohnung, und als der Abend kam, war er doch
höchlich verwundert, nichts gegessen zu haben an diesem Tage. Als
aber der nächste Tag eben so verlief und es ihn anfing, tüchtig zu
hungern, erinnerte er sich plötzlich der weisen Tischreden seiner
Mutter, wenn er als kleiner Junge das Essen getadelt hatte und sie
ihm dann vorhielt, wie er einst vielleicht froh sein würde, nur solches Essen zu haben. Das erste Gefühl, was er hierbei empfand,
war ein Gefühl der Achtung vor der ordentlichen Regelmäßigkeit

und Folgerichtigkeit der Dinge, wie Alles so schön eintreffe; und
in der That ist nichts so geeignet, den nothwendigen und gründ-
lichen Weltlauf recht einzuprägen, als wenn der Mensch hungert,
weil | er nichts gegessen hat, und nichts zu essen hat, weil er nichts
besitzt, nichts besitzt, weil er sich nichts erworben hat. An diesen
einfachen und unscheinbaren Gedankengang reihen sich dann von
selbst alle weiteren Folgerungen und Untersuchungen, und Heinrich, indem er nun in seiner Einsamkeit vollständige Muße hatte
und von keiner irdischen Nahrung beschwert war, überdachte sein
Leben und seine Sünden, welche jedoch, da der Hunger ihn unmittelbar zum Mitleid mit sich selbst stimmte, mehr als die Sättigung,
welche manche übermüthige und geistreiche Ascese hervorbringt,
noch ziemlich glimpflich ausfielen. Im Ganzen befand er sich nicht
sehr trübselig; die Einsamkeit that ihm eher wohl und das Hungern verwunderte ihn immer auf's Neue, während er in des Königs
Gärten auf abgelegenen sonnigen Pfaden spazierte oder durch die
belebte Stadt nach Hause ging; auch wunderte es ihn, daß ihm das
Niemand ansah und ihn Niemand befragte, ob er gegessen habe?
worauf er sich sogleich antwortete, daß dies sehr gesetzmäßig der
Fall sei, da es Niemanden was anginge und er sich auch | nichts
ansehen lasse, woran sich denn wieder weitere Gedanken knüpften.
Am dritten Tage, als er begann sich wirklich schwächer zu fühlen
und eine bedenkliche Mattigkeit in den Füßen sich kund gab, kam
ihm dies erst lächerlich vor; dann aber begann er ängstlich zu
werden, und als er sich zum dritten Mal ungegessen in's Bett legen
mußte, ward es ihm höchst weinerlich und ärgerlich zu Muthe
und er gedachte, durch den in seiner Schwäche rumorenden Leib
gemahnt, sehnlich und bitterlich seiner Mutter, nicht besser als ein
sechsjähriges Mädchen, das sich verlaufen hat. Wie er aber an die
Geberin seines Lebens dachte, fiel ihm auch der höchste Schutz-
patron und Obervictualienmeister seiner Mutter, der liebe Gott,
ein, und da Noth beten lehrt, so betete er ohne weiteres Zögern,

und zwar zum ersten Mal so zu sagen in seinem Leben um das tägliche Brot. Denn bisher hatte er nur um Aushülfe in moralischen Dingen oder um Gerechtigkeit und gute Weltordnung gebeten in allerhand Angelegenheiten für andere Leute; in den letzten Jahren z. B., daß der liebe Gott den Polen helfen und den | Kaiser von Rußland unschädlich machen möge, oder daß er den Amerikanern über die Calamität der Sklavenfrage auf eine gute Weise hinweghelfen möchte, damit die Republik und Hoffnung der Welt nicht in Gefahr käme und dergleichen Dinge mehr. Jetzt aber widersetzte er sich nicht mehr, um seine Lebensnahrung zu beten; doch benahm er sich noch höchst manierlich und anständig dabei, indem er trotz seines bedenklichen Zustandes erst bei der Bitte für die Mutter anfing, dann einige andere edlere Punkte vorbrachte und dann erst mit der Eßfrage hervorrückte; jedoch nicht sowohl, um den lieben Gott hinter das Licht zu führen, als um zwangsweise den allgemeinen Anstand zu wahren, auch vor sich selbst.

Jedoch betete er nicht etwa laut, sondern es war mehr ein stilles Zusammenfassen seiner Gedanken und er dachte das Gebet nur, und trotzdem war es ihm ganz seltsam zu Muthe, sich wieder einmal persönlich an Gott zu wenden, welchen er zwar nicht vergessen oder aufgegeben, aber etwas auf sich beruhen gelassen und unter ihm einstweilen alle ewige Weltordnung und Vorsehung gedacht hatte. |

Am Morgen stand er in aller Frühe auf und pfiff, so gut es mit seiner immer ängstlicher schnappenden Lunge gehen mochte, munter ein Liedchen; es war ihm, als ob jetzt eine gute Mahlzeit alsogleich vor der Thür sein müsse, denn weiter als an eine solche dachte er nicht mehr. Zugleich ergriff er unwillkürlich ein stattliches und höchst inhaltreiches Buch, das da zunächst bestaubt auf einer Tischecke lag, ging damit zu einem Büchertrödler, dem er schon manches Buch abgekauft hatte, und trug einige Augenblicke darauf mehrere nagelneue blanke Guldenstücke davon, welche der gute Jude freundlich aus seinem ledernen Beutelchen geklaubt. Heinrich hatte die lieblichen Münzen nur beim Uebergang aus des Juden Tasche in die seinige flüchtig blinken gesehen; aber dies Blinken machte auf ihn in seiner Leibesschwäche vollkommen den Eindruck, wie der Sonnenaufblitz eines unmittelbaren allernächsten Wunders. Er gewann auch unmittelbar durch diesen bloßen Eindruck einige Lebensgeister, so daß er, obgleich es nun schon der vierte Fasttag war, sich vornahm, doch nicht vor Mittag zu Tische zu | gehen, sondern seinen wunderlichen Zustand noch recht erbaulich auszugenießen. Er begab sich also wieder in den Schatten eines lieblichen Wäldchens, setzte sich auf eine Bank und zog unverweilt die schönen Gulden hervor, sie nunmehr in aller Behaglichkeit betrachtend. Es war ihm, als ob er niemals Geld besessen hätte, als ob es eine Ewigkeit her wäre, seit er in der Gesellschaft von Menschen gewesen und sich gleich ihnen genährt, und so ein hinfälliges Ding ist der Mensch, daß Heinrich eine kindliche Freude über den Besitz dieser par elenden Münzen empfand und sie mit gierigen Blicken verschlang. Es schien ihm das reinste und höchste Glück zu sein, was er da in der Hand hielt; denn es war die unzweifelhafteste Lebensfristung, Rettung und Erquickung, und darüber hinaus dachte der Frohe gar nicht. Er dankte dem lieben Gott sehr zufrieden für die Erhörung seines Gebetes, wie in den Tagen seiner Kindheit; sonst dachte er nicht viel, denn die Gedanken waren allbereits sehr kurz und dünn gesäet; er genoß nur mit stillem Wohlgefühl den durch das Grün flimmernden Son|nenschein und den Glanz der klingenden Silberstücke.

Hier wird sich nun der dogmatische Leser in zwei Heersäulen spalten; die eine wird behaupten, daß es allerdings die Kraft des Gebetes und die Hülfe der Vorsehung gewesen sei, welche die magischen Guldenstücke auf Heinrich's Hand legten, und sie wird diesen Moment, da wir bereits mitten im letzten Bande stehen, als den Wendepunkt betrachten und sich eines erbaulichen Endes versehen. Die andere Partei wird sprechen: „Unsinn! Heinrich würde sich so wie so endlich dadurch haben helfen müssen, daß er das Buch oder irgend einen anderen Gegenstand verkaufte, und das Wunderbare an diesem Helden ist nur, daß er dies nicht schon am ersten Tage that! Es sollte uns übrigens nicht wundern, wenn der dünne Feldweg dieser Geschichte doch noch in eine frömmliche Kapelle hineinführt!" Wir aber als die verfassenden Geister dieses Buches können hier nichts thun, als das Geschehene berichten und enthalten uns diesmal aller Reflexion mit Ausnahme des Zurufes: „Richtet nicht, da|mit ihr nicht gerichtet werdet!" Selbst wenn wir nun gleich erzählen, welches Verhalten Heinrich annahm, nachdem er sich durch einige gute Nahrung gestärkt, so werden wir durchaus nicht unsere Meinung hinzufügen, ob der nüchterne oder der gesättigte grüne Heinrich Recht habe.

Er begab sich also nun mit kurzen Schritten nach dem gewohnten Speisehaus, welches ihm als der allerseligste Aufenthalt vorkam, und der Geruch der Speisen dünkte ihn köstlicher denn der Duft von tausend Rosengärten. Die aufwartenden Mädchen, welche sonst schon hübsch und munter waren, erschienen ihm wie huldreiche Engel, in deren Obhut es gut wohnen sei, und gerührt darüber, daß es in der Welt doch so wohlmeinend zugehe, setzte sich der gänzlich Ausgehungerte und mürbe Gewordene zu Tisch, in der festen Absicht, sich für das Fasten gründlich zu entschädigen.

Hatte aber der bloße Anblick des vielvermögenden Geldes ihn aufgemuntert, so stärkte ihn jetzt das Essen zusehends, daß er ordentlich zu Gedanken kam, und schon während er die kräf|tige Fleischbrühe einschlürfte, besann er sich und nahm sich vor, nicht mehr zu essen als gewöhnlich und sich überhaupt anständig zu verhalten. Als er jedoch ein saftiges Stück Ochsenfleisch und einen guten Teller Blumenkohl verzehrt, dazu einen Krug schäumenden Bieres vor sich stehen hatte, strich und kräuselte er sich wieder ganz selbstbewußt den jungen Bart und indem er das ganze Aben-

teuer gemächlich überdachte, schämte er sich jetzt plötzlich seines Wunderglaubens und daß er so ganz haltlos in die Falle gegangen, in seiner Schwäche den trivialsten Vorgang von der Welt als eine unmittelbare Einwirkung einer höheren Vorsehung zu nehmen. Er
05 bat den lieben Gott sogar um Verzeihung für die Zumuthung, sich mit seiner Ernährung unmittelbar zu behelligen, den natürlichen Lauf der Dinge unterbrechend, während er selbst die Hände in den Schooß gelegt. |

Sechstes Kapitel.

Als er solchergestalt diese Dinge betrachtete, nicht eben denkend, daß sie damit noch lange nicht zu Ende seien, und einen kräftigen Zug aus seinem Kruge that, kamen einige seiner Bekannten heran und überhäuften ihn mit Fragen, warum er sich so lange nicht sehen lassen und wo er gewesen sei. Heinrich that, als ob nichts geschehen wäre, und froh, wieder unter frohen Menschen zu sein, zechte und scherzte er mit ihnen, während in seinem Gemüthe dieser erste kräftige Stoß des stillen aber unerbittlichen Lebens langsam verschmerzte. Denn er fühlte erst jetzt, als mitten in Scherz und Gelächter die Brust sich noch heftig bewegte und er eine nur allmälig sich legende Aufregung empfand, wie so vielsagend und schonungslos | dieser Stoß gewesen, daß er sich wie geschändet fühlte und ihn unwillkürlich verschwieg.

Er ging dessenungeachtet mit dem wenigen Gelde um, als ob er ohne alle Sorgen wäre, und das betrachten wir eher als eine Tugend, denn als einen Fehler. Die einen Menschen verhalten sich unablässig im Kleinen höchst zweckmäßig, ausdauernd und ängstlich, ohne je einen festen Grund unter den Füßen und ein klares Ziel vor Augen zu haben, indessen Anderen es unmöglich ist, ohne diesen Grund und dieses Ziel sich zweckmäßig und absichtlich zu verhalten, aus dem einfachen Grunde, weil sie gerade aus Zweckmäßigkeit nicht aus Nichts etwas machen können und wollen. Diese halten es dann für die größte Zweckmäßigkeit, sich nicht am Nichtssagenden aufzureiben, sondern Wind und Wellen mit der tieferen, der wahren menschlichen Geduld über sich ergehen zu lassen, aber jeden Augenblick bereit, das rettende Tau zu ergreifen, wenn sie nur erst sehen, daß es irgendwo befestigt ist. Sind sie am Lande, so wissen sie, daß sie alsdann wieder die Meister sind, während jene noch auf ihren | kleinen Balken und Brettchen herumschwimmen, die über eine Spanne weit immer zu Ende sind. Wer immer emsig zappelt und zweckmißt, dessen Ausdauer ist alles Andere, nur keine Geduld, welche wirklich etwas erdulden und über sich ergehen lassen will.

Heinrich entledigte sich nun, da die Sachen blieben wie sie waren, nach und nach aller Gegenstände, für welche man ihm irgend etwas geben wollte, und indem er je nach diesen Einkünften sich gütlich that oder sich dürftig behelfen mußte, wurde er erst jetzt, als sein fahrendes wunderliches Eigenthum verschwand, arm wie eine Kirchenmaus. Das Letzte, was er besaß, waren seine Mappen. Er hatte schon wiederholt versucht, eine bessere Studie oder Zeichnung, da dergleichen oft zum Verkaufe geeignet und gesucht ist, bei den Kunsthändlern anzubringen; allein er war zu seiner Beschämung immer kurz abgewiesen worden als Einer, der etwas anbietet und zwar, wie es zu sehen war, aus Noth. Jetzt nahm er abermals einige Blätter und ging damit in eine abgelegene Seitengasse zu einem alten seltsamen Männchen, | welches einen erbärmlichen Kram von allerlei Schnickschnack führte und in seinem dunklen Laden saß und allerhand laborirte. Am Fenster hatte dieser Mann immer einige vergilbte Zeichnungen oder Druckblätter hängen ohne Werth, wie sie der Zufall zusammengeweht, und eben so werthlos war eine kleine Bildersammlung im Innern des armseligen Magazins, das Ganze eine jener Zufluchtsstätten und Vermittelungsanstalten für jene gottverlassene Classe von Kunstbeflissenen, die gänzlich von jeder Weihe, jedem Bewußtsein und jeder Bildung entfernt ihr Wesen treibt in seltsamer Industrie und Armuth, ohne Handwerker zu sein. Hier holten sich die Bierwirthe der untersten Ordnung oder die Kunstfreunde mit fünfhundert Gulden Einkommen ihren Bedarf, um das für wenige Münzen erstandene Meisterwerk, sobald es in ihrem Besitze war, mit rührender Bewunderung zu preisen. Heinrich hatte bei dem Männchen in seinen guten Tagen zuweilen eine verlorene gute Radirung und dergleichen gekauft, welche der Seltsame, der sich mit eben der Befugniß, welche seine Käufer zu Kunstkennern schuf, | zum Kunstmäkler aufgeworfen hatte, mit großem Mißtrauen und Widerstreben zu geringen Preisen abließ, indem er den Werth nicht beweisen konnte und, wenn ein gebildeter Käufer sich bei ihm einfand, stets um einen ungeheuren verborgenen Schatz gebracht zu werden fürchtete. Auf den Tisch dieses Mannes, der außerdem noch mit einer Kaffeekanne, einer auseinandergenommenen Schwarzwälderuhr, einem Kleistertopfe und verschiedenen Firnißgläsern beladen war, legte Heinrich jetzt seine guten Blätter, welche fleißig und treulich gezeichnete Waldstellen aus seiner Heimath enthielten, und mit dem gleichen Mißtrauen, mit dem das greise Männchen sonst ihm etwas verkauft hatte, betrachtete er jetzo die unschuldigen Studien und den jungen Mann. Seine erste Frage war, ob er sie selbst gemacht habe, und Heinrich zögerte mit der Antwort; denn noch war er zu hochmüthig gegenüber dem übrigens freundlichen Trödelmännchen, zu gestehen, daß die Noth ihn mit seiner eigenen Arbeit in dessen düstere Spelunke treibe. Der graue Krämersmann jedoch, wenn er ein sehr schlecht berathener | Kunstkenner war, verstand sich um so besser auf die Menschen und schmeichelte dem Widerstrebenden ohne Weiteres die Wahrheit ab, deren er sich, wie er aufmunternd sagte, nicht zu schämen brauche, vielmehr zu rühmen hätte; denn die Sachen schienen ihm in der That gar nicht übel und er wolle es wagen und etwas Erkleckliches daran wenden. Er gab ihm auch so viel dafür, daß Heinrich einen oder zwei Tage davon leben konnte, und diesem schien das ein Gewinn, dessen er froh war, obschon er seinerzeit lust- und fleißerfüllte Wochen über diesen Sachen zugebracht hatte. Jetzt aber wog er das erhaltene winzige Sümmchen nicht gegen den Werth seiner Arbeiten ab, sondern gegen die Noth des Augenblickes, und da erschien ihm denn der ärmliche Handelsmann mit seiner kleinen Casse noch als ein freundlicher Wohlthäter; denn er hätte ihn ja auch abweisen können, und das Wenige, was er mit gutem Willen und gutmüthigen Geberden gab, war so viel, als wenn jene reichen Bilderhändler erkleckliche Summen für eine Laune oder Speculation ihres eben so unsicheren Geschmackes hingaben. |

Aber noch in Heinrich's Anwesenheit befestigte der alte Kauz die unglücklichen Blätter an seinem Fenster und Heinrich machte erröthend, daß er fortkam. Auf der Straße warf er einen flüchtigen Blick auf das Fenster und sah die liebsten Erinnerungen an Heimath und Jugendarbeit de- und wehmüthig an diesem Pranger der Armuth und Verkommenheit hangen.

Aber nichts desto minder schlich er in zwei Tagen abermals mit einem Blatte zu dem Mann, welcher ihn ganz aufgeweckt und freundschaftlich empfing; denn er hatte die ersten Sachen schon verkauft, während er sonst gewohnt war, seine Erwerbungen Jahre lang in seiner Obhut zu hegen und an seinen Thürpfosten hängen zu sehen. Sie wurden bald des Handels einig; Heinrich machte eine vergebliche kurze Anstrengung, einen barmherzigeren Preis zu erhalten; ungewohnt zu feilschen und fürchtend, den Handel abgebrochen zu sehen, da er nach der bestimmten Aeußerung, mehr haben zu wollen, ja nicht mehr hätte nachgeben dürfen oder gar zum zweiten Male wieder kommen, war er bald froh, daß der Alte nur noch | kauflustig blieb, und dieser munterte ihn auf, nur zu bringen, wenn er etwas fertig hätte (denn er bildete sich ein, der arme junge Künstler mache diese Sachen vorweg), sich ferner zu bescheiden und hübsch fleißig und sparsam zu sein, und die Zeit würde gewiß kommen, wo aus diesem kleinen Anfang etwas Tüchtiges würde; dabei klopfte er ihm vertraulich auf die Achsel und forderte ihn auf, nicht so traurig und einsilbig zu sein.

Heinrich's ganzes künstlerisches Besitzthum wanderte nun

nach und nach in den dunklen Winkel des immer kauflustigen Hökers; wenn es auch manchmal Monate dauerte, bis dieser wieder etwas verkaufte davon, so blieb er sich doch gleich, und hierin war es nun nicht zu verkennen, daß der Alte, so knapp er Heinrich hielt, denselben doch nicht wollte im Stiche lassen und auch bei der Befürchtung, die ganze Bescheerung auf dem Halse zu behalten, denselben nicht abweisen wollte. Das war die Treue, die Gemüthsehre der Armuth und Einfalt. Mit diesem Wesen schmeichelte er förmlich den armen Heinrich in eine große Demuth und Vertraulichkeit hinein; denn nicht nur | erzwang er von ihm eine gute Miene zum bösen Spiel, sondern, wenn diese endlich erfolgte und Heinrich sich plaudernd und lachend ein Stündchen bei ihm aufhielt, dann aber weggehen wollte, forderte er ihn auf, nicht in's Wirthshaus zu laufen und sein Geldchen zu verthun, sondern mit ihm etwas Geschmortes oder Gebratenes zu essen. Der allein lebende katholische alte Gesell hatte nämlich bei aller Knauserei stets ein gutes Gericht in dem Ofen seines dunklen Gewölbes stehen und war ein vortrefflicher Koch. Bald war es eine Gans, bald ein Hase, welche er sich auf den Feiertag zubereitete, bald kochte er meisterhaft ein gutes Gemüse, welches er durch die Verbindung mit kräftigem Rind- oder Schweinsfleisch, je nach seinem Charakter, zum trefflichsten Gerichte zu machen wußte. Besonders verstand er sich auf die Fastenspeisen, welche er mehr aus Schleckerei als aus Frömmigkeit nie umging, und jeden Freitag gab es bei ihm entweder köstliche Fische, d. h. ziemlich bescheidene und wohlfeile Wasserthiere, die er aber durch seine vielseitige Kunst zum höchsten Rang erhob, oder es duftete | eine Macaronipastete in seinem Laden, zwischen welche er kleine Bratwürstchen und Schinken hackte, welche unerlaubte Fragmente er spaßhaft Sünder nannte und, indem er seinem Gast vorlegte, eifrig aussuchte und zuschob.

Hierbei blieb er aber nicht stehen, sondern eines Tages, als er den armen jungen Heiden besonders kirre gemacht, wickelte er eine fette Ganskeule nebst einem Stück Brot in ein Papier und suchte es ihm schmunzelnd in die Tasche zu stecken. Heinrich wehrte sich ganz roth werdend heftig dagegen; wie aber der Alte den Finger aufhob und leise sagte: „Na, was ist denn das? Es braucht's ja kein Mensch zu wissen!" da ergab er sich demüthig in den Willen des seltsamen Mannes, der ein unerklärliches Vergnügen zu empfinden schien, den ihm fremden Menschen auf diese Weise gemüthlich zu tyrannisiren. Das Seltsamste war, daß er sich nicht um dessen Herkunft und Schicksal bekümmerte, nicht einmal fragte, wo er wohne, und am wenigsten den Gründen seiner jetzigen Armuth nachforschte. Das schien sich Alles von selbst zu verstehen.

Heinrich trug dazumal die Ganskeule wirklich nach Hause. Auf der Schwelle sah er ein Bettelweib sitzen, welches ihn in so erbärmlichen Tönen um Barmherzigkeit anflehte, als ob es am Spieße stäke, und Heinrich fuhr mit der Hand in die Tasche, um hier auf die beste Weise das Nahrungsmittel anzubringen und zugleich dem Alten einen Streich zu spielen. Wie er aber die elende und hinfällige alte Frau näher ansah, da verging ihm endlich der letzte Stolz, und statt des Fleisches gab er ihr eines der Geldstücke, die er eben von seinem Gönner erhalten, ging auf seine Stube und aß die Ganskeule aus der einen Hand, aus der anderen das Brot, nicht um sich gütlich zu thun, sondern zu Ehren und zu Liebe der Menschlichkeit und der Armuth, welche die Mutter der Menschlichkeit ist, und diese einsame Mahlzeit war gewissermaßen seine nachgeholte und verbesserte Abendmahlsfeier.

So erhielt er sich ein gutes halbes Jahr, und so wenig der Alte ihm für seine mannigfaltigen Studienblätter, Skizzen und Zeichnungen gab, so waren dieselben doch so zahlreich, daß sie kein Ende zu nehmen schienen. Nie sagte ihm der Wunderliche, wer eigentlich die Sachen kaufe und was er daran gewinne, und Heinrich fragte nicht mehr darnach. Er war im Gegentheil froh, wie er nun gestimmt war, Alles hinzugeben und das kärgliche Brot, welches die Welt ihm gewährte, verschwenderisch zu bezahlen, was nun freilich wieder nicht sehr demüthig war; aber der Mensch lebt vom Widerspruch! Indessen war das Wenige, was er erhielt, das Erste, was er seinen eigenen Händen verdankte, und desnahen lernte er davon, sich einzurichten und sich mit Wenigem zu begnügen. Unter seinen vielen Zechgesellen und Studiengenossen war es längst bemerkt worden, daß er gänzlich verarmt sei; Niemand fragte ihn aber darum, und da er das tonangebende Wesen wieder verloren hatte, oder wenn es unerwartet sich geltend machte, in Heftigkeit und Leidenschaft ausbrach, so lösten sich alle diese muntern Verhältnisse und Heinrich zog sich zurück und fand sich bald ganz allein, oder wenn ihm dies unerträglich wurde, trieb er sich mit allerlei zufälligen | Gesellen, wie sie die Aehnlichkeit des Schicksales vorübergehend herbeiführte, herum.

Gleichzeitig nahm aber sein ernährender Jugendvorrath ein Ende, nachdem er schon sorgfältig die letzten Fetzen und Fragmente zusammengesucht und für den Alten zugestutzt hatte. Endlich bot er ihm seine großen Bilder und Cartons an und der Alte sagte, er solle sie nur einmal herbringen. Heinrich erwiederte, das ginge nicht wohl an, und bat ihn um so viel Geld, daß er sie könne hertragen lassen. „Warum nicht gar, hertragen lassen! Sie Sapperloter! Gleich gehen Sie hin und holen ein Stück her! Fürchten Sie denn, man werde Ihnen den Kopf abbeißen?" Und er schmeichelte und schalt so lange, bis Heinrich sich entschloß und nach Hause ging und das Bild holte, welches er einst so unglücklich ausgestellt hatte. Es war sehr schwer und der weite Weg ermüdete seine Arme auf ungewohnte Weise. Der Alte aber lächelte und schmunzelte und rief: „Ei, ei! sieh, sieh! das ist ja ein ganzes Gemälde! Verstehe nicht den Teufel davon! Aber hochtragisch sieht's aus (er wollte | sagen hochtragend oder hochstelzig), habe in meinem Leben nichts so im Laden gehabt! Wissen Sie was, Freundchen, jetzt holen Sie hübsch noch die anderen Sachen, damit wir Alles beisammen haben. Nachher wollen wir schauen, ob sich ein Handel machen läßt. Gehen Sie, gehen Sie, Bewegung ist immer gesund!"

Heinrich ging abermals nach seiner Wohnung und ergriff den größten Carton, einen mit Papier bespannten Blendrahmen von acht Fuß Breite und entsprechender Höhe. Dies Ungethüm war leicht von Gewicht, aber ungefüg zu tragen wegen seiner Größe, und als der unmuthige Träger damit auf die Straße gelangte, blies sofort ein lustiger Ostwind darein, daß es Heinrich kaum zu halten vermochte. Ueberdies mußte er, da die große Fahne nur auf der Rückseite an der Kreuzleiste zu halten war, die bemalte Seite nach außen kehren, und so begann er, sich dahinter bestmöglich verbergend, mit seiner Oriflamme durch die belebten Straßen zu ziehen. Alsobald zog eine Schaar Knaben und Mädchen vor der wandelnden Landschaft her, und jeder Erwachsene ging eben|falls ein Dutzend Schritte daneben hin und stolperte, während er die offenbaren und preisgegebenen Erfindungen Heinrich's zu enträthseln suchte, über die Steine. Zwei wohlhabende und angesehene Künstler gingen vorüber und betrachteten vornehm und verwundert den beschämten Träger, der ihnen bekannt vorkam; er fuhr mit seiner spanischen Wand gegen einen Wagen, den er nicht sehen konnte, so daß die Pferde scheu wurden, der Fuhrmann fluchte, und zugleich brachten starke Windstöße das ganze Wesen in's Schwanken und dieses stieß Heinrich's Hut herunter, so daß er nun nicht wußte, sollte er den im Kothe dahin rollenden oder sein behextes Werk fahren lassen. Diese Flucht seines Hutes war einer jener kleinen lächerlichen Unfälle, welche einen tiefen Verdruß oder grämliches Leiden auf den Gipfel bringen, und so stand Heinrich ganz elend und rathlos da und unterdrückte einen bitterlichen Zorn im Herzen. Er war in der Verwirrung mitten auf den Gemüsemarkt gerathen und konnte sich vollends nicht mehr rühren. Fluchend that er einen Ruck und schwang seinen Carton über | seinen Kopf, um ihn dort in die andere Hand und in eine bequemere Lage zu bringen; als das unselige Werk aber in der Luft schwebte, fand er nicht mehr Raum, es wieder herunter zu nehmen, und hielt es so über den wogenden Köpfen der Menschenmenge. Erst jetzt gab es einen rechten Auflauf auf dem Markte, denn das Luftphänomen zog alle Leute herbei, die Fenster in den umliegenden Häusern thaten sich auf, Alles lachte, schimpfte und rief: Wer wird denn mit solchem Ofenschirm über den Markt gehen um diese Zeit? Da drängte sich Heinrich's Gönnermännchen aus dem Dickicht, im grauen Schlafrock und seine weiße Zipfelkappe auf dem Kopfe, über die Schulter ein Netz mit Gemüse und Fleisch geworfen und Heinrich's übelzugerichteten Hut in der Hand. Freundlich winkte die lächerliche Gestalt ihm zu und Heinrich streckte sehnlich die Hand nach seinem Hute. Aber der Alte rief mit wahrer Dämonenfreude: „Nicht doch! mit nichten, Freundchen! Ihr kommt so viel besser fort! will Euch den Hut schon tragen und den Weg bahnen!" und der Aermste, er mochte flehen wie er wollte, | mußte mit bloßem Kopfe, den mächtigen Rahmen über demselben schwingend, den übrigen Weg zurücklegen, den schlurfenden Alten mit seinem Netz vor sich her, der sich zu größerer Bequemlichkeit den Hut über die Zipfelkappe gestülpt hatte und schreiend und lärmend voranschritt.

Als sie endlich vor dem Häuschen des Alten angekommen und die Unheilsfahne mit vieler Mühe in den engen Laden hineingezwängt hatten, schien das freundliche boshafte Greischen befriedigt. Er öffnete ausnahmsweise sein kleines Pult zur Hälfte, denn bisher hatte er seine winzigen Auszahlungen immer aus der Hosentasche bestritten, und griff behutsam unter den Deckel, wie Einer, der eine Maus aus der Falle herausgreifen will, und indem er die Hand zurückzog, drückte er dem ausruhenden Heinrich zehn nagelneue Guldenstücke in die Hand für die beiden Schildereien, ohne ihn zu fragen, ob er damit einverstanden sei. „Für ein Mal," sagte er zutraulich leise, „will ich es mit diesen beiden Tausendsassa's von Bildern wagen! Wenn ich sie auch behalten muß,

was thut's? Ihr seid mir | darum nicht feil, Freundchen, Schweizerchen! habt euch heute gut gehalten, wie? hä hä hä, hi hi hi, was ist das für ein Kreuz mit so hochfahrendem Blute!"
   Heinrich sagte kurz und bündig: „Das versteht Ihr nicht, alter Herr!" „Was, versteh' ich nicht?" flüsterte der Alte, und der Junge wollte fortfahren: „Es ist nicht das, was Ihr meint, etwa Hochmuth oder dergleichen: es ist vielmehr der bescheidene Wunsch, nicht aller Welt in die Augen zu fallen und Narrheiten zu treiben auf offener Straße; denn ein Renommist und ein Narr ist, wer mit einer Kleinigkeit einem armen Teufel dienen könnte und ihn das thun lassen, wozu er geschickt und gewöhnt ist, und statt dessen selber auf Abenteuer ausgeht —"; der unbelehrbare Alte ließ ihn aber nicht ausreden, sondern zwang ihn, noch einen Fischschwanz aufzuessen, oder vielmehr die Brühe aufzutunken, welches die Hauptsache sei, und er ließ ihn nicht eher los, bis er den Teller, an welchem ein Stück Rand fehlte, ganz leer gegessen. Erst als | das geschehen, sah Heinrich, daß der Tyrann vom Fenster eine große Zeichnung weggenommen hatte, so daß der essende Heinrich in der Spelunke recht sichtbar wurde, und er grüßte dabei mit seiner Zipfelmütze grinsend nach allen Seiten, um die Leute aufmerksam zu machen und herbeizuziehen. Ueber dieses sonderbare Vergnügen des Männchens mußte endlich Heinrich so herzlich lachen, daß er ganz aufgeweckt wurde und in seiner Freude dem Alten die Zipfelmütze abriß und sich selbst aufsetzte. Zugleich trat aber auf dem kahlen Schädel des Alten eine seltsame Erhöhung oder runder Wulst zu Tage, ein hügelartiger Auswuchs des Knochens, und auf dieser einsam ragenden Extrakuppe ein stehen gebliebenes Wäldchen grauer Haare, was einen höchst lächerlichen Anblick gewährte. Die zornige Verlegenheit des also Beschaffenen bewies, daß dieses sein Geheimniß und seine schwache Seite war; aber Heinrich hatte ihm, als er dies gesehen, unwillkürlich die Zipfelmütze so blitzschnell wieder aufgesetzt und gerieth selbst in so harmlose Mit-

verlegenheit, daß der Alte sich halb schmunzelnd, halb | murrend zufrieden gab und überdies etwas nachdenklich wurde.

Heinrich hatte indessen lange nicht so viel Geld besessen wie jetzt, und er beschloß, ehe dasselbe zu Ende gehe, sich neues zu erwerben und was im Großen nicht hatte gelingen wollen, allmälig im Kleinen zu versuchen. Da seine guten Studienblätter alle verschwunden waren, so machte er sich daran, welche aus dem Stegreif zu schaffen, und fabricirte in kurzer Zeit eine Anzahl flüchtiger, aber bunter und kecker Skizzen, ohne Andacht und Liebe, denen man es auf den ersten Blick ansah, daß sie nicht im Freien, sondern in der Stube entstanden. Ueber dieser herzlosen Beschäftigung stand natürlich alles tiefere und innere Streben und Sein vollends still, wie denn auch, da kein Buch mehr in seinem Besitze war und er sich aus den Hörsälen zurückgezogen, seine Selbstbildung von dieser Seite unterbrochen war, indessen er sich in einer anderen Schule befand, wo der Alte Professor war; denn man kann nicht Alles zumal treiben. Der Alte empfing ihn aber ganz vergnügt mit den neuen Sachen, die ihm | sehr in die Augen sprangen; er nahm ihm ab, was er ihm brachte, war aber nach einiger Zeit verwundert, daß er hiervon auch nicht ein Stück verkaufte und der Käufer, welcher die guten Sachen alle geholt hatte, plötzlich wegblieb. Er theilte dies seinem Schützling mit, schob aber die Schuld auf die Wunderlichkeit und den Eigensinn der Leute und forderte Heinrich auf, nur nicht nachzulassen, sie wollten einmal auf den Vorrath arbeiten, bis sich neue Käufer finden würden. Heinrich konnte das aber nicht länger mit ansehen und sagte dem Alten, daß er wahrscheinlich nie einen Fetzen von dieser neuen Art verkaufen würde und daß er sein Geld, so wenig es sei, wegwerfe. Ganz verblüfft verlangte der Alte eine deutlichere Belehrung und Heinrich setzte ihm, so gut es ging, auseinander, welcher Unterschied zwischen diesen und den früheren Sachen bestehe, wie jene eben etwas Gewordenes, diese etwas Gemachtes seien, jene ohne des Künstlers besonderes Verdienst von einem ganz bestimmten Stoff und Werth, diese dagegen vollkommen werthlos. Er sei nun sogar froh, setzte er hinzu, daß diese | Industrie vollständig mißlungen, und um sein Gewissen vollständig zu beschwichtigen, zog er seinen Geldbeutel, der die zehn Gulden enthielt, und anerbot dem Alten, ihm wieder zu ersetzen, was er ihm für die liederlichen Arbeiten gegeben. Denn er hatte jetzt vollständig das Schmähliche einer hohlen herzlosen Thätigkeit empfinden gelernt, die, ohne nur eine ordentliche ehrliche Handarbeit zu sein, sich den Schein eines edleren Berufes giebt.

Der Alte hörte aufmerksam zu, nahm eine Prise über die andere, lächelte dann schlau und vergnügt, indem er das angebotene Geld sogleich einstrich, und streichelte dem Jungen die Backen, welcher Liebkosung sich dieser sachte entzog. Er hatte den Ersatz unwillkürlich angeboten und war jetzt doch etwas betroffen, denselben angenommen zu sehen, da seine kleine Baarschaft dadurch stark abnahm, ohne nun weiter zu wissen, was er thun sollte.

Der Alte aber nahm ihn bei der Hand und sagte: „Nur munter, Freundchen! wir wollen sogleich eine Arbeit beginnen, die sich sehen lassen kann und wird! Jetzt sind wir gerade auf dem rechten | Punkt, da darf nicht gefeiert und nicht gemault werden!" Und er führte und schob ihn in ein noch dunkleres Verlies, das hinter dem Laden lag und sein Licht nur durch eine schmale Schießscharte empfing, die in der feuchten schimmligen Mauer sich aufthat. Als Heinrich sich einigermaßen an diese Dunkelheit gewöhnt, erblickte er das Loch angefüllt mit einer Unzahl hölzerner Stäbe und Stangen, ganz neu, rund und glatt gehobelt, von allen Größen lastweise an den Wänden stehend. Auf einer verjährten längst erloschenen Feueresse, welche das Denkmal irgend eines Laboranten war, der vielleicht vor hundert Jahren in diesem Finsterniß sein Wesen getrieben, stand ein tüchtiger Eimer voll weißer Leimfarbe inmitten mehrerer Töpfe mit anderen Farben, jeder mit einem mäßigen Streicherpinsel versehen. „In vierzehn Tagen," lispelte der Alte, abwechselnd schreiend, „wird die Braut unseres Kronprinzen in unserer Residenz ihren Einzug halten; die ganze Stadt wird geschmückt und verziert werden, tausende und aber tausende von Fenstern werden mit Fahnen in unseren und den Landes|farben der Braut versehen; Kattunfahnen von jeder Größe werden die nächsten zwei Wochen die gesuchteste Waare sein, habe schon zweimal in meinem Geschäft den Witz mitgemacht und jedesmal ein gut Stück Geld verdient; wer der Erste, Schnellste und Billigste ist, der hat den Zulauf. Darum frisch dran, keine Zeit zu verlieren! Habe schon seit zwei Wochen vorgesehen und Stöcke machen lassen, weitere Lieferungen sind bestellt, das Kattunschneiden und Nähen wird ebenfalls beginnen, Ihr aber, Schweizermännchen, müßt die Stangen anstreichen. Bst! nicht gemukst! Hier für diese großen gebe ich einen Kreuzer das Stück, für diese kleineren einen halben, von diesen ganz kleinen aber, welche für die Mauslöcher und Blinzelfenster der Armuth bestimmt sind, müssen vier Stück auf den Kreuzer gehen! Jetzt aber paßt auf, wie das zu machen ist, Alles will gelernt sein!"

Er hatte schon mehrere Stücke theils halb, theils ganz vorgearbeitet; nachdem die Stange mit der weißen Grundfarbe versehen, welche für beide Landesfarben dieselbe war, wurde sie durch | die andere Farbe mit einer Spirallinie umwunden. Der Alte legte eine grundirte Stange am einen Ende in die Schießscharte, hielt sie mit der linken Hand wagerecht, und indem er, den Pinsel eintauchend, Heinrich aufmerksam machte, wie dieser nicht zu voll, noch zu leer sein dürfe, damit eine sichere und saubere Linie in Einem Zuge entstände, begann er, die Stange langsam drehend, von oben an die himmelblaue Spirale zu ziehen, wo möglichst ohne zu zittern oder eine Stelle nachholen zu müssen. Er zitterte aber doch, auch gerieth ihm der weiße Zwischenraum nicht gleichmäßig, so daß er das mißlungene Werk wegwarf und rief: „Item! auf diese Weise mein' ich's! Eure Sache ist es nun, das Zeug besser zu machen, denn wofür seid Ihr jung?"

Heinrich legte nun auch eine Stange in die Schießscharte und versuchte sich in dieser seltsamen Arbeit, und bald ging es ganz ordentlich von Statten, während der Alte vorn im Laden haus'te und zwei oder drei Nähtermädchen, die sich eingefunden hatten, rüstig Zeug zuschnitt, damit sie es in zwei Farben zusammennäheten. |

Draußen war es anhaltend das lieblichste Sommerwetter, der Sonnenschein lag auf der Stadt und dem ganzen Lande und die Leute trieben sich lebhafter als sonst im Freien herum, theils im Verkehre für die zu treffenden Vorbereitungen, theils im Vorgenuß der kommenden Festtage, welche dies dem Genusse nachhangende Volk recht auszubeuten gedachte. Der Laden des Alten war angefüllt mit Leuten, welche Fahnen bestellten und holten, nähenden Mädchen, Tischlern, die Stangen brachten, und er selbst regierte, lärmte und hantirte dazwischen herum, nahm Geld ein und zählte Fahnen, und ab und zu ging er einmal in Heinrich's Verlies hinein, wo dieser mutterseelenallein in dem blassen Lichtstrahl der Mauerritze stand, seinen weißen Stab drehete und die sorgfältige reinliche Spirale zog.

Der Alte klopfte ihm dann sachte auf die Schulter und flüsterte ihm in's Ohr: „So recht, mein Söhnchen! dies ist die wahre Lebenslinie; wenn Du die recht accurat und rasch ziehen lernst, so hast Du Vieles gelernt!" Und wirklich fand Heinrich in dieser einfachen und verachteten Ar|beit allmälig einen solchen Reiz, daß ihm die langen Sommertage, in diesem Loch zugebracht, gleich Stunden vorübergingen. Er hatte sich bald eine große Geschicklichkeit erworben, welche trotz ihrer Geringfügigkeit recht bedeutsam war; denn nicht nur galt es, die ewige Linie ohne Anstoß und Aufenthalt, ohne Abschweifung und Ungleichheit fortzuführen, sondern sie auch so zu beschleunigen, daß es überhaupt der Mühe lohnte und den Anforderungen genügt wurde, ohne daß durch die Eile die Arbeit schlechter wurde und die Linie sich verwirrte.

Unablässig zog er dieselbe, gleichmäßig, rasch und doch vorsichtig, ohne zuletzt einen Klecks zu machen, einen Stab ausschießen zu müssen oder einen Augenblick zu verlieren durch Unschlüssigkeit oder Träumereien, und während sich so die umwundenen Stäbe unaufhörlich anhäuften und weggingen, während ebenso unaufhörlich neue ankamen, um welche alle sich dasselbe endlose Band hinzog, wußte er doch jeden Augenblick, was er geleistet, und jeder Stab hatte seinen bestimmten Werth. Er brachte es in den ersten | Tagen so weit, daß ihm der ganz verdutzte Alte am Abend jedesmal nicht weniger als zwei Kronenthaler auszahlen mußte. Erst sperrte er sich dagegen und schrie, er hätte sich verrechnet; als aber Heinrich mit einer ihm ganz neuen Beharrlichkeit erklärte, so ginge es nicht, und ihm nachwies, daß er froh sein müsse, so viel liefern zu können, indem ihn Heinrich's erworbene Fertigkeit nichts anginge, gab sich der Alte mit einer gewissen Achtung und forderte ihn auf, nur so fortzufahren, denn die Sache sei bestens im Gange. Wirklich hatte er auch einen gewaltigen Zulauf und versorgte einen großen Theil der Stadt mit seinen Freudenpanieren. Heinrich drehte unverdrossen seinen Stab, und zwar so sicher und geläufig, daß er dabei ein ganzes Leben durchdrehte und auf der sich abwickelnden blauen Linie eine Welt durchwanderte, bald traurig und verzagt, bald hoffnungsvoll, bald heiter und ausgelassen, die schnurrigsten Abenteuer erlebend.

Am Abend, nachdem er in einer entlegenen Schenke ein spärliches Abendbrot gegessen, seinen Erwerb geizig zusammenhaltend, kehrte er müde | und zufrieden in seine Wohnung zurück und konnte kaum den Tag erwarten, wo er in aller Frühe wieder an die seltsame Arbeit gehen durfte.

So kam endlich der Tag heran, an welchem die künftige Königin ihren Einzug hielt. Schon am frühen Morgen fingen die Straßen an

das allerbunteste Gewand anzuziehen, und die Bevölkerung wogte
hin und her, der besitzende, angesessene oder abhängige Theil noch
mit den Anstalten beschäftigt, der müßige und unabhängige Theil
gaffend und sich an dem Thun der Anderen vergnügend. Werkleute
hämmerten und kletterten an Gerüsten und Ehrenbogen umher,
Gärtner und Bauern führten ganze Lasten grünen Zeuges herbei,
indessen die Behörden und Zünfte auf den Beinen waren und ihren
Aufzug in zwecklosem Umherstehen und Gehen den ganzen Tag
hielten. Die dicke gespreizte Magistratsperson, die nicht wußte, wo
ihr der Kopf stand vor aufgeblähtem Eifer, Wohldienerei und Wichtigthuerei,
rannte die arme Wittwe über den Haufen, die noch in
der letzten Stunde ein Kränzchen oder Fähnchen herbeiholte, und
der reiche | Hofschuhmacher stieß mit der ungeheuren Schilderei,
welche er an seinem Laden aufrichtete, der über ihm wohnenden
alten Jungfer den verblühten Myrthenstock herunter, welchen die
Geizige statt allen Aufwandes vor das Fenster gesetzt.

Im Laden des Alten war es allmälig leer geworden, nur einzelne
arme Leute kamen am Nachmittage noch, um nach reiflichem Entschlusse
und Erwägung des Nutzens oder des Schadens, welchen
die Unterlassung bringen könnte, noch eine billige Fahne oder
zwei zu holen, und feilschten hartnäckig um den Preis. Der Alte
zählte jetzt seine Einnahme, und vollauf damit beschäftigt, forderte
er Heinrich auf, sich jetzt hinauszumachen, unter die Leute
zu gehen, den Einzug anzusehen und sich etwas gütlich zu thun.
„Sie machen sich wohl nichts daraus, wie?" fügte er hinzu, als er
sah, daß der Aufgeforderte keine besondere Lust zeigte, „sehen Sie,
so wird man gesetzt und klug! Schon weiser geworden dahinten bei
der alten Esse in der kurzen Zeit! Das ist recht, so muß es kommen!
Aber geht dennoch ein bischen hinaus, Liebster, und wäre es nur, |
um einmal die Sonne zu genießen und ein schönes junges Königskind
anzusehen." Heinrich fühlte sich nicht berufen, dem Alten
auseinanderzusetzen, inwiefern er Recht oder Unrecht habe mit

seiner Zufriedenheit und seiner Anschauung, ging jedoch vor die Stadt hinaus, um jedenfalls etwas Luft zu schöpfen. Er sah nun auf dem Wege die ganze Herrlichkeit fertig und mit einem Male, Alles schwamm, flatterte, glänzte und schimmerte in Farben, Gold und Grün, und ein unzähliger Menschenstrom wälzte sich vor das Thor, wo eine schon vorhandene gleiche Menge auf dem Felde lagerte und zechte, als ob es gälte, ein Ilion von Tonnen zu bezwingen. Aber die goldene Nachmittagssonne rechtfertigte und verklärte allen Lärm, alles Toben und alle Lust; Heinrich athmete tief auf und es war ihm zu Muth, als ob er ein Jahr lang am Schatten gelegen hätte in einem kalten Gefängniß, so wärmend und wohlthuend strömte der goldene Schein auf ihn ein.

Plötzlich ertönte Kanonendonner, Glockengeläute über der ganzen weitgedehnten Stadt, Musik erschallte an allen Enden, die Trommeln wur|den gerührt, auf der breiten Landstraße wälzte sich erst ein laufender Menschenknäuel daher, dann rasselte ein geharnischter Reiterhaufen, ritten Beamtete aller Art heran und an der Spitze eines langen Wagenzuges rollte jetzt der Blumenwagen vorüber, in welchem ein liebliches junges Mädchen saß in Reisekleidern und höchst vergnügt das tobende Volk begrüßte. Doch Alles ging so schnell vorüber wie ein Traum, und hinter den letzten Reitern fluthete die Menge zusammen und bedeckte, sich langsam nach der Stadt wälzend, alle Gehöfte, Wirthshäuser und Schenken im Umkreise und fiel singend, lärmend, prügelnd in die zahllosen Fallen, welche ihr die stillen Speculanten des Tages überall aufgestellt.

Auch Heinrich schlenderte in die Stadt zurück und unterhielt sich nun damit, seine Fahnenstangen vor den anderen herauszusuchen; er kannte sie bald an verschiedenen Zeichen, und ein um das andere Haus wies diese Erzeugnisse seines Fleißes auf. Unversehens aber erwachte der Republikaner in ihm und er rief schmerzlich in sich hinein: „Das ist also nun das Ende vom Liede,| daß Du

in dieser Stadt sitzest und solchen Unsinn beiträgst zum Unsinn!"
Und als ob alle Leute ihm ansehen könnten, daß Er die unzähligen Stängelchen und Stangen bemalt, während in der That kein Sterblicher eine Ahnung hatte außer dem Alten, eilte Heinrich voll Scham und Zerknirschtheit wieder aus der Stadt an den abendlichen Fluß hinaus und in die schönen Gehölze, die sich längs desselben hinzogen. Er ging auf denselben Wegen, auf welchen er einst in Floribus als hoffnungsreicher Kunstjünger gefahren und gegangen in jener grünen Narrentracht, und mit Ferdinand Lys gestritten hatte. Die politischen Bedenken wegen seiner Steckenarbeit traten jetzt zwar zurück, aber nur um noch tieferen Platz zu machen. „Das war nun," sagte er sich, „so ein Stück Schulzeit in der Schule dieses Alten! aber nun ist es nachgerade mehr als genug!" Der rauschende Fluß, die rauschenden Bäume, die balsamische Luft der hereinbrechenden Nacht, die er alle so lange nicht genossen, schienen ihn aufzurufen zur Treue gegen sich selbst und zum Widerstand gegen jedes unnatürliche | Joch, und schienen zu singen: Siehe, wir rauschen, wehen und fließen, athmen und leben und sind alle Augenblicke da, wie wir sind und lassen uns nichts anfechten. Wir biegen und neigen uns, leiden und lassen es über uns dahin brausen und brausen selbst mit und sind doch nie etwas Anderes, als das was wir sind! Wir gehen unter und leben doch, und was wir leben, das sorgen wir nicht! Im Herbst schütteln wir alle Blätter ab, und im Lenz bekleiden wir uns mit jungem Grün; heute verrinnen wir und scheinen versiegt und morgen sind wir da und strömen einher, und ich, der Wind, wehe wohin ich muß und thue es mit Freuden, ob ich auf meinen Flügeln Rosengerüche trage oder die Wolken des Unheils!

Als Heinrich nach der Stadt zurückkehrte, beschloß er, nie mehr zum Alten zu gehen, möge ihm geschehen was da wolle, und so schwer es ihm auch fiel; denn er hatte das ungewöhnliche graue Männchen lieb gewonnen. |

Siebentes Kapitel.

Den anderen Morgen, als Heinrich aufgestanden, empfing er einen Besuch von seiner Hauswirthin, welche eine unvermögliche Frau war und einen ganzen Trupp Kinder zu ernähren hatte, während ihr Mann seinen Erwerb anderweitig hintrug. Heinrich war ihr seit einem halben Jahre die Miethe schuldig; denn dies war ein Gegenstand, welcher ihm keine Wahl ließ, Schulden zu machen oder nicht, da er ein Obdach haben mußte. Die arme Frau hatte ihn nie gedrängt und wußte, daß die, so in Sorgen leben, am besten mit Geduld und Nachsicht zusammen auskommen, was aber dann eine um so größere Zuverlässigkeit und Ehrlichkeit mit sich bringt, die wiederum nicht sowohl wie eine harte Geschäfts|pflicht, als mit frohem Dank aufgenommen wird. Jetzt bat sie ihn um Berichtigung seiner Schuld, da mit ihrer Beobachtung, daß Heinrich einiger Baarschaft froh war, zugleich das eigene nicht eine Stunde länger zu ertragende Bedürfniß sich gesteigert hatte, und zwar in aller Aufrichtigkeit und Ueberzeugung. Denn das ist das ergötzliche und artige Band bei der Armuth, wenn Eines ein Häppchen erschnappt hat, so schreit das Andere, das sich bislang ganz still gehalten, plötzlich und ohne Bosheit, als ob es am Spieße stäke, und dieser liebenswürdige Wechsel von Entbehrung und Mitgenuß, von Opferfreudigkeit und unverhohlenem Anspruch läßt sie nur um so natürlicher und menschlicher empfinden und zum Vorschein kommen. Heinrich, der seinerseits eben so unbefangen nicht an seine Schuld gedacht hatte, war in der gleichen Unbefangenheit nur froh, der Frau sogleich genügen zu können, und sah sich, ehe er sich ganz ermuntert, beinahe des ganzen Ergebnisses seiner Spirallinie beraubt. So erfuhr er nun eine noch bedeutsamere Seite der Schuldbarkeit und Pflichterfüllung, nämlich wie | es thut, wenn man nicht etwa nur mit leicht erworbenen oder fremden Mitteln zierlich und gern seine Pflicht löst, sondern auch mit der Frucht der bitteren und anhaltenden Arbeit Recht und Menschlichkeit zufriedenstellt, ehe man an die eigene Noth denkt. Dies war sein glückliches Erbgut, das weit mehr in seinem Blute als in seinem Wissen lag, daß er durchaus keinen Unterschied zu machen vermochte zwischen dem Gelde, das er ohne Mühe durch die Sorge Anderer erhalten, und zwischen dem, was er sich sauer erworben; denn es hinderte ihn nun, in der Versuchung der Noth jener Klugheit und anscheinend gerechtfertigter Berechnung zu verfallen, welche so manche Menschen in schlimmeren Zeiten wohl schlau über dem Wasser hält, aber nur um sie dann gänzlich in Selbstsucht und Gemüthsschmutz untergehen zu lassen.

Die bedrängte Wirthin befreite sich noch am selben Tage von einer Menge kleiner heftiger Gläubiger, erhielt neuen Credit beim Bäcker, that sich etwas gütlich mit ihren vom Vater verlassenen Kindern, erwarb sogar ein Stück geringen Zeuges zu neuen Hemdchen für dieselben, | kurz, sie athmete auf und lebte nach ihrer Weise herrlich und in Freuden, während Heinrich am gleichen Tage einen so rathlosen Zeitraum antrat, wie er ihn vor Kurzem noch nicht geahnt. Hatte sich seine Wohnung von allem Besitzthume geleert, so sah er jetzt, daß sie dennoch noch leerer und kahler werden konnte, indem er von den letzten fast völlig werthlosen Gegenständchen und Bruchstücken zehrte, und bald sah es so verzweifelt dürr und hoffnungsarm um ihn aus, daß die Wirthin ihn auffordern mußte, sich eine andere Wohnung zu suchen; denn er war nun, wie sie wohl sah, unter den Stand ihrer eigenen Armuth hinabgesunken, und bei dieser Ungleichheit lag es nicht mehr in ihrem Vermögen, etwa auf sein besseres Glück zu bauen und die Selbsterhaltung hintan zu setzen.

So zog er mit seinem leeren Koffer, in welchem allein das Buch seiner Jugendgeschichte lag, in eine neue Wohnung und erlebte es zum ersten Male, von unbekannten Leuten gleich als Habenichts ohne Höflichkeit und mit Mißtrauen empfangen und angesehen zu werden, als sie seine Nichthabe | bemerkten. Er ging jetzt auch schlecht in Kleidern einher und mußte tausend Geschicklichkeiten erwerben, dies so gut als möglich zu verbergen, und alles dies und wenn ihm das Wasser in die zerrissenen Sohlen drang, lehrte ihn mit stummer Beredtsamkeit die menschlichen Dinge zu empfinden und zog und bog den grünen Zweig seines Wesens kräftig nach allen Seiten, daß er geschmeidig wurde.

Er ertrug das Härteste ohne Verbitterung und ohne Hoffnungslosigkeit, wohl fühlend, daß eher ein Berg einstürzt, als ein Menschenwesen ohne angemessene Schuld zu Grunde geht; wenn er sich selbst sah, wie er eben so still und geduldig alle Strapazen, Entbehrungen und Demüthigungen zu bestehen, als behende und begehrlich, wie ein hungriges Füchslein, ein sich darbietendes Lebensmittelchen zu erschnappen und auch dem Allerwenigsten dankbar einen hohen Werth beizulegen verstand, ohne sich doch gierig und thierisch zu geberden, so übte er sich gerade an diesem Schauspiel, sein besseres Bewußtsein über dasselbe zu erheben ohne geistige Ueberhebung und Mysticismus, und sein edleres Ich beschaulich aus dem | dunklen Spiegel der leiblichen Noth zurückleuchten zu sehen.

Es fand sich und kam ihm gut, daß Heinrich von Natur aus verstand geduldig zu sein und äußeres leibliches Leidwesen zu dulden, ohne die Beweglichkeit der Seele zu verlieren. Diese Kunst des Duldens, welche das Christenthum vorzüglich sich angeeignet und zu einer ausgebildeten Cultur erhoben hat, ist eine löbliche Eigenschaft des ursprünglichen Menschen und das Christenthum hat sie weder vom Himmel geholt, noch sonst erfunden, sondern fertig im Vermögen des Menschen vorgefunden, und sie ist so gut weltlicher Natur, daß nicht nur kluge und edle Heiden sie besessen, sondern auch am kranken und leidenden Thiere täglich zu sehen ist, und zwar nicht zum Zeugniß ihrer Niedrigkeit, sondern ihrer maßgeblichen Ursprünglichkeit und Natürlichkeit. Freilich ist das Dulden der meisten Christen längst nicht mehr dieser edle und kraftvolle Grundzug, sondern ein künstliches Wesen, welches darauf hinausläuft, sobald als möglich nicht mehr dulden zu wollen und für das Erduldete hinlänglich ent|schädigt zu werden, daher auch die gedankenlosen und lärmenden Gegner des Christenthums das Kind mit dem Bade ausschütten, alles Leiden entweder für Heuchelei und Beschränktheit oder für Feigheit halten, und sich geberden wie eigensinnige kreischende Kinder, die keine Suppe essen wollen.

Obgleich Heinrich das Unglück um seiner selbstwillen ertrug als eine in's Leben getretene sehr deutlich gestaltete Sache, die um ihrer Klarheit willen zu einem Gute wurde, so verfiel er doch täglich immer wieder der christlichen Weise, Gott um unmittelbare Hülfe zu bitten in allen möglichen Tonarten, und zwar nicht seinetwegen, sondern um seiner Mutter willen, da deren Ruhe und Wohlfahrt jetzt von seinem eigenen Befinden abhing. Seit ihr letztes Opfer einen so plötzlichen schlechten Erfolg gehabt, war es ihm nicht möglich gewesen, ihr wieder zu schreiben, da er ihr nichts Gutes berichten konnte und sie doch nicht anlügen mochte. Von Woche zu Woche eine günstigere Wendung verhoffend, verschob er das Schreiben, bis eine so lange Zeit verstrichen | war und sich ein trauriges Schweigen so in ihm festgesetzt hatte, daß er dieses nun nicht mehr brechen zu können meinte, als zugleich mit den wohlgefälligsten Nachrichten und am besten mit einer glücklich bestellten Rückkehr. Die Mutter hatte ihm noch einige Mal geschrieben und die Hoffnung seiner baldigen Heimkehr jedesmal mit der Todesanzeige eines Verwandten, Freundes oder Nachbarn geschlossen, so erst mit derjenigen des Schulmeisters, des Oheims, dann mit derjenigen alter Leute sowohl wie junger kräftiger Menschen aus Dorf und Stadt, und zahlreiche Familienereignisse und Veränderungen, Entfremdung alter Verhältnisse, Untergang manches bekannten Wohlergehens und Daseins und die Begründung gänzlich neuer verkündeten vollends dem fernen Sohne die unerbittliche Flucht der Zeit und ließen ihn die Vereinsamung seiner Mutter und den Werth eines jeden Tages doppelt fühlen. Als sie aber keine Antwort mehr erhielt, schwieg sie endlich still, und nun sprach diese Stille beredter als alle Briefe in Heinrich's Seele, welcher sich doch nicht rühren noch regen konnte. |

So kam es, daß er, während er für seine Person sich schuldlos fühlte und die Dinge nicht fürchtete, in Ansehung seiner Mutter eine große Schuld erwachsen sah, an der er doch wieder nicht schuld zu sein meinte, und daher wußte er in diesem Doppelzustande keinen anderen Ausweg, als Gott zu bitten, seine Mutter vor Kummer und Leid zu schützen. Daß er bei diesem Schutze selber gut weg kam, darüber gab er sich vollkommen Rechenschaft und suchte sich zu überzeugen, daß dennoch sein Gebet uneigennützig und es ihm durchaus nicht um sich selbst zu thun sei; dann mußte er sich aber wieder sagen, daß seine Mutter ohne Zweifel zu Hause in der nämlichen Weise Gott für ihr Kind und nicht für sich selbst bitte, und da doch Alles beim Alten blieb und Gott in der Mitte der sich kreuzenden flehentlichen Bitten sich ganz still verhielt, so vermehrten starke Zweifel an der Vernünftigkeit dieses ganzen Wesens sein Leid und sein Schuldbewußtsein. Denn wenn er sich bemühte, um sich das Verhalten eines wirklich vorsehenden und eingreifenden Gottes glaubwürdig und begreiflich zu machen, | an der Mutter selbst eine Art Schuld aufzufinden, welche eine solche Leidensschule verursacht, so konnte er keine finden, und diese ganze Untersuchung dünkte ihn lästerlich und unkindlich; oder wenn er endlich etwa dachte, daß vielleicht gerade das ängstliche Wesen der Mutter in irdischen Dingen, der große Werth, den sie auf ein sicheres Auskommen und auf eine herbe Sparsamkeit legte, ihr Vergehen sei, welches eine weise Schule Gottes hervorgerufen, so konnte er doch zwischen der anhaltenden und bitteren Strenge dieser Schule und der geringfügigen harmlosen und unschädlichen Ursache derselben durchaus kein gerechtes und weises Verhältniß finden, und wenn noch irgend etwas Verhältnißmäßiges da war, so dünkte es ihn erträglicher und edler, es lediglich als die innewohnende Folgerichtigkeit und Nothwendigkeit der Dinge zu betrachten, als es dem vorsätzlichen Benehmen eines überkritischen Gottes zuzuschreiben. Nichts desto minder wandte er sich jedesmal, wenn das verlorene Schweigen zwischen ihm und der Mutter recht in ihn hineinfraß, wieder mit einem wahren sehn|süchtigen Höllenzwang von heißen Gebeten an eben diesen sich mäuschenstill verhaltenden Gott.

Als er eines Tages niedergeschlagen und in schlechten Zuständen auf der Straße ging und sich von keinem Menschen beachtet glaubte, kam ein stattlicher junger Bürgersmann mit einem blühenden Weib am Arme auf ihn zu und redete ihn in seiner Heimathsprache an, welche ihm wie ein Laut aus besserer Welt klang in dem Rauschen und Dröhnen der fremden Stadt. Der Landsmann zeigte sich erfreut, ihn endlich gefunden zu haben, und verkündete ihm Grüße von seiner Mutter. Während in Heinrich süße Freude und trauriger Schreck sich mischten und bekämpften und er roth und blaß wurde, erzählte der Fremde, wer er sei, und wunderte sich, von Heinrich nicht gekannt zu sein. Es war aber Niemand anders, als ein nächster Nachbar des väterlichen Hauses und jener junge Handwerker, welcher mit Heinrich am gleichen Tage in die Fremde gezogen, aber zu Fuß und ein schweres Felleisen tragend, von seiner armen Mutter begleitet, indessen jener so hoffnungsvoll auf dem Postwagen | in die Welt hinein fuhr. Sich in seinem einfachen Handwerk beschränkend und nichts Anderes kennend, als die unermüdete Nutzanwendung seiner fleißigen und geschickten

Hand, jeden Vortheil für dieselbe ersehend und die Augen überall aufmachend, aber nur auf ein und denselben Gegenstand gerichtet und aller Orten nur diesen sehend, war er nach wenigen Jahren als ein wohlgeschulter und entschlossener junger Mann zurückgekehrt und begann die Gründung seines Hauses mit so zweifellosem und glücklichem Willen, als ob es gar nicht anders hergehen könnte, und die Welt empfing und förderte ihn dabei, als ob es nur so sein müßte, von seinem klaren Muthe angezogen und bezwungen, und als Pfand gab sie ihm ein schönes und wohlhabendes Bürgermädchen zur Frau, mit welcher er jetzt eben, nicht ohne kluge geschäftliche Nebenzwecke, die Hochzeitreise machte.

Er hatte vor seiner Abreise bei Heinrich's Mutter angefragt, ob sie etwas für ihren Sohn auszurichten hätte, und diese, indem sie mit Beschämung gestehen mußte, daß sie nicht einmal | wisse, wo er sei, und sich zu diesem Geständniß nur widerstrebend verstand, bat ihn, den Sohn aufzusuchen und denselben aufzufordern, ihr Nachricht von sich zu geben, oder ihn womöglich zu bestimmen, nach Hause zu kommen.

So stand Heinrich nun vor dem stattlich aussehenden blühenden Paare, welches bei aller Freundlichkeit sich nicht enthalten konnte, prüfende Blicke auf seinen schlechten Anzug zu werfen. Da es der letzte Tag ihres Aufenthaltes war und sie auf den Abend abreisen wollten, so luden sie ihn ein, mit ihnen zu gehen und die übrige Zeit noch mit ihnen zu verbringen. Sie führten ihn in den Gasthof und Heinrich aß mit ihnen zu Mittag. Es war lange her, seit er sich an einem so wohlbesetzten Tische gesehen und feuriger Wein seine Lippen berührt. Der landsmännische Gastfreund ließ reichlich auftragen und drang wohlmeinend in ihn, es sich schmekken zu lassen, und alles dies machte Heinrich nur um so verlegener und ließ ihn seine Armuth doppelt empfinden, und indem er sah, daß die jungen Eheleute das wohl bemerkten, sich in ihrer glück|lichen Stimmung mäßigten und mit zartem Sinne einen der seltsamen Lage angemessenen Ton inne zu halten suchten, empfand er es wieder bitter, nicht nur selbst unglücklich zu sein, sondern durch sein so beschaffenes Dasein die heitere Stimmung Anderer vorübergehend zu trüben, gleich einer Regenwolke, die über einen hellen Himmel hinzieht.

Obgleich es ihn drängte, so viel als möglich von seiner Mutter sprechen zu hören, suchte er sich lange zu bezwingen und nicht durch Fragen zu verrathen, daß er gar nichts von ihr wisse, bis der edle Wein, welchen der Mann genugsam strömen ließ, ihm die Zunge löste, ihn alles Widerstreben vergessen, sehnlich und unverhohlen nach der Mutter fragen ließ.

Da nahm sich der Landsmann zusammen und sagte: „Ich will es Ihnen nicht verhehlen, Herr Lee, daß Ihre Mutter sehr Ihrer Rückkunft bedarf, und ich würde Ihnen rathen und fordere Sie sogar auf, sobald als immer möglich heim zu kommen; denn während die brave Frau den tiefsten Kummer und die Sehnsucht nach Ihnen zu verbergen sucht, sehen wir wohl, wie sie sich | darin aufzehrt und Tag und Nacht nichts Anderes denkt. So viel ich jetzo sehe, wenn Sie meine Freiheit nicht übel nehmen wollen, steht es nicht zum Besten mit Ihnen, und erachte ich, daß Sie in dem Stadium sind, wo die Herren Künstler allerlei durchmachen müssen, um endlich mit Ehre und stattlichem Ansehen aus der Noth hervorzugehen. Unsereines hat wohl auch allerlei Strapazen auf der Wanderschaft durchzumachen oder als Anfänger harte Zeit zu erleben; allein mit der Arbeit können wir, wenn wir nur wollen, uns jederzeit helfen, und unsere Hände sind immer so gut wie baares Geld oder gebakkenes Brot und für jede Stunde eine unmittelbare Selbsthülfe, während es bei Ihnen dazu noch gutes Glück und allerlei Unerhörtes braucht, wovon ich nichts verstehe. Vorlaute und unverständige Weibsen und auch eben solche Männer in unserer Stadt, wo es ruchbar geworden, daß Ihre Mutter große Summen an Sie gewendet und ihr eigenes Auskommen dadurch bedeutend geschmälert hat, haben es sich beikommen lassen, dieselbe hart zu tadeln hinter ihrem Rücken und | auch ihr in's Gesicht ungefragt zu sagen, daß sie unrecht gethan und sowohl ihrem Sohne schlecht gedient, als durch solche unzukömmliche Opfer sich selbst überhoben habe. Jedermann, der Ihre Mutter kennt, weiß, daß Alles eher als dieses der Fall ist, aber das unverständige Geschwätz hat sie vollends eingeschüchtert, daß sie fast mit Niemand zusammenkommt und so in Einsamkeit und harter Selbstverläugnung dahinlebt. Obgleich die Nachbaren ihr manche Dienste anbieten, nimmt sie nichts an, und die Art, wie sie dies thut und wie sie ihre Sachen besorgt, hat, so viel man davon sehen kann, etwas höchst Seltsames und Schwermüthig machendes für uns Zuschauer. Sie sitzt den ganzen Tag am Fenster und spinnt, sie spinnt Jahr aus und ein, als ob sie zwölf Töchter auszusteuern hätte, und zwar, wie sie sagt, damit doch mittlerweile etwas angesammelt würde, und da sie nichts Anderes ansammeln könne, wenigstens ihr Sohn für sein Leben lang und für sein ganzes Haus genug Leinwand finde. Wie es scheint, glaubt sie durch diesen Vorrath weißen Tuches, das sie jedes Jahr weben läßt, | Ihr Glück herbeizulocken, gleichsam wie in ein aufgespanntes Netz, damit es durch einen tüchtigen Hausstand ausgefüllt werde, oder gleichsam wie die Gelehrten und Schriftsteller durch ein Buch weißes Papier gereizt und veranlaßt werden sollen, ein gutes Werk darauf zu schreiben, oder die Maler durch eine ausgespannte Leinwand, ein schönes Stück Leben darauf zu malen. Zuweilen stützt sie ausruhend den Kopf auf die Hand und staunt unverwandt in das Land hinaus über die Dächer weg oder in die Wolken; wenn es aber dunkelt, so läßt sie das Rad still stehen und bleibt so im Dunkeln sitzen, ohne Licht anzuzünden, und wenn der Mond oder ein fremder Lichtstrahl auf ihr Fenster fällt, so kann man alsdann unfehlbar ihre Gestalt in demselben sehen, wie sie immer gleich in's Weite hinausschaut. Seit Jahren geht sie in demselben braunen Kleide, welches sich gar nicht abzutragen scheint, über die Straße und hat sich streng von aller auch der einfachsten Zier entblößt, daß es unsere Weiber ärgert, welche gewöhnt sind, sich mit der Zeit immer reicher zu kleiden, anstatt | schlichter, und darnach ihr Gedeihen berechnen. Wahrhaft melancholisch aber ist es anzusehen, wenn sie zuweilen ihre Betten sonnt; anstatt sie mit Hülfe Anderer auf unseren geräumigen Platz hinzutragen, wo der große Brunnen steht, schleppt sie dieselben allein auf das hohe schwarze Dach Eures Hauses, breitet sie dort an der Sonnenseite aus, geht emsig auf dem steilen Dache umher, ohne Schuhe zwar, aber bis an den Rand hin, klopft die Stücke aus, kehrt sie, schüttelt sie und hantirt dermaßen seelenallein in dieser schwindligen Höhe unter dem offenen Himmel, daß es höchst verwegen und sonderbar anzusehen ist, zumal wenn sie, einen Augenblick innehaltend, die Hand über die Augen hält und da hoch oben in der Sonne stehend in die weite Ferne hinaus sieht. Ich konnte es einmal nicht länger ansehen von meinem Hofe aus, wo ich eben einen Wagen lackirte, ging hinüber, stieg bis zum Dache hinauf und hielt unter der Luke eine Anrede an sie, indem ich ihr die Gefahr ihres Thuns vorstellte und bat, doch die Hülfe anderer Leute in Anspruch zu nehmen. Sie lächelte aber nur und bedankte | sich, und bin ich auch der Meinung, daß nur durch Ihre Heimkehr solche peinliche Abstinenz und Pönitenz vertrieben werden kann!"

Der wackere Mann, welcher keinen Augenblick Heinrich verächtlich behandelte, vielmehr dessen Lage mit achtungsvollem Mitgefühl für einen nothwendigen Künstlerzustand hielt, aus welchem herauszukommen und dann die Herrlichkeiten des Künstlerthums anzutreten nur von einem festen Wollen und Zusammenraffen Heinrich's abhinge, munterte ihn nun wiederholt auf, nach Hause zu kommen, und malte ihm aus, wie die sichere Luft der Heimath meistens in solchen Fällen eine günstige Wendung herbeiführe und dem Erfahrenen und Geprüften einen neuen Muth und zugleich einen klaren Ueberblick gebe, so daß er entweder gedeihlich im

Lande bliebe, oder wenn es der Beruf so mit sich führe, mit neuer Kraft und größerer Zweckmäßigkeit zum zweiten Mal ausfliegen könne. Er bot ihm, indem er von der Mutter den Auftrag zu haben vorgab, die nöthige Baarschaft an zur Heimreise.

Heinrich hatte dem Erzähler unverwandt zu|gehört; statt auf die Vorschläge des braven Nachbars zu hören, dessen Anerbieten und jetziges Wesen er vor Jahren kaum geahnt hätte und den er dazumal kaum näher gekannt, sah er fort und fort die seltsamen Bilder seiner Mutter, welche der Landsmann ihm entworfen, und sie prägten sich seinem Sinne in einer goldenen sonnigen Verklärung ein, so daß er träumend ihnen nachhing. Als der Landsmann ihn endlich ermunterte und, sein Glas füllend, sein Anerbieten und seine Aufforderung wiederholte, lehnte er Alles mit bescheidenem Danke ab und bat, die freundlichen Leutchen möchten seine Mutter tausend Mal grüßen und nur sagen, es ginge ihm ganz ordentlich, er würde gewiß sobald immer thunlich zurückkehren. Denn das Anerbieten des Mannes zu ergreifen und in diesem Augenblicke und auf diese Weise nach der Heimath zu gehen, schien ihm ganz gewaltsam und wie aus der Schule gelaufen, ohne seine Tagesaufgabe gelöst zu haben.

Er begleitete das Paar nach dem Bahnhofe und sah sie mit Hunderten von glücklichen Rei|senden davonfliegen, indeß er selbst traurig in die Stadt zurückkehrte, welche ihm nun vollends zu einem Aufenthalt des Elendes, der Verbannung wurde. Aber dieser Zustand war nun schon wieder ein anderer geworden als erst vor einem Tage, und durch die Begegnung mit dem Landsmanne und dessen Mittheilungen nahm sein leidendes Verhalten eine bestimmte und veredelte Gestalt, und er fühlte sich durch einen klaren nothwendigen Verlauf der Dinge, durch die Erfüllung eines jeden Theilchens seiner Selbstbestimmung und Verschuldung an das ferne Elend gefesselt, während alle seine Gedanken mit tiefer Sehnsucht nach der Heimath zogen, wo er unaufhörlich das Bild seiner Mutter an dem drehenden Rade sitzen, durch die Straßen der alten Stadt gehen oder auf dem sonnbeglänzten Hausdache emporragen sah.

Sein ganzes Wesen wurde von diesen Bildern und von glänzenden Vorstellungen der Heimath getränkt und durchdrungen, und die einfache Rückkehr nach derselben erschien ihm jetzt nach all den Hoffnungen und Bestrebungen das wün|schenswertheste und höchste Gut, welches doch wiederum durch eine seltsame künstlerische Gewissenhaftigkeit in eine ungewisse, fast unerreichbare Ferne gerückt wurde, durch die künstlerische Gewissenhaftigkeit nicht etwa des Malers, sondern des Menschen, welchem es unmöglich erschien, ohne Grund und Abschluß, ohne das Verdienst eines erreichten Lebens jenes Glück vom Zaune zu brechen und gewaltsam herbeizuführen.

Allein das heiße Verlangen nach diesem so einfachen und natürlichen Gute wirkte so mächtig in ihm, daß in tiefer Nacht, wenn der Schlaf ihn endlich heimgesucht, eine schöpferische Traumwelt lebendig wurde und durch die glühendsten Farben, durch den reichsten Gestaltenwechsel und durch die seligsten, mit dem allerausgesuchtesten Leide gepaarten Empfindungen den Schlafenden beglückte, mit ihrer Nacherinnerung aber auch den Wachen für alles Uebel vollkommen schadlos hielt und das Unerträgliche erträglich machte, ja sogar zu einer Art von bemerkenswerthem Glücke umwandelte.

Ganz wie es ihm einst Römer, sein unkluger | und doch so erfahrener Lehrer, verkündet, sah er nun im Traume bald die Stadt, bald das schöne Dorf auf wunderbare Weise verklärt und verändert, ohne je hinein gelangen zu können, oder wenn er dort war, mit einem plötzlichen traurigen Ausgang und Erwachen. Er durchreiste die schönsten Gegenden seines Vaterlandes, welche er in der Wirklichkeit nie gesehen, sah die Gebirge, Thäler und Ströme mit wohlbekannten und doch ganz unerhörten Namen, die wie Musik klangen und doch etwas kindisch Komisches an sich hatten, wie es nur der Traum gebären kann; er näherte sich allmälig der Stadt, worin das Vaterhaus lag, auf wunderbaren Wegen, am Rande breiter Ströme, auf denen jede Welle einen schwimmenden Rosenstock trug, so daß unter dem dahinziehenden Rosenwalde das Wasser kaum hindurch funkelte. Ein Landmann pflügte mit einem goldenen Pfluge am Ufer mit milchweißen Ochsen, unter deren Tritten große Kornblumen aufsproßten; die Furche füllte sich mit goldenen Körnern, welche der Bauer, indem er mit der einen Hand den Pflug lenkte, mit der anderen aufschöpfte | und weithin in die Luft warf, worauf sie in einem goldenen Regen über Heinrich herabfielen, der sie in seinem Hute auffing und sah, daß sie sich in lauter goldene Schaumünzen verwandelten, auf welchen ein alter Schweizer mit dem Schwerte geprägt war und mit einem sehr langen Barte. Er zählte sie eifrig und konnte sie doch nicht auszählen, füllte aber alle Taschen damit; die er nicht hineinbrachte, als sie voll waren, warf er wieder in die Luft, da verwandelte sich der Goldregen in einen prächtigen Goldfuchs, welcher wiehernd an der Erde scharrte, aus welcher dann der schönste Hafer in Haufen hervorquoll, den der Goldfuchs muthwillig verschmähte. Jedes Haferkorn war ein süßer Mandelkern, eine getrocknete Weinbeere und ein neuer Batzen, die in rothe Seide zusammengewickelt und mit einem goldenen Faden zugebunden waren; zugleich war ein Endchen Schweinsborste eingebunden, welche einen angenehm kitzelte, und indem das schöne Pferd sich behaglich darin wälzte, rief es: der Hafer sticht mich! der Hafer sticht mich! Heinrich bestieg das Pferd, ritt beschaulich am Ufer | hin und sah, wie der Bauer in die Rosen hineinpflügte und mit seinem ganzen Gespann darunter versank. Die Rosen nahmen ein Ende, und während sie sich zu dichten Schaaren verzogen und in die Ferne hinschwammen, eine hohe Röthe am runden Horizonte ausbreitend, der Fluß aber jetzt rein und wie ein unermeßliches Band fließenden blauen Stahles erschien, fuhr der Bauer auf seinem Pfluge, der sich in ein Schiff verwandelt hatte, dessen Steuer sich aus der goldenen Pflugschar formirte, singend dahin und sang: „Das Alpenglühen rückt aus und geht ums Vaterland herum!" Dann bohrte er eifrig ein Loch in den Schiffboden; dann steckte er das eherne Mundstück einer Trompete an das Loch, sog einen Augenblick kräftig daran, worauf es mächtig erklang, gleich einem Harsthorn, und einen glänzenden Wasserstrahl ausstieß, der den herrlichsten Springbrunnen in dem fahrenden Schifflein bildete. Der Bauer nahm den Brunnenstrahl, setzte sich auf den Rand des Schiffes und schmiedete auf seinen Knieen und mit der rechten Faust ein mächtiges Schwert daraus, daß die Funken | nur so stoben. Als das Schwert fertig war, probirte er es an einem ausgerupften Barthaar und überreichte es höflich sich selbst, der plötzlich als jener dicke Wirth ihm gegenüberstand, welcher an jenem Volksfeste den Wilhelm Tell vorgestellt. Dieser nahm das Schwert, schwang es und sang mächtig:

> Heio heio! bin auch noch do
> Und immer meines Schießens froh!
> Heio heio! die Zeit ist weit,
> Der Pfeil des Tellen fleugt noch heut!
>
> Heio heio! seht ihr ihn nicht?
> Dort oben fliegt er hoch im Licht!
> Man weiß nicht, wo er stecken bleibt,
> Heio, heio! 's ist, wie man's treibt!

Dann hieb der dicke Tell mit dem Schwerte von der Schiffswand, die nun eine Speckseite war, urplötzlich einen dicken Span herunter und trat mit demselben feierlich in die Kajüte, um einen Imbiß zu halten.

Heinrich ritt nun auf seinem Goldfuchs in das Dorf ein, darin sein Oheim wohnte; es sah ganz fremd aus, die Häuser waren neugebaut | und alle Kamine rauchten, indessen die Bewohner sämmtlich hinter den hellen Fenstern zu erblicken waren, wie sie eifrig um den Tisch herum saßen und aßen, keine Seele sich aber auf der Straße sehen ließ und ihn also auch Niemand bemerkte. Dessen war er aber höchlich froh; denn er entdeckte erst jetzt, daß er auf seinem leuchtenden Pferde noch die alten abgeschabten und anbrüchigen Kleider anhatte. Er bestrebte sich desnahen auch, ungesehen hinter das Haus des Oheims zu gelangen; aber wie wunderte er sich, als dieses über und über mit Epheu bewachsen und außerdem noch ganz von den alten wuchtigen Nußbäumen überhangen war, so daß kein Stein und kein Ziegel zu sehen war und nur hie und da ein Stückchen Fensterscheibe durch das dichte Grün blinkte. Er sah wohl, daß sich Leute hinter denselben bewegten, aber er konnte Niemanden erkennen. Der Garten war mit einer Wildniß von wuchernden Feldblumen bedeckt, aus denen die alten verwilderten Gartenstauden baumhoch emporragten, und Schwärme wild gewordener Bienen brausten auf dieser Blumenwildniß um|her. Im Bienenhause aber lag sein alter Liebesbrief, den der Wind einst dahingetragen, vergilbt und vom Wetter zugerichtet, ohne daß ihn die Jahre her Jemand gefunden, obgleich er offen dalag; er nahm ihn und wollte ihn entfalten, da riß ihn Jemand aus seiner Hand, und als er sich umsah, huschte Judith damit lachend um die Ecke und küßte Heinrich aus der Entfernung durch die Luft, daß er den Kuß auf seinem Munde fühlte; aber der Kuß verwandelte sich sogleich in ein Apfelküchlein, das er begierig aß, da er im Schlafe mächtigen Hunger empfand. Dies sah er auch sogleich ein und überlegte, daß er ja träume, daß aber der Apfelkuchen von jenen Aepfeln herkomme, welche er einst küssend mit Judith zusammen gegessen. Aber das Stückchen Kuchen machte ihn erst recht heißhungrig und er gedachte, daß es nun Zeit sei, in das Haus zu gehen, wo wohl eine gute Mahlzeit bereit sein würde. Er packte also einen schweren Mantelsack aus, welcher sich unversehens auf seinem Pferde befand, nachdem er dasselbe an einen Baum gebunden, und aus seinem Mantelsack rollten die | schönsten Kleider hervor und

SIEBENTES KAPITEL 331

ein feines weißes Hemd mit gestickter Brust. Wie er dieses auseinanderfaltete, wurden zwei daraus, aus den zweien vier, aus den vieren acht, kurz eine Menge der feinsten Leibwäsche breitete sich aus, welche wieder in den Mantelsack zu packen Heinrich sich abmühte, aber vergeblich; immer wurden es mehr Hemden und bedeckten den Boden umher und Heinrich empfand die größte Angst, über diesem sonderbaren Geschäft von seinen Verwandten überrascht zu werden. Endlich ergriff er in der Verzweiflung eines, um es anzuziehen, und stellte sich schamhaft hinter einen Nußbaum; aber man sah vom Hause aus an diese Stelle und er schlich sich beklemmt hinter einen anderen und so immer fort von einem Baume zum anderen, bis er dicht an das Haus gelehnt und sich in den Epheu hineindrückend in der größten Verwirrung und Eile den Anzug wechselte, die schönen Kleider anzog und doch fast nicht fertig damit werden konnte, und als er es endlich war, befand er sich wieder in der größten Noth, wohin er das traurige Bündel der alten Kleider bergen möge. Wohin er | es auch trug, immer fiel ihm ein Stück auf die Erde; zuletzt gelang es mit saurer Mühe, das Zeug in den Bach zu werfen, wo es aber durchaus nicht thalab schwimmen wollte, sondern sich immer an selber Stelle herumdrehte ganz gemächlich. Er ergriff eine verwitterte Bohnenstange, die ihm in den Händen zerbrach, und quälte sich ab, die schlechten Lumpen in die Strömung hineinzustoßen; aber die morsche Stange brach und brach immer wieder und zersplitterte bis auf das letzte Stümpfchen. Da berührte ein süßer duftiger Hauch seine Wangen, den er so recht durch allen Traum hindurch empfand, und Anna stand vor ihm und führte ihn freundlich in das grüne Haus hinein. Er stieg Hand in Hand mit ihr die Treppe hinauf und trat in die Stube, wo der Oheim, die Tante, die Basen und die Vettern sämmtlich versammelt waren und ihn herzlich begrüßten. Er sah sich aufathmend um; die alte Wohnung war ganz neu und sonntäglich aufgeputzt, manches neue, ihm noch unbekannte Möbel, wie es im Laufe der Jahre wohl in ein Haus kommt, stand da, und es war so sonnenhell in | dem Gemach, daß Heinrich nicht begriff, wie durch den dicken Epheu all das Licht herkomme. Der Oheim und die Tante waren in ihren besten Jahren, die Bäschen und die Vettern lustig und blühender als je, der Schulmeister ebenfalls ein sehr schöner Mann und aufgeräumt wie ein Jüngling, und Anna war als Mädchen von vierzehn Jahren in jenem rothgeblümten Kleide und mit der lieblichen Halskrause. Was aber sehr sonderbar war: Alle, Anna nicht ausgenommen, trugen lange feine kölnische Pfeifen in den Händen und rauchten einen wohlriechenden Taback und Heinrich ebenfalls. Dabei standen sie, die Verstorbenen und die noch Lebendigen, keinen Augenblick still, sondern gingen mit freundlichen frohen Mienen unablässig die Stube auf und nieder, hin und her, und dazwischen niedrig am Boden die zahlreichen Jagdhunde, das Reh, der Marder, zahme Falken und Tauben in friedlicher Eintracht, nur daß die Thiere den entgegengesetzten Strich mit den Menschen gingen und so ein wunderbares Weben durcheinanderging. Der große Nußbaumtisch war mit dem schönsten weißen Damasttuche | gedeckt und mit einer duftenden vollaufgerüsteten Mahlzeit besetzt, an welche aber Niemand rührte. Heinrich konnte kaum erwarten, bis man sich zu Tische setze, so wässerte ihm der Mund, und unterdessen sagte er zum Oheim: Ei, Ihr scheint es Euch da recht wohl sein zu lassen! „Versteht sich!" sagte der, und Alle wiederholten: „Versteht sich!" mit angenehm klingender Stimme.

Plötzlich befahl der Oheim, daß man zu Tische sitze, und Alle stellten die Pfeifen pyramidenweise zusammen auf den Boden, je drei und drei, wie die Soldaten die Gewehre. Darauf schienen sie unversehens wieder zu vergessen, daß sie sich eigentlich zu Tisch setzen wollten zum großen Verdruß Heinrich's; denn sie gingen nun ohne die Pfeifen wieder umher und fingen allmälig an zu singen, und Heinrich sang mit:

Wir träumen, wir träumen,
Wir träumen, träumen, träumen,
Wir säumen, träumen, säumen,
Wir eilen und wir weilen,
Wir weilen und wir eilen,
Sind da und sind doch dort, |
Wir gehen bleibend fort,
Wem convenirt es nicht?
Wie schön ist dies Gedicht!
Halloh, halloh!
Es lebe was auf Erden stolzirt in grüner Tracht,
Die Wälder und die Felder, die Jäger und die Jagd!

Diese merkwürdige Traumcomposition sangen die Weiber und Männer mit wundervoller Harmonie und Lust und das Halloh stimmte der Oheim mit gewaltiger Stimme an, so daß die ganze Schaar mit verstärktem Gesange dareintönte und rauschte und zugleich blässer und blässer werdend sich in einen wirren Nebel auflöste, während Heinrich bitterlich weinte und schluchzte und die Thränen stromweis flossen. Er erwachte in Thränen gebadet, und sein schlechtes Lager, welches seine jetzigen Wirthsleute, weil er nicht bezahlen konnte, lange nicht aufgefrischt, war von Thränen benetzt. Als er diese mit Mühe getrocknet, war das Erste, dessen er sich erinnerte, der wohlbesetzte Tisch, der ihm so schnöde entschwunden, und erst dann fiel ihm nach und nach der ganze Traum bei und er schlief voll Sehnsucht | hurtig wieder ein, um nur schnell wieder in das gelobte Land zu kommen und die Heimreise zu vollenden.

Er fand sich in einem großen Walde wieder und ging auf einem wunderlichen schmalen Brettersteig, welcher sich hoch durch die Aeste und Baumkronen wand, eine Art endlosen hängenden Brückenbaues, indessen der bequeme Boden unten unbenutzt blieb. Aber es war schön hinabzuschauen auf denselben, da er ganz aus grünem Moose bestand, welches in tiefer Dunkelheit lag. Auf dem

Moose wuchsen Tausende von einzelnen sternförmigen Blumen auf schwankem Stengel, die sich immer dem oben gehenden Beschauer zuwandten; im Schatten jeder Blume stand ein kleines Bergmännchen, welches mittelst eines in einem goldenen Laternchen eingefaßten Karfunkels die nächste Blume beleuchtete, daß sie aus der Tiefe glänzte wie ein blauer oder rother Stern, und indem sich die Blumengestirne langsamer oder schneller drehten, gingen die Männchen mit ihren Laternchen um sie herum und lenkten sorgfältig den Lichtstrahl auf den Kelch. Jede | Blume hatte ihr eigenes Männchen, und das kreisende Leuchten in der dunklen Tiefe sah sich von dem hohen Bretterwege wie ein unterirdischer Sternhimmel an, nur daß er grün war und die Sterne in allen Farben strahlten. Heinrich ging entzückt auf seiner Hängebrücke weiter und schlug sich tapfer durch die Buchen- und Eichenkronen, manchmal kam er in eine Föhrengruppe hinein, welche etwas lichter war, und das purpurrothe von der Sonne durchglühte, starkduftende Holzwerk der Fichtenkronen bot einen fabelhaften Anblick und Aufenthalt, da es wie künstlich bearbeitet, gezimmert und mit wunderlichem Bildwerk verziert erschien und doch natürliches Astwerk war. Manchmal führte der Steg auch ganz über die Bäume hinweg unter den offenen Himmel und Sonnenschein, und Heinrich stellte sich auf das schwanke Geländer, um zu sehen, wo es hinausginge; aber nichts war zu erblicken, als ein endlos Meer von grünen Baumwipfeln, so weit das Auge reichte, auf dem der heiße Sommertag flimmerte und Abertausende von wilden Tauben, Hähern, Mandelkrähen, Finken, Weihen und | Dohlen herumschwärmten, und das Wunderbare war nur, daß man auch die allerfernsten Vögel deutlich erkannte und ihre glänzenden Farben unterscheiden konnte. Nachdem Heinrich sich sattsam umgeschaut, ging er weiter und schaute wieder in die Tiefe, wo er jetzt eine noch viel tiefere Felsschlucht entdeckte, die aber für sich allein gänzlich von der Sonne erhellt war, welche durch irgend eine Bergspalte hereinbrach. Auf dem Grunde war eine kleine Wiese an einem klaren Bache; mitten auf der Wiese saß auf ihrem kleinen Strohsessel Heinrich's Mutter in einem braunen Einsiedlerkleide und mit eisgrauen Haaren. Sie war uralt und gebeugt, und Heinrich konnte ungeachtet der fernen Tiefe jeden ihrer Züge genau erkennen. Sie hütete mit einer grünenden Ruthe eine kleine Heerde großer Silberfasanen, und wenn einer sich aus ihrem Umkreise entfernen wollte, schlug sie leise auf seine Flügel, worauf einige glänzende Federn emporschwebten und in der Sonne spielten. Am Bächlein aber stand ihr Spinnrad, das mit Schaufeln versehen und eigentlich ein kleines Mühlrad war und sich blitz|schnell drehte; sie spann nur mit der einen Hand den leuchtenden Faden, der sich nicht auf die Spule wickelte, sondern kreuz und quer an dem Abhange herumzog und sich da sogleich zu großen Flächen blendender Leinwand bildete. Diese stieg höher und höher hinan, und plötzlich fühlte Heinrich ein schweres Gewicht auf seiner Schulter und entdeckte, daß er den vergessenen Mantelsack trug, der von den feinen Hemden ganz geschwollen war. Indem er sich mühselig damit schleppte, sah er wie die Fasanen plötzlich schöne Bettstücke waren, die seine Mutter sonnte und eifrig ausklopfte. Dann nahm sie dieselben zusammen und trug sie geschäftig herum und eines um's andere in den Berg hinein. Wenn sie wieder herauskam, so schaute sie mit der Hand über den Augen sich um und sang:

> Mein Sohn, mein Sohn,   *03.III.16*
> O schöner Ton!
> Wie schön er verhallt
> Im tönenden Wald!
> Mein Sohn, mein Sohn geht durch den Wald!

Ihre Stimme tönte rührend hell und klingend | in der weit   *03.III.20* und breiten Stille; da ersah sie ihn plötzlich, als er hoch über der Schlucht auf seinem schwebenden Stege stand und sehnlich auf sie herabschaute. Sie stieß einen lauten weithin verklingenden Freudenschrei aus und schwebte blitzschnell wie ein Geist davon über Stock und Stein, ohne zu gehen, so daß sie Heinrich immer in der größten Ferne zu entschwinden drohte, während er ihr vergeblich rufend nacheilte, daß die Baumkronen um ihn tanzten und sausten und der Steg sich bog und knarrte.

Plötzlich war der Wald aus und Heinrich sah sich auf dem steilen Berge stehen, welcher seiner Geburtsstadt gegenüberlag, aber welch einen Anblick bot diese. Der Fluß war zehnmal breiter als sonst und glänzte wie ein Spiegel; die Häuser waren alle so groß wie sonst die Münsterkirche, von der fabelhaftesten Bauart und leuchteten im Sonnenschein; alle Fenster waren mit einer Fülle der seltensten Blumen bedeckt, die schwer über die mit Bildwerk bedeckten Mauern herabhingen, die Linden stiegen in unabsehbarer Höhe in den dunkelblauen durchsichtigen Himmel hinein, der ein | einziger Edelstein schien, und die riesenhaften Lindenwipfel wehten daran hin und her, als ob sie ihn noch blanker fegen wollten, und zuletzt wuchsen sie in die durchsichtige blaue Masse hinein, daß es vollkommen anzusehen war wie die Moospflänzchen, die man im Bernstein eingeschlossen sieht, nur unendlich größer.

Zwischen den ungeheuren grünen Laubmassen der Linden stiegen die beiden gothischen Thürme des Münsters empor, indessen das byzantinische Schiff der Kirche wie ein Steingebirge unter der Laubmasse lag; aber wo etwas davon sichtbar wurde, war es die künstlichste Bildhauerarbeit. Die beiden goldenen Kronen aber, welche, Heinrich wohlbekannt, die Thurmknöpfe bildeten, funkelten in der Himmelshöhe und waren voll junger Mädchen, die darin tanzten. Obgleich er trotz des breiten Stromes jede Fuge an der Stadt und jedes einzelne Lindenblatt klar und scharf erkennen konnte, so konnte er doch nicht sehen, wer die Mädchen waren, und er beeilte sich, hinüberzukommen, da es ihn sehr Wunder nahm, wer sie sein möchten. |

Zur rechten Zeit sah er den Goldfuchs neben sich stehen, legte ihm den Mantelsack auf und begann den jähen Staffelweg hinunterzureiten, der an die Brücke führte. Jede Staffel war aber ein geschliffener Bergkrystall, in welchem gewissermaßen als Kern ein spannelanges pudelnacktes Weibchen eingeschlossen lag, von unbeschreiblichem Ebenmaß und Schönheit der kleinen Gliederchen. Während der Goldfuchs den halsbrechenden Weg hinuntertrabte und jeden Augenblick mit seinem Reiter in den Abgrund zu stürzen drohte, bog sich Heinrich links und rechts vom Sattel und suchte mit sehnsuchtsvollen Blicken in den Kern der durchsichtigen Krystallstufen zu dringen. „Tausend noch einmal!" rief er lüstern aus, „was mögen das nur für allerliebste närrische Wesen sein in dieser verwünschten Treppe?" „Ei was wird's sein?" erwiederte das Pferd, indem es springend den Kopf zurückwandte, „das sind nur die guten Dinge und Ideen, welche der Boden der Heimath in sich schließt, und welche derjenige herausklopft, der im Lande bleibt und sich redlich nährt!" |

„Teufel," rief Heinrich, „ich werde gleich morgen hier herausgehen und mir einige Staffeln aufklopfen!" und er konnte seine Blicke nicht wegwenden von der langen Treppe, die sich schon glänzend hinter ihm den Berg hinaufwand. Er war jetzt unten bei der Brücke angekommen; das war aber nicht mehr die alte hölzerne Brücke, sondern ein marmorner Palast, welcher in zwei Stockwerken eine unabsehbare Säulenhalle bildete und so als eine niegesehene Prachtbrücke über den Fluß führte. „Was sich doch Alles verändert und vorwärts schreitet, wenn man nur einige Jahre weg ist!" sagte Heinrich, als er gemächlich in die weite Brückenhalle hineinritt. Während das Gebäude von außen nur in weißem, rothem und grünem Marmor glänzte, allerdings in den herrlichsten Verhältnissen und Gliederungen, waren die Wände inwendig mit zahllosen Malereien bedeckt, welche die ganze fortlaufende Geschichte und alle Thätigkeiten des Landes darstellten. Hirten und Jäger, Bauern und Pfaffen, Staatsmänner, Künstler, Handwerker, Schiffer, Kaufleute, Gemsjäger, Mönche, Jünglinge und | Greise, alle waren in ihrem Wesen kenntlich und verschieden und doch sich alle gleich und traten in den dargestellten Handlungen ungezwungen zusammen in den bestimmtesten und klarsten Farben. Die Malerei war einfach, hatte durchaus den Charakter der alten soliden Freskomalerei, aber alle Abwesenheit von gebrochenen Farben und den Künsten des Helldunkels ließ die Bilder nur um so klarer und bestimmter erscheinen und gab ihnen einen unbefangenen und munteren Anstrich. Auch verstand sie alles Volk, das auf der Brücke hin und her wogte, und während sie so durch einen guten und männlichen Styl für den Gebildeten erfreulich blieben, wurden sie durch jene Künste nicht ungenießbar für den weniger Geschulten; denn die Bedeutung der alten Freskomalerei liegt in ihrer tüchtigen Verständlichkeit und Gemeingenießbarkeit, während die Vorzüge der neueren Malerei ein geübtes Auge erfordern und das Volk sich den Teufel um gebrochene Töne kümmert.

Das lebendige Volk, welches sich auf der Brücke bewegte, war aber ganz das gleiche, wie | das gemalte und mit demselben Eines, wie es unter sich Eines war, ja viele der gemalten Figuren traten aus den Bildern heraus und wirkten in dem lebendigen Treiben mit, während aus diesem manche unter die Gemalten gingen und an die Wand versetzt wurden. Diese glänzten dann in um so helleren Farben, als sie in jeder Faser aus dem Wesen des Ganzen hervorgegangen und ein bestimmter Zug im Ausdrucke desselben waren. Ueberhaupt sah man Jeden entstehen und werden und der ganze Verkehr war wie ein Blutumlauf in durchsichtigen Adern. In dem geschliffenen Granitboden der Halle waren verschiedene Löcher angebracht mit eingepaßten Granitdeckeln, und was sich Geheimnißvolles oder Fremdartiges in dem Handel und Wandel erblicken ließ, wurde durch diese Löcher mit einem großen Besen hinabgekehrt in den unten durchziehenden Fluß, der es schleunig weit wegführte. Der Ein- und Ausgang der Brücke aber war offen und unbewacht, und indem der Zug über dieselbe beständig im Gange war, der Austausch zwischen dem gemalten und wirklichen Leben unausgesetzt statt|fand und Alles sich unmerklich jeden Augenblick erneuerte und doch das Alte blieb, schien auf dieser wunderbar belebten Brücke Vergangenheit, Gegenwart und Zukunft nur Ein Ding zu sein.

„Nun möcht' ich wohl wissen," sagte Heinrich vor sich hin, während er aufmerksam Alles auf's Genaueste betrachtete, „was dies für eine muntere und lustige Sache hier ist!"

Das Pferd erwiederte auf der Stelle: „Dies nennt man die Identität der Nation!"

„Himmel!" rief sein Reiter, „Du bist ein sehr gelehrtes Pferd! Der Hafer muß Dich wirklich stechen! Wo hast Du diese gelehrte Anschauung erworben?"

„Erinnere Dich," sagte der Goldfuchs, „auf wem Du reitest! Bin ich nicht aus Gold entstanden? Gold aber ist Reichthum und Reichthum ist Einsicht."

Bei diesen Worten merkte Heinrich plötzlich, daß sein Mantelsack statt mit Wäsche jetzt gänzlich mit jenen goldenen Münzen angefüllt und ausgerundet war, welche er mit den alten Kleidern in das Wasser geworfen hatte. Ohne zu grübeln, | woher sie so unvermuthet wieder kämen, fühlte er sich höchst zufrieden in ihrem Besitze, und obschon er dem weisen Gaule nicht mit gutem Gewissen Recht geben konnte, daß Reichthum Einsicht sei, so war er doch schon insoweit von seiner Behauptung angesteckt und fand sich doch plötzlich so leidlich einsichtsvoll, daß er wenigstens nichts erwiederte und gemüthlich weiter ritt auf der schönen Brücke.

„Nun sage mir, Du weiser Salomo!" begann er nach einer Weile wieder, „heißt eigentlich die Brücke oder die Leute so darauf sind: die Identität? oder welches von beiden nennst Du so?"

„Beide zusammen sind die Identität!" sagte das Pferd.

„Der Nation?" fragte Heinrich.

„Der Nation, zum Teufel noch einmal, versteht sich!" sprach der Goldfuchs.

„Gut! aber welches ist denn die Nation, die Brücke oder die Leute, so darüber rennen?" sagte Heinrich.

„Ei seit wann," rief das Pferd, „ist denn eine Brücke eine Nation? Nur Leute können eine | Nation sein, folglich sind diese Leute hier die Nation!"

„So! und doch sagtest Du soeben, die Nation und die Brücke zusammen machten eine Identität aus!" — erwiederte Heinrich.

„Das sagt' ich auch und bleibe dabei!" versetzte das Pferd.

„Nun, also?" fuhr Heinrich fort.

„Wisse," antwortete der Gaul bedächtig, indem er sich auf allen Vieren ausspreizte und tiefsinnig in den Boden hineinsah, „wisse, wer diese heiklige Frage zu beantworten, den Widerspruch zu lösen versteht, ohne den scheinbaren Gegensatz aufzuheben, der ist ein Meister hier zu Lande und arbeitet an der Identität selber mit. Wenn ich die richtige Antwort, die mir wohl so im Maule herumläuft, rund und nett zu formuliren verstände, so wäre ich nicht ein Pferd, sondern längst hier an die Wand gemalt. Uebrigens erinnere Dich, daß ich nur ein von Dir geträumtes Pferd bin und also unser ganzes Gespräch eine subjective Ausgeburt und Grübelei Deines eigenen Gehirnes ist, die Du Aberwitziger mit | über den Rhein gebracht hast. Mithin magst Du fernere Fragen Dir nur selbst beantworten aus der allerersten Hand!"

„Ha! Du widerspenstige Bestie!" schrie Heinrich in anthropologischem Zorne und spornte das Pferd heftig, „um so mehr, undankbarer Klepper, bist Du mir zu Red' und Antwort verpflichtet, da ich Dich aus meinem so sauer ergänzten Blute erzeugen und diesen Traum lang speisen und unterhalten muß!"

„Hat auch was Rechtes auf sich!" erwiederte das Pferd ganz gelassen. „Dieses ganze Gespräch, überhaupt unsere ganze werthe Bekanntschaft ist das Werk und die Dauer von kaum zwei Secunden und kostet doch wohl kaum einen Hauch von Deinem geehrten Körperlichen."

„Wie, zwei Secunden?" rief Heinrich und hielt das schöne Goldthier an, „ist es nicht wenigstens eine Stunde, daß wir auf dieser endlosen Brücke reiten und uns umsehen in dem Getümmel?"

„Gerade eine Secunde ist's," sagte der Gaul, „daß ein berittener Nachtwächter um die Straßen|ecke bog, und ein einziger Hufschlag hat in Dir meine Erscheinung erneuert, welche überhaupt veranlaßt wurde, als vor einer halben Stunde derselbe Nachtwächter des entgegengesetzten Weges kam. Auch ist dieses Minimum von Zeit ein und dasselbe Minimum von Raum, kurz die identische Kleinigkeit Deines in das Kopfkissen gedrückten Schädels, in welchem sich eine so weite Gegend und tausend belebte und verschiedene Dinge gleichzeitig ausbreiten und zwar Alles auf Rechnung des einen Hufschlages, welcher nichts desto minder nur als ein gemeiner Hammerschlag zu betrachten ist, der nur dazu dient, den Kasten Deines eigenen Wesens aufzuthun, worin Alles schon hübsch zusammengepäschelt liegt, was —"

„Um's Himmelswillen!" rief Heinrich, „vergeude nicht länger die kostbare Dauer des Hufschlages mit Deinen Auseinandersetzungen, sonst ist der nur allzukurze Augenblick vorbei, ehe ich über diese schöne Brücke im Reinen bin!"

„Eilt gar nicht! Alles, was wir für jetzo zu erleben und zu erfahren haben, geht vollkommen in das Maß des wackeren Pferdetrittes hinein, | und wenn der sehr richtig denkende Psalmist den Herrn seinen Gott anschrie: Tausend Jahre sind vor Dir wie ein Augenblick! so ist diese gut begründete Hypothese von hinten gelesen eine und dieselbe Wahrheit: Ein Augenblick ist wie tausend Jahre! Wir könnten noch tausendmal mehr sehen und hören während dieses Hufschlages, wenn wir nur das Zeug dazu in uns hätten, lieber Mann! Doch alles Pressiren oder Zögern hilft da nichts, Alles hat seine bequemliche Erfüllung und wir können uns ganz gemächlich Zeit lassen mit unserem Traum, er ist was er ist und dauert einen Schlag und nicht mehr noch minder!" sagte das Pferd.

„Gut, so beantworte mir ohne Anstand noch diese Frage!" erwiederte Heinrich, „ich muß mir aber die Frage erst noch ein wenig zurechtlegen und deutlich abfassen; denn ich weiß nicht recht, wie ich mich ausdrücken soll. Bereite Dich indessen, da wir, wie Du sagst, ausreichende Traumeszeit haben, recht gründlich auf die Beantwortung vor!"

„Wie kann ich mich zur Antwort vorbereiten, | eh' ich nur die Frage kenne?" sagte das Pferd verwundert.

„Was?" rief Heinrich erbost, „das weißt Du nicht? Deinen guten Willen und Dein bischen Ehrlichkeit sollst Du zusammennehmen und den Vorsatz fassen, ohne alle Heuchelei und Ausschmückung zu antworten, und selbst wenn Du gar nichts zu antworten weißt, so sollst Du dies mit gutem ehrlichen Willen bekennen, und dies wird alsdann die gesundeste Antwort sein. Kurz, Du sollst, während Du philosophirst, wirklich ein Philosoph sein und nicht etwa ein Buchbinder oder ein Kattundrucker!"

„Es ist doch wunderbar mit den Menschen!" bemerkte der Goldfuchs melancholisch. „Bist denn Du etwa jetzt ein Philosoph, während Du Dir erst ein Pferd träumst, um Dir von demselben Fragen beantworten zu lassen, welche Du Dir einfacher und unmittelbar aus Dir selbst beantworten kannst? Muß denn Dein träumender Verstand wirklich erst ein Pferd formen, es auf vier Beinen dahinstellen und sich rittlings darauf|setzen, um aus dem Munde dieses Geschöpfes das Orakel zu vernehmen?"

Heinrich lächelte vergnügt und selbstzufrieden wie Einer, der es wohl weiß, daß er sich selbst einen Spaß vormacht, und versetzte: „Antworte! Ich sehe hier eine Brücke; dieselbe ist aber vollkommen gebaut und eingerichtet wie ein Palast oder großer Tempel, so daß es in dieser Hinsicht wieder mehr als eine Brücke zu sein scheint, während eine solche vielmehr nur der Weg etwa zu einem guten Tempel oder derartigen Bauwerke zu sein pflegt. Auch beginnt am Ausgange dieser herrlichen Palastbrücke oder dieses Brückenpalastes eine herrliche alte Stadt, deren himmelhohe Lindenwipfel und goldene Thurmknöpfe wir wohl unter diese Bogenwölbungen können einherfunkeln sehen, wenn wir uns bücken, so wie wir ja auch aus der schönsten Landschaft herkommen und soeben über die treffliche ideenhaltige Krystalltreppe heruntergestolpert sind. Trotzdem scheint Alles auf dieser Brücke so zu leben und zu weben, als ob Nichts als diese Brücke da wäre, und ich bin nun begierig, zu hören, ob dies | stattliche Brückenleben eigentlich ein Uebergang, wie es einer Brücke geziemt, oder ein Ziel, wie es ihr auch wieder geziemen könnte, da sie so hübsch ist, ein Zweck oder ein Mittel sei? Ein bloßes Bindemittel oder eine in sich ruhende Vereinigung? Ein Ausgang oder ein Eingang, ein Anfang oder ein Ende? ein A oder ein O? Dies nimmt mich Wunder!"

Das weise Pferd erwiederte: „Alles dies ist zumal der Fall und das ist eben das Herrliche und Bedeutungsvolle an der Sache! Ohne die schönen Ufer wäre die Brücke nichts und ohne die Brücke wären die Ufer nichts. Alles, was auf der Brücke geht, ist und bedeutet nur etwas, insofern es aus dem Gelände hüben und drüben kommt und wieder dahin geht und dort etwas Rechtes ist, und dort kann man es wiederum nur sein, wenn man als etwas Rechtes über die Brücke gegangen ist. Wenn man auf der Brücke ist, so denkt man an nichts Anderes und stürzt sich in den Verkehr, indessen man doch unversehens hinüber gelangt und wieder in seiner besonderen Behausung ist. Dort duselt und hantirt man | in Küche und Keller, auf dem Estrich und in der Stube herum, als ob man nie auf der Brücke gewesen wäre, bis man plötzlich einmal den Kopf aus dem Fenster steckt und sieht, ob sie noch stehe; denn von allen Punkten aus kann man sie ragen und sich erstrecken sehen. So ist sie ein prächtiges Monument und doch nur eine Brücke, nicht mehr als der geringste Brettersteg; eine bloße Geh- und Fahrbrücke und doch wieder eine statiöse Volkshalle."

Plötzlich bemerkte Heinrich, daß er von allen Seiten mit biederer Achtung begrüßt wurde, welche sich besonders dadurch kund gab, daß Manche mit einem vertraulichen Griffe und wichtiger Miene seinen strotzenden Mantelsack betasteten, wie etwa die Bauern auf den Viehmärkten die Weichen einer Kuh betasten und kneifen und dann wieder weiter gehen.

„Der Tausend," sagte Heinrich, „das sind ja absonderliche Manieren! ich glaubte, es kenne mich hier kein Mensch."

„Es gilt auch," sagte das Pferd, „nicht sowohl Dir, als Deinem schweren Quersack, Deiner | dicken Goldwurst, die auf meinem Kreuz liegt."

„So?" sagte Heinrich, „also ist das Geheimniß und die Lösung dieser ganzen Identitätsherrlichkeit doch nur das Gold, und zwar das gemünzte? Denn sonst würden sie Dich ja auch betasten, da Du aus dem nämlichen Stoffe bist!"

„Hm," sagte das Pferd, „das kann man eigentlich nicht behaupten! Die Leute auf dieser Brücke haben vorerst ihr Augenmerk darauf gerichtet, ihre Identität allerdings zu behaupten und gegen jeglichen Angriff zu vertheidigen. Nun wissen sie aber sehr wohl, daß ein kampffähiger guter Soldat wohlgenährt sein muß und ein gutes Frühstück im Magen haben muß, wenn er sich schlagen soll. Da dies aber am bequemsten durch allerlei Gemünztes zu erreichen und zu sichern ist, so betrachten sie Jeden, der mit dergleichen wohl versehen, als einen gerüsteten Vertheidiger und Unterstützer der Identität und sehen ihn drum an. Sei dem wie ihm wolle, ich rathe Dir, Dein Capital hier noch ein wenig in Umlauf zu setzen und zu vermehren. Wenn die | Meinung der Leute im Allgemeinen auch eine irrige ist, so steht es doch Jedem frei, sie für sich zu einer Wahrheit und so seine öffentliche Stellung angenehm zu machen."

Heinrich griff in seinen Sack und warf einige Hände voll Gold- 03.117.18
münzen in die Höhe, welche sogleich von hundert in die Luft grei-
fenden Händen aufgefangen und weiter geworfen wurden. Heinrich warf immer mehr Gold aus, und dasselbe wanderte von Hand
zu Hand über die ganze Brücke und über dieselbe hinaus über das
Land; Jeder gab es emsig weiter, nachdem er es besehen und ein
bischen an seinem eigenen Golde gerieben hatte, wodurch sich
dieses verdoppelte, und bald kehrten alle Goldstücke Heinrich's
in Gesellschaft von drei bis vier anderen wieder zurück, und zwar
so, daß die ursprüngliche Münze, auf welcher der alte Schweizer
geprägt war, die übrigen anführte mit einem Gepräge aus aller
Herren Länder. Er wies ihnen mit seinem Schwerte, welches jetzt
ein Mercuriusstab war, den Platz an und es regnete von allen Seiten
auf Heinrich ein. Das Gold setzte sich klumpenweise an alle | vier
Beine des Pferdes, wie der Blumenstaub, welcher die Höschen der
Bienen bildet, so daß es bald nicht mehr gehen konnte. Da es aber
immer mehr Gold regnete, so bildete dieses noch zwei große Flügel
an dem Thiere und dieses glich nun wirklich mehr einer ungeheuren beladenen Biene als einem Pferde, und flog mit Heinrich lustig
von der Brücke auf, welche jetzt endlich zu Ende war.

 Heinrich ritt oder flog jetzt durch die sonnigen Straßen der 03.118.14
Stadt, welche herrlich und fabelhaft aussahen und ihm doch ganz
bekannt waren, bis er unter die himmelhohen Linden kam, zwischen welchen in der Höhe die zwei goldenen Münsterkronen
glänzten mit lebendigen Mädchen angefüllt. Das goldene Bienen-
pferd schwang sich mit ihm höher und höher und setzte sich endlich auf einen grünen Lindenast, welcher gerade zwischen beiden
Kronen mitteninne schwebte.

 „Das sind," sagte das lustige Vogelthier, „die heirathslustigen
Jungfernmädchen dieses Landes, unter denen Du Dir als wohl-
bestellter Mann füglich eine Frau aussuchen kannst." Heinrich |
blickte unentschlossen in beide Kronen hinüber, wie der Esel des

Buridan zwischen den Heuschobern, und flog endlich mit seinem Thiere in die eine der Kronen, so daß er wie eine Reiterstatue plötzlich in einem Kranze ältlicher Mädchen stand, welche anständig und gemessen um ihn herum tanzten und sangen: „Wir sind diejenigen heirathsfähigen Frauenzimmer, welche gerade mannbar waren, als Du in die Fremde gereiset bist, und welche seitdem alte Jungfern geworden! kennst Du uns noch? Unten in der Kirche wird getraut!"

„Teufel noch einmal," sagte Heinrich, „wie die Zeit vergeht! Wer hätte das gedacht! Ich will aber sehen, was das da drüben für welche sind!"

Er flog in die andere Krone und sah sich unter eine Schaar siebzehn- bis achtzehnjähriger Jüngferchen versetzt, welche die Locken schüttelnd muthwillig und doch zartverschämt um ihn tanzten, ihn dabei mit offenen Rehaugen ansahen und sangen: „Wir sind diejenigen heirathsfähigen | Frauenzimmer, welche noch mit der Puppe spielten, als Du verreiset bist! Kennst Du uns noch?"

„Alle Himmel!" rief Heinrich, „wie die Zeit vergeht! Wer hätte das gedacht? Eure Gesichtchen sind aber lieblichere Zeitsonnenuhren, als die da drüben! Welche Zeit ist es, Du kleine Schlanke?"

„Es ist Heirathenszeit," lachte hold die Angeredete, und Heinrich rief hocherfreut und lachend, indem er ihr das zarte Kinn streichelte: „Warte Du einen Augenblick, ich will nur erst meine Mutter aufsuchen und mit ihr Absprache nehmen!"

Er flog eilig vom Thurm hernieder und die bergige Stadt hinanreitend suchte er endlich die Straße und das Haus seiner Mutter auf. Das schwere Pferd konnte aber nur mühsam vorwärts und es dünkte Heinrich eine qualvolle Ewigkeit, bis er endlich vor dem ersehnten Hause anlangte. Da fiel das Thier vor der Hausthür zusammen und verwandelte sich zum Theil wieder in das Gold, aus welchem es entstanden, zum Theil in die schönsten und reichsten Effecten und | Merkwürdigkeiten aller Art, wie man sie

nur von einer bedeutsamen und glücklichen Reise zurückbringen
kann; Heinrich aber stand verlegen bei dem aufgethürmten Haufen
von Kostbarkeiten, der sich ganz offen ohne alle tragbare Hülle auf
der Straße ausbreitete, und vergeblich suchte er den Drücker der
verschlossenen Hausthür oder den Glockenzug. Ungeduldig und
rathlos, indem er ängstlich seine Reichthümer hütete, sah er an das
Haus hinauf und bemerkte erst jetzt, wie seltsam es aussah. Es war
gleich einem alten edlen und fachreichen Schrankwerke ganz von
dunklem Nußbaumholz gebaut mit unzähligen Gesimsen, Balko-
nen und Galerien, Alles auf das Feinste gearbeitet und spiegelhell
polirt. Auf den Gesimsen und Galerien standen alterthümliche
silberne Trinkbecher von jeder Gestalt, kostbare Porzellangefäße
und kleine feine Marmorbilder aufgereiht. Große Fensterscheiben
von klarem Krystallglas, denen aber das dunkle Innere des Hauses
einen dunklen geheimnißvollen Glanz gab, funkelten hinter den
Galerien, oder herrlich gemaserte Holzthüren, welche in's Innere
führten | und mit reich geformten blanken Stahlschlüsseln verse-
hen waren, boten dem Lichte ihre glänzende Fläche dar; denn der
Himmel wölbte sich jetzt ganz dunkelblau über dem Hause, und
eine merkwürdige halbnächtliche Sonne spiegelte sich in der dunklen Pracht des Nußbaumholzes, im Silber der Gefäße und in den
Fensterscheiben. Alles dies sah aus wie das nach außen gekehrte
Inwendige eines altbestandenen reichen Hauses, und hatte doch
ein sehr festes und bauliches Ansehen. Jetzt entdeckte Heinrich, *03.120.17*
daß außen schön geschnitzte Treppen zu den Galerien hinaufführ-
ten, und bestieg dieselben, Einlaß suchend. Wenn er aber eine der
Thüren öffnete, so sah er nichts als ein Gelaß vor sich, welches mit
Vorräthen der verschiedensten Art angefüllt war. Hier that sich eine
reiche Bücherei auf, deren dunkle Lederbände von Gold glänzten,
dort war Geräth und Geschirr aller Art übereinandergeschichtet,
was man nur wünschen mochte zur Annehmlichkeit des Lebens,
dort wieder thürmte sich ein Schneegebirge feiner Leinwand empor,

oder ein duftender Schrank that sich auf mit hundert köstlichen | Kästchen voll Spezereien und Gewürze. Er machte eine Thür nach der anderen wieder zu, wohlzufrieden mit dem Gesehenen und nur ängstlich, daß er die Mutter nirgend fand, um sich in dem trefflichen Heimwesen sogleich einrichten zu können. Suchend drückte er sich an eines der prächtigen Fenster und hielt die Hand an die Schläfe, um die Blendung des dunklen Krystalles zu vermeiden; da sah er, anstatt in ein Gemach hinein, in einen herrlichen Garten hinaus, der im Sonnenlichte lag, und dort glaubte er zu sehen, wie seine Mutter im Glanze der Jugend und Schönheit, angethan mit seidenen Gewändern, durch die Blumenbeete wandelte. Er wollte ihr eben sehnlich zurufen, als er unten auf der Gasse ein häßliches Zanken vernahm. Erschreckt sah er sich um und sprang im Nu hinunter; denn unten stand der vom Thurme gestürzte junge Mensch aus der Jugendzeit, jener feindliche Meierlein, und störte mit einem Stecken Heinrich's schöne Effecten auseinander. Wie dieser aber unten war, geriethen sie einander in die Haare und rauften sich ganz unbarmherzig. Der | wüthende Gegner riß dem keuchenden Heinrich alle seine schönen Kleider in Fetzen, und erst, als dieser ihm einige verzweifelte Knüffe versetzte, entschwand er ihm unter den Händen und ließ den Ermatteten und ganz Trostlosen in der verdunkelten kalten Straße stehen. Heinrich sah sich angstvoll mit bloßen Füßen und mit nichts als einem zerrissenen Hemde bekleidet dastehen; das Haus aber war das alte wirkliche Haus, jedoch halb verfallen, mit zerbröckelndem Mauerwerk, erblindeten Fenstern, in denen leere oder verdorrte Blumenscherben standen, und mit Fensterläden, die im Winde klapperten und nur noch an einer Angel hingen. Von seiner vortrefflichen Traumeshabe war nichts mehr zu sehen, als einige zertretene Reste auf dem kothigen Pflaster, welche dazu von nichts Besonderem herzurühren schienen, und in der Hand hielt er nichts, als den seinem bösen Feinde entrungenen Stecken. Heinrich trat entsetzt auf die andere Seite der

Straße und blickte kummervoll nach den öden Fenstern empor, wo
er deutlich seine Mutter, alt und grau, hinter der dunklen Scheibe
sitzen sah, in tiefem | Sinnen über die schwarzen Dächer der Nachbarschaft hinausschauend.

Heinrich streckte die Arme nach dem Fenster empor; als sich
die Mutter aber leise rührte, verbarg er sich hinter einem Mauervorsprung und suchte angstvoll aus der stillen dunklen Stadt zu
entkommen, ohne gesehen zu werden. Er drückte sich längs den
Häusern hin und wanderte auch alsbald an seinem schlechten
Stecken auf einer unabsehbaren Landstraße dahin zurück, wo er
hergekommen war. Er wanderte und wanderte rastlos und mühselig, ohne sich umzusehen, und als er in sein wirkliches Elend aufwachte, fiel ihm ein Stein vom Herzen und er war so froh, als ob
der glücklichste Tag ihn begrüßte.

So zeigte sich dem schlafenden Heinrich die Kraft und Schönheit des Vaterlandes in den lieblichsten Traumbildern, wo Alles
glänzend übertrieben war in dem Maße, als er sich dahin zurücksehnte und seine verlangende Phantasie das Ersehnte ausmalte. Er
wunderte sich über diese Traumgewalt und freute sich derselben
wie einer schönen Freundin, welche ihm das Elend versüßte; | denn
er zehrte Tage lang von der Erinnerung der schönen Träume. Noch
mehr wunderte er sich über die Gier, mit welcher der Mangel ihn
fortwährend von Geld und Gut und allen guten Dingen träumen
ließ, was aber gewöhnlich ein schlimmes Ende nahm, und studirte
darüber, ob diese Gier wirklich etwa eine in ihm schlummernde
Untugend sein möchte? Je tiefer er aber in gänzliche Verlassenheit
hineinlebte, desto weniger mährchenhaft und unsinnig wurden die
Träume, aber sie nahmen eine einfache Schönheit und Wahrheit
an, welche, selbst wenn sie traurigen Inhaltes war, eine tröstliche
Rührung und Ruhe in Heinrich's Gemüth verbreitete. Die Träume
wurden so folgerichtig und lebendig, daß er sich so zu sagen sogar
während des Traumes jene unmäßigen Geld- und Gutphantasien

abgewöhnen konnte mit ihren närrischen Täuschungen und sich auf einfach artige Bilder beschränkte. So träumte er eine Nacht, daß er an dem Rande des Vaterlandes auf einem dunklen Berge säße, während das Land in hellem Scheine vor ihm ausgebreitet lag. Auf den weißen Straßen, auf den grünen | Fluren wallten und zogen viele Schaaren von Landleuten und sammelten sich zu heiteren Festen, zu allerhand Handlungen und Lebensübungen, was er Alles aufmerksam beobachtete. Wenn aber solche Züge nahe an ihm vorübergingen und er manche Befreundete erkennen konnte, so schalten diese ihn im Vorbeigehen, wie er, theilnahmlos in seinem Elende verharrend, nicht sehen könne, was um ihn herum vorgehe. Er vertheidigte sich, indem sie vorüberzogen, und rief ihnen sorgfältig gefügte Worte nach, welche wie ein Lied klangen, und dieser Klang lag ihm nach dem Erwachen fort und fort im Gehör, indessen er sich wohl noch des Sinnes, aber durchaus nicht mehr der Worte erinnern konnte, oder wenigstens nur so viel, daß sie wohl an sich sinnlos, aber gut gemeint gewesen seien. Es reizte ihn aber unwiderstehlich, die liedartige Rede herzustellen oder vielmehr von Neuem abzufassen bei wachen Sinnen, und indem er ein altes Bleistümpfchen und ein Fetzchen Papier mit Mühe zusammensuchte, schrieb er, in Takt gerathend und mit den Fingern zählend, diese Strophen auf: |

> Klagt mich nicht an, daß ich vor Leid
> Mein eigen Bild nur könne sehen!
> Ich seh' durch meinen grauen Flor
> Wohl euere Gestalten gehen.
>
> Und durch den starken Wellenschlag
> Der See, die gegen mich verschworen,
> Geht mir von euerem Gesang,
> Wenn auch gedämpft, kein Ton verloren!
>
> Und wie die Danaide wohl
> Einmal neugierig um sich blicket,

> So schau' ich euch verwundert nach,
> Besorgt, wie ihr euch fügt und schicket.

Je herber und trockener diese Verse an sich waren, desto unmittelbarer und wahrer drückten sie seine Gemüthsverfassung aus, da ein blühendes und vollkommenes Kunstwerkchen nicht in einer solchen selbst, sondern erst in der versöhnten Erinnerung entstehen kann. Die Zeilen dünkten den über seine plötzliche Kunst Verwunderten aber die schönste Musik; er vertrieb sich die öde Zeit, indem er ferner dergleichen Träume festhielt, und als er wieder von dem schlimmen Meierlein | träumte, hämmerte er in stillem Ingrimm einige bittere Verse zurecht:

> Im Traum sah ich den schlimmen Jugendfeind,
> Mit dem ich in der Schule einst gesessen;
> Sein Name schon verdunkelt mir den Sinn,
> Wie viel der Jahre auch gefloh'n indessen!
>
> Als bärt'ge Männer trafen wir uns nun;
> Doch Jeder trug annoch sein Bücherränzchen,
> Das warf er ab und rief dem Andern zu,
> Die Fäuste ballend: he, willst du ein Tänzchen?
>
> Wir rauften uns, er spie mir in's Gesicht,
> Ich unterlag in Schmach und wildem Bangen;
> Da bin in Schweiß und Thränen ich erwacht
> Und sah die Sonne kalt am Himmel prangen.

Inzwischen erhielt er endlich wieder einen Brief von seiner Mutter, welche ihn beschwor, Nachricht von sich zu geben und, wie er sei, nach Hause zu kehren, auch wenn er gar Nichts erreicht von allen Hoffnungen und Alles verloren habe. Sie warf ihm vor, daß er sie zwinge, zuerst das Schweigen zu brechen, indem sie es nicht mehr aushalten könne, und erzählte ihm, ihren Kummer vergessend und des Schreibens froh, allerlei | Dinge, unter anderen auch, wie sie geträumt habe, daß Heinrich auf einem schönen Pferde reitend in der Vaterstadt angekommen und vor dem Hause abgestiegen sei, was sie für eine günstige Vorbedeutung halten wolle.

Es war ihm unmöglich, auch nur eine Zeile zur Erwiederung hervorzubringen; dagegen folgte dem ersten Schmerz über den rührenden Brief ein begieriges Aufsichladen einer verhängnißvollen Verschuldung, indem er sein ganzes Leben und sein Schicksal sich als seine Schuld beimaß und sich darin gefiel, in Ermangelung einer anderen froheren Thätigkeit, diese Schuld als ein köstliches Gut und Schoßkind zu hätscheln, ohne welches ihm das Elend unerträglich gewesen wäre. Seine Traumgedichte vergessend, brachte er diese neue Leidseligkeit in gereimte Wortzeilen und feilte die folgenden mit so wehevollem Herzen aus, als ob er die schlimmsten Dinge verübt hätte:

> O ich erkenn' das Unglück ganz und gar
> Und sehe jedes Glied an seiner Kette!
> Es ist vernünftig, liebenswürdig klar!
> Kein Schlag, den ich nicht ganz verschuldet hätte! |
>
> Nicht zehnmal Aergeres hat mir gebührt,
> Gerecht ist mir die Schale zugemessen!
> Doch zehnmal bittrer hab ich sie verspürt,
> Als ich im Glück zu träumen mir vermessen!
>
> Doch zehnmal leichter bring' ich sie zum Mund,
> Als die Erinn'rung einst sich noch entsinnet;
> Der quellenklare Perltrank ist gesund,
> Ich lieb' ihn drum und weiß woher er rinnet!

Wenn er aber in dies Wesen sich recht hineingegrämt hatte, wobei ihn die traurigsten Erlebnisse unterstützten, die nicht erbaulich zu beschreiben wären, die er aber anfing mit Lust in sich hineinzutrinken, so schrieb er plötzlich voll guten Muthes, einem frischen Lufthauch Raum gebend:

Ein Meister bin ich worden,
Zu tragen Gram und Leid,
Und meine Kunst zu leiden
Wird mir zur Seligkeit.

Doch fühl' ich auch zum Glücke
In mir die volle Kraft
Und werde leichtlich üben
Die schön're Meisterschaft! |

Auf einem gold'nen Feuer
Von Zimmet süß und ächt
Will zierlich ich verbrennen
Das schnöde Dorngeflecht.

Das mir um's Haupt gelegen
So viele Tage lang,
Und lachend übertön' ich
Der Bettlerkrone Knistersang!

Als er aber eines Abends nach seiner Wohnung zurückkehrte, sich auf die Dunkelheit und Vergessenheit der Nacht freuend, fand er die Wirthsleute darin, welche die ärmliche Stube eifrig aufräumten und zurecht machten. Das Bett war schon weggenommen, die leeren Schränke standen spöttisch offen, sein Koffer war erbrochen und durchsucht, und dessen einziger Inhalt, Heinrich's Jugendgeschichte, lag zerblättert und zerknittert auf die Dielen geworfen. Die Wirthsleute kündigten ihm mit harten Worten an, daß er hier nicht länger wohnen könne, sondern noch heute das Haus verlassen solle. Schweigend nahm er das Buch auf, wickelte es in ein Stückchen altes Wachstuch, das auch noch in dem Koffer lag und dem man es ansah, daß es ebenfalls um und um gekehrt worden, und entfernte sich mit diesem Päcklein aus dem Hause, indeß die Leute höhnisch hinter ihm nachschalten.

Ohne einen Pfennig in der Tasche, ohne etwas zu sich zu nehmen, ging er mit einbrechender Nacht aus dem Thore und schlug die Straße nach der Heimath ein. Er dachte nichts Anderes, als unaufhaltsam und auf jede Weise zu gehen und zu gehen, wie er ging und stand, bis er dort angekommen. Denn nun dünkte ihn, daß sein Geschick die zur Rückkehr nothwendige klare und fertige Form angenommen habe, und da er nicht mit erfüllten Hoffnungen wiederkehren konnte, kehrte er doch in dem ernsten heiligen Bettlerleide eines gänzlich Obdachlosen und Hülfesuchenden, und zeigte so wenigstens eine bestimmte Gestalt und Gewandung dem mitlebenden Geschlechte und nahm einen erkennbaren Rang in demselben ein. Dies war nichts weniger als etwa Trotz und Hohn, sondern er hielt es aufrichtig für ein kostbares und erlösendes Gut, und das Wie war ihm gleichgültig, wenn nur das | Geschick für einmal erfüllt war. Ja der Augenblick, wo er in voller Demuth und mit der reichen Erfahrung von Noth und Abhängigkeit unter das Dach der Mutter treten würde, erschien ihm als das süßeste Glück und kaum zu erwarten, und er schätzte jeden Schritt, den er auf der nächtlichen Straße that, mit einem Seufzer nach dem Maß und Werth, in welchem er ihn seinem Ziele näher brachte. |

Achtes Kapitel.

Aber er lernte erst jetzt die allerursprünglichsten menschlichen Zustände kennen. Er war auf dem Dampfwagen angekommen vor Jahren und seitdem nach dieser Seite hin kaum über das Weichbild der Stadt hinausgelangt und hatte sich um die Lage der Ortschaften und um das Straßennetz nicht gekümmert. Bald stieß er in der Dunkelheit auf den Eisenbahndamm, welcher die Landstraße durchschnitt; ein später Zug brauste vorüber, der in fliegender Eile an das gleiche Ziel führte, welches Heinrich zu erreichen strebte, und wehmüthig sah er die dröhnende Wagenburg in der nächtlichen Ferne verschwinden. Jetzt theilte sich die Straße in zwei fast gleich große Zweige, und da er den Unterschied wegen der Nacht nicht | bemerkte, folgte er dem etwas schmäleren Zweige; nach einer Stunde wiederholte sich der gleiche Irrthum, indem die Straße sich abermals in eine unmerklich kleinere abzweigte, und endlich war Heinrich, auf einem schmalen holperigen Fahrweg gehend, weit seitwärts von der Heerstraße und in das Innere des alten Landes gerathen. Er ging über dunkle Höhen, durch Gehölze, über Feld- und Wiesenfluren, an Dörfern vorüber, deren schwache Umrisse oder matte Lichter weit vom Wege lagen; er begegnete einzelnen unkenntlichen Menschen, welche ihn ebenso wenig erkennen mochten und behutsam grüßten oder auch schweigend vorbeigingen. Aber er fragte Niemanden nach dem Wege, da er einen näheren Ort in der Richtung nach der Schweiz nicht zu nennen wußte, und nach der letzteren am wenigsten fragen mochte in der Ueberzeugung, daß die Frage so tief im fremden Lande, auf nächtlichen Wegen an herumdämmernde Landleute gerichtet, vollkommen zwecklos und thöricht erscheinen, ja sogar bedenklich auffallen würde. So ging er mitten in dem civilisirtesten Welttheil wie in einer unbewohnten | Wildniß und suchte nur die Richtung nach der Heimath innezuhalten, indem er die Himmelsgegend nach den Spuren des verloschenen herbstlichen Abendrothes im Auge behielt. Obschon er müde ward, so wanderte er unverdrossen weiter, sein Päckchen bald unter diesen, bald unter jenen Arm nehmend; denn die Nacht war frostig und kalt. Bald schmerzten ihn auch die steinigen harten Geleise der Wege durch die schlechten Sohlen und er schlotterte in seinen dünnen Kleidern. Die tiefste Einsamkeit waltete jetzt auf Erden, da es Mitternacht war und Heinrich über weite Felder ging; aber um so belebter waren die herbstlichen, mondlosen aber mit tausend Sternbildern durchwirkten Lüfte, denn singende, zwitschernde Staaren- und Schwalbenvölker zogen nach Süden, ja die ganze Nacht hindurch rauschte und tönte es auf den himmlischen Straßen von Sängerschaaren, wilden Tauben-, Hühner- und Gänsezügen, welche entweder weit aus Norden kamen, oder aus diesen Fluren aufbrachen und südwärts reisten. Noch nie hatte Heinrich diesen herbstlichen Nachtverkehr der Lüfte so genau und auf|fallend gesehen, und indem er sich unten auf der dunkeln harten Erde mühselig forthalf, blickte er fortwährend nach dem Himmel und beobachtete neugierig das Ziehen und Begegnen der gefiederten Völkerschaften, denen mit Sonnenaufgang das wärmere Land und die neue lustige Heimath gewiß war.

Dann gerieth er in einen großen Forst und die Dunkelheit wurde vollkommen. Still huschte der Kauz an seinem Gesichte vorüber, die Waldschnepfe bog hier und dort blitzschnell um die Büsche, wovon er aber nur ein leises Wehen hörte, aus der Tiefe schrie der Uhu. Diesen hatte Heinrich nie gehört und er kannte sein Geschrei nicht, daher machte es die Verwirrung und Fremdheit des Abenteuers vollständig. Doch stieß er nun an einer Lichtung auf einen rauchenden Kohlenmeiler, dessen Hüter in der Erdhütte

steckte und schlief. Heinrich setzte sich auf einen Baumstrunk an den heißen Meiler und wärmte sich, und er wäre ganz glücklich gewesen, wenn er jetzt nur etwas zu essen und zu trinken gehabt hätte. Er ging zwar einigemal unter die Bäume | und ein Wenig in
05 sie hinein und griff gierig mit den Händen im Dunkeln herum, ob nicht etwa ein Thier oder Vogel in dieselben gerathen möchte, was er würgen und braten könnte; es rauschte auch auf und gab Laut da und dort; allein nichts kam ihm unter die begierigen Hände und traurig kehrte er an seinen Platz zurück, wo er endlich einschlief.
10 Ein Flug laut schreiender Wanderfalken, deren silberblaue Flügel und weiße Federbrüste im ersten Morgenroth blitzten, weckte den Schläfer aus verlorenen Träumen, und da, wie er sich ermunterte, der Köhler sich zugleich zu regen und aus seiner Hütte zu kriechen begann, die Füße voran, so stand Heinrich auf und setzte seinen
15 Weg fort, dem Köhler einen guten Morgen wünschend, und der Köhler dankte ihm, des Glaubens, es wäre ein früh vorübergehender Reisender mit kleinem Wachstuchbündel. „Der mag auch kaum ein altes Hemde in seinem Päckchen haben!" sagte er vor sich hin, als die dürftige Gestalt im Walde verschwand.
20 Doch dieser nahm bald ein Ende und Heinrich trat in eine weite, wunderschöne deutsche | Herbstmorgenlandschaft hinaus. Waldige und dunkle Gebirgszüge umgaben den Horizont, durch das weite Thal schlängelte sich ein röthlicher Fluß daher, weil der halbe Himmel im Morgenroth flammte und die purpurisch ange-
25 glühten Wolkenschichten über Feldern, Höhen, Dörfern und kleinen grauen Städten hingen. Nebel rauchte an den Waldhängen und verzog sich an den dunkelblauen Bergen; Burgen, hohe Stadtthore und Kirchthürme glänzten röthlich auf, und über all' dem stand noch der spät aufgegangene Mond am Himmel und vermehrte, ohne
30 zu leuchten, den Reichthum dieser Herbstwelt um sein goldenes Rund. Längs des Waldrandes, über welchem er schwebte, entspann sich ein hallender Jagdlärm; Hörner tönten, Hunde musicirten fern

und nah, Schüsse knallten, und ein schöner Hirsch sprang an Heinrich vorüber, als er eben den Forst verließ. Das Morgenroth und der alte Mond waren so ruhig und heimathlich, ihn dünkte, er müsse und müsse zu Hause sein, während das fremde Gebirge ihm nur zu deutlich sagte, wie fern er noch sei, und das Morgenroth überdies | noch den Seufzer entlockte: Morgenroth bringt ein nasses Abendbrot! Jenes verkündete einen unzweifelhaften tüchtigen Regentag, und der wandernde Heinrich dachte mit Schrecken an die kommenden Fluthen und daß er durchnäßt bis auf die Haut in die zweite Nacht hinein gehen müsse. Die Nässe und der Schmutz besiegeln jeglichen schlechten Humor des Schicksals und nehmen dem Verlassenen noch den letzten Trost, sich etwa erschöpft an die trockene Erde zu werfen, wo es Niemand sieht. Ueberall kältet ihm die bitterliche Feuchte entgegen und er ist gezwungen, aufrecht über sie hin zu tanzen und doch immer zu versinken.

Bald verhüllte auch ein dichtes Nebeltuch alle die Morgenpracht, und das graue Tuch begann sich langsam in nasse Fäden zu entfasern, bis ein gleichmäßiger starker Regen weit und breit hernieder fuhr, welcher den ganzen Tag anhielt. Nur manchmal wechselte das naßkalte Einerlei mit noch stärkeren Wassergüssen, welche einen kräftigen Rhythmus in das Schlamm- und Wasserleben brachten, das bald alles Land und alle | Wege überzog. Heinrich ging unverdrossen durch die Fluthen, welche längst seine Kleider durchdrangen, in den Nacken strömten und aus den Rockärmeln heraus liefen. Einen Bauernknecht auf dem Felde fragte er nun nach der Gegend und vernahm, daß er im Allgemeinen die rechte Richtung innegehalten und nur um einige Stunden seitwärts gerathen sei. Er sah mit Seufzen ein, daß er unmöglich in Einem Zuge nach der Heimath gelangen könne, ohne etwas zu essen; doch berechnete er, daß er bis zum nächsten Tage eine Landschaft erreichen müsse, wo seiner dunklen Erinnerung nach schon etwas Obst wuchs, daß er gefallene Früchte suchen, sich leiblich stärken und unter irgend einer Feldscheune ruhen könne, um dann in einem zweiten Anlauf die Schweizergränze zu erreichen, wo er heimisch und geborgen war. Doch schon um die Mittagszeit, als er durch ein triefendes Gehölz ging und es rings im Lande Mittag läutete, schien ihm der Hunger und die Ermattung unerträglich und er setzte sich rathlos auf einen nassen Steinblock. Da kam ein altes Mütterchen daher getrippelt, welches mit der | einen Hand ein elendes Bündel kurzen Reisigs auf dem grauen Kopfe trug, dessen Haare so rauh und struppig waren, wie das Reisig, und mit der anderen Hand mühselig eine abgebrochene Birkenstaude nachschleppte. Mit tausend kurzen, zitternden Schrittchen zerrte sie emsig und keuchend, viele Seufzer ausstoßend, den widerspenstigen Busch über alle Hindernisse nach sich, gleich einer Ameise, die einen zu schweren Halm nach dem Bau schleppt. Heinrich bedachte eben mit Scham über seine eigene Ungeduld, wie das schwache bejahrte Weib, das vielleicht dem Lande arbeitende und starke Söhne geboren hatte, sein ganzes Leben nur Einen fortgesetzten Gang in Regen und Noth ging, ohne Grund und ohne Schuld, als ein dicker Flurschütz des Weges kam, wohl eben so alt, wie das arme Weib, aber mit rothem trotzigen Gesicht und einem eisgrauen Schnurrbart und scheibenrunden thöricht rollenden Augen. Dieser fuhr sogleich über die Frau her, welche den Busch zitternd fahren ließ, und schrie: Hast wieder Holz gestohlen, du Strolchin! Bei allen Heiligen betheuerte die Alte, daß sie das | Birkenbäumchen also geknickt mitten auf dem Wege gefunden habe; aber er rief: Lügen thust du auch noch? wart' ich werd' dir's austreiben! Und der alte Mann nahm die alte Graue beim vertrockneten Ohr, welches unter der verschobenen geblümten Katunhaube hervor guckte, und zerrte sie mehrmals an selbem hin und her, wie man etwa einen bösen jungen Buben schüttelt, daß es höchst seltsam und unnatürlich anzusehen war. Heinrich sprang mit einem Satze hinzu und schlug dem bösen Holzvogt sein hartes Wachstuchpäcklein einige Mal so heftig um die Ohren und auf das

Gesicht, daß der Unhold taumelte und ihm das übermüthige Blut aus Mund und Nase rann. Das Frauchen machte sich, so schnell es konnte, aus dem Staube, oder vielmehr aus dem Regen, der Feldwärtel aber wollte seinen Säbel ziehen, und indem dieser nicht hervorkommen wollte, verharrte der Wüthende krampfhaft in der ziehenden Stellung, die eine Hand am Griff, die andere an der Scheide, schnaubend und fluchend, und gab in dieser gebannten Lage ein so herausforderndes Bild der höchsten Wuth, daß Heinrich noch ein|mal auf ihn zu sprang, ihm noch mehrere Maulschellen gab und mit Scheltworten, Stößen und Schlägen davon jagte. Froher als der junge Moses, der den ägyptischen Aufseher erschlagen, athmete er auf und fand plötzlich, daß das unvorhergesehene Abenteuer ein gutes Mittagsmahl war, denn er fühlte nicht mehr den mindesten Hunger und sich so angenehm aufgeregt und bei Kräften, daß er wohlgemuth seinen Weg fortsetzte und sich nicht stark um die Rache des Flurschützen kümmerte, welcher wahrscheinlich Mannschaften herbeiholte.

Wie er nun so vorwärts drang durch Wind und Regen, wirkte die Wärme der guten That, welche die Stelle eines nahrhaften Imbisses bei ihm vertreten, immer angenehmer nach; es ging wie ein Licht in ihm auf und es wollte ihn bedünken, als ob eine solche fortgesetzte und fleißige Thätigkeit in lebendigem Menschenstoffe doch etwas ganz anderes wäre, als das abgeschlossene Phantasiren auf Papier und Leinwand, insonderheit wenn man für dieses nicht sehr geeignet sei. Oder vielmehr begann es ihm klarer zu werden | mitten in dem düstern Unwetter, in welcher Weise er sich in der Berufswahl getäuscht, da erst jetzt, und noch viel eindringlicher als durch jenes borghesische Fechterbild, das runde lebendige Menschenleben sich in seiner Hand abgedruckt und noch deutlich nachfühlte, im Gegensatz zu dem kalten Flächenleben, dem er sich sonst ergeben.

Auf der Höhe des nahen Gehölzes fürbas schreitend, dachte

er sich den Fall, daß er den bösen Flurschützen in der Hitze eines Kampfes todt geschlagen und in Folge dessen gefangen worden und vor ein Gericht über Leben und Tod gestellt sei, und er dachte sich eine feurige und siegreiche Vertheidigungsrede aus, welche ihn nicht nur aus dem bösen Handel zöge, sondern auch der Sache der Menschlichkeit ein kräftiges Wort liehe und aus dem Angeklagten einen Ankläger machen würde. Dann von diesem gewaltsamen Gegenstande zu anderen Vorstellungen übergehend, sah er sich handelnd und redend, streitend und überzeugend oder sich unbefangen überzeugen lassend, unter den Menschen verkehren und durch das bloße Hervorkehren eines guten Gewissens, einer | wahren Natur und Offenheit, eines unverhohlenen und kräftigen Benehmens die Lügner überführen, die Unentschlossenen antreiben und die vorsätzlich Unklaren zum Sehen zwingen, jeden Handel bestehen, jede Verwirrung zerstreuen und durch das einfachste und unverfänglichste Dasein das Wahre an sich ziehen und Heiterkeit um sich verbreiten. Er sah sich das Verwerfliche unter allen Bedingungen verwerfen und ohne Prahlerei und Salbung, ohne Verzerrung des Gesichtes und Verrenkung des Lebens überall für das Sprüchlein einstehen: Ehrlich währt am längsten und was dem Einen Recht, ist dem Anderen billig; und er lachte ruhig und unbekümmert diejenigen aus, welche weiser zu sein glaubten, als diese einfache Lehre, und weitsehender, als deren unabweichliche Folgen. Dann indem er wieder des Flurschützen gedachte und den Grund von dessen bestialischem Wesen aufzufinden sich bemühte, stellte er sich die Gestalt desselben nochmals lebendig vor die Augen, und indem er die rollenden Augen, die hochrothen Backen und Nasenpolster, den grauen wohl im Stand gehaltenen Schnurrbart, | den dicken Bauch und die blanken Knöpfe des Dienstrockes betrachtete, sah er wohl, daß das Fundament alles dieses anmaßlichen behaglich brutalen Gebauschs eine unbegrenzte Eitelkeit sei, die sich, da sie einer halben Bestie angehörte, nicht anders als

in solcher Weise äußern konnte: "Dieser Kerl, welcher vielleicht der
beste Vater und Gatte war und ein ganz guter Geselle unter seines
Gleichen, insofern man ihn nur nicht im Prahlen und Ausbreiten
seiner Art behinderte, dieser Kerl gefiel sich ausnehmend wohl und
hielt sich für einen Kerl, nach Maßgabe seiner Dummheit, als er
die alte Frau am Ohr zerrte. Nicht daß er etwa in der Kirche oder
im Beichtstuhl zuweilen nicht einsähe, daß er unchristlich lebe
und handle; der Rausch der Eitelkeit und Selbstgefälligkeit ist es,
welcher ihn alle Augenblicke fortreißt und seinem Götzen fröhnen
läßt. Gleichermaßen sieht er das Laster an seinem nächsten Vorgesetzten, dieser an dem seinigen und so fort stufenweise, indem
Einer es am Anderen gar wohl bemerkt, selbst aber nichts Eifriges
zu thun hat, als der eigenen Unart voll Wuth den Zügel schie|ßen
zu lassen, um nicht zu kurz zu kommen und sich herrlich darzustellen. Alle die tausend von einander Abhängigen streichen ihre
grauen Schnäuze und lassen die Augen rollen, nicht aus Bosheit,
sondern aus kindischer Eitelkeit; sie sind eitel im Befehlen und eitel
im Gehorchen, eitel im Stolz und eitel in der Demuth; sie lügen aus
Eitelkeit und die Wahrheit wird aus Eitelkeit in ihrem Munde zur
Lüge; denn sie sagen eine Wahrheit nicht um ihrer selbst willen,
sondern weil es ihnen im Augenblicke gut anzustehen scheint.
Stolz, Herrschsucht, Neid, Habsucht, Hartherzigkeit, Verläumdung, alle diese Laster lassen sich bändigen und zurückhalten oder
in Schlummer singen; nur die Eitelkeit ist immer wach und verstrickt den Menschen unaufhörlich in tausend lügenhafte Dinge,
Brutalitäten und kleinere oder größere Gefahren, die alle zuletzt
ein ganz anderes Wesen aus ihm machen, als er ursprünglich war
und eigentlich sein will. Denn die Eitelkeit ist nichts anderes, als
die krankhafte Abirrung von sich selbst, der Mangel an genügendem Gefühl seines sichern Daseins und die Angst, gerade | durch
diese Verwirrung um das Dasein zu kommen. Hiergegen hilft kein
Christenthum; denn der bekehrte Sünder ist erst recht eitel auf

seine Reue und auf die Gnade des Herrn und wird seinen neuen
Tick darin finden, über die Eitelkeit der Welt zu jammern. Gegen
alles das Uebel, was von diesem Mehlstaub Eitelkeit stammt, hilft
nur die einfache rein sachliche Gegenwirkung; die Eitelkeit immer
und allüberall zu verletzen, sie bei der Nase zu nehmen und ihr die
eigene Zwecklosigkeit deutlich zu machen, d. h. in sofern als sie
nicht die unschuldige Beschäftigung mit der eigenen Person, sondern die Reibung an den Mitmenschen zu ihrer Befriedigung wählt.
In der That sieht man oft, wie ein einziger Mensch, der nicht eitel
ist oder doch das Gift unschädlich zu verbergen weiß, wenn er nur
will, einen frischen Luftzug unter die Leute bringt, und wo mehrere zusammentreffen, die sich nur leidlich zu mäßigen vermögen,
wird sogleich Ruhe, Ehre, Offenheit und Sicherheit herrschen und
etwas Erkleckliches gethan werden." „Ist die Eitelkeit, indem sie in
der Zudringlichkeit, in der gewaltsa|men Verfügung über die Meinung und Gemüthsruhe Anderer besteht, ein Riß und eine Abirrung vom eigenen Wesen, so ist hingegen die unschuldige Eitelkeit, *03.134.28*
welche in einer gutartigen Verzierung des eigenen Wesens und in
der Freude an demselben besteht, eine wahrhafte Ergänzung desselben, so zu sagen das goldene Hausmittelchen der Menschlichkeit
und das beste Gegengift für jene bösartige weltliche Eitelkeit. Aber
die gute und schöne Eitelkeit, als die zierliche Vervollkommnung
oder Ausrundung unseres Wesens, indem sie alle Keimchen zum
Blühen bringt, die uns brauchbar und annehmlich machen für die
äußere Welt, ist zugleich der beste und feinste Richter und Regulator ihrer selbst und treibt uns an, das Gute und Wahre, was wir
auch sonst vorbringen würden, ohne häßliche Manier, ohne Aufgeblasenheit und Schnörkelei zu vertreten, und so veredelt sie sich
von selbst zum guten Geschmack, welcher seinerseits wieder nichts
anderes als die Gesundheit und das Vernünftige selbst ist."

Indem Heinrich dergestalt vor sich hin predigte, lenkte er end- *03.135.15*
lich seine Gedanken auf sich | selbst und fragte sich, zum ersten

Male in seinem Leben, ob er selbst nicht eitel sei, und in welcher Weise, in der verwerflichen oder in der guten Art? Er setzte sich abermals höchst bedächtig auf einen Stein und sann darüber nach, traurig und verfroren; denn in guten jungen Tagen fragt man sich wohl einmal, ob man gut oder böse sei, ob aber eitel, anmaßend oder unerträglich, erst wenn man etwas mürbe geworden und ordentlich durchgeregnet ist. Da fiel sein Blick auf das triefende Päcklein, das er in seinen Händen hielt, und er fand sofort, daß der Inhalt desselben wohl das Produkt der Selbstgefälligkeit sein dürfte, welche ihn in so frühem Alter unbewußt getrieben hatte, ein Bild von sich selbst zu entwerfen und festzuhalten. Doch als er dieses selbe Bild näher und nicht unliebsam betrachtete und der Sonnenschein der entschwundenen Jugendzeit durch das dunkle feuchte Wachstüchelchen zu leuchten begann, glaubte er sich sagen zu dürfen, daß die Eitelkeit der eingewickelten Bücher zu der guten Art gehöre, welche ihren Inhaber zierlich verlockt, sich selbst zu ergänzen und darzustellen und ihm | hilft zu sein, was er seiner Natur nach sein kann. Wie er nun das verhüllte Buch in Gedanken durchblätterte, sah er jene Stelle, wo er in den frühesten Tagen der Kindheit seine kleinen Mitschüler in's Unglück hinein gelogen und eine ganze Malefizgeschichte über sie aus dem Stegreif ersonnen hatte, und damit tauchte die weitere Frage in ihm auf, ob er eigentlich von Grund aus eine Neigung zum Wahren oder zu dessen Gegentheil habe; denn ohne die Liebe zur Wahrheit und Aufrichtigkeit ist die Eitelkeit in allen Fällen ein schädliches Laster. Da er aber seit nun bald zwanzig Jahren nicht die mindeste Lust zu solcher Teufelei mehr verspürt und sich auch gestehen konnte, aufrichtig um das Wahre bekümmert zu sein, so beruhigte er sich über diesen Punkt und suchte sich nur jene so ausgeprägte Kinderunthat auf andere Weise zu erklären.

Und da führte er sich dann den seltsamen Vorgang auf die angeborne Lust und Neigung zurück, im lebendigen Menschenver-

ACHTES KAPITEL

kehr zu wirken und zu hantiren und seinerseits dazu beizutragen, daß alle Dinge, an denen er betheiligt, einen or|dentlichen Verlauf nähmen. Dem Kinde war der Unterschied zwischen gut und böse oder vielmehr zwischen wahrer und falscher Sachlage nicht bewußt und völlig gleichgültig; die Erwachsenen hatten jenen Handel unvernünftig eingeleitet, das Kind hatte nichts zu thun, als da ihm die wirkliche Gerechtigkeit verborgen war, eine poetische Gerechtigkeit herzustellen und dazu erst einen ordentlichen faktischen Stoff zu schaffen. Auch erinnerte er sich noch heute, daß er damals ohne die mindesten Gewissensbisse und mit dem unbefangensten Interesse dem angerichteten Schaden zugesehen. Gedachte er nun noch, wie er um die gleiche Zeit sich Bilder von Wachs gemacht und eine tabellarische Schicksals- und Gerechtigkeitsordnung über sie geführt, so schien es ihm jetzt beinahe gewiß, daß in ihm mehr als alles Andere eigentlich eine Lust läge, im lebendigen Wechselverkehr der Menschen, auf vertrautem Boden und in festbegründeten Sitten das Leben selbst zum Gegenstande des Lebens zu machen.

Mit diesen tüchtigen Gedanken stand Heinrich auf und sah, daß er sich über einem Thale be|fand, und dicht zu seinen Füßen lag ein alterthümliches Städtlein, wo um ein graues mächtiges Kirchenschiff und um den Giebel des Rathhauses sich ein hundert kleine Häuser zusammenkauerten. Heinrich sah in die paar Sträßlein und auf den Platz hinein, wie auf einen Pfannkuchen, und sah zu seiner Verwunderung, daß die ganze Einwohnerschaft trotz des Regenwetters auf den Beinen war und die kleine Oeffentlichkeit des Ortes erfüllte. Er bemerkte auch alsbald, daß einige Feuerspritzen, begleitet von vielen Männern in kühnen Feuerkappen, sich durch das Gedränge bewegten, und da er keinen Rauch sah, so nahm er an, daß diese Leute wohl ihre herbstliche Feuermusterung und Spritzenprobe hielten. So war es auch; denn indem um das Rathhaus herum Platz gemacht wurde und man Feuerleitern daran legte, fingirte man kühnlich einen Brand auf dem Dache desselben, und alle Fenster des Städtleins waren geöffnet und die Einwohner, so nicht auf der Straße waren, harrten vergnügt unter den Fenstern der tapferen jährlichen Bespritzung ihres Rathhausgiebels. Um die Uebung unternehmen|der und künstlicher zu gestalten, waren die Spritzen in kleinen Seitengäßchen vertheilt, und die langen Schläuche zur Freude der Stadtjugend, die verstohlen darauf herumtrampelte, zogen sich in mäandrischen Windungen bis zu dem unsichtbaren Feuer hinan. Männer standen hoch auf den Leitern und schritten auf dem Dache, die metallenen Wendröhren in der Hand, während andere ihnen von unten auf Befehlsworte zusandten und sie auf die gefährlichsten Punkte aufmerksam machten. Aber als nun das Abenteuer von Statten gehen sollte, da gab es eine große Verwirrung, ein Rufen, Schreien, Schelten, und zuletzt ein bedenkliches Durcheinanderdrängen und Puffen, ohne daß die Leute wußten, woran es lag und wie sie sich helfen sollten. Heinrich aber sah ganz herrlich, woher die Noth kam, und hätte gern gelacht, wenn er nicht so naß gewesen wäre; denn die Wendrohrführer hatten in der kunstreichen Verschlingung der Schläuche Jeder das unrechte Rohr ergriffen, und als sie nun oben auf dem Capitol ihrer Spritzenmannschaft laut zuriefen, Wasser zu geben oder da|mit nachzulassen, je nach der Wendung des Abenteuers, da gab immer die Spritze eines Andern Wasser oder versiegte plötzlich, so daß ihr Vorkämpfer vergeblich sein Rohr kühnlich emporhielt und klug zielend hin und her schwenkte, während sein Nebenmann, der an nichts dachte, unerwartet Wasser bekam und dem Bürgermeister damit die Perrücke abspritzte, der den Kopf aus einer Dachluke streckte. Immer größer ward die Verwirrung, und ein allgemeiner Kampf schien zu entstehen; denn den einfachen Grund, die Verwechslung der Wendröhre, entdeckte Niemand, da die verschlungenen Schläuche um die Ecke gingen und Keiner die Sachlage übersah.

Heinrich ging still an dem Städtlein vorüber voll Nachdenken über dies wunderbare Gesicht. Dann rief er mit allem Feuer, dessen sein ausgehungertes und erfrorenes Leibwerk noch habhaft war: „Dies ist das Geheimniß! O wer allezeit auf rechte Weise zu sehen verstände, unbefangen mitten in der Theilnahme, ruhig in edler Leidenschaft, selbstbewußt, doch anspruchlos, kunstlos und doch zweckmäßig! Ich will nun aber doch | gehen und noch irgend etwas Lebendiges lernen, wodurch ich unter den Menschen etwas wirke und nütze!"

Also ging er darauf zu, als ob die nächsten hundert Schritte ihn dahin bringen könnten, und die einfache Sehnsucht nach der Heimath verwandelte sich nun in schönste Hoffnung und gewichtige Entschlüsse, also daß Heinrich, da er ganz im Unstern war und verlassen als ein Bettler im Unwetter dahin trieb, sich selbst erhöhte und wenigstens vor sich selbst gute Figur machte. |

Neuntes Kapitel.

Jedoch hielten diese moralischen Lebensgeister den Wanderer kaum noch ein Stündchen aufrecht, worauf, als es Abend wurde, seine Kräfte endlich nachzulassen begannen und er merkte, daß er in keinem Falle die Nacht hindurch gehen könne. Die leibliche Noth, Schwäche, Hunger und Kälte machten sich jetzt so vermehrt und unmittelbar geltend, daß Heinrich gänzlich jener Niedergeschlagenheit und Rathlosigkeit anheimfiel, welche durch den Aerger noch erbittert wird, daß ja keine Rede davon sein könne, etwa umzukommen oder unterzugehen, und also das schlechte Abenteuer nur eine entbehrliche Vexation sei. Doch raffte er sich noch einmal zusammen und behauptete dem guten Muthe mit verzweifelter Kraftanstrengung die Oberhand. Er war jetzt aus einer Waldstraße getreten und sah ein breites Thal vor sich, welches ein großes Gut zu enthalten schien,| denn schöne Parkbäume, die eine herrschaftliche Dächergruppe umgaben, wechselten mit den Waldungen ab und zwischen weiten Wiesengründen und Feldern lag eine weitläufige Dorfschaft zerstreut. Zunächst vor ihm sah er ein katholisches Kirchlein stehen, dessen Thüren offen waren.

Er trat hinein, wo es schon ganz dämmerig war und das ewige Licht wie ein Stern vor dem Altar schwebte. Die Kirche schien uralt zu sein, die Fenster waren zum Theil gemalt und die Wände so wie der Boden mit adeligen Grabsteinen bedeckt. „Hier will ich die Nacht zubringen," sagte Heinrich zu sich selbst, „und unter dem Schutze der allerchristlichsten Kirche austrocknen und ausruhen." Er setzte sich in einen dunklen Beichtstuhl, in welchem ein stattliches Kissen lag, und wollte eben das grüne seidene Vorhän-

gelchen vorziehen, um augenblicklich einzuschlafen, als eine derbe
Hand das Vorhängelchen anhielt, und der Küster, der ihm nachgegangen, vor ihm stand und sagte: „Wollt Ihr etwa hier übernachten,
guter Freund? Hier könnt Ihr nicht bleiben!"
„Warum nicht?" sagte Heinrich.
„Weil ich sogleich die Kirche zuschließen werde! Gehet sogleich
hinaus!" erwiederte der Küster.
„Ich kann nicht gehen," sagte Heinrich, „laßt mich hier sitzen,
die Mutter Gottes wird es Euch nicht übel nehmen!"
„Geht jetzt sogleich hinaus! Ihr könnt durchaus nicht hier
bleiben!" rief der Küster, und Heinrich schlich trübselig aus der
Kirche, während der Küster rasselnd die Thüren zuschlug und um
die Kirche herumging. Heinrich stand jetzt auf einem Kirchhof,
welcher durchaus einem schönen und wohlgepflegten Garten glich,
indem jedes Grab ein Blumenbeet vorstellte, die Gräber zwanglos
und malerisch gruppirt waren, hier ein einzelnes großes Grab, dort
ein solches nebst einem Kindergräbchen, dann eine ganze Colonie kleiner Kindergräber, dann wieder eine größere oder kleinere
Familie großer Gräber u. s. f., welche alle in verschiedenem Charakter bepflanzt und mit Blumen besetzt waren. Die Wege waren
sorgfältig mit Kies bedeckt und gerechet, und verloren sich ohne
Scheidemauer unter die dunklen Bäume | eines Lustwaldes, große
Ahornbäume, Ulmen und Eichen. Es hatte etwas zu regnen nachgelassen, doch tröpfelte es noch ziemlich, indessen gegen Abend ein
schmaler feuriger Streifen Abendroth auf den Hügeln lag und einen
schwachen Schein auf die Leichensteine warf. Heinrich sank auf
eine zierliche Gartenbank unter den Gräbern; denn er vermochte
kaum mehr zu stehen. Nun kam ein schlankes weibliches Wesen
unter den Bäumen hervor mit raschen leichten Schritten, welches
eine schwarz seidene Mantille trug, reiche dunkle Locken lustig im
Winde schüttelte, und mit der einen Hand die Mantille über der
Brust fest hielt, indeß die andere Hand einen leichten Regenschirm

trug, der aber nicht aufgespannt war. Diese sehr anmuthige Gestalt eilte gar wohlgemuth zwischen den Gräbern herum und schien dieselben aufmerksam zu besichtigen, ob die Gewächse von Sturm und Regen nicht gelitten hätten. Hie und da kauerte sie nieder, warf ihr Schirmchen auf den Kiesweg und band eine flatternde Rose frisch auf oder schnitt sich mit einem Scheerchen eine Blume ab, worauf sie | wieder weiter eilte. Heinrich sah, erschöpft wie er war, diese schöne Erscheinung wie einen Traum vor sich hin schweben und dachte nicht viel dabei, obschon sie ihm einen angenehmen Eindruck machte, als der Küster wieder hinter der Kirche hervorkam und Heinrich abermals anredete.

„Hier könnt Ihr auch nicht bleiben, guter Freund!" sagte er, „dieser Gottesacker gehört gewissermaßen zu den herrschaftlichen Gärten, und kein Fremder darf sich da zur Nachtzeit herumtreiben."

Heinrich antwortete gar nicht, sondern sah theilnahmlos vor sich hin.

„Nun, hört Ihr nicht? Auf! Steht in Gottes Namen auf, guter Freund!" rief der Küster etwas lauter und rüttelte den Müden an der Schulter, wie man etwa einen Betrunkenen aufmuntert. In diesem Augenblicke kam jenes Frauenzimmer zur Stelle und hielt ihren zierlichen Gang an, um dem Handel neugierig zuzuschauen. Diese Neugierde war so kindlich und gutmüthig, und zugleich war die ganze Er|scheinung, welche Heinrich die schönäugigste und anmuthigste Person dünkte, die er je gesehen, von so unverhohlener, natürlicher und doch kluger Freundlichkeit, daß er von dem Anblick ein neues Leben gewann, sich schnell aufrichtete und eine höfliche Verbeugung vor ihr machte. Aber indem er seinen nassen Hut schwenkte, fiel derselbe gänzlich zusammen und er hielt den übel aussehenden wie ein schlechtes Symbol in der Hand. So stand er denn auch gar über und über mit Schlamm und Koth bedeckt vor der schönen Person, die ihn aufmerksam betrachtete, und er schlug höchst verlegen die Augen nieder und schämte sich vor ihr, indessen er doch ein wenig lächeln mußte, denn er gedachte sogleich wieder des unglückseligen Römer, welcher ihm einst den vor der schönen Nausikaa sich schämenden Odysseus poetisch erklärt hatte. „O," dachte er, „da es noch hie und da eine Nausikaa giebt, so werde ich auch mein Ithaka noch erreichen! Aber welch' närrische Odysseen sind dies im neunzehnten Jahrhundert christlicher Zeitrechnung!"

Diese Betrachtung dauerte aber nur einen | Augenblick und die liebliche Jungfrau sagte inzwischen zu dem unholden Kirchendiener: „Was giebt es hier mit diesem Manne?"

„Ei, gnädiges Fräulein!" erwiederte der Küster, „weiß Gott, was dies für ein Heide mag sein! Er will durchaus in der Kirche oder auf dem Kirchhof einschlafen; das kann doch nicht geschehen, und wenn er ein armer Landfahrer ist, so schläft er gewiß besser im Dorf in irgend einer Scheune!"

Die junge Dame sah den Heinrich an und sagte freundlich: „Warum wollen Sie durchaus hier schlafen? Lieben sie die Todten so sehr?"

„Ach, mein Fräulein," sagte Heinrich, indem er ziemlich furchtsam aufblickte, „ich hielt sie für die eigentlichen Inhaber und Gastgeber der Erde, die keinen Müden abweisen; aber wie ich sehe, so sind sie von den Lebendigen auch in dieser Hinsicht arg bevormundet und wird ihre Intention stets ausgelegt, wie es denen gefällt, die über ihren Köpfen dahin gehen!"

„Das sollen Sie nicht sagen," erwiederte lieblich lachend das Fräulein, „daß wir hier zu Lande | schlimmer gesinnt seien, als die Todten! Wenn Sie sich nur erst ein bischen ausweisen wollen und sagen, wie es Ihnen geht, so werden Sie uns Lebendige hier schon als leidliche Leute finden!"

„Was meine Herkunft betrifft," antwortete Heinrich und blickte sie jetzt sicher und ernsthaft an, „so bin ich sehr guter Leute Kind und eben im Begriff, so sehr ich kann zu laufen, wo ich her gekommen bin. Ich bin aus der Schweiz und seit mehreren Jahren habe ich als Künstler in der Hauptstadt dieses Landes gelebt, um zu entdecken, daß ich eigentlich kein Künstler sei. Dabei erging es mir übel und ich begab mich ohne alle Mittel wie ich ging und stand auf den Heimweg, um mich zu bessern. Ich wünsche und hoffe aber unbemerkt und ohne irgend den Menschen unterwegs auf- und lästig zu fallen nach Hause zu kommen. Ich wollte ungesehen und unbemerkt in dieser Kirche die Nacht zubringen, da es so abscheuliches Wetter ist, und in aller Stille am Morgen wieder weiter ziehen. Wenn hier ganz in der Nähe irgend ein Vordach oder | eine Hütte ist, denn weiter kann ich nicht mehr, so befehlen Sie, daß man mich dort ruhen läßt und thut, als ob ich gar nicht da wäre, und am Morgen werde ich dankbar wieder verschwunden sein."

Das Mädchen besann sich eine kleine Weile, den Fremden ansehend, und sagte dann mit unveränderter Freundlichkeit: „Sie kommen mir zwar ganz fremd vor; doch wollt' ich wetten, daß Sie jener junge Schweizer sind, der vor sechs Jahren mit uns in dem Gasthofe zusammentraf, einige Stunden von hier, und der dann mit meinem Papa weiter fuhr nach der Residenz! Erinnern Sie sich nicht mehr des kleinen Hündchens, welchem Sie Kuchen gaben über den Tisch?"

Heinrich sah jetzt das hochgewachsene schöne Frauenzimmer, das zwei bis drei und zwanzig Jahre zählen mochte, erstaunt an. Das also war jenes liebliche und freundliche Mädchenkind, und welch' artiges Wunder, daß eben jetzt bei seinem traurigen Abzug aus Deutschland das gleiche Wesen in reifer Vollendung ihm entgegentreten mußte, das ihn bei seinem pompösen | Einzug als angehende Grazie begrüßt hatte! Und wie wohlbestellt mußte dies Wesen im Gemüthe sein, da es jene wahrhaft wohlgezogene Höflichkeit des Herzens besaß, welche auch das Gleichgültigste und Vorübergehendste nicht vergißt und jedem Menschenantlitz, so ihr einmal begegnet ist, ein freundliches unverhohlenes Gedächtniß entgegen bringt! Diese höfliche und aufmerksame Gemüthsgegenwart erwärmte und belebte den Durchnäßten sichtlich und gab ihm einen guten Muth zu sich selber, da ein so preiswerthes und zierbegabtes Gewächs seine Person der Wiedererkennung würdigte.

„O sicher erinnere ich mich," sagte er erröthend, „aber ich würde sie doch nicht wieder erkannt haben; denn Sie sind so viel größer geworden!"

Bei diesen Worten erröthete sie auch ein weniges, aber sehr unverfänglich und nur insofern, als sie fühlte, welch' einen rosigen Glanz die Erwähnung der märzlich flimmernden und schimmernden Mädchenflegeljahre über eine Großgewordene verbreitet, die man lange nicht gesehen. Dann sagte sie aber mit herzlicher Bekümmerniß: | „Ach Gott! Sie müssen also nun auf so traurige Weise wieder in Ihre Heimath kehren?"

„O das hat gar nichts zu sagen," erwiederte Heinrich lachend, „ich bin bereits auf dem Wege wieder ganz munter geworden und habe es nun gut vor, wenn ich nur erst dort bin!"

„Kommen Sie nun jedenfalls mit mir," sagte das Fräulein, „mein Papa ist den ganzen Tag weggewesen, und bis er nach Hause kommt, will ich es über mich nehmen und Ihnen ein vorläufiges Unterkommen anbieten in meinem Gartenhause; ich bin versichert, daß er sich wohl Ihrer erinnert und Sie nicht fortlassen wird diese Nacht! Kommen Sie nur, gleich unter diesen Bäumen treibe ich so den ganzen Sommer und Herbst mein Wesen, und Ihr, Küster, folgt uns als dienstbare Begleitung zur Strafe, daß Ihr diesen Herrn so ungastlich behandelt!"

Heinrich war zu schwach, als daß er sich hätte bedenken können, ob er der Einladung Folge leisten wolle oder nicht; auch machte dieselbe einen so herzlichen und unbefangenen Eindruck auf ihn, daß er der Schönen gern folgte und, so rasch | er noch vermochte, neben ihr hin marschirte, sich einzig nach einer Ruhestelle und etwas Wärme sehnend, indessen der Küster ganz verblüfft und mißtrauisch hinter dem Paare her ging. Es hatte endlich ganz zu regnen aufgehört, der feste Boden unter den großen alten Bäumen war fast gänzlich trocken und in das prächtige Dunkel, in dem sie jetzt gingen, leuchteten nur zwischen den Stämmen der feurige Abendstreif und im Hintergrunde die erhellten Fenster eines Park- oder Gartenhauses. In diesem befand sich ein kleiner Saal, der nur durch eine Glasthür vom Parke getrennt war, und in dem Saale brannte ein helles Kaminfeuer; als sie eingetreten, rückte das Frauenzimmer einen Stuhl zum Feuer und forderte Heinrich auf, sich auszuruhen. Ohne Verzug setzte er sich und schämte sich noch eine Weile seines schlechten Aussehens; die junge Dame schien das zu bemerken und stellte sich voll Mitleid vor ihn hin, indem sie sagte: „Sagen sie doch, Herr — wie heißen Sie denn?"

„Heinrich Lee," sagte er.

„Herr Lee, geht es denn Ihnen ganz schlecht? | ich habe keinen rechten Begriff davon; Sie sind doch am Ende nicht so arm, daß Sie auch nichts zu essen haben?"

Heinrich lächelte und sagte: „Es hat nicht zum mindesten etwas zu bedeuten, wie ich Ihnen sage, aber im Augenblick ist es allerdings so!" Er erzählte ihr hierauf mit wenig Worten sein Abenteuer, worauf sie die Hände zusammenschlug und rief: „Herr Gott! aber warum thun Sie denn das? Wie können sie sich so der Noth aussetzen?"

„Nun, mit Absicht hab' ich es gerade nicht gethan," sagte er, „da es aber einmal so ist, so bin ich sogar sehr froh darüber; sehen Sie, man lernt an Allem etwas und hat manchmal sogar die besten Früchte daran. Für Frauen sind dergleichen Uebungen nicht nothwendig, denn sie thun so immer, was sie nicht lassen können; für uns Männer aber sind immer so recht handgreifliche Exercitien gut, denn was wir nicht sehen und fühlen, sind wir nie zu glauben geneigt oder halten es für unvernünftig und verächtlich."

Das gute Mädchen hatte indessen ein kleines | Tischchen herbeigeholt und vor ihn hingestellt, auf welchem einiges Essen stand. „Hier steht zum Glück," rief sie, „noch fast mein ganzes Essen; ich ließ es mir hieher bringen, da ich heute allein war, und essen Sie wenigstens sogleich etwas, bis mein Papa zu Hause kommt und für Sie sorgt. Geht sogleich nach dem Hause, Küster, und holt eine Flasche Wein, sogleich, hört Ihr? Die Brigitte wird sie Euch geben! Trinken Sie lieber weißen Wein oder Rothwein, Herr Lee?"

„Rothen" sagte er.

„So sagt der Brigitte, sie solle Euch von Papas Wein geben!" rief sie dem Küster noch nach. Dann zog sie tüchtig an einer Klingelschnur, worauf ein ländlich gekleidetes feines Mädchen herbeigelaufen kam, welches des Gärtners Tochter war und den essenden Heinrich neugierig betrachtete; denn dieser hatte sich sehr andächtig über ein Stück kalten Rehbratens hergemacht, wunderte sich jedoch bald, daß er gar nicht so viel zu essen vermochte, als er zuerst gedacht, und er legte bald die zierlichen Eßwerkzeuge hin und vermochte jetzt erst recht nicht mehr zu essen,| als er bemerkte, daß es wohl diejenigen des Fräuleins selbst waren, die man ihm im ersten Eifer vorgelegt hatte. Er fand sich in einer sonderbaren Lage und wünschte doch lieber wieder auf dem nächtlichen Wege zu sein, um frei und frank seinem Lande zuzuschreiten. Denn es schnürte ihm irgend eine Befangenheit das Herz zu und es war ihm, als ob er besser gethan hätte, Alles darauf ankommen zu lassen und unter Gottes freiem Himmel zu bleiben. Er nahm die kleine silberne Gabel, welche fast noch eine Kindergabel war und schon viele Jahre gebraucht schien, noch einmal in die Hand und betrachtete sie, und als er sah, daß der Name „Dorothea" höchst sauber in kleiner gothischer Schrift darauf gravirt war, legte er das Instrumentchen so schleunig wieder hin, als ob es ihn gestochen hätte, und es erwachte plötzlich ein heftiger Stolz in ihm, wenn er sich dachte, daß man nur im geringsten etwa meinen könnte, er hätte sich etwas zu gute darauf gethan, mit dem allerliebsten Leibbesteck dieses schönen und vornehmen Fräuleins zu essen, und zwar so wie gestohlen, | durch die Gunst eines Versehens. Sie hieß also Dorothea und die Gärtnerstochter nannte sie auch soeben mit diesem Namen, während sie selbst Apollönchen genannt wurde. Die beiden Mädchen hatten sich an einen großen viereckigen Tisch zurückgezogen, der in der Mitte des Saales stand, und sprachen dort mit halblauter Stimme mit einander, als ob sonst Niemand zugegen wäre; denn es schien deutlich, daß Dorothea einstweilen das Ihrige gethan glaubte und sich einer gemessenen Zurückhaltung ergab; aber in derselben war sie unbefangen und anmuthig, daß Heinrich nur in um so größere Verlegenheit gerieth, und er, der eben noch kaum seine Glieder zusammenhalten konnte, alsogleich von der Opposition besessen ward, in welche ein unverdorbener junger Mensch solchen Erscheinungen gegenüber geräth, als müßte er sich seiner Haut wehren, wo Niemand denkt, ihn in Unruhe zu versetzen. Doch ließ er sich nichts ansehen, und da der Wein inzwischen gekommen war und Apollönchen ihm eingeschenkt hatte, wobei sie ihn im Fluge und mit kritischen Aeugelein musterte, trank er binnen kurzem ein gro|ßes Glas voll aus und sah nun dem Treiben der Frauenzimmer zu. Die Gärtnerstochter stand bei der Herrntochter, welche am Tische saß, und indem sie kurzweilig und vertraulich plauderten, half jene dieser in ihrer Hantirung und reichte ihr was sie bedurfte. Der große Tisch war ganz mit Gegenständen bedeckt, worunter vorzüglich allerlei Gefäße und Gläser hervorragten, welche sämmtlich mit Blumen angefüllt waren, die im Wasser standen. Meistens waren es Spätrosen und die Sträuße, große und kleine, befanden sich im verschiedensten Zustande, so daß man sah, daß es die Ergebnisse vieler Tage waren und auch der älteste Strauß noch mit Liebe erhalten und gepflegt wurde, so hinfällig er auch aussah. Da Heinrich sah, daß die heutigen Blumen vom Kirchhofe sogleich in ein Glas gestellt worden, so vermuthete er, daß alle Blumen von den Gräbern herrührten,

und dachte sich, die Schöne müsse eine liebevolle Freundin und
Pflegerin der Todten sein, was ihr um so mehr Reiz verlieh, als
sie eine Gräfin und die draußen Liegenden sämmtlich Bauern und
Unterthanen waren. | Außerdem lagen auf dem Tische noch eine
Menge späte Feldblümchen verwelkt oder noch leidlich frisch, und
wunderschöne purpurrothe oder goldene Baumblätter, allerlei
Prachtexemplare, wie sie jetzt von den Bäumen fielen, und noch
andere solche Herbstputzsachen aus Wald und Garten, welche über
den ganzen Tisch gestreut waren, so daß die Dame für die Gegenstände, mit denen sie sich beschäftigte, fortwährend Raum schaffen
und das bunte Blätterwerk mit liebenswürdigem Unwillen wegstreifen mußte. Vor ihr lag eine große offene Mappe, welche ganz
mit Bildern und Zeichnungen gefüllt schien, welche auf stattliche
Bogen grauen Papieres zu heften ihre Arbeit war, daß sie geschützt
und mit einem anständigen Rande versehen wurden. Heinrich sah
sie von seinem Sitze aus verkehrt; doch erkannte er, daß es landschaftliche Studien waren, indessen sie ihn wenig rührten, da die
Zeit dieser Dinge schon wie ein Traum hinter ihm zu liegen schien;
vielmehr empfand er einen Widerwillen, hier auf dergleichen zu
stoßen, was ihm so viel Täuschung und Leidwesen bereitet hatte. |

Apollönchen schnitt, nach Dorothea's Anweisung, das graue
Papier zurecht je nach dem Maße des Studienblattes, mit einer
niedlichen Scheere, und Beide benahmen sich dabei, als ob sie Leinwand vor sich hätten und eine Aussteuer zuschnitten. Apollönchen
fuhr mit der Scheere hastig und rasch vorwärts, wie sie es beim
Zeuge gewohnt war, welches von selbst reißt dem Faden nach, und
sie machte desnahen viele Risse und Krümmungen in das Papier,
und dasselbe schrumpfte sich stellenweise auf jene unangenehme
Weise auf der Scheerenklinge zusammen, wenn man zu unvorsichtig durchfährt, so daß das emsige Mädchen fortwährend mit den
Fingerchen zu glätten, zu seufzen und zu erröthen hatte.

„Ei ei, Kind!" sagte Dorothea, „Du machst mir ja ganz

gefranzte Ränder zu meinen herrlichen Bildern! Ich will wetten, daß der Papa unsere sämmtliche Arbeit kassirt und sich endlich selbst dahinter macht, die Sachen zu ordnen!"

„Ach Du!" sagte jene, „mach' Du's doch besser mit diesem vertrackten Papier! Sieh, Du | klebst ja alle die Landkarten krumm auf den Bogen, daß sie ganz windschief dastehen!"

„Ach so schweig doch," sagte Dorothea weinerlich, „ich weiß es ja schon! Es sind aber auch gar zu große Dinger, man kann sie ja gar nicht ordentlich übersehen!"

„Was nur daran zu sehen ist?" sagte Apollönchen, „zu was braucht man sie denn?"

„Ei du Aff! zu was? zum Nutzen und Vergnügen! Siehst Du denn nicht, wie hübsch dies aussieht, alle diese lustigen Bäume, wie das kribbelt und krabbelt von Zweigen und Blättern, und wie die Sonne darauf spielt?"

Apollönchen legte die Arme auf den Tisch, neigte das Näschen gegen das Blatt und sagte: „Wahrhaftig ja, es ist wirklich hübsch und so schön grün! Ist dies hier ein See?"

„Ein See! o du närrisches Wesen!" rief die Andere und lachte mit dem vergnügtesten Muthwillen, „dies ist ja der blaue Himmel, der über den Bäumen steht! Seit wann wären denn die Bäume unten und das Wasser oben?"

„Geh doch," sagte diese schmollend, „der | Himmel ist ja rund und dies Blaue hier ist viereckig, gerade wie der neue Weiher hinter der Mühle, wo der Herr die Linden hat drum pflanzen lassen. Und gewiß hast Du das Bild verkehrt aufgemacht! Kehr' es nur einmal um, dann ist das Wasser schon unten und die Bäume sind oben!"

„Ja, mit den Wurzeln!" sagte Dorothea noch immer lachend, „dies ist ja nur ein Stück vom Himmel, du Kind! Guck einmal durch's Fenster, so siehst Du auch nur ein solches Viereck, Du Viereck!"

„Und Du Dreieck!" sagte Apollönchen und schlug der jungen

Herrin mit der flachen Hand auf den Nacken. Plötzlich hielt diese
aber an sich und legte bedenklich den Finger an den offenen Mund,
als ob ihr etwas sehr Wichtiges einfiele; denn auf dem Blatte, das
sie jetzt in die Hand genommen, war zwischen den Bäumen ein
Stück von einer helvetischen Alpenkette zu sehen. Heinrich war
über den lieblichen vibrirenden Modulationen des Mädchenge-
zwitschers sanft eingeschlafen, und er hörte im Schlafe jetzt einen
jener unarti|culirten aber metallreichen Frauenausrufe, welche
so ergötzlich klingen, wenn sie von etwas überrascht oder halb
erschreckt werden. Sie war nämlich plötzlich auf den Gedanken
gekommen, da die Zeichnungen offenbar aus der Schweiz herrühr-
ten, daß am Ende Heinrich der Urheber derselben sein dürfte, und
weil der Zufall schon so viel gethan, so schien es ihr sogar gewiß,
und sie ging mit der Lebhaftigkeit darauf los, welche solchen Wesen
eigen ist, wenn sie ein unschuldiges und argloses Abenteuer herbei-
führen mögen. Sie stand jetzt vor dem inzwischen fest Eingeschla-
fenen und hielt den großen Bogen vor ihn hin, indem sie die beiden
oberen Ecken zierlich gefaßt, wie eine Kirchenstandarte. Sie rief
ihn beim Namen, worauf er sogleich erwachte; aber er war schon
so schlaftrunken von der Müdigkeit, daß er die ersten Augenblicke
nicht wußte, wo er war. Er sah nur ein schönes Wesen vor sich
stehen, gleich einem Traumengel, der ein Bild vor der Brust hielt
und mit freundlichen Sternaugen über dasselbe herblickte. Voll
traumhafter Neugierde beugte er sich vor und starrte auf das Bild,
bis | ihm erst die Landschaft mit den Bäumen und Schneefirnen
bekannt vorkamen und er dann auch seine Jugendarbeit erkannte.
Dann sah er in das vom Feuer beglänzte Gesicht hinauf, und auch
dieses kam ihm so bekannt vor, und doch wußte er nicht wo er es
schon gesehen, denn das, was er zehn Minuten zuvor erlebt, lag
seinem verwirrten Zustande in ein dunkles Vergessen entrückt.
Nun zweifelte er nicht länger, daß er mitten in einem jener Träume
sich befinde, die er in jener Stadt geträumt, und daß er wiederum

auf jener langen und bezauberten Heimreise begriffen sei. Er hielt die Erscheinung für ein neckendes verklärtes Bild seiner Jugend, das ihm nur erschienen sei, um wieder zu verschwinden und ihn in tiefer Hoffnungslosigkeit zu lassen. Seine Gedanken hielt er für jenes sonderbare Bewußtwerden im Traume, er fürchtete zu erwachen und das schöne Bild zu verlieren, und als er wieder auf die sorgsam gemachte, stille und unschuldige Landschaft blickte, entfielen Thränen seinen Augen. Jetzt hielt er sich für erwacht und suchte das Kopfkissen, um | das Gesicht hinein zu drücken und den Traum bequemlich auszuweinen; da er aber kein Kissen fand, fuhr er verwirrt empor, schaute sich um, erwachte jetzt wirklich, und sah durch seine Thränen das Bild doch noch immer dastehen. Dorothea, welche ihn erst vergnügt und munter zur Rede stellen wollte, war sogleich verstummt und sah ergriffen dem seltsamen Wesen zu, so daß sie sich eine Weile nicht zu rühren vermochte und in ihrer reizenden Stellung verharrte. Als Heinrich aber sich inzwischen gesammelt und mit wachen Sinnen den Bogen ergriff und betrachtete, sagte sie gerührt und theilnahmvoll: „Sind diese Sachen nicht von Ihnen?" „Gewiß", erwiederte er voll Verwunderung und trat an den Tisch, wo er sein ehmaliges Eigenthum in schönster Eintracht beisammen sah, Alles, was er zu dem alten Trödelmännchen getragen hatte für ein Almosen.

Er freute sich höchlich, die Sachen wieder zu sehen, obgleich sie nicht mehr sein waren, und wühlte begierig darin herum; sie kamen ihm vor, als ob sie ein Anderer gemacht hätte, und wie so | Alles wieder beisammen war, was er nach und nach verloren und seinem jetzigen Wesen so fern ab lag, auch da er nichts mehr von diesen Dingen hoffte, so fand er jetzt, daß ein ganz bestimmter und schätzbarer Werth in der Sammlung lag, und freute sich dieselbe in so lieblichen Händen zu sehen.

„Welch' ein Zufall!" sagte er, „wie kommen Sie denn nur dazu?"

„Das ist köstlich, köstlich!" rief sie und klatschte voll Freude in die Hände, „einzig, sage ich! Nun sollen sie uns aber auch willkommen und in aller Ordnung aufgenommen sein! Noch sind Sie ganz durchnäßt und jämmerlich zu wege; zuerst müssen Sie sich durchaus trocknen und warm ankleiden und nehmen Sie nicht übel, daß ich sogleich einige Vorkehrungen treffe! Bleibe so lange hier, Apollönchen, daß dem ärmsten Herrn Lee Niemand was zu Leide thut!" sagte sie scherzend und eilte fort.

„Himmel!" sagte Heinrich, als sie fort war, „das setzt mich aber in die größte Verlegenheit."

„O machen Sie sich gar nichts daraus, mein | Herr!" erwiederte das freundliche Mädchen und verneigte sich ganz anmuthig, „der Herr und das Fräulein Dorothea thun immer was ihnen beliebt und was recht ist. Wie sie es thun, so meinen sie es auch und sind auch gar nicht wie andere Herrschaften! Ueberdies wird sich der Herr ganz gewiß verwundern und freuen über diese Begebenheit; denn als er vor längerer Zeit die Bilder aus der Residenz brachte, hat die Herrschaft sie wochenlang alle Tage nach Tisch betrachtet und die Mappe mußte immer im Familienzimmer stehen."

Heinrich ging aber dennoch höchst unruhig hin und her; denn er mochte nicht unhöflich und eigensinnig dem Thun der ungewöhnlichen und tüchtigen Dame entgegen sein, und doch fühlte er sich ganz befangen und beschämt, sich dergestalt einzuquartieren und umzukleiden in einem adeligen Hause.

Inzwischen entstand Geräusch in dem Gartenhaus, und Dorothea trat wieder ein und sagte: „So, nun gehen Sie und thun mir den Gefallen, sich umzukleiden; kommen Sie, hierhin, zu Apol|lönchens Vater! Komm, zeig' ihm den Weg, mein Mädchen!"

Er ging nach der Anweisung der Frauenzimmer durch einen Gang und trat in die Gärtnerstube, wo der alte Gärtner und der Küster beisammen saßen und eifrig Tabak rauchten. Als er da abgegeben war, zog sich das Fräulein zurück und das Apollönchen huschte hinter ihr drein ebenfalls auf und davon.

„Kommen Sie nur, Herr oder wer Sie sind!" sagte der Gärtner treuherzig, als er sah, daß Heinrich verblüfft dastand, „hier geht es nicht anders zu. Der Herr und das junge Fräulein stellen immer solche Geschichten auf, das sind wir schon gewohnt, und es hat noch nie ein schlimmes Ende genommen, sondern sich immer als richtig und erbaulich herausgestellt! Treten Sie nur in diese Kammer, wenn's beliebt, da hat die gute Dame einen ganzen Kram herschleppen lassen aus des Grafen Garderobe, und selbst mit getragen!"

Heinrich ging demzufolge in die Kammer und fand da einen vollständigen Anzug vor vom Kopf bis zum Fuß, nebst feiner frischer Leibwäsche; nichts | war vergessen, selbst die warme seidene Halsbinde nicht. Er wusch sich erst Gesicht und Hände und kämmte sein wirres Haar; dann kleidete er sich langsam und bedenklich an, und als er fertig war, getraute er sich nicht hervorzukommen, sondern setzte sich auf einen Stuhl und stellte allerlei Betrachtungen an. Da fiel sein Blick auf seine schlechten beschmutzten Kleider, die am Boden lagen, und er schämte sich, daß er sie nun da lassen sollte, und wußte nicht was mit ihnen zu beginnen sei, bis er sie wieder anzöge. „Wahrhaftig," sagte er, „ganz wie ich es geträumt! Nun, zum Teufel, so lange das Leben so alle Traumgedichte überbietet, wollen wir munter sein!" Er glaubte sich endlich am besten aus der Sache zu ziehen, wenn er die armen Kleidchen ordentlich zusammenlegte. Er legte sie säuberlich auf einen Stuhl in der Ecke, stellte die zerrissenen Stiefelchen ehrbar unter den Stuhl, als ob es die feinste Fußbekleidung wäre, und machte sich endlich auf den Weg nach dem Saale.

Dort fand er unversehens den Grafen vor nebst einem stattlichen katholischen Priester, die | Beide von der Jagd gekommen schienen; denn der Graf war im grünen Jagdkleide mit hohen Stiefeln und der Geistliche trug noch über seinen wohlausgefüllten schwarzen Rock eine Waidtasche und seine kanonischen Stiefeln waren arg voll Koth. Auf dem Boden lagen Hasen und Hühner nebst einem todten Reh, und am Tische lehnten die Gewehre. Der Graf selbst war ein großer schöner Mann und Heinrich erkannte ihn sogleich wieder, nur daß seine Haare und sein Bart stark mit Grau gefärbt waren, was ihm indessen sehr wohl anstand. Er ging rasch auf Heinrich zu, schüttelte ihm die Hand und sagte: „Das ist ja eine kostbare Geschichte, hören Sie! Nun sein Sie willkommen, junger Mann! Ich erinnere mich Ihrer noch sehr wohl und bin neugierig wie ein Stubenmädchen, was Sie uns zu erzählen haben werden. Morgen wollen wir des Weitläufigsten plaudern, jetzt aber ungesäumt an's Abendbrot gehen! Herr Pfarrer! Sie werden nichts dagegen haben, kommen Sie!"

Er faßte Heinrich unter den Arm, der Pfarrer gab der Dorothea den Arm, indem er einen | höflichen Kratzfuß machte und ein schalkhaft lächelndes Gesicht schnitt, und so brach die Gesellschaft auf und ging durch einen langen Garten nach dem Hause, während die Gärtnerstochter ihrer Herrenfreundin muthwillig Gutnacht nachrief. Man trat jetzt in ein wohlgeheiztes behagliches Zimmer und setzte sich um einen runden Tisch, der bereits sehr elegant und stattlich gedeckt und angerichtet war, und Heinrich aß abermals und mit gutem Behagen, da das sichere und edle Wesen des gräflichen Mannes ihn vollständig aufgeweckt und beruhigt hatte. Denn für einen ordentlichen Menschen ist es fast ebenso wohlthuend und erbaulich, einen wohlbestellten, schönen und rechten Mann zu sehen, als schöne und gute Frauen.

Die trefflichen Leute unterhielten sich heiter und behaglich, ohne Heinrich besonders in Anspruch zu nehmen, und es athmete Alles, was sie sagten, ein festes und offenes Gemüth. Doch sagte der Graf nach einer Weile zu ihm: „Es ist doch eine allerliebste Geschichte! Ei, erinnern Sie sich auch noch der Ursache unserer |

Bekanntschaft, der groben Schlingel, die Ihnen damals die Mütze abschlugen?"

„Sicher," sagte Heinrich lachend, „aber was diesen Punkt betrifft, so habe ich heute bei meinem Abzug jenen Einzugsgruß mit Zinsen zurückgegeben!" Er erzählte hierauf sein Abenteuer mit dem Flurschützen. Der Graf warf ihm einen feurigen Blick zu und sagte: „Wenn Sie aber müde sind, so gehen Sie ohne Zaudern zu Bett, damit wir Morgen desto munterer sind!"

„Wenn Sie's erlauben!" sagte Heinrich, stand auf und machte die zierlichste Verbeugung, die er in seinem Leben je gemacht, und von der er am Morgen nicht geträumt hätte, daß er sie je machen würde; doch mußte er beinahe dazu lachen. Die kleine Gesellschaft lächelte ebenfalls freundlich, stand auf und entließ ihn mit Wohlwollen, worauf in einem guten Schlafzimmer er sich in's Bett warf und ohne einen weiteren Gedanken zu verlieren, sofort einschlief.

Zehntes Kapitel.

Heinrich schlief wie ein Murmelthier bis zwölf Uhr des anderen Tages; eben erwachte er und rieb sich sehr zufrieden die Augen, als der Graf hereinkam und sich nach ihm umsah. „Guten Tag, mein Lieber! Wie geht's Ihnen?" sagte er und setzte sich an das Bett, „bleiben Sie ruhig liegen und duseln sich gemüthlich aus!" Heinrich that das auch und sagte: „O es geht gut, Herr Graf! Wie viel Uhr ist es denn?" — „Es ist gerade zwölf Uhr," erwiederte Jener, „es freut mich, daß Sie in meinem Hause so gut geschlafen haben. Nun halten Sie vorerst eine gute Einkehr bei uns und thun sie ganz, als ob Sie bei den besten und zuverlässigsten Freunden wären, von denen Sie | wohl hergestellt und guten Muthes wieder auslaufen werden! Aber nun hören Sie, sie sind mir ja ein köstlicher Gesell! Wir blieben gestern Nacht noch ziemlich lange auf und da wir von Ihnen sprachen, fiel uns ein, daß die Bildermappe noch im übel verschlossenen Gartensaale lag. Ich gehe selbst hin, sie zu holen, denn ich wünschte nicht, daß irgend ein Unheil damit geschehe, und bemerke, daß auf dem Kaminsims ein kleines verkommenes Packetchen liegt; ich mußte lachen und dachte: Gewiß sind dies die armüthigen Effektchen unseres armen Kauzes von Vagabunden! Ich nahm es in die Hand und fand, daß die Hülle vom Regen und vom Tragen aufgelöst war und auseinanderfiel, und siehe da, statt etwa eines Strumpfes oder eines Schnupftuches, wie ich dachte, fällt mir ein ganz durchnäßtes Buch in die Hand; neugierig schlage ich es auf und sehe lauter Geschriebenes, und indem ich die erste Seite lese, vermuthe ich sogleich, daß Sie ihre eigene Geschichte geschrieben haben. Ich sehe das Ding etwas genauer an und erkenne an den Data, daß es Ihre Jugendgeschichte ist, die Sie schon damals | mit in die Fremde genommen haben und mit welchem Buche der Erinnerung, als Ihrer letzten Habseligkeit, Sie sich wieder aus dem Staube machen! Ich laufe mit den Sachen zurück und rufe: ‚Seht, Leute! Unser Mensch schlägt sich mit seinem Jugendbuche durch Regen und Sturm, wie Vetter Camoens mit seinem Gedichte durch die Wellen! Der Spaß wird köstlich!‘ Dortchen nimmt das Buch und besieht es von allen Seiten. ‚Ach du lieber Himmel,‘ ruft sie, ‚das arme Buch ist ja durch und durch naß und droht zu Grunde zu gehen! Das muß sogleich getrocknet werden!‘ Es wird ein frisches Feuer in den Ofen gemacht, das Mädchen setzt sich auf ein Tabouretchen davor und hält das Buch, die Blätter auseinander schüttelnd und es umwendend und kehrend, sorgfältig an das Feuer und in weniger als einer Viertelstunde ist das tapfere Werk heil und gerettet. Nun aber lasen wir noch länger als zwei Stunden darin, an verschiedenen Stellen, und wechselten mit dem Vorlesen ab, und diesen ganzen Vormittag hab' ich auf meiner Stube darin gelesen. Auf den letzten Blättern | stehen einige Gedichte, die haben Sie allem Anscheine nach erst neulich gemacht und hineingeschrieben?" Heinrich bejahte dies und wurde roth, und der Graf fuhr fort: „Ich will mich gar nicht entschuldigen für unsere Indiscretion; es macht sich so Alles von selbst und wir wollen unsere Unverschämtheit nun mit gänzlicher Freundschaftlichkeit abbüßen. Zuerst muß ich Sie einmal küssen, sie sind ein allerliebster Kerl!"

„Bitte, Herr Graf!" sagte Heinrich und duckte sich ein Bischen unter die Decke, „Sie sind allzu gütig; aber ich mache mir nicht viel daraus, Männer zu küssen!"

„Ei sieh da!" rief der treffliche Mann, „Sie schlaues Bürschchen! Aber trotz alledem müssen Sie mich doch ein Bischen wohl leiden, ich verlange es!"

„O gewiß sag' ich Ihnen," erwiederte Heinrich, mit schüchternen und doch zuthulichen Worten; „ich kann Sie gar nicht genug ansehen, so sehr gefallen Sie meinen Augen und meinem Herzen!" Und er sah ihn dabei wirklich mit glänzenden Augen an.

„Nun denn," sagte der Graf mit feinem | und gerührtem Lächeln, „so müssen Sie durchaus geküßt sein zur Besiegelung unseres guten Einvernehmens!" Er umarmte Heinrich und küßte ihn herzlich, und dieser küßte ihn, sein leises Sträuben aufgebend, herzhaft und seine Augen füllten sich mit salzig heißem Wasser, da er endlich einen solchen älteren Männerfreund gefunden nach langem Irrsal. Denn über Einen rechten Mann scheint die Welt wieder gelungen, recht und hoffnungsvoll zu sein. Schweigend sah er den Grafen an und dieser schwieg auch eine Weile; dann drückte Heinrich die Augen in das Kissen und suchte sie verstohlen zu trocknen, sagte aber dann: „Es geht mir recht närrisch! Als ich ein Schuljunge war, war nichts im Stande, mir Thränen zu entlocken, und ich galt für einen verstockten Burschen; seit ich groß geworden bin, ist der Teufel alle Augenblick los und höchstens bring' ich es zu einem oder zwei gänzlich trockenen Jahrgängen!"

Der Graf nahm seine Hand und sprach: „Gedulden Sie sich noch ein paar Jährchen und dann wird es vorbei sein und standhaftes trockenes | Sommerwetter werden. Es ging mir gerade so vor zwanzig und dreißig Jahren und reut mich noch heute nicht! Doch nun stehen Sie auf, ziehen sich an und frühstücken. Wissen Sie was! Ich werde es hieher bestellen, und sie erzählen mir wie es Ihnen ergangen, d. h. sie liefern mir eine förmliche Fortsetzung der Jugendgeschichte."

Während Heinrich sich ankleidete und frühstückte, begann er zu erzählen und zündete dazu, als er mit Essen fertig war, eine gute Cigarre an, wie auch der Graf eine solche rauchte. Heinrich erzählte und beichtete mit Lust und frohem Muth, mit Härte und Schärfe, bald muthwillig, bald traurig, bald schnell und feurig, dann wieder langsam und bedenklich, und that seinem Wesen nicht den min-

desten Zwang an, ohne eine Unschicklichkeit zu sagen, oder wenn
er eine solche sagte, so fühlte er es sogleich und verbesserte sich
ohne großen Kummer; denn was aus einem schicklichen Gemüthe
kommt, ist leicht zu ertragen, und sein Zuhörer, obgleich er ein
älterer Mann war, verbreitete nichts als Freiheit und Sicherheit um
sich. Er war jung mit dem Jungen, ohne den Werth | seiner Jahre zu
verbergen, leicht beweglich und anmuthig, doch mit dem Gewichte
eines Mannes, der gelebt und gedacht hat und fest steht, wo er steht.
Er hörte geläufig und aufmerksam zu, ohne ängstliche Spannung,
und ließ sich ansehen, daß der Erzähler bei ihm zu Hause war
und verstanden wurde mit feinem Sinne, auch wenn er ein Wort
überhört hatte. Auch gab er sein Verständniß nicht mit Ausrufen
und Wortstellungen zu erkennen, sondern hörte eben so leicht und
zwanglos, wie ihm erzählt wurde, und Heinrich konnte im Zimmer
umhergehen, einen Gegenstand betrachten oder etwas handthieren,
ohne dabei den Zuhörer beim Erzählen zu dessen Pein zu fixiren,
ob er auch höre und verstehe? So sprach er zum ersten Mal, seit er
jenes Buch geschrieben, wieder so recht aus sich heraus und fühlte
mit bewegtem Herzen den Unterschied, wenn man dem todten
weißen Papier erzählt oder einem lebendigen Menschenkind. So
vergingen beinahe zwei Stunden, und als er mit seiner Ankunft
auf dem Kirchhof geendet, sagte der Graf: „Wenn Sie als Maler ein
Pfuscher gewesen wären, so hätte das Ver|lassen dieses Berufes gar
keine Bedeutung und könnte uns hier nicht weiter beschäftigen.
Da Sie aber, wie ich den Beweis im Hause habe, unter günstigeren Umständen oder bei besserer Ausdauer gar wohl noch eine so
gute Figur hätten machen können, als so mancher sein Ansehen
kümmerlich aufrechthaltende Gesell, der thut, als ob die Musen an
seiner Wiege gestanden hätten, so gewinnt die Sache einen tieferen Sinn, und ich gestehe aufrichtig, daß es mir ausnehmend wohl
gefällt und mir als ein stolzer und wohlbewußter Streich erscheint,
ein Handwerk, das man versteht, durchschaut und sehr wohl emp-

findet, dennoch wegzuwerfen, wie einen alten Handschuh, weil es uns nicht zu erfüllen vermag, und sich dafür unverweilt die weite lebendige Welt anzueignen."

„Sie täuschen sich," unterbrach ihn Heinrich, „ich konnte wirklich nichts machen, ich habe es ja versucht, und auch bei günstigeren Verhältnissen würde ich höchstens ein stelzbeiniger dilettantischer Akademist geworden sein, einer jener Absonderlichen, die etwas Apartes vorstellen und dennoch nicht in die Welt und in die Zeit taugen!" |

„Larifari!" erwiederte der Graf, „ich sage Ihnen, es war bloß Ihr guter Instinkt, der Sie damals Nichts zu wege bringen ließ. Ein Mensch, der zu was Besserem taugt, macht das Schlechtere immer schlecht, gerade so lange er es gezwungen und in guter Naivetät macht; denn nur das Höchste, was er überhaupt hervorbringen kann, macht der Unbefangene gut; in allem Anderen macht er Unsinn und Dummheiten. Ein Anderes ist, wenn er aus purem Uebermuth das Beschränktere wieder vornimmt, da mag es ihm spielend gelingen. Und dies wollen wir, denk' ich, noch versuchen; denn Sie müssen nicht so jämmerlich davonlaufen, sondern mit gutem Anstand von dem Handwerk Ihrer Jugend scheiden, daß Keiner Ihnen ein schiefes Gesicht nachschneiden kann! Auch was wir aufgeben, müssen wir elegant und fertig aufgeben und ihm mit geschlossener Abrechnung freiwillig den Rücken kehren. Dann aber wollen wir bestialische Flurschützen prügeln, dies sei unser Metier, in Liebe und Haß wirken, in Neigung und Widerstand! Sie werden aufhören, selbst Thränen zu vergießen, aber dafür Andere | deren vergießen lassen, die Einen aus Freude, die Anderen aus Zorn und Aerger! Aber jetzt vor Allem zur Sache! Ich habe Ihre sämmtlichen Studien bei dem alten Teufelskerl gekauft, Stück für Stück um einen Thaler. Ich lief eifrig hin, damit mir ja keine entgehe, denn die Sachen gefielen mir wohl, ohne daß ich jedoch viel dabei dachte, und erst als ich sah, daß hier ein ganzer wohlgeordneter Fleiß stückweise zum Vorschein kam, vielleicht die heiteren Blüthenjahre eines unglücklich gewordenen Menschen, gewann ich ein tieferes Interesse an den Sachen und sammelte sie sorgfältig auf, seltsam bewegt, wenn ich sie so beisammen sah und alle die verschwendete Liebe und Treue eines Unbekannten, die Luft eines schönen Landes und verlorener Heimath herausfühlte; denn man sah wohl, daß dies nicht Reisestudien waren, sondern ein Grund und Boden vom Jugendlande des Urhebers. Der Trödler wollte mir aber nie sagen, wo derselbe aufzufinden und beharrte eigensinnig auf seinem Geheimniß; er log mich an und sagte, es schicke sie ihm ein auswärtiger Händler, als ob der Kauz weiß Gott welche Geschäftsverbin|dungen hätte in seiner Spelunke. Nun sagen Sie aber, wollen sie die Sachen wieder haben, oder wollen Sie mir dieselben lassen?"

„Sie sind ja Ihr Eigenthum!" sagte Heinrich.

„Was da Eigenthum! Sie werden doch nicht glauben, daß ich, nun ich Sie kenne und in meinem Hause habe, Ihre Mappe um solches Bettelgeld behalten will, das wäre ja wie gestohlen! Oder wollen Sie mich schon beschenken, Sie armer Schlucker?"

„Ich meine," sagte Heinrich, „daß die Mappe ihre Dienste gethan und sich für mich vollständig verwerthet hat; erst habe ich etwas daran gelernt und indem ich sie zusammenbrachte, nichts Schlechteres verübt; dann hat sie mir zur Zeit der Noth das Leben gefristet und zwar auf eine Weise, durch welche ich wieder etwas gelernt habe, und auf die Größe der Summe kam es gar nicht an. Jeder Groschen hatte für mich den Werth eines Thalers und machte mir eben so großes Vergnügen als ein solcher, und so habe ich zu Recht bestehend mich der Sachen entäußert. Endlich hat sie mir Ihr Wohlwollen erworben und | mir das artigste Abenteuer vorbereitet, und so denke ich, durch dies Alles sei ich vollkommen entschädigt."

„Dies würde Alles ganz nach meinem eigenen Sinne sein, wenn

die Umstände anders beschaffen wären. So aber ist es eine Düftelei, die wir lassen wollen. Ich bin reich, und würde jetzt die Mappe unbedingt um jeden annehmbaren Preis kaufen, auch wenn Sie selbst gar nichts davon bekämen, also ganz ohne Rücksicht auf Sie. Lernen Sie auf Ihrem Rechte bestehen, wo es Niemand drückt und ängstiget, wenn Sie Recht gewähren wollen, und nehmen Sie den Erwerb, der Ihnen gebührt, ohne Scheu, nachher können Sie damit thun, was Sie wollen! Also nennen Sie mir einen Preis, wie er Ihnen gut dünkt, und ich werde noch froh sein, die Sachen zu behalten."

„Gut denn," sagte Heinrich lachend, „so wollen wir den Handel abschließen! Es sind über achtzig Blätter; geben Sie mir für jedes ineinander gerechnet einen Louisd'or! Manches darunter würde ich, wenn ich ein florirender Künstler wäre, nicht für zehn verkaufen, aber bei einem solchen Handel in Bausch und Bogen ist es nicht also | zu nehmen; davon ziehen Sie dann achtzigmal den Thaler ab, den Sie dem Alten für jedes Stück gegeben, so wird die Affaire so ziemlich ehrbar und für beide Theile leidlich ausfallen!"

„Sehen Sie wohl!" sagte der Graf und gab ihm lachend die Hand, „so gefallen Sie mir! Hätten Sie zu wenig oder zu viel verlangt, so würden Sie mir in beiden Fällen nicht so gefallen haben! Auch den Abzug des Thalers nehme ich an, und habe absichtlich gleich Geld mitgebracht; hier ist es, damit Sie mit einem guten Pfennig in der Tasche, als Gast und nicht als Bettler an unseren Mittagstisch kommen, wohin wir jetzt gehen wollen!"

Heinrich steckte die Papiere in die Brusttasche und einiges Silbergeld, welches die betreffende Summe vervollständigte, in die Westentasche, denn eine Börse besaß er nicht, und indem er an des Grafen Arm nach dem Familienzimmer ging, sagte er: „Wenn ehemals ein abenteuernder Held in einer befreundeten Burg einkehrte und sich erholte, so reichte man ihm ein neues Schwert, wenn das seinige im Kampfe mit den Riesen und Unge|heuern zerbrochen war. Heute reicht man ihm, wenn es recht hoch und kühnlich hergeht, ein Bündel Banknoten, welche er auch ganz stillvergnügt einsteckt, und mit denen er, statt eines Schwertes, um sich schlagen und weiter fechten muß, um sich Luft zu schaffen für seine wunderlichen und unerheblichen Thaten."

„So ist es," antwortete der Graf, „darum sehen Sie zu, daß Ihnen das moderne Schwert nie mehr zerbricht! Denn nur wenn Sie Geld haben, brauchen Sie am wenigsten an dasselbe zu denken und befinden sich nur dann in vollkommener Freiheit! Wenn es nicht geht, so kann man allerdings auch sonst ein rechter Mann sein; aber man muß alsdann einen absonderlichen und beschränkten Charakter annehmen, was der wahren Freiheit auch widerspricht!"

Als sie in das Zimmer traten, kam ihnen Dorothea entgegen und begrüßte Heinrich freundlich, doch mit einer gewissen anmuthigen Gemessenheit, indem sie einen leichten Knix machte, sich gleich wieder bolzgerad aufrichtete, den Lockenkopf allerliebst auf eine Seite neigte und den Gast mit rei|zender Hochgnädigkeit ansah. Auch trug sie ein Kleid von schwerem schwarzen Atlas, das sehr aristokratisch geschnitten war, um den Hals eine feine Spitzenkrause, in welcher sich ein glänzendes Perlenhalsband verlor, nicht ohne sich zuerst um ein Stückchen des weißen fräuleinhaften Halses zu schmiegen.

Der Graf sah seine Tochter etwas überrascht an, auch schaute er sich um und sagte verwundert: „Ich dächte, wir wollten essen? und wo hast Du denn decken lassen?" „Ich habe heute im Rittersaal decken lassen," sagte sie, „wir haben so lange nicht da gegessen und der Herr grüne Heinrich kann sich da am besten orientiren, bei wem er eigentlich ist, wir haben uns, die wir ihn nun schon mehr kennen, ihm eigentlich noch gar nicht vorgestellt und kaum weiß er, wie wir heißen!"

Der Graf, welcher nicht wußte, was sie im Schilde führen mochte, ließ sie gewähren und so begab man sich durch einige Gänge des weitläufigen Hauses nach einem langen, etwas düstern

Saal. Dieser war von unten bis oben mit Ahnenbildern angefüllt, fast durchgängig schöne Män|ner und Frauen in allen Lebensaltern, die der Tracht und der Kunst nach zu urtheilen bis zum Anfange des fünfzehnten Jahrhunderts hinaufreichten. Von da ab waren aber noch wohl drei Jahrhundert dargestellt in Waffen, silbernen Geschirren, Hauschroniken in allerhand Pergamentbänden, alterthümlichen Urkundenschränken und Kuriositäten aller Art, welche sämmtlich mit Daten, Wappen und deutlichen Merkmalen versehen waren. Die Fenster waren zum größten Theil mit gemalten Scheiben bedeckt, auf welchen allen das Wappen des Hauses mit demjenigen der eingeheiratheten Frauen verbunden über biblischen Handlungen und Legenden schwebte. Auch war darin das Hauswappen in allen seinen Wandlungen, von seiner ersten kriegerischen Einfachheit bis zu seiner letzten Vermehrung und Zusammensetzung zu sehen. Der Boden des Saales war ganz mit hochrothem Tuche bedeckt, was zu den dunklen alten Möbeln und Bilderrahmen prächtig und romantisch abstach, während die Tritte der Gehenden nur leise darauf ertönten; in dem Kamin von schwarzem Marmor glühten große Eichen|klötze, und da das Gemach der langen Verschlossenheit wegen durchräuchert worden, erhöhte der feine Duft noch die Feierlichkeit und Vornehmheit dieses Aufenthaltes.

„Ich habe," sagte der Graf, „meinen ganzen Familienkram hier auf einen Punkt aufgestapelt, da dergleichen auch sein Recht will und sich nicht so leicht entäußern läßt, als man glauben möchte. Sehen Sie sich ein wenig um, es sind manche hübsche Sachen darunter!"

Heinrich sah sich lebhaft um und bezeugte große Freude über die vielen werthvollen Stücke und über das Merkwürdige, was hier aufgehäuft war; unter den Bildern waren manche von den besten Meistern der verschiedenen Zeiten und Orte, wo die alten Herren auf ihren Zügen und Gesandtschaften sich umgetrieben. Andere, wenn auch von dunkleren örtlichen Pinselieren gemalt, machten sich durch ihren charaktervollen Gegenstand und dessen Schicksal geltend, das ihnen auf der Stirne stand; vorzüglich aber gefielen ihm die vielen feineren oder keckeren Kindergesichter, welche gleich den Blüthen an diesem großen Baume | zwischen den reifen Früchten überall hervorlächelten, deren Schicksal, dessen Beginn und Morgenroth hier für immer festgehalten schien, nun auch seit Jahrhunderten erfüllt und in die Erde gelegt war, oder gar nicht zur Erfüllung gekommen, da ein Kreuz oder ein denatus ansagte, daß sie als Blüthen schon vom Baume geweht worden. Manches gemalte Schwert und Panzerstück war im gleichen Saale auch in Wirklichkeit vorhanden, und der Graf hielt ihm die schweren Stücke mit leichter und kundiger Hand vor, indessen Heinrich sie auch nicht wie ein Mädchen ihm abnahm, da ihm die Waffenfähigkeit und Liebhaberei seines Geburtslandes in den Fingern steckte. Dorothea hingegen bewegte sich rasch und gefällig herum, stieg auf Schemel und Tritte, um einen alten silbernen Becher oder ein Kästchen herabzuholen, und wies und erklärte die Sachen mit freundlicher, aber fast mitleidiger Höflichkeit, was indessen Heinrich, der vollauf mit dem Beschauen der Gegenstände beschäftigt war, nicht bemerkte, sondern nur als einen angenehmen Eindruck zu dem übrigen empfand, ohne darauf zu achten. Erst als | sie sich zu Tische setzten und man sich gegenübersaß, wo Dorothea, die den Männern vorlegte, mit noch erhöhter vornehmer Freundlichkeit und Herablassung den Gast nach seinen Wünschen und Bedürfnissen fragte, fiel ihm dies Wesen auf, das ihm gestern gar nicht vorhanden geschienen. Es gefiel ihm aber gar wohl, da er geneigt war, solchen schönen Geschöpfen nichts übel zu nehmen, wenn sie nicht gerade zu herzlos waren, und um sie darin zu bestärken und ihr einen Gefallen zu thun, sagte er: „Solche Anschaulichkeit und Durchsichtigkeit einer langen Vergangenheit sind doch eine Art von Concretum, das sich nicht willkürlich vergessen und verwischen läßt. Wenn es einmal da ist, so ist es da, und man kann sich nicht verhindern, an dem Vorhandenen seine Freude zu haben!"

„Gewiß," erwiederte der Graf, „nur ist es thöricht, willkürlich fortsetzen und machen zu wollen, was unter ganz anderen Verhältnissen und Bedingungen geworden ist. Desnahen nenne ich mich auch ungenirt noch von so und so, weil diese Landschaft so heißt und nicht meine Person, welche | kein Berg, sondern ein Mensch ist. Schon weil seltener Weise das Grundstück nie aus unserem Besitz gekommen ist und fortwährend welche von uns hier gewohnt haben in gerader Linie, so erfordert eine gewisse Dankbarkeit gegen diese Erscheinung, daß man ihr die Ehre gebe. Ich selbst habe eine bürgerliche Frau genommen, welche früh gestorben ist und mir keinen Erben hinterließ; ich habe sie so geliebt, daß es mir nicht möglich war, wieder zu heirathen, und wenn es nicht zu seltsam klänge, so wäre ich fast froh, keinen Sohn zu hinterlassen; denn wenn ich mir denken müßte, daß diese Familiengeschichte noch einmal achthundert Jahre fortdauern könnte oder wollte, so würde mir dieser Gedanke Kopfschmerzen machen, da es Zeit ist, daß wir wieder untertauchen in die erneuende Verborgenheit. Ich selbst bin im Verfall des alten Reiches geboren und eigentlich schon ganz überflüssig, so daß sich unser Stamm müde fühlt in mir und nach kräftigender Dunkelheit sehnt. Wenn ich einen Sohn hätte, so würde ich auch Besitz und Stamm gewaltsam aufgegeben haben und dahin gezogen sein, wo kein Herkommen gilt | und Jeder von vorn anfangen muß, damit das Leibliche der Linie gerettet werde und ferner nütze und genieße, da dieses am Ende die Hauptsache ist."

Heinrich freute sich dieser Reden und fühlte sich durch sie geehrt. „Ist jene stolze schöne Dame, welche dazumal das Hündchen auf den Tisch setzte, vielleicht Ihre Gemahlin gewesen?" fragte er mit höflicher Theilnahme.

„Nein," sagte der Graf lachend, „das ist meine Schwester; die lebt als Gattin eines alten Edelmannes vom stolzesten Geblüte tief in Polen und ist ganz verbauert; auch hat sie zur Strafe für ihre Narrheiten schon vier Jahre in Sibirien zubringen müssen mit ihrem Eheherrn. Uebrigens ist es eine ganz gute und liebe Dame und wenn ich sterbe, so werde ich diesen ganzen Trödel hier zusammenpacken lassen und ihr zuschicken; vielleicht, wenn es gut geht, rutscht er mit der Zeit weiter ostwärts wieder nach Asien hinüber, woher unsere Urväter gekommen sind, und findet da ein gemüthliches Grab!"

Dorothea, welche sah, daß ihrem Gaste diese Reden sehr behagten, aber selbst in ihrem Hochmuth verharrte, sagte nun in der alten halb theilnehmenden, halb gleichgültigen, ja sogar fast moquanten Weise zu ihm: „Sie scheinen aber auch von einer Art guter Herkunft zu sein, Herr Lee? wenigstens freuen Sie sich am Anfang Ihres hübschen Buches Ihrer wackeren b ü r g e r l i c h e n Eltern?"

„Allerdings," sagte Heinrich, dem diese Frage in diesem Augenblick etwas überquer kam, erröthend, „bin ich auch nicht auf der Straße gefunden!"

Da klatschte sie plötzlich jubelnd in die Hände, indem sie wieder ihre gestrige offene und natürliche Art annahm, und rief fröhlich: „Nun hab' ich Sie doch gefangen! Aber I c h bin auf der Straße gefunden, wie Sie mich da sehen!"

Heinrich sah sie verblüfft an und wußte nicht was das heißen sollte, indessen sie fortfuhr sich zu freuen und rief: „Sehen Sie, nun konnt' ich Sie doch noch verblüfft machen, der sich von diesen Herrlichkeiten so gar nicht verblüffen ließ! Ja ja, mein gestrenger Herr von braver Abkunft, ich bin das richtigste Findelkind und heiße mit Namen Dortchen Schönfund und nicht anders, so hat mich mein lieber Pflegepapa getauft!"

Heinrich sah den Grafen verwundert an und dieser lachte und sagte: „Ei, ist dies also nun das Ziel Deines Witzes? Wir mußten nämlich gestern Abend lachen, lieber Freund! als wir Ihre Worte lasen: wenn Sie sich selbst bei der Nase fassen, so seien sie sattsam überzeugt, daß Sie zweiunddreißig Ahnen besäßen! Als wir aber dann die ganz gesunde Freude lasen, welche Sie doch äußern, so ehrliche Eltern zu besitzen, und wie Sie sich doch nicht enthalten können, über die Vorfahren einige Vermuthungen aufzustellen, mußten wir wieder lachen; nur das liebe Kind hier schmollte und beklagte sich, daß Alle, Adelige wie Bürgerliche und Bauern, sich ihrer Abkunft freuen und nur sie allein sich gänzlich schämen müsse und gar keine Herkunft habe; denn ich habe sie wirklich auf der Straße gefunden und sie ist meine brave und kluge Pflegetochter." Er streichelte ihr wohlgefällig die Locken, Heinrich aber war ganz beschämt und sagte klein|laut: „Ich glaube wenigstens zu sehen, daß ich Sie nicht ernstlich beleidigt habe, mein Fräulein! — Was jene Anzüglichkeiten betrifft in meinem Geschreibsel über die adelige und bürgerliche Herkunft, so glaube ich nicht, daß ich sie jetzt noch machen würde; denn ich habe seither gelernt, daß Jeder seine Würde am füglichsten wahrt, wenn er Andere vor allen Dingen als Menschen betrachtet und gelten läßt und dann sich gar nicht mit ihnen vergleicht und abwägt, haben sie auch welche Stellung und Meinungen sie wollen, sondern auf sich selbst ruht, sich nicht verblüffen läßt, aber auch nicht darauf ausgeht, Andere zu verblüffen, denn dies ist immer unhöflich und von ordinärer Art. So gestehe ich, daß ich die jetzige Beschämung vollkommen verdient habe, indem ich mich doch verlocken ließ, die vermeintlich stolze Gräfin abtrumpfen zu wollen, anstatt sie in ihrer Art und Weise ungeschoren zu lassen! Uebrigens ist Ihre Abkunft doch noch die vornehmste, denn Sie kommen so recht unmittelbar aus Gottes weiter Welt und man kann sich ja die hochge|stelltesten und wunderbarsten Dinge darunter denken!"

„Nein," sagte der Graf, „wir wollen sie um Gotteswillen nicht zu einer verwunschenen Prinzessin machen, die Sache ist sehr einfach und klar. Vor zwanzig Jahren, als meine Frau eben gestorben, trieb ich mich sehr ungeberdig und schmerzlich im Lande herum und kam an die Donau. Eines Abends, als eben die Sonne unterging, fand ich in ihrem Scheine ein zweijähriges Kind mutterseelen allein im Felde auf einem hölzernen Bänkchen sitzen, das unter einem Aepfelbaume war. Die Schönheit des Kindes rührte mich und ich blieb stehen, da es zugleich verlangend die Aermchen nach mir ausstreckte und durch reichliche Thränen lächelte, so froh schien es, einen Menschen zu sehen. Ich schaute lange aus, ob niemand Angehöriger in der Nähe sei, und da ich Niemand entdeckte im weiten Felde, setzte ich mich auf das Bänkchen und nahm das Kind auf den Schooß, das auch alsogleich einschlief. Da nach Verlauf einer halben Stunde sich Niemand zeigte, nahm ich es | getrost auf den Arm und ging nach dem nächsten Dorfe, um Nachfrage zu halten. Das Kind gehörte nicht in das Dorf, noch in die Gegend überhaupt; hingegen erfuhr ich, daß im Laufe des Nachmittages eine Schaar Auswanderer durchgezogen mit Weib und Kindern, die nach dem südlichen Rußland gingen und sich etwas weiter unten am Flusse den folgenden Morgen einschiffen wollten. Ich gab das Kind nicht aus den Händen, blieb in dem Dorfe über Nacht und begab mich mit dem Morgengrauen nach der bezeichneten Stelle, wo ich den Trupp schon im Begriffe fand zu Schiffe zu gehen. Es fand sich, daß die Mutter des Kindes, eine junge Wittwe, unterwegs gestorben und begraben worden, und daß die Gesellschaft dasselbe gemeinschaftlich mitgenommen. Aber noch war es nicht einmal vermißt worden, das arme Geschöpfchen, das sich während des Ausruhens verlaufen, und die guten Leute erschraken sehr, da ich mit dem lieben Thierchen unvermuthet erschien. Es brauchte indeß nicht viel Beredtsamkeit, bis sie mir meinen Fund überließen, da er soviel wie Nichts besaß | und die arme todte Mutter auf ihre gute Person allein die Hoffnungen der Zukunft gegründet hatte. Aber so eilig ging es zu mit der Abfahrt, daß ich mich nicht einmal nach den genaueren Namen erkundigen konnte. Das wurde rein vergessen und ich erinnerte mich nachher nur, daß die Leute aus Schwaben gekommen. Von dem Kinde erfuhr ich, daß es Dortchen heiße, und so nannte ich es Dortchen Schönfund, als ich ihm später sein Heimathsrecht bei mir sicherte, und so wissen wir endlich nur, daß Dortchen Schönfund hier ein Schwäblein ist! Es nahm aber von Jahr zu Jahr so sehr und mit solcher Leichtigkeit zu an Anmuth, Tugend und Sitte, daß wir die kleine Hexe ohne Wahl vollkommen als die Tochter des Hauses halten und noch froh sein mußten, wenn sie nicht uns über den Kopf wuchs in allen guten Dingen. Meine Schwester, die Adelige, wollte auch durchaus Mittel finden, das Wesen durch irgend einen armen Teufel von Grafen zur Aufrechthaltung dieses alten Castells zu verwenden, aber wie gesagt, hieran ist mir nichts | gelegen und Schönfündchen ist mir dazu zu gut!"

Das Fräulein hatte bei Erwähnung ihres Fundes und besonders ihrer armen unbekannten Mutter einige heiße Thränen vergossen, das schöne Köpfchen vornübergebeugt und in das Taschentuch gedrückt. Doch lächelte sie schon wieder und sagte: „So, Herr Lee! nun kennen Sie meine glorreiche Geschichte und können mich bedauerlich ansehen! Nun, so sehen Sie mich doch ein Bischen bedauerlich an!"

„Ich werde mich wohl hüten," sagte dieser, „ich empfinde erst recht den tiefsten Respect, Fräulein! und sehe gar nichts an Ihnen, das zu bedauern wäre; vielmehr bedauert man sich sogleich selbst, wenn man so vor Ihnen dasitzt." Er schämte sich aber dies gesagt zu haben und sah verlegen auf seinen Teller, während er in der That eine erhöhte Ehrerbietung gegen das Mädchen empfand, da alle ihre Feinheit und Würde einzig in ihrer Person beruhte und weder erworben noch anerzogen schien.

Als man aufstand, hatte der Graf einige | Geschäfte mit den Landleuten abzuthun und ließ Heinrich die Wahl, ob er ihn begleiten oder sich allein in Haus und Garten umtreiben, oder in der

Gesellschaft seiner Pflegetochter bleiben wolle. Heinrich zog vor, da es ihm schicklicher schien, sich in die Gärten zu begeben, und that dies auch, nachdem der Graf sich entfernt. Die Sonne hatte wieder den ganzen Tag geschienen und es war ein heiteres warmes Herbstwetter geworden. |

Eilftes Kapitel.

Höchst angenehm gestimmt und aufgeregt ging er in dem schönen Garten umher und fühlte sich lieblich geschmeichelt und gestreichelt durch den artigen Scherz, welchen das Fräulein mit ihm aufgeführt, sowie durch die unbefangene Art, mit welcher sie die Erzählung ihres Herkommens und ihrer Verhältnisse veranlaßt hatte. Aber erst unter den dunklen Bäumen des Lustwaldes stieg ihm plötzlich der schmeichelhafte Gedanke auf, daß er der Schönen am Ende wohl gefallen müsse, weil sie so unverhohlen und freundlich sich mit ihm zu thun machte, und er warf unverweilt sein inneres Auge auf sie mit großem Wohlwollen, auch stellte sich ihm im Fluge ein herrliches und edles Leben dar mit allen seinen Zier|den an der Seite dieses guten und liebenswerthen Frauenzimmers. Heftig schritt er in dem kühlen Schatten umher und fühlte sein Herz ganz gewaltig schwellen und er kam sich im höchsten Grade glückselig und deshalb liebenswürdig vor. Aber auf dem obersten Gipfel dieser schönen Einbildungen ließ er den Kopf urplötzlich sinken, indem es ihm unvermuthet einfiel, daß dergleichen unbefangene Scherze, frohes Benehmen und Zutraulichkeit ja eben die Kennzeichen und Sitten feiner, natürlicher und wohlgearteter Menschen und einer glücklichen heiteren Geselligkeit wären, welche Jeden, den sie einmal arglos aufgenommen und zu kennen glaubt, auch ohne Arg mit ganzer Freundlichkeit behandelt; daß es ebensowohl das Kennzeichen der Grobheit und Ungezogenheit wäre, zum Danke für solche feine Freundlichkeit sogleich das Auge auf die Inhaberinnen derselben zu werfen und ihre Person mit unverschämten und eigenmächtigen Gedanken in

Beschlag zu nehmen. So hoch diese sich vorhin verstiegen hatten, um so tiefere Demuth befiel ihn jetzt und er beschloß in derselben, die Schönste | gegen sich selbst in Schutz zu nehmen, nicht ahnend, daß eine Neigung, die schon mit solcher inniger Achtung vor ihrem Gegenstande beginnt, das allerschärfste Schwert in sich birgt. Und er beschloß ganz gründlich zu Werke zu gehen und die Dame auch in dem geheimsten Gemüthe nicht zu lieben, so daß sie unbewußt ganz unbedenklich in demselben wohnen könne, nur von seiner uneigennützigsten Ehrerbietung und guten Freundschaft umgeben.

Dieser herzhafte Beschluß schwellte ihm abermals die Brust und hielt dann sein Blut auf in seinem Laufe, aber sehr schmerzlich süß, daß es ihm wohl und weh dabei ward. Ersteres, weil es immer wohl thut, einem liebenswürdigen Wesen Gutes zu erweisen, selbst wenn das durch Entsagung geschieht, und weh, weil es doch eine häkliche Sache ist, eine junge Neigung so ohne Weiteres abzuwürgen und eine ganze werdende mögliche Welt im Keime zu zertreten. Indem er dies schmerzliche Gefühl empfand und darüber nachdachte, sagte er: „Im Grunde — ein Mädchen zu lieben ist nie eine | Unhöflichkeit, wenn man nur etwas Rechtes ist! Aber von mir würde es jetzt unhöflich und grob sein, weil ich ja nichts, ach so gar nichts bin und erst Alles werden muß!" Zum ersten Mal bereute er so recht die vergangenen Jahre und die scheinbar nutzlose Jugend, die ihn jetzt von dieser Erscheinung überrascht werden ließ, ohne daß er bereit und werth war, auch nur im Geheimen eine herzhafte Leidenschaft aufkommen zu lassen und zu nähren. Er fuhr seufzend mit der Hand durch das Haar und entdeckte, daß er keinen Hut auf dem Kopfe hatte. „Ein Kerl!" rief er, „der nicht einmal einen guten Hut, das Zeichen der Freien, auf dem Kopfe trägt! Da lauf' ich barhäuptig wie ein Mönch in fremdem Besitzthum umher! Ich muß einmal nach meinem Hute sehen!"

Er lief in das Gartenhaus. Das freundliche Apollonchen allein war da und holte ihm auf sein Begehren seinen Hut hervor; aber sie hielt denselben mit einem schalkhaften Lächeln dar, so weit dies ihrer Gutmüthigkeit immer möglich war; denn der Hut sah schändlich aus | und war gänzlich zu Grunde gerichtet. Vom Regen war er noch aus aller Form gewichen und stellte sich von allen Seiten, wie man ihn auch wenden mochte, als ein höhnisches Unding vor. Wie Heinrich ihn so trostlos in der Hand hielt und Apollonchen mit verhaltenem Lachen dabeistand, trat Dorothea aus dem Saale herein und rief: „Wo ist denn das Herrchen? Ach da sind Sie ja! Wenn es Ihnen lieb ist, so wollen wir doch ein wenig spazieren gehen, sehen Sie hier, da habe ich Ihnen einen Hut zurecht gezimmert, der Ihnen hoffentlich wohl anstehen soll!" Wirklich hielt sie einen breiten grauen Jägerhut in der Hand, um den ein grünes Band geschlungen war. Sie setzte ihm denselben auf und sagte: „Lassen Sie sehen! Ei vortrefflich, sage ich Ihnen, sieh' mal Apollonchen! Ich habe mir erlaubt, Ihre Jugendfarbe daran anzubringen, damit wir doch ein Bischen grünen Heinrich hier haben! Ist dies Ihr Hut? Wollten Sie den aufsetzen? Zeigen Sie!"

„Ach sehen Sie ihn doch nicht an!" rief Heinrich und wollte ihn wegnehmen, aber sie | entschlüpfte ihm und den Trübseligen pathetisch vor sich hinhaltend sagte sie: „Lassen Sie! Ich möchte gar zu gern ein solch' schlechtes Ding und Krone der Armuth einmal ganz in der Nähe besehen! Ja, es ist wahr! kummervoll sieht er aus, der Hut! Aber wissen Sie, ich möchte doch einmal ein Bursche sein und mit solchem verwegenen Unglückshut so ganz allein in der Welt herumwandern! Aber durchaus müssen wir ihn in unserem Rittersaal aufpflanzen als eine Trophäe unserer Zeit unter den alten Eisenhüten!"

Heinrich entriß ihr die Trophäe und steckte sie in den Ofen, in dem eben ein helles Feuer brannte, und ging mit ihr, die ihn darüber ausschalt, in's Freie. „Wenn er einmal verbrannt sein mußte," sagte sie, „so hätten wir ihn doch auf feierliche Weise verbrennen sollen! Sie haben in Ihrem Schreibebuch selbst so artig besungen, wie Sie Ihre Dornenkrone lustig auf einem Zimmetfeuerchen verbrennen wollten, nun hätten wir den schlimmen Hut dafür nehmen und ihn dergestalt mit guten Ceremonien verbrennen können, zum Zeichen, daß Sie entschlossen sind, | es sich von nun an recht wohl gehen zu lassen!"

Er antwortete hierauf nichts und dachte auch an gar nichts mehr, was er soeben erst gedacht, sondern überließ sich ganz gedankenlos dem Vergnügen, an der Seite der schönen Jungfrau zu sein, welche ihm die Gegend zeigte, vor ihm her über Wassertümpelchen und Geleise sprang, ihr Kleid anmuthig aufnehmend und zuweilen lachend zurücksah, ob er ihr auch ordentlich folge. Seit langer Zeit erging er sich zum ersten Mal wieder auf dem Lande, ohne Sorgen und an einem schönen Abend, und er wurde durch alles dies so wohlgemuth, daß er auf die harmloseste Weise mit der Schönen umherlief und lachte und anfing Witze zu machen, ohne jedoch die Bescheidenheit zu verletzen. Es dunkelte schon, als sie wieder auf dem Kirchhof ankamen, wo sie mit dem Herrn des Hauses zusammentrafen; dieser nahm Heinrich mit sich fort und begehrte mit ihm zu sprechen, während Dorothea zurückblieb, um noch schnell, so weit es das scheidende Tageslicht er|laubte, die Gräber nachzusehen, welche ordentlich unter ihrer Obhut zu stehen schienen.

„Ich habe," sagte der Graf, „jetzt Alles überdacht, was wir thun wollen. Ich habe in der Hauptstadt einige Geschäfte und muß diesen Herbst noch hinreisen. So wollen wir gleich morgen zusammen hingehen; Sie versehen sich da mit allem Nöthigen, vorzüglich aber mit einigem Handwerkszeuge, soviel sie zur Vollendung eines oder zweier ansehnlichen Bilder bedürfen, und dann kehren wir hieher zurück; denn ich möchte Sie durchaus nicht mehr in der Stadt wissen und Sie müssen sich vollkommen wohl befinden auf einige Zeit, dies legt eigentlich den besten Grund zu einem guten Wesen; denn die Welt ist nicht auf Grämlichkeit und Unzufriedenheit, sondern auf das Gegentheil gegründet. Hier machen Sie mit leichtem Muth eine gute Arbeit, Sie werden es thun, ich weiß es; obgleich ich eigentlich kein Kunstschmecker und Kenner von Profession bin und nur für weniges Gutes, was in seiner ganzen Art mich anspricht, mich zuweilen interessire, so weiß ich dennoch, daß es in Ihrem | bisherigen Handwerke gerade so zugeht, wie mit allem Anderen und daß man unter gewissen Umständen mit gutem Sinne immer das kann, was man will, wenn man nur etwas darin gethan hat. Ist die Geschichte fertig, so bringen wir sie nach der Stadt, stellen sie aus und ich werde alsdann mittelst meiner gesellschaftlichen Stellung das Nöthige veranlassen, daß Ihre Arbeit gesehen und mit Anstand verkauft wird. Erst dann können Sie mit Ehren dem Handwerke, das Ihnen unzulänglich dünkt, den Rücken wenden und Ihren Sinn auf das Weitere richten."

Hierauf erwiederte Heinrich nichts, sondern blieb einsilbig den übrigen Theil des Abends hindurch, selbst als der seltsame Pfarrer am Abendessen Theil nahm und mit kuriosem Humor die Gesellschaft erheiterte. Aber als Heinrich im Bette lag, überdachte er alle diese Dinge mit großen Sorgen; denn er erinnerte sich erst jetzt mit Macht an seine Mutter, zu welcher er noch gestern unaufhaltsam hatte laufen wollen, und es wollte ihn bedünken, daß er nun unverzüglich seinen Weg fortsetzen und sich durch keine Um|stände von dieser so einfachen und natürlichen Absicht ablenken lassen solle. Es schwebte ihm vor, wie wenn der Vorschlag des Grafen, seine Freundschaft, die Schönheit Dorothea's, das gastliche Haus und das feine Leben darin, alles dies eine künstliche, glänzende und lockende Welt wäre, welche ihn von dem harten und schmalen Wege seines guten Instinktes wegziehen und in die Irre führen möchte. Obgleich er über diese unsinnige oder unklare Ahnung sogleich lachen mußte, dachte er doch, es wäre für einmal besser, wenn er seiner Absicht treu bliebe und unverzüglich nach Hause reise, um da auf heimathlichem Boden, aus sich selbst heraus und ohne alle Ansprüche zu sehen, was er treibe. Er beschloß desnahen, am anderen Tage unverbrüchlich jenen Weg einzuschlagen, anstatt mit dem Grafen zu gehen, und schlief mit diesem Vorsatze ein, aber nicht ohne alsobald wieder aufzuwachen und nichts Anderes vor sich zu sehen in der Dunkelheit, als das Bild Dorothea's, welches freundlich aber unbarmherzig allen Schlaf verscheuchte. Hierüber wunderte er sich sehr und fragte sich bedenk|lich, ob er etwa wirklich verliebt sei? Es war lange her, seit er dies gewesen, aber dennoch glaubte er aus dem Grunde zu wissen, was Liebe sei, und hielt seine aufgeschriebenen Knabengeschichten noch immer für Meisterwerke leidenschaftlicher Erlebnisse. Und dennoch konnte er sich jetzo nicht entsinnen, auch nur ein einziges Mal etwa nicht geschlafen zu haben während jener Geschichten und war ganz verblüfft, erst jetzt ein ihm bisher unbekanntes Gefühl seinen Rumor beginnen zu sehen, welches ganz anders in's Zeug und in die Tiefe zu gehen schien, als alle jene Verwirrungen und Anfängerstückchen. Eine frohe Bangigkeit durchschauerte ihn, Furcht und Lust zugleich, sich selbst zu verlieren und so gefährliche Dinge schienen sich da ankündigen zu wollen, daß er doppelt beschloß, sich am anderen Tage zu flüchten.

Aber als er in der Frühe geweckt wurde und ein Wagen schon im Hofe stand, während der Graf und Heinrich das Frühstück nahmen, war es ihm nicht möglich, mit einem Worte seines Entschlusses zu erwähnen, ja er dachte kaum noch dar|an, da es sich von selbst zu verstehen schien, daß er nie einen Augenblick im Ernste von der Seite dieser Person wegkäme. Ohne Weiteres stieg er mit seinem Beschützer in den Wagen und mußte der Dorothea versprechen, sich in der Hauptstadt wieder einen grünen Rock anzuschaffen. Als er das versprach und der Wagen in den sonnigen Herbst hinausrollte in der gastlichen Gegend, war es ihm, als ob er böse wäre auf seine arme Mutter, die da im Vaterland säße und in ihrem Schweigen die unerhörtesten Ansprüche erhöbe, Alles zu lassen und stracks ein ungetheiltes Herz zu ihr zu bringen; denn in seiner Confusion und bei der Neuheit der Empfindung glaubte er, daß es jetzt um die Liebe zu seiner Mutter geschehen sein müsse, da er eine Fremde mit solchen Augen ansah, wie er noch nie eine angesehen.

In der Stadt angekommen, sah er sich die Straßen, in denen er in seiner Trübseligkeit umhergegangen, mit Muße an und ging in Gedanken immer selbander durch dieselben hin. Er kaufte sich zwei große Stücke Leinwand und alles dazu gehörige Zeug, auch versah er sich mit neuen | Kleidern und Effekten, und endlich wollte der Graf auch den alten Trödler aufsuchen, um durchaus die größeren Sachen Heinrich's wieder zu erwerben, die derselbe ihm verkauft. Sie gingen mit einander hin und fanden in dem dunklen Gäßchen den kleinen Laden halb verschlossen. Die andere Hälfte stand nur so weit offen, so viel Licht einzulassen, als eine kleine armselige Auction brauchte, welche in der Spelunke stattfand; denn das Männchen war vor wenigen Wochen gestorben. Dies that Heinrich sehr weh und er bereute es nun, nicht mehr zu dem Alten gegangen zu sein, da er es bei aller Wunderlichkeit so gut mit ihm gemeint hatte. Es trieben sich nur wenige geringe Leute in dem Laden herum und gingen die dunkle Treppe auf und nieder in der engen Wohnung des Verschwundenen, um den Niemand sich sonst gekümmert hatte, und der auch um Niemanden sich gekümmert. Heinrich's Bilder waren noch alle da mit den übrigen Siebensachen, und es kostete wenige Mühe und noch weniger Mittel, derselben habhaft zu werden. Er verpackte sie im Gasthofe, sie nahmen dieselben | gleich mit, und Heinrich sah mit angenehmen Gefühlen wenigstens den wesentlicheren Theil seines ehemaligen Besitzthumes wieder beisammen und in einem guten Hause aufgehoben, wo er selbst so gern zeitlebens geblieben wäre. |

Zwölftes Kapitel.

Was der Graf vorausgesagt, geschah nun wirklich. Heinrich schlug in einem hellen Gemache seine Werkstatt auf, zwei große ausgespannte Tücher luden mit ihrer weißen Fläche Auge und Hand ein, sich darauf zu ergehen, die alten Bilder und Cartons hingen stattlich an der Wand und seine Studien lagen ihm bequem zur Hand. Man kann eine Uebung lange Zeit unterbrochen haben, und dennoch, wenn man sie zu guter Stunde plötzlich wieder beginnt mit einem neuen Bewußtsein und vermehrter innerer Erfahrung, etwas hervorbringen, das Alles übertrifft, was man einst bei fortgesetztem Fleiße und hastigem Streben zuwege gebracht; eine günstigere | Sonne scheint über dem späteren Thun zu leuchten. So ging es jetzt Heinrich; er machte zwei große Forstbilder, einen Laubwald und einen Nadelwald, welche er sich als freundlichen grünen Schmuck für ein lichtes kleines Gemach dachte oder für ein hübsches Treppenhaus, damit da etwa im Winter oder in den Stadtmauern einige Grünigkeiten seien. Die Motive nahm er weislich aus den forstreichen Umgebungen des Landsitzes und komponirte nicht viel darin herum, vielmehr fühlte er einmal das Bedürfniß, das Vorhandene wesentlich darzustellen und es für jedes offene Auge erfrischend und wohlgefällig zu machen. Er überhastete sich nicht und schleppte oder faullenzte nicht, sondern führte Zug um Zug fort, bei der Beschäftigung mit dem einen, ohne zerstreut zu sein, an den nächsten und an das Ganze denkend, und indem es ihm wohl gelang, freute er sich dessen und lachte darüber, ohne im geringsten seinen Entschluß zu ändern und etwa neue Hoffnungen auf dergleichen zu setzen. Indem er so sich mit etwas abgab, das er auf immer zu verlassen gedachte und nur aus äußeren | Nützlichkeitsgründen noch einmal vornahm, behandelte er diese Arbeit doch mit aller Liebe und Aufmerksamkeit, und diese ruhige und klare Liebe gab ihm fast mühelos die rechten Mittel ein, so daß unversehens die Bilder eine Farbe bekamen, als ob er von jeher gut gemalt hätte und die Gewandtheit und Zweckmäßigkeit selber wäre. Dies machte ihm das größte Vergnügen und er bereute gar nicht, daß es das erste und letzte Mal sein sollte, wo er ein guter Maler war, vielmehr dachte er schon während dieser Arbeit an die neue Zukunft, und während er zweckmäßige und besonnene klare Farben aufsetzte, gingen ihm allerhand Gedanken von der Zweckmäßigkeit des Lebens überhaupt durch den Kopf.

Der Graf war kein Gelehrter, was man so heißt, aber er kannte den Werth und die Bedeutung aller Disciplinen und wußte für das, wessen er bedurfte, sich das Wesentliche sogleich zu beschaffen und anzueignen und immer war bei ihm guter Rath und ein gesundes menschliches Urtheil zu finden. Demgemäß waren auch seine Büchervorräthe und andere Hülfsmittel beschaffen, so | daß Heinrich ganz ordentliche Studien betreiben konnte in den Mußestunden und den langen Nächten; denn er war jetzt immer wach und munter und eigentlich war ihm Alles Mußezeit oder Alles Arbeitszeit, er mochte machen was er wollte. Er studirte jetzt verschiedene Geschichtsvorgänge ganz im Einzelnen in ihrer faktischen und rethorischen Dialektik, und fast war es ihm gleichgültig, was für ein Vorgang es war, überall nur das Eine und Alles sehend, was in allen Dingen wirkt und treibt, und eben dieses Eine packen lernend, wie die jungen Füchse eine Wachtel.

Neben diesen erheblichen Sachen fand er noch in dem Hause die beste Gelegenheit, manche gute und nützliche Dinge zu lernen, an welche er bisher nicht gedacht und deren Mangel er erst jetzt bemerkte. Obgleich der Graf seiner sogenannten radikalen Gesinnung und abweichender Handlungen wegen in der ganzen Gegend bei Standesgenossen und anderen Respectspersonen verschrieen und verhaßt war, so hielt er doch einen gewissen Verkehr mit ihnen aufrecht und zwang sie, während seiner Gegenwart wenigstens menschlich und | möglichst anständig zu sein, wobei ihn seine Pflegetochter mit geringer Mühe und großem Erfolge unterstützte. So kam es, daß der Gehaßte und Verläumdete doch überall willkommen war und die verkommenen übelwollenden Gesichter gegen ihren Willen aufheiterte, so wie sie sich auch etwas darauf zu gute thaten, in sein Haus zu kommen, und trotz ihres Nasenrümpfens es nie verfehlten, wenn er von Zeit zu Zeit die Pflichten der Nachbarschaft übte. Heinrich, als aus den mittleren alten Schichten des Volkes entsprungen, hatte bis jetzt dergleichen nicht geahnt oder geübt. Wen er nicht leiden konnte, mit dem ging er nicht um, und war gewohnt, seine Abneigung wenig zu verhehlen, sowie auch jede Unverschämtheit sogleich zu erwiedern und nichts zu ertragen, was ihn nicht ansprach. Diese Volksart, an sich gut und tugendhaft, ist in der gebildeten Gesellschaft hinderlich und unstatthaft, da in dieser wegen der Ungeschicklichkeit im Kleinen das Große und Wichtige gehemmt und getödtet wird. Das Volk braucht nicht duldsam zu sein im Kleinen, weil es das Große zu ertragen ver|steht; Jene aber, welche dieses ohnehin nicht haben oder es selten ertragen können, sind darauf angewiesen, für ihre Armuth und Fratzenhaftigkeit Nachsicht und Duldung zu verlangen und gegenseitig zu üben, so daß hieraus ein starker Theil der guten Sitte entspringt, die sich sogar zu veredeln und etwas Tieferes zu werden fähig ist. So lernte jetzt Heinrich nach dem Beispiele des Grafen sich auf seinem Stuhle ruhig zu verhalten, die Fratzen, die Rotznasen und die Erbsenschneller zu ertragen und sich gegen Jedermann artig zu benehmen, und was er erst mehr heuchelte als in guten Treuen empfand, lernte er nach und nach in der besten Meinung von innen heraus thun, und befand sich um vieles wohler dabei, ersehend, wie in jedem Geschöpfe etwas ist, was werth ist, daß man einige Liebe auf es wirft und ihm einigen Werth verleiht. Zuletzt schämte er sich sogar bitterlich seines früheren Uebermuthes und fühlte, wie weit mehr man Gefahr läuft, den Armen und Widersinnigen gleich zu werden, wenn man sie befehdet und zwackt, als wenn man sie gewähren läßt; | denn sie haben etwas Dämonisches und Verheerendes an sich.

In einem ganz sonderlichen Verhältnisse zu dem Hause stand der katholische Pfarrer des Ortes, welcher so oft in Gesellschaft des Grafen erschien, daß er für eine Art von Hausfreund gelten konnte. Er hatte eine dicke Mopsnase, welche durch einen Studentenhieb in zwei Abtheilungen getheilt war, zum Denkzeichen einer großen Vornäsigkeit in der Jugend. Der Mund war sehr aufgeworfen und sinnlich und die Tonsur hatte sich allmälig ziemlich vergrößert, obgleich er sie immer noch streng in ihrer kreisrunden Form hielt, da er hierin gar keinen Spaß verstand und die Reitbahn, welche sich an seinem Hinterhaupte dem Blicke darbot, durchaus für eine Tonsur angesehen wissen wollte. Dieser Mann war nun vorzüglich drei Dinge, ein leidenschaftlicher Esser und Trinker, ein großer religiöser Idealist und ein noch größerer Humorist. Und zwar war er letzteres in dem Sinne, daß er alle drei Minuten lang das Wort Humor verwendete und es zum Maßstabe und Kriterium alles dessen machte, was | irgendwie vorfiel oder gesprochen wurde. Alles, was er selbst that, redete und fühlte, gab er zunächst für humoristisch aus, und obgleich es dies nur in den minderen Fällen war und mehr in einem maßlosen Klappern und Feuerwerken mit gesuchten Gegensätzen, Bildern und Gleichnissen bestand, so ging aus diesem Wesen dennoch ein gewisser Humor heraus, welcher die Leute lachen machte, besonders wenn der Graf, Dorothea und Heinrich, welche in ihrem kleinen Finger, wenn sie ihn bewegten, mehr Humor hatten, als der Pfarrer in seinem Gemüthe, zusammensaßen und er ihnen mit ungeheurem Wortschwall erklärte, was Humor sei und wie sie von dieser Gottesgabe auch nicht eines Senfkörnleins groß besäßen. Er las eifrigst alle humoristischen Schriften und alle, welche vom Humor handelten, und hatte sich ein ordentliches System über dieses Feuchte, Flüssige, Aetherische, Weltumplätschernde, wie er es nannte, aufgebaut, das ziemlich mit seiner Theologie zusammenfiel. Cervantes führte er ebenso oft im Munde, wie Shakespeare, aber er fand den größten Gefallen an den unzähligen Prügeln, | welche Sancho und der Ritter bekommen, an den Einseifungen, Prellereien und derben Sachen aller Art. Die göttlichen feineren Dinge sah und verstand er gar nicht oder wollte sie nicht sehen, besonders wenn sie wie auf ihn gemünzt waren, was dann zu den Versicherungen seines eigenen Humors den ergötzlichsten Gegensatz bildete. So sah er in dem Abenteuer in der Höhle des Montesinos nur eine äußere komische Schnurre; den feinen Humor, der in dem langen Seile liegt, welches ganz nutzlos abgerollt wird, indessen der Ritter schon im Anfange die Augen schließt, und insbesondere die Art, wie er sich nachher vielfältig in Hinsicht des in der Höhle Gesehenen benimmt, dies alles sah er gar nicht oder rümpfte unmerklich die Nase dazu.

Sein Idealismus, und er nannte sich bald rühmend, bald entschuldigend einen Idealisten, bestand darin, daß er gegenüber seinen Zuhörern, welche alles Wirkliche, Geschehende und Bestehende, sofern es sein eigenes Wesen ausreichend und gelungen ausdrückt, ideal nannten, eben dieses Wirkliche materiellen und groben Mist | oder Staub schalt und dagegen alles Niegesehene, Nichtbegriffene, Namenlose und Unaussprechliche ideal hieß, was eben so gut war, als wenn man irgend einen leeren Raum am Himmel Hinterpommern nennen wollte. Als Priester aber war er höchst freisinnig und über seine Kirche, in welcher er predigte, hinaus; seine Religion dagegen war ein aufgeklärter Deismus, welchen er aber viel fanatischer vertrat, als irgend ein Pfaffe seine Satzungen. Er suchte einen rechten Höllenzwang auszuüben mit idealen und humoristischen Redensarten und bauete artige Scheiterhäufchen aus Antithesen, hinkenden Gleichnissen und gewaltsamen Witzen, worauf er den Verstand, den guten Willen und sogar das gute Gewissen seiner Gegner zu verbrennen trachtete, seiner eigenen Meinung zum angenehmen Brandopfer.

Diese Lieblingsbeschäftigung, nebst dem reichlichen Tisch des Grafen, führte ihn häufig in das Haus, und da er zugleich eine ehrliche Haut und ein redlicher Helfer bei allen guten Unternehmungen der Herrschaft war, so wurde er zum Bedürfniß und zur bleibenden Heiterkeit des | Hauses. Besonders Dorothea wußte ihn mit der leichtesten Anmuth in den Irrgärten seines fanatischen Humors umherzuführen, neckend vor ihm hin zu huschen und durch die verworrenen Buschwerke seines krausen Witzes zu schlüpfen. Unergründlich war es dabei, ob mehr ihr heiteres Wohlwollen oder ein bedenklicher Muthwillen im Spiele lag; denn eben so oft, als sie dem Pfarrer Gelegenheit gab zu glänzen, verlockte sie seine Eitelkeit auf das Eis, wo sein Witz das Bein brach.

Heinrich ward hierüber etwas verdutzt und verwirrt und wußte sich nicht recht in diesen Ton zu finden, auch wußte er anfangs nicht, warum es sich handelte, bis eines Mittags, als Dorothea in ebenso zarter als fröhlicher Weise den Pfarrer verführte, ihr allerlei seltsame und abenteuerliche Beweise für die Unsterblichkeit aufzuzählen, der Graf sagte: „Sie müssen nämlich wissen, lieber Heinrich, daß Dortchen ganz auf eigene Faust nicht an die Unsterblichkeit glaubt, und zwar nicht etwa in Folge angelernter und gelesener Dinge oder durch meinen Einfluß, son|dern auf ganz originelle Weise, so zu sagen von Kindesbeinen an!"

Dorothea schämte sich wie ein Backfischchen, dessen Herzensgeheimniß man verrathen hat, und drückte das rothgewordene Gesicht auf das Tischtuch, daß die schwarzen Locken sich auf der weißen Fläche ausbreiteten.

Dieser Vorgang machte auf Heinrich einen Eindruck, der aus Verwunderung und Ueberraschung gemischt war und jenen angenehmen Schrecken herbeiführte, welcher uns befällt, wenn wir entdecken, daß eine geliebte Person Eigenthümlichkeiten und Nücken im Gemüthe führt, von denen wir uns bei aller Bewunderung nichts träumen ließen. Er vermochte aber gar nichts dazu zu sagen, und erst als er nach Tisch mit dem Grafen durch die Gegend strich, befragte er ihn um das Nähere.

„Es ist in der That so," erwiederte derselbe, „seit sie ihr Urtheil nur ein bischen rühren konnte und diese Dinge nennen hörte, wir wissen die Zeit kaum anzugeben, sagte sie mit aller Unbefangenheit, aus dem kindlichsten und reinsten | Herzen heraus, daß sie gar nicht absehen und glauben könne, wie die Menschen unsterblich sein sollten. Es kommt allerdings oft vor, daß rechtliche Leute aus allen Ständen dies ursprüngliche schlichte Vergänglichkeitsgefühl ohne Weiteres aus der Natur schöpfen und ohne skeptischer oder kritischer Art zu sein, dasselbe unbekümmert bewahren wie eine allereinfachste handgreifliche Wahrheit. Aber so lieblich und natürlich ist mir diese Erscheinung noch nie vorgekommen, wie bei diesem Kinde, und ihre unschuldige gemüthliche Ueberzeugung, die so ganz in sich selbst entstand, veranlaßte mich, der ich Gott und Unsterblichkeit hatte liegen lassen, wie sie lagen, meinen philosophischen Bildungsgang noch einmal vorzunehmen und zu revidiren, und als ich auf dem Wege des Denkens und der Bücher wieder da anlangte, wo das Kindsköpfchen von Hause aus gewesen, und Dortchen mir über die Schulter mit in die Bücher guckte, da war es erst merkwürdig, wie sich das bestärkte und bestätigte Gefühl in ihr gestaltete. Wer sagt, daß es keine Poesie gebe ohne den Glauben an die Unsterblichkeit, der hätte | sie sehen müssen; denn nicht nur das Leben und die Welt um sie herum, sondern sie selbst wurde durch und durch poetisch. Das Licht der Sonne schien ihr tausendmal schöner als anderen Menschen, was da lebt und webt war und ist ihr theuer und lieb, das Leben wurde ihr heilig und der Tod wurde ihr heilig, welchen sie sehr ernsthaft nimmt.

Sie gewöhnte sich, zu jeder Stunde ohne Schrecken an den Tod zu denken, mitten in dem heitersten Sonnenschein des Glückes, und daß wir Alle einst ohne Spaß und für immer davon scheiden müssen. Dieser wirkliche Tod lehrt sie das Leben werth halten und gut verwenden und dies wiederum den Tod nicht fürchten, während das ganze vorübergehende Dasein unserer Person, unser aufblitzendes und verschwindendes Tanzen im Weltlichte diesem ganzen Wesen einen leichten, zarten, halb fröhlichen, halb elegischen Anhauch giebt, das drückende, beengende Gewicht vom Einzelnen nimmt und seinen schwerfälligen Ansprüchen, indeß das Ganze doch besteht. Und welche Pietät und Mitleid hegt sie für die Sterbenden und Todten! Ihnen, | welche ihren Lohn dahin haben und abziehen mußten, wie sie sagt, schmückt sie die Gräber, und es vergeht kein Tag, an welchem sie nicht eine Stunde auf dem Kirchhofe zubringt. Dieser ist ihr Lustgarten, ihre Universität, ihr Schmollwinkel und ihr Putzzimmer, und bald kehrt sie fröhlich und übermüthig, bald still und traurig wieder zurück."

„Glaubt sie denn auch nicht an Gott?" fragte Heinrich.

„Schulgerecht," erwiederte sein Freund, „sind beide Fragen unzertrennlich, jedoch macht sie sich nichts aus der Schule und sagt nur: Ach Gott! es ist ja recht wohl möglich, daß Gott ist, aber was kann ich ärmstes Ding davon wissen? Wenn wir unsere Nase in Alles stecken müßten, so wäre jedem von uns eine deutliche Anweisung gegeben. Ich gönne jedem Menschen seinen guten Glauben und mir mein gutes Gewissen!"

Obgleich Heinrich seinen lieben Gott, zwar etwas eingeschlummert, immer noch im Gemüthe trug, so gefiel ihm doch dies alles, was er von Dorothea hörte, ausnehmend wohl, weil sie es | war, von welcher man dergleichen sagte; nur behauptete er für sich, daß er es eben so liebenswürdig und angenehm an ihr finden würde, wenn sie eine eifrige Katholikin oder Jüdin wäre. Doch widerfuhr es ihm bei dieser Gelegenheit zum ersten Mal, daß er ohne alle Bedenklichkeit und vielmehr mit ihm selbst wohlthuender Gleichgültigkeit vom Sein oder Nichtsein dieser Dinge sprechen hörte, und er fühlte ohne Freude und ohne Schmerz, ohne Spott und ohne Schwere die anerzogenen Gedanken von Gott und Unsterblichkeit sich in ihm lösen und beweglich werden.

Die Welt sah er schon durch Dortchens Augen an und sie glänzte ihm in der That in stärkerem und tieferem Glanze, und ein süßes Weh durchschauerte ihn, wenn er sich nur die Möglichkeit dachte, für dies kurze Leben mit Dortchen in dieser schönen Welt zusammen zu sein.

Doch kannegießerte er seit jenem Tage noch öfter mit dem Grafen über den lieben Gott. Der wahrhafte kluge Edelmann lehnte zwar durchaus ab, ihn belehren und überzeugen zu wollen, und wich seinen Anmuthungen gelassen aus. Nur eines Tages wurde er etwas wärmer, als Heinrich anfing: „Ich habe, seit ich in Ihrem Hause bin, wieder viel mit meiner Selbstsucht zu kämpfen, indem ich nach alter eingewurzelter Gewohnheit immer dem lieben Gott für das Gute danken möchte, das er mir erwiesen. Denn obschon ich mir schon seit längerer Zeit widerstand und meine kleinen persönlichen Erlebnisse nicht mehr einer unmittelbaren Lenkung Gottes zuschreiben mochte, so verlockt mich das, was mir hier geschah, dennoch immer wieder dazu, und ich muß manchmal lachen, wenn ich bedenke, welch' ein lustiges und liebliches Schauspiel es für den guten weisen Gott sein muß, zu sehen, wie ein junger Mensch ihm gern für etwas Gutes danken möchte und sich ganz ehrlich dagegen sperrt aus lauter Vernunftmäßigkeit! Warum macht er sich aber auch so närrische Geschöpfe!"

Der Graf sagte: „Ich muß Ihnen diesmal, ganz abgesehen vom lieben Gott, wirklich eine Zurechtweisung angedeihen lassen. Die Christen lehren von ihrem Standpunkt aus ganz praktisch und weise, daß man, so schlecht es Einem auch erginge und so lange sich auch Gottes Hülfe zu entziehen scheine, nie an ihm verzweifeln müsse, da er dennoch immer da sei. Was dem Einen recht, ist dem Anderen billig! Warum, wenn wir in neunundneunzig Fällen, wo es uns schlimm ergeht, wo kein glücklicher Stern, d. h. kein guter Zufall uns begünstigt, uns mit der Vernunft und Nothwendigkeit trösten und unsere tüchtige feste Haltung rühmen, warum denn im hundertsten Falle, wo einmal ein schönes und glückhaftes Ungefähr uns lacht, alsdann stracks an der Vernunft zu verzweifeln, an der natürlichen Schickung der Dinge, an unserer eigenen gesetzmäßigen Anziehungskraft für das uns Angenehme und Nützliche? Ist die Vernunft, welche uns über neunundneunzig unangenehme Dinge hinweggeholfen hat, nicht mehr da, wenn das hundertste Ding ein angenehmes ist? Diese Art zu denken und zu danken ist eigentlich eher eine Blasphemie; denn indem wir für das Eine glückliche Ereigniß danken, schieben wir dem Schöpfer ja alle die schlimmen und schlechten Erfahrungen mit in die Schuhe. Daher sind nur die asketischen Christen | im Rechte, welche dem Gotte auch für das Uebel inbrünstig danken. Dieses thun unsere aufgeklärten Herren Deisten aber doch nicht, sie verdanken ihrem Gotte das Unglück nicht im mindesten und er ist nur ihr Sonntags- und Freudengott.

„Was nun Ihren lieben Gott betrifft, lieber Heinrich, so ist es mir ganz gleichgültig, ob Sie an denselben glauben oder nicht! Denn ich halte Sie für einen so wohlbestellten Kautz, daß es nicht darauf ankommt, ob Sie das Grundvermögen Ihres Bewußtseins und Daseins außer sich oder in sich verlegen, und wenn dem nicht so wäre, wenn ich denken müßte, Sie wären ein Anderer mit Gott und ein Anderer ohne Gott, so würden Sie mir nicht so lieb sein, so würde ich nicht das Vertrauen zu Ihnen haben, das ich wirklich empfinde.

„Dies ist es auch, was diese Zeiten zu vollbringen und herbeizuführen haben: nämlich vollkommene Sicherheit des menschlichen Rechtes und der menschlichen Ehre bei jedem Glauben und jeder Anschauung, und zwar nicht nur im Staatsgesetz, sondern auch im persönlichen vertraulichen | Verhalten der Menschen zu einander. Es handelt sich heut zu Tage nicht mehr um Atheismus und Freigeisterei, um Frivolität, Zweifelsucht und Weltschmerz und welche Spitznamen man alles erfunden hat für schwächliche und kränkliche Dinge! Es handelt sich um das Recht, ruhig zu bleiben im Gemüth, was auch die Ergebnisse des Nachdenkens und des Forschens sein mögen, und unangetastet und ungekränkt zu bleiben, was man auch mit wahrem und ehrlichem Sinne glauben mag. Uebrigens geht der Mensch in die Schule alle Tage und keiner vermag mit Sicherheit vorauszusagen, was er am Abend seines Lebens glauben werde! Dafür haben wir die unbedingte Freiheit des Gewissens nach allen Seiten!

„Aber dahin muß die Welt gelangen, daß sie mit eben der schuldlosen guten Ruhe, mit welcher sie ein neues Naturgesetz, einen neuen Stern am Himmel entdeckt, auch die Vorgänge und Ergebnisse in der geistigen Welt hinnimmt und betrachtet, auf Alles gefaßt und stets sich gleich als eine Menschheit, die da in der Sonne steht und sagt: hier stehe ich!" |

Auf fast ganz weibliche Weise schlüpfte Heinrich in die Grundsätze derer hinein, die er liebte und die ihm wohlwollten, und dies war wohl weniger unmännliche Schwäche, als der allgemeine Hergang in diesen Dingen, wo die besten Ueberzeugungen durch den Einfluß honetter und klarer Persönlichkeit vermittelt werden. War doch der Graf selbst, der gewiß ein Mann war, durch das Wesen eines kleinen unwissenden Mädchens zu seiner Abrechnung veranlaßt worden. Doch wollte Heinrich nicht hinter ihm zurückbleiben und studirte, wohl aufgelegt und von einer anhaltenden neigungsvollen Wärme durchdrungen, die Geschichte des theologischen und philosophischen Gedankenganges der neueren Zeit, wobei ihm jede Erscheinung, jedes Für und Wider, in sofern sie nur ganzer und wesentlicher Natur waren, gleich lieb und wichtig wurden, und nur das Naseweise, Inquisitorische und Fanatische in jeder Richtung widerte ihn an.

Die Cultur der Religionen vermag die Völker nur aus dem Gröbsten zu hobeln und zu verändern. Auf einer gewissen Stufe angekommen, | hat jeder Mensch seinen bestimmten Werth, welcher nicht um ein Quentchen verliert oder gewinnt, ob er diesen Werth in oder außer sich sucht. Dies empfand Heinrich, wie der Graf ihm gesagt, mit leichtem Herzen und großem Behagen, und die sich so oft gestellte Frage, ob er an sich gut sei, glaubte er sich nun freundlich beantworten zu dürfen, da er nicht die mindeste Veränderung und Bewegung an sich empfand und sich von Grund aus weder um ein Haar besser noch schlimmer vorkam, seit er das halbe Wesen und das peinliche Polemisiren mit dem Gott in seiner Brust aufgegeben.

So verging der Winter in mannigfacher aber ruhiger Bewegung. Der Pfarrer, welcher mit humoristischem Zorne den grünen Fremdling seine Fahne verlassen sah, fand sich noch öfter im Herrenhause ein und suchte durch einen Sprühregen von Angriffen und Witzcompositionen den Flüchtling zu bedrängen und einzufangen. Vorzüglich ging er darauf aus, die Welt unter dem Gesichtspunkte seiner Zuhörer als heillos nüchtern, trivial und poesielos darzustellen, und um zu | zeigen, wie ganz anders sie sich ausnehme im Lichte eines innigen Gottesglaubens, nahm er energische, phantasievolle Mystiker zu Hülfe, in welchen er weniger als Christ, denn als geistreicher Liebhaber sehr belesen war. Er brachte wiederholt dergleichen her und war sehr willkommen damit, da, wenn man sich einmal über solche Gegenstände unterhält, Alles was aus ganzem Holze geschnitten ist, gleich wichtig erscheint, belehrt und erbaut. So werden auch stets ein recht herzlicher glühender Mystiker und ein rabbiater Atheist besser mit einander auskommen und größeres Interesse an einander haben, als etwa ein dürrer orthodoxer Protestant und ein flacher Rationalist, weil jene Beiden gegenseitig wohl fühlen, daß ein höherer specifischer Werth in ihnen treibt und durchscheint.

So hatte er des Angelus Silesius cherubinischen Wandersmann in das Haus gebracht und die kleine Gesellschaft empfand die größte Freude über den vehementen Gottesschauer, seine lebendige Sprache und poetische Gluth. Diese unbefangene Freude ärgerte aber gerade den guten | Pfarrer und wollte ihm gar nicht passen, und er ergriff eines Abends das Büchlein und begann um so eindringlicher und nachdrücklicher daraus vorzulesen, als ob die Leutchen bis jetzt gar nicht gemerkt, was sie eigentlich läsen. Als er sich etwas müde geeifert, nahm Heinrich das Buch auch in die Hand, blätterte darin und sagte dann: „Es ist ein recht wesentliches und maßgebendes Büchlein! Wie richtig und trefflich fängt es sogleich an mit dem Distichon: „Was fein ist, das besteht!"

> Rein wie das feinste Gold, steif wie ein Felsenstein,
> Ganz lauter wie Krystall, soll dein Gemüthe sein.

„Kann man treffender die Grundlage aller dergleichen Uebungen und Denkarten, seien sie bejahend oder verneinend, und den Werth, das Muttergut bezeichnen, das man von vornherein hinzubringen muß, wenn die ganze Sache erheblich sein soll? Wenn wir uns aber weiter umsehen, so finden wir mit Vergnügen, wie die Extreme sich berühren und im Umwenden Eines in's Andere umschlagen kann. Da ist Ludwig | Feuerbach, der bestrickende Vogel, der auf einem grünen Aste in der Wildniß sitzt und mit seinem monotonen, tiefen und classischen Gesang den Gott aus der Menschenbrust wegsingt! Glaubt man nicht ihn zu hören, wenn wir die Verse lesen:

> Ich bin so groß als Gott, Er ist als ich so klein:
> Er kann nicht über mich, ich unter Ihm nicht sein.

„Ferner:

> Ich weiß, daß ohne mich Gott nicht ein Nun kann leben,
> Werd' ich zunicht, er muß vor Noth den Geist aufgeben.

„Auch dies:

> Daß Gott so selig ist und lebet ohn' Verlangen,
> Hat er sowohl von mir, als ich von ihm empfangen.

Und wie einfach wahr findet man das Wesen der Zeit besungen, wenn man das Sinngedichtchen liest: „Man muß sich überschwenken."

> Mensch! wo du deinen Geist schwingst über Ort und Zeit,
> So kannst du jeden Blick sein in der Ewigkeit.

„Besonders aber dies: „Der Mensch ist Ewigkeit." |

> Ich selbst bin Ewigkeit, wenn ich die Zeit verlasse
> Und mich in Gott, und Gott in mich zusammenfasse.

„Alles dies macht beinahe vollständig den Eindruck, als ob der gute Angelus nur heute zu leben brauchte und er nur einiger veränderter äußerer Schicksale bedürfte, und der kräftige Gottesschauer wäre ein eben so kräftiger und schwungvoller Nichtschauer und Feuerbachianer!"

„Das wird mir denn doch zu bunt," schrie der Pfarrer, „aber Sie vergessen nur, daß es zu Scheffler's Zeiten denn doch auch schon Denker, Philosophen und besonders auch Reformatoren gegeben hat, und daß, wenn eine kleinste Ader von Verneinung oder liberaler Humanität in ihm gewesen wäre, er schon vollkommen Gelegenheit gehabt hätte, sie auszubilden!"

„Sie haben Recht!" erwiederte Heinrich, „aber nicht ganz in Ihrem Sinne. Was ihn abgehalten hätte und wahrscheinlich noch heute abhalten würde, ist der Gran von Frivolität und Geistreichigkeit, mit welcher sein glühender Mysticismus versetzt ist; diese kleinen Elementchen würden ihn bei aller Energie des Gedankens | auch jetzt noch im mystischen Lager festhalten!"

„Frivolität!" rief der Pfarrer, „immer besser! Was wollen Sie damit sagen?"

„Auf dem Titel," versetzte Heinrich, „benennt der fromme Dichter sein Buch mit dem Zusatz: Geistreiche Sinn- und Schlußreime. Allerdings bedeutet das Wort geistreich im damaligen Sprachgebrauch etwas Anderes als heut zu Tage; wenn wir aber das Büchlein aufmerksam durchgehen, so finden wir, daß es in der That auch im heutigen Sinne etwas allzu geistreich und zu wenig einfach ist, so daß jene Bezeichnung jetzt wie eine ironische, aber richtige Vorbedeutung erscheint. Dann sehen Sie aber die Widmung an, die Dedication an den lieben Gott, worin der Mann seine hübschen Verse Gott dedicirt, indem er ganz die Form nachahmt, selbst im Drucke, in welcher man dazumal großen Herren ein Buch zu widmen pflegte, selbst mit der Unterschrift: Sein Allezeit sterbender Johannes Angelus. Betrachten sie den bitterlich ernsten Gottesmann, den heiligen Augustinus, und gestehen Sie aufrichtig, trauen Sie ihm zu, daß er ein Buch, worin er das Herzblut seines religiösen Gefühles | ergossen, mit solch einer witzelnden, affectirten Dedication versehen hätte? Glauben Sie überhaupt, daß es demselben möglich gewesen wäre, ein so kokettes Büchlein zu schreiben, wie dies eines ist? Er hatte Geist so gut als Einer, aber wie streng hält er ihn in der Zucht, wo er es mit Gott zu thun hat. Lesen sie seine Bekenntnisse, wie rührend und erbauend ist es, wenn man sieht, wie ängstlich er alle sinnliche und geistreiche Bilderpracht, alles Kokettiren, alle Selbsttäuschung oder Täuschung Gottes durch das sinnliche Wort flieht und meidet. Wie er vielmehr jedes seiner stricten und schlichten Worte unmittelbar an Gott selbst richtet und unter dessen Augen schreibt, damit ja kein ungehöriger Schmuck, keine Illusion, keine Art von Schönthun mit Unreinem hineinkomme in seine Geständnisse! Ohne mich zu solchen Propheten zählen zu wollen, fühle ich dennoch diesen ganzen und ernstgemeinten Gott, und erst jetzt, wo ich keinen mehr habe, bereue ich mit ziemlicher Scham die willkürliche und humoristische Manier meiner Jugend, in welcher ich in meiner vermeintlichen Religiosität die göttlichen Dinge zu behandeln pflegte, und ich könnte mich darüber nicht trösten und müßte mich selbst der Frivolität zeihen, wenn ich nicht annehmen müßte, daß jene verblümte und naiv spaßhafte Art eigentlich nur die Hülle der völligen Geistesfreiheit gewesen sei, die ich mir endlich erworben habe!"

Dortchen hatte das Buch inzwischen auch in die Hand genommen und darin geblättert. „Wissen Sie, Herr Lee," sagte sie und sah ihn freundlich an, „daß es mir sehr wohl gefällt, wie Sie ein so richtiges ernstes und ehrbares Gefühl haben auch für den Gott, den Andere glauben? Dies ist sehr hübsch von Ihnen! Aber Himmel! welch' ein schöner Vers ist dies hier:

> Blüh' auf, gefrorner Christ! Der Mai ist vor der Thür:
> Du bleibest ewig todt, blühst du nicht jetzt und hier."

Sie sprang an's Clavier und spielte und sang aus dem Stegreif diese sehnsüchtig lockenden Worte, in geistlich choralartigen Maßen und Tonfällen, doch mit einem wie verliebt zitternden durchaus weltlichen Ausdruck ihrer schönen Stimme.

Dreizehntes Kapitel.

> Blüh' auf, gefrorner Christ! Der Mai ist vor der Thür:
> Du bleibest ewig todt, blühst du nicht jetzt und hier!

So klang es die ganze Nacht in Heinrich's Ohren, der kein Auge schloß. Ein lauer Südwind wehte über das Land, der Schnee schmolz an seinem Hauche und tropfte unablässig von allen Bäumen im Garten und von den Dächern, so daß das melodische Fallen der unzähligen Tropfen eine Frühlingsmusik machte zu dem, was in dem Wachenden vorging. Noch gestern hatte er geglaubt, mit seiner jetzigen verschwiegenen Verliebtheit hoch über Allem zu stehen, was er je über Liebe gedacht und empfunden, und nun mußte er erfahren, daß er gestern noch keine Ahnung hatte von der Veränderung, die in dieser Nacht mit ihm vorging, und diese kurze Frühlingsnacht enthielt gleich einem kräftigen Prolog schon Alles, was er während vieler Wochen nun erleben und erleiden sollte. Das Gattungsmäßige im Menschen erwachte in ihm mit aller Gewalt und Pracht seines Wesens, das Gefühl der Schönheit und Vergänglichkeit des Lebens warf darein eine beklemmende Angst, daß die, welche alles dies anrichtete und welche ihm so ganz nothwendig schien, um ferner zu leben, ihm ja gewiß nicht werden würde. Denn er ehrte sie, indem er jetzt eine ganze Leidenschaft zu empfinden begann, sogleich so, daß er es nun entschieden und entschlossen verschmähte, sie in seinen Gedanken mit seiner Person zu behelligen, indem er, der Welt gegenüber sich keck und eroberungslustig fühlend, vor Dortchen eine gänzliche Demuth und Furcht empfand. Doch wechselte die Furcht wohl zwanzig Mal mit der Hoffnung, wenn er manche freundliche Blicke, angenehme Worte und zuletzt die Stimme bedachte, mit welcher sie obigen Frühlingsvers gesungen; doch endete auch dieser | Wechsel mit gänzlicher Hoffnungslosigkeit, da er schon in dem Stadium war, wo man einer Schönen, die man liebt, auch die leeren böswilligen Freundlichkeiten und Koketterien verzeiht und sogar mit Dank hinnimmt, ohne eine Hoffnung darauf zu bauen. Dieses war nicht eine sentimentale Schwäche und Mädchenhaftigkeit, sondern es rührte gerade von der Kraft und Tiefe der entfachten Leidenschaft her und von dem ehrlichen Ernste, mit welchem er sie empfand. Denn wo es sich um Alles handelt, um ein großes Glück oder Unglück, wird ein wohl eingerichteter Mann mitten in der Leidenschaft dennoch Rücksicht für zehn nehmen, und gerade weil es ihm bitterer Ernst ist, glücklich zu sein und glücklich zu machen, so setzt er sein Heil auf die Karte der Hoffnungslosigkeit, weil Liebe, wenn sie durch Hoffnungslosigkeit ihr Spiel verliert, nichts verloren hat, als sich selbst.

Am Morgen war er stiller als gewöhnlich und ließ sich nichts ansehen; doch war es nun mit seiner Ruhe vorbei und mit der Arbeit jeg|licher Art ebenfalls, denn so wie er etwas in die Hand nehmen wollte, verirrten sich seine Augen in's Weite und alle seine Gedanken flohen dem Bilde der Geliebten nach, welches, ohne einen einzigen Augenblick zu verschwinden, überall um ihn her schwebte, während dasselbe Bild zu gleicher Zeit wie aus Eisen gegossen schwer in seinem Herzen lag, schön, aber unerbittlich schwer. Von diesem Drucke war er nur frei, und zwar gänzlich, wenn Dortchen zugegen war; alsdann war es ihm wohl und er verlangte nichts weiter und sprach auch wenig mit ihr. Damit war ihr jedoch, als einem Weibe, nicht gedient. Sie fing an, allerlei kleine Teufeleien zu verüben, an sich ganz unschuldige Kindereien in Bewegungen oder Worten, welche einem vermehrten guten Humor zu entspringen schienen, aber ebensowohl täglich heller eine urgründliche

Anmuth und Beweglichkeit des Gemüthes verriethen, als auch mit einer federleichten Wendung zeigten, daß sie tausend unergründliche Nücken unter den Locken sitzen hatte. Wenn nun erst die offene und klare Herzensgüte, das was man so die Holdseligkeit am Weibe nennt, einen Mann gewinnt und gänzlich in Beschlag nimmt, so bringen ihn nachher, wenn er in seiner Einfalt entdeckt, daß die Geliebte nicht nur schön, gut und huldvoll, sondern auch gescheidt und nicht auf den Kopf gefallen sei, diese fröhliche Bosheit des Herzens, diese kindliche Tücke vollends um den Verstand und um alle Seelenruhe, da es nun total entschieden scheint, ohne diese sei das Leben fürhin leer und todt. So ging auch Heinrich abermals ein neues Licht auf und es befiel ihn ein heftiger Schrekken, nun ganz gewiß nie wieder ruhig zu werden, da er gerade dies kurzweilige Frauenleben nicht sein nennen könne. Denn wenn die Liebe nicht nur schön und tief, sondern auch recht eigentlich kurzweilig ist, so erneut sie sich selbst durch tausend kleine Züge und Lustbarkeiten in jedem Augenblick das bischen Leben hindurch und verdoppelt den Werth desselben, und nichts macht trauriger, als ein solches Leben möglich zu sehen, ohne es zu gewinnen, ja die allertraurigsten Leute sind die, welche das Zeug dazu haben, recht lustig zu | sein, und dennoch traurig sein müssen aus Mangel an guter Gesellschaft.

Wie nun Heinrich an diesen Spielereien und Neckereien aller Art sich sonnte, die oft in nichts Anderem bestanden, als daß Dortchen eine Münze oder Glas zum Tanzen brachte und gegen ihn hin dirigirte, worauf er dem Gegenstand einen Nasenstüber gab, daß er wieder zurückflog, mußte er sich tausendmal in Acht nehmen, sie nicht drum anzusehen, wenn das Geldstück umgepurzelt war, und über dem kindisch leichten Thun sein schweres Geheimniß zu verrathen. Desnahen hielt er sich gewaltsam zurück; aber das that ihm so weh, daß er aus Verzweiflung unartig und launisch wurde und sich die schönsten Stunden unwiederbringlich verdarb.

DREIZEHNTES KAPITEL

Nun glaubte er sich zu heilen, wenn er sich Dortchens Gegenwart entzöge, und fing an, da es erklärter Frühling war, früh Morgens wegzugehen, sich den ganzen Tag im Lande umherzutreiben und erst in der Nacht zurückzukehren, wenn schon Alles schlief. Nachdem er dies einige Tage | zu seiner großen Qual gethan, trieb es ihn, Dorotheen wieder zu sehen und er fand sich bei Tisch ein; aber er war nun ganz verschüchtert, und weil, wie man in den Wald ruft, es widertönt, so fing Dortchen auch an sich zurückzuhalten und schien sich nicht viel mehr daraus zu machen, mit Heinrich zu verkehren. Stracks verzog er sich wieder in die Wälder und blieb drei Tage dort, während welcher er nur in der Nacht zurückkehrte. Das Holz fing sachte an zu knospen und der braune Boden bedeckte sich schon vielfältig mit Blumen. Heinrich verkroch sich an einem wilden steinigen Abhange, der den ganzen Tag an der Sonne lag, unter ein hohes Gebüsch, durch welches eine klare Quelle rieselte. Dort hockte er im Verborgenen, stierte über die duftigen Gehölze und Felder weg nach dem glänzenden Dache des Landhauses in weiter Ferne und grübelte unaufhörlich über sein Unheil. Er fing an, sich zu vergessen und sich nicht mehr zu beherrschen; bisher hatte er, als ein wohlgeschlossener junger Mensch, noch nie laut gedacht oder vor sich hin gesprochen; jetzt zwitscherte und flüsterte er unaufhörlich, wo | er ging und stand, und als er dies endlich entdeckte, war es ihm schon zur unentbehrlichen Gewohnheit geworden und schaffte ihm einige Erleichterung, weil die stille Luft wenigstens seine Gedanken hören konnte, da sonst Niemand auf der Welt dieselben zu ahnen und zu errathen schien. Selbst der Graf befragte ihn gar nicht, was er hätte, und that als ob er gar nichts bemerkte von Heinrich's verändertem Wesen.

„O," sagte dieser unter den Bäumen, „was für ein ungeschickter und gefrorner Christ bin ich gewesen, da ich keine Ahnung hatte von diesem leidvollen und süßen Leben! Ist diese Teufelei also die Liebe? Habe ich nur ein Stückchen Brot weniger gegessen, als Anna krank war? Nein! Habe ich eine Thräne vergossen, als sie starb? Nein! Und doch that ich so schön mit meinen Gefühlen! Ich schwur, der Todten ewig treu zu sein; hier aber wäre es mir nicht einmal möglich, dieser Treue zu schwören, so lange sie lebt und jung und schön ist, da dies sich ja von selbst versteht und ich mir nichts Anderes denken kann! Wäre es hier möglich, daß meine Neigung und | mein Wesen in zwei verschiedene Theile auseinander fiele, daß neben dieser mich ein anderes Weib auch nur rühren könnte? Nein! Diese ist die Welt, alle Weiber stecken in ihr beisammen, ausgenommen die häßlichen und schlechten!

„Wenn diese schwer erkranken oder gar sterben sollte, würde ich alsdann im Stande sein, dem traurigen Ereigniß so künstlerisch zuzusehen und es zu beschreiben? O nein, ich fühle es! Es würde mich brechen wie einen Halm und die Welt würde sich mir verfinstern, selbst wenn ich bestimmt wüßte, daß sie mich gar nicht leiden mag! Und dennoch, welch' ein praktischer Kerl bin ich gewesen, als ich so theoretisch, so ganz nach dem Schema liebte und ein grünes Bürschchen war! Wie unverschämt hab' ich da geküßt, die Kleine und die Große, zum Morgen- und Abendbrot! Und jetzt, da ich so manches Jahr älter bin und diese schöne und gute Person liebe, wird es mir schon katzangst, wenn ich nur daran denke, sie in unbestimmter Zeit irgendeinmal küssen zu dürfen, o weh und doch möchte ich lieber den Kopf in das Grab stecken, wenn dieses mir | nicht geschehen kann! Nicht einmal weiß ich mehr es anzufangen, ein Sterbenswörtchen gegen sie hervorzubringen!"

Dann starrte er wieder über das Land hinaus; doch kaum waren einige Minuten vergangen, während welcher er neugierig eine Wolke oder einen Gegenstand am Horizonte betrachtet oder auch ein schwankendes Gras zu seinen Füßen, so kehrten die Gedanken wieder zu ihrer alten Last zurück; denn Dortchens goldenes hartes Bild lag so schwer in seinem Herzen, daß es ein Loch in selbes zu reißen drohte und nicht erlaubte, daß die Gedanken länger anderswo spazieren gingen.

Obgleich er im Grunde dies gern litt und geschehen ließ, so gedachte er doch nicht, sich daran aufzureiben, und begann, andere Saiten aufzuziehen, indem er endlich bestimmt und deutlich festzustellen suchte, daß Dorothea gewiß nichts für ihn fühlte, und daß ja auch gar kein vernünftiger Grund vorhanden sei, das etwa sich einzubilden. Er musterte ihr Betragen durch | und bestärkte sich schmerzlich in dieser unerbaulichen Ansicht, da er ganz mürbe und demüthig geworden war und jetzt nicht das geringste Liebenswürdige an sich fand. So bitter dieser selbstgemischte Trank anfangs zu trinken war, so brachte er doch einige Ruhe zurück, in Folge derer die eingeschlafene Vernunft auch wieder auftauchte und den Aufgeregten in ihre kühlenden Arme nahm.

Was dem Einen recht, ist dem Andern billig, und wie du mir, so ich dir, sind die zwei goldenen Sprüche auch in Liebeshändeln, wenigstens bei gesunden und normalen Menschen, und die beste Kur für ein krankes Herz ist die unzweifelhafte Gewißheit, daß sein Leiden nicht im Mindesten getheilt wird. Nur eigensinnige, selbstsüchtige und krankhafte Verfassungen laufen Gefahr, sich aufzulösen, wenn sie durchaus nicht geliebt werden von denen, auf die sie ihr Auge geworfen. Aber was hätte sein können und nicht geworden ist, macht wirklich unglücklich, und kein Trost hilft, daß die Welt weit sei und hinter dem Berge auch noch Leute wohnen; denn nur | das Gegenwärtige, was man kennt, ist heilig und tröstlich, und es ist jammerschade um jedes todtgeborene Lebensglück.

Da nun der verliebte Heinrich bei sich ausgemacht hatte, daß Dortchen gar nicht an ihn denke, ward er um Vieles ruhiger und befand sich am sechsten Tage seines Lebens in der Wildniß schon so weit, daß er darüber rathschlagen konnte, ob er, zum Danke für ihre Liebenswürdigkeit und Schönheit, es ihr sagen wolle oder nicht. Er gedachte sich im ersten Falle wieder auf einen unbefangenen und guten Fuß mit ihr zu setzen, und ihr alsdann gelegentlich, eh' er abreiste und wenn sie einmal recht artig gegen ihn wäre, lachend und manierlich zu gestehen, welchen Rumor sie ihm angerichtet, und ihr zugleich zu sagen, sie sollte sich nicht im Geringsten darum kümmern, er habe es ihr nur sagen wollen, um ihr vielleicht eine kleine Freude zu machen, die sie so sehr verdiene; im Uebrigen sei nun Alles wieder gut und er wohl und munter! Vor Spott und Schadenfreude war er sicher bei ihr, jedoch tauchte ihm sogleich die Besorgniß auf, man dürfte am Ende | ein solches Geständniß doch für eine verkappte ernstliche Liebeserklärung und angelegte Schlauheit ansehen. Diese Idee machte ihn sogleich wieder traurig, da er nun es doch verschweigen mußte, und wie er dies einsah, schien es ihm erst unmöglich zu sein und seine Gemüthsruhe nur dann wieder erreichbar, wenn er sein bestandenes Ungewitter bekennen durfte, am liebsten der Erregerin desselben selbst. Auch schien ihr diese Kunde durchaus von Rechtswegen zu gebühren und Heinrich war ihr so gut, daß er ihr ohne allen Eigennutz nicht das Geringste entziehen mochte, was ihr zukam. Daher rief er endlich: „Ich sag' es ihr doch!" Aber dann fürchtete er wieder, es möchte dennoch ein Mißverständniß hervorgerufen werden und er endlich unter einem schlimmen Eindruck aus dem Hause abziehen müssen, und er rief wieder: „Nein! Ich sag' es doch nicht! Was geht es sie an?" Endlich nahm er ein flaches rundes Steinchen aus dem klaren Bächlein, das auf einer Seite rosenroth und auf der anderen Seite milchweiß gefärbt war mit blauen Aederchen, und warf selbiges in die Höhe. Wenn die rothe Seite oben | läge, wollte er reden, wenn die weiße, wollte er schweigen. Die weiße Seite lag oben und Heinrich war wieder ganz unglücklich, als sie da in der Sonne glänzte. „Ach," flüsterte er, „dies ist nichts! wer wird Alles auf Einen Wurf wagen? dreimal will ich werfen und dann gewiß nicht mehr!" Und er warf wieder und abermals weiß. Zögernd und seufzend warf er zum dritten Mal, da glänzte es roth und eben so roth ward sein

Gesicht und eine unaussprechliche Freude strahlte auf demselben. „O nun will ich es ihr sagen!" sagte er, und ein Stein fiel ihm vom Herzen und er dachte, nun wäre Alles gut.

Der Herzenskundige wird hier wohl bemerken, daß diese Fröhlichkeit nur von der leisen Hoffnung herrührte, welche sich in Heinrich's Vorsatz mit einschlich, und daß er, ohne es zu wollen, dennoch im Begriffe war, jene Schlauheit zu begehen, welche er sich nicht zu Schulden wollte kommen lassen.

Es war gerade Sonnabend und der Tag näherte sich seinem Ende. Er nahm sich also vor, noch bis in die Nacht umherzustreifen und am | Sonntag Morgen dann guter Dinge zu sein, wieder ein unbefangenes Gesicht zu machen und, sobald sich der günstige Augenblick böte, ihr unter Scherz und Lachen sein Bekenntniß abzulegen mit der gemessensten Aufforderung, daß sie sich gar nichts daraus machen und die Sache einzig wie eine kleine Morgenerheiterung aufnehmen solle. Der arme Teufel, wie er sich selbst belog!

Der Sonntagmorgen gerieth wunderschön, der reine Himmel lachte durch alle Fenster in das helle Haus und der Garten blühte schon an allen Enden. Heinrich war wirklich guter Dinge und putzte sich sorgfältiger heraus als gewohnt; er verlor den Muth nicht, da er sich einbildete, nichts erreichen zu wollen, sich allein wie ein Kind auf die herzliche Plauderei freuend, die er ihr vormusiciren wollte, und sich davon ein reines und ungetrübtes Glück und ein ruhiges Leben versprechend. Und es fielen ihm tausend Narrheiten in den Sinn, welche er dazwischen flechten wollte, um Dortchen zu ergötzen, damit sie ja nicht die mindeste Unruhe oder Betrübniß verspüren sollte. So war er in der rosigsten Laune und das Herz | klopfte ihm stark und lebendig, und indem ihm fortwährend neue Witze einfielen, über die er lachen mußte, traten ihm zugleich Thränen in die Augen, so sehr freute er sich darauf, ihr nun endlich gegenüber zu sein und mit ihr zu plaudern.

Aber es fand sich, daß Dortchen schon am Sonnabend viele Meilen weit weggefahren war, um eine Freundin zu besuchen, und wenigstens drei Wochen lang wegbleiben wollte. Hilf Himmel! welch' ein Donnerschlag! Der ganze schöne Sonntagsfrühling in Heinrich's Brust war mit einem Zuge weggewischt, die Narrheiten und Witze tauchten unverweilt ihre Köpfe spurlos unter die Fluth der dunkelsten Gesinnung und der blaue Himmel ward schwarz wie die Nacht vor Heinrich's Augen. Das Erste, was er that, war, daß er wohl zwanzigmal den Weg vom Garten nach dem Kirchhofe hin und zurück ging, und er drückte sich dabei genau an die Kante des Pfades, an welcher Dortchen hinzustreifen pflegte mit dem Saum ihres Gewandes. Aber auf diesen Stationen brachte er weiter nichts heraus, als daß das alte Elend mit verstärkter Gewalt wieder da war | und alle Vernunft wie weggeblasen. Das Gewicht im Herzen war auch wieder da und drückte fleißig darauf los.

Diese drei Wochen glaubte Heinrich nicht erleben zu können und beschloß, sich sobald als möglich fortzumachen. Er zwang sich deshalb zur Arbeit, so gut es gehen wollte. Zum Glück war dieselbe vor dem Liebeswetter schon soweit gediehen, daß es nur der fortgesetzten Anstrengung weniger Tage bedurfte, um zu Ende zu sein; allein wenn Heinrich unter bitteren Schmerzen eine Stunde gemalt hatte, mußte er die Pinsel wegwerfen und in den Wald hinauslaufen, um sich wieder zu verbergen; denn unter den Menschen wußte er nicht, wo er hinsehen sollte. So brauchte er dennoch volle drei Wochen, bis er fertig war, und diese schienen ihm volle drei Jahre zu dauern, während welcher er tausend Dinge und doch immer ein und dasselbe lebte und dachte. Wenn es schönes Wetter war, so machte ihn der blaue Himmel und der Sonnenschein noch tausendmal unglücklicher und er sehnte sich nach Dunkelheit und Regengüssen, und traten diese ein, so hoffte er auf | den Sonnenschein, der ihm helfen würde. Ueberdies begann er allerlei Unstern zu haben, da er fortwährend zerstreut war. So trat er eines Tages fehl, als er einen steilen Klippenpfad heruntersteigen wollte, und torkelte wie ein Sinnloser über die Felsen hinunter, daß er nicht wußte, wie er unten ankam, und ihm die Sinne vergingen. Dies kränkte und schämte ihn so heftig, daß er elendiglich zu weinen anfing. Ein andermal eilte und klomm er hastig den Berg hinauf, immer höher, um weiter in das Land hinauszusehen, als ob er alsdann Dortchen entdecken könnte, und als er endlich ganz oben angelangt und sie nirgends sah, legte er sich auf den Boden und schluchzte jämmerlich und das Unwetter tobte so heftig in ihm, daß es ihn emporschnellte und herumwarf, wie eine Forelle, die man in's grüne Gras geworfen hat und die nach Wasser schnappet. Wiederum ein andermal setzte er sich auf einen verlassenen Pflug, welcher in einer angefangenen Ackerfurche lag, und machte ein trübseliges Gesicht; denn er begriff nicht, wie Jemand noch Freude daran finden könne, zu pflügen, zu säen | und zu ärnten, und er machte allem Lebendigen umher Leerheit, Nichtigkeit und Seelenlosigkeit zum Vorwurf, da er Dortchen nicht hatte. Da schlenkerte ein vergnügt grinsender Feldlümmel daher, der ein irdenes Krüglein an einem Stricke über der Schulter trug, stand vor ihm still, gaffte ihm in das betrübte Gesicht und fing endlich an, unbändig zu lachen, indem er sich mit dem Aermel die Nase wischte. Schon das arme Krüglein that Heinrich weh in den Augen und im Herzen, da es so stillvergnügt und unverschämt am Rücken dieses Burschen baumelte; wie konnte man ein solches Krügelchen umhertragen, da Dortchen nicht im Lande war? Da nun der grobe Gesell nicht aufhörte dazustehen, und ihm in's Gesicht zu lachen, stand Heinrich auf, trat weinerlich und leidvoll auf ihn zu und schlug ihm dergestalt hinter das Ohr, daß der arme Kerl zur Seite taumelte, und ehe der sich wieder fassen konnte, prügelte Heinrich all' sein Weh auf den fremden Rücken und schlug sich an dem brechenden Kruge die Hand blutig, bis der Feldlümmel, welcher glaubte, der Teufel sei hinter ihm | her, sich aus dem Staube machte und erst aus der Entfernung anfing, mit Steinen nach dem tollen Heinrich zu werfen. Langsam ging dieser davon und bedeckte seine überströmenden Augen mit beiden Händen. Solche Kunststücke trieb er nun und der Himmel mochte wissen, wo er sie gelernt hatte.

Endlich aber stellte sich von dem andauernden Druck des besagten goldenen Bildes ein bleibender körperlicher Schmerz auf der linken Seite ein, der erst nur ganz leise war und sich nur allmälig bemerklich machte. Als ihn Heinrich endlich entdeckte und von der gewohnten Beklemmung unterschied, fuhr er unablässig mit der Hand über die Stelle, als ob er wegwischen könnte, was ihm weh that. Da es aber nicht weg ging, sagte er: „So so, nun hat's mich!" denn er dachte, dieses wäre nun das wirkliche und wahrhaftige Herzeleid, an welchem man stürbe, wenn es nicht aufhörte. Und er wunderte sich, daß also das bekannte Herzweh, welches in den Balladen und Romanzen vorkommt, in der That und Wahrheit existire und gerade ihn betreffen müsse. Erst empfand er fast eine kin|dische Schadenfreude, wie jener Junge, welcher sagte, es geschehe seinem Vater ganz recht, wenn er sich die Hand erfröre, warum kaufe er ihm keine Handschuhe. Doch dann schlug dies Vergnügen wieder in Traurigkeit um, als er sich ernstlicher bedachte und befand, daß nun gar keine Rede mehr davon sein könne, Dortchen etwas zu sagen, da die Sache bedenklich würde und ihr Sorgen und Befangenheit erwecken müßte.

Er suchte jetzt sein Wäldchen wieder auf am Berge, das indessen schön grün geworden war und von Vogelsang ertönte. Auf dem Baume, unter dem Heinrich den ganzen Tag saß, war ein Staar und guckte, wenn er genug Würmchen gefressen hatte, zuthulich auf ihn herunter und stieg jeden Tag um einen Ast näher herab. Während nun Heinrich darüber nachsann, wie dieser Kummer alles Andere, was ihn schon gequält, weit hinter sich lasse, wie das Leid der Liebe so schuldlos sei, denn was habe man gethan, daß Einem ein anderes Wesen so wohl gefalle? und dennoch so unerträglich und bitter und unvernünftig und Einen zu Grunde zu richten vermöge, | und während er sich jedoch vornahm, daß dies nicht geschehen solle und er sich schon seiner Haut wehren wolle, sprach er nichts mehr, als immer den gleichen Seufzer: „O Dortchen, Dortchen — Dortchen, Dortchen Schönfund! Wenn du wüßtest, wie mir es ergeht!" und dies so oft, daß eines schönen Morgens über seinem Kopfe unversehens eine seltsame Stimme rief: „O Dortchen, Dortchen Schönfund! Wenn du wüßtest, wie mir es ergeht!" Dies war der Staar, der diese Worte gemächlich auswendig gelernt und nun jedesmal damit fortfuhr, wenn Heinrich eine Weile geschwiegen, so daß sie nun unablässig in dem grünen Busch ertönten. Manchmal, wenn Heinrich nur abgebrochen Dortchen rief und wieder schwieg, sang der Staar: „Dortchen?" worauf Heinrich antwortete: „Ja, Dortchen ist nicht Hierchen!" Oder wenn er bloß seufzte: „Wenn du wüßtest!" so rief der Vogel nach einem Weilchen: „Wie mir es ergeht!"

Es erging ihm aber auch so schlimm, daß er sich nach Dorotheens Wiederkehr sehnte, bloß um eine äußerliche Veränderung zu erfahren und sie | noch einmal zu sehen, um dann unverzüglich fortzugehen. Als er gerade am letzten Abend der drei Wochen sich in's Haus begab, hoffte er nicht, daß sie schon da sein würde, sah aber schon vom Garten her, daß Licht in ihrem Zimmer war, und erfuhr, daß sie schon am Nachmittage pünktlich angekommen sei. Sogleich befand er sich um Vieles besser und schlief wieder einmal ziemlich gut, ohne von ihr zu träumen, da sie sonst immer ihm im Traume erschienen war. Dies hatte ihn auch immer so gequält, wenn die Geträumte ihm durchaus wohlgeneigt nahte, ein leises gütiges Wort flüsterte oder ihn freundlich ansah, und er dann nach dem Erwachen nicht fassen und begreifen konnte, warum es nicht wahr sein und er nicht zu seinem erträumten Rechte kommen sollte, als ob die Gute für das verantwortlich wäre, was er träumte.

Am Morgen erklang schon früh ihre Stimme durch das Haus; sie spielte und sang wie eine Nachtigall an einem Pfingstmorgen, und das Haus war voll Leben und Fröhlichkeit. Heinrich wurde zum Frühstück eingeladen, um die Wiedergekehrte zu begrüßen. Hastig und mit klopfendem | Herzen ging er hin; aber sie war so lustig und aufgeweckt, daß der Erznarr sogleich wieder traurig wurde, da sie auch gar nichts zu merken schien von dem, was mit ihm vorging.

Dennoch wirkte ihre Gegenwart so wohlthuend auf ihn, daß er sich zusammennahm, nicht mehr weglief, und sich still und bescheiden verhielt, ohne viel Worte zu verlieren, allein darauf bedacht, bald fortzukommen. Aber sie machte ihm dies nicht so leicht, sondern trieb hundertfachen Muthwillen, der ihn immer wieder aufregte und störte, wobei sie sich immer an Andere wandte und vorzüglich Apollönchen dazu brauchte, welche für sie kichern und lachen mußte, so daß Heinrich nie wußte, wem es gelten sollte, und hundertmal in Versuchung gerieth, die Kleine beim Kopf zu nehmen und zu sagen: „Du Gänschen, was willst denn D u ?"

Endlich wurden zwei große Kisten gebracht, in welche die fertigen Bilder gepackt wurden. Heinrich schickte den Tischler fort und nagelte die Kisten selber zu auf dem Hausflur, um nur etwas auszutoben. Er saß bitterlich wehmüthig auf dem | Deckel und trieb die Nägel mit zornigen Schlägen in das Holz, daß das Haus davon widerhallte; denn mit jedem Nagel, den er einschlug, nahm er sich gewisser vor, am nächsten Tage fortzugehen, und so dünkte es ihn, als nagle er seinen eigenen Sarg zu. Aber nach jedem Schlage schallte ein klangreiches Gelächter oder ein fröhlicher Triller aus den oberen Gängen des Hauses, die Mädchen jagten hin und her und schlugen die Thüren auf und zu. Dies bewirkte, daß Heinrich auf sein Zimmer ging und gleich auch den Reisekoffer packte. Als er damit fertig war, ging er höchst schwermüthig, aber gefaßt, in's Freie und nach dem Kirchhofe; dort setzte er sich auf eine Bank und hoffte, Dortchen werde etwa herkommen und er wenigstens einige Minuten noch allein und ohne Bosheit bei ihr sitzen können, um sie noch einmal recht anzusehen. Sie kam auch richtig nach einer Viertelstunde herangerauscht, aber von der Gärtnerstochter und dem großen Haushunde begleitet. Da entfernte er sich eiligst, glaubend, sie hätten ihn noch nicht gesehen, und lief hinter die Kirche. Als er dort die Mädchen | wieder sprechen und lachen hörte, ging er in der Verwirrung in das Pfarrhaus hinein, das ganz in der Nähe war, und traf den Pfarrer essend am Tische sitzen, über den die Nachmittagssonne friedlich wegschien. Heinrich setzte sich zu ihm und sah ihm zu. „Ich esse hier mein Vesperbrödchen," sagte der Pfarrer, „wollen Sie nicht mithalten?" — „Ich danke," erwiederte Heinrich, „wenn Sie erlauben, so will ich Ihnen sonst ein wenig Gesellschaft leisten!" — „Das sind mir junge Leute heut zu Tage," sagte der Hochwürdige, „das hat ja gar keinen ordentlichen deutschen Appetit mehr! Na, die Gedanken sind auch danach, da kann freilich nicht viel Anderes herauskommen, als Nichts und aber Nichts!" Der Pfarrer merkte nicht, wie materialistisch er sich mit dieser speiselustigen Rede selbst in's Gesicht schlug, sondern war eifrig mit der großen Schüssel beschäftigt, die vor ihm stand. Dieselbe enthielt viele Anhängsel eines frisch geschlachteten Schweines, nämlich die Ohren, die Schnauze und den Ringelschwanz, Alles soeben gekocht und dem Geistlichen lieblich in die Nase duftend. Er pries das aufgethürmte Gericht als | unübertrefflich an einfacher Zartheit und Unschuld und trank einen tüchtigen Krug braunen klaren Bieres dazu.

Als Heinrich fünf Minuten traurig dagesessen und dem Pastor zugesehen hatte, klopfte es an der Thür und Dorothea trat, nur von dem schönen Hunde begleitet, anmuthig und höflich herein und schien aber ein ganz klein bischen befangen zu sein. „Ich will die Herren nicht stören," sagte sie, „ich wollte Sie nur bitten, Herr Pfarrer, heute Abend bei uns zu sein, da Herr Lee morgen fortreist; Sie sind doch nicht abgehalten?" — „Gewiß werde ich kommen," erwiederte der Pfarrer, der sich schon wieder gesetzt hatte, „bitte, mein Liebster, holen Sie doch einen Stuhl für das Fräulein!" Heinrich that dies mit großer Herzensfreude und stellte einen zweiten Stuhl an den Tisch, sich gegenüber. „Danke schön!" sagte Dortchen, freundlich lächelnd und zierlich vor sich nieder sehend, indem sie Platz nahm. Nun war Heinrich doch glückselig, da er in der sonnigen und wohnlichen Pfarrersstube ihr gegenübersaß und sie sich so gutmüthig und still verhielt. Der Pfarrer, ob|gleich er fortaß, sprach immer, und die beiden Leutchen brauchten ihm nur zuzuhören, indeß der Hund mit feurigen Augen und offenem Maule nach der Schüssel starrte. „Ach, der arme Hund, wie es ihn gelüstet," sagte Dortchen, „essen Sie dies auch, Herr Pfarrer? oder erlauben Sie, daß ich es ihm gebe?" Sie zeigte hierbei auf das krumme Schwänzchen, das sich manierlich auf dem Rande der Schüssel darstellte. „Dies Sauschwänzchen?" sagte der Pfarrer, „nein, mein Fräulein! das können Sie ihm nicht geben, das ess' ich selbst! Warten Sie, hier ist was für ihn!" und er setzte dem gierigen Thiere einen Teller vor, in welchen er allerlei Knöchelchen und Knorpelwerk geworfen hatte. Dortchen und Heinrich sahen sich unwillkürlich einander an und mußten lächeln, nicht über den Pfarrer aus Spott, sondern weil seine vergnügte und selbstzufriedene Freude an dem Sauschwänzchen so lustig war. Auch der Hund, der sich eifrig und begierig mit seinen Knorpeln unterhielt, vermehrte durch seine Behaglichkeit die gute Stimmung der jungen Leute. Dortchen streichelte ihm den Kopf, als | Heinrich ihm den Rücken streichelte, und als sie mit ihrer Hand achtlos der seinigen zu begegnen Gefahr lief, wich er ihr aus, wofür sie ihn, irgend eine gleichgültige Frage benutzend, um so freundlicher ansah.

Am offenen Fenster blühte ein Apfelbaum und weiße Schmetterlinge flogen in die Stube, und als es nun gar so lieblich war da zu sitzen der Lieblichen gegenüber, konnte Heinrich nicht anders, als er mußte sich den Pfarrer noch hinweg denken, die Stube zu seiner eigenen machen und sich vorstellen, als wäre Dortchen seine

junge Frau und säße an einem solchen Mainachmittage am weiß
gedeckten Tische herzensallein ihm gegenüber. Heiß werdend und
verlegen streichelte er wieder den Hund, und nun fiel ihm plötzlich ein, wie er vor Jahren mit dem ganz jungen Mädchen ja schon
einmal gemeinschaftlich einen Hund geliebkost habe, ohne zu
ahnen, daß es je wieder begegnen würde. „Nun ist sie groß und
schön geworden," dachte er, was er freilich schon am ersten Tage
Gelegenheit hatte zu bemerken, „und wenn abermals eine Reihe
von Jahren dahin ist, | so wird sie dem Alter entgegengehen und
zuletzt dem Tode! Ist es möglich, daß dies Wesen und diese Lieblichkeit vergehen soll?" Es ergriff ihn heftiges Leiden um sie und
es schien ihm beim Himmel nicht möglich und nicht möglich zu
sein, daß sie anders als in seinen Armen glücklich und zufrieden alt
werden könne! Er fühlte, daß ihm sogleich die Augen übergehen
würden, stand auf und sagte: „Ich muß gehen, ich habe noch viel
zu thun." Er verbeugte sich verzweifelt, Dortchen stand überrascht
auf und verbeugte sich ebenfalls, und dies war sehr komisch und
wehmüthig, da Beide bei dem einfachen Tone, der in dem Hause
herrschte, sich längst nicht mehr gegeneinander verbeugt hatten,
sondern sich aufrecht begrüßten.

 Heinrich lief in die Kirche hinein, um sich zu verbergen, und
da dort ein altes Mütterchen knieete und ihr Vaterunser betete, so
flüchtete er in die Sakristei und setzte sich dort in einen dunkeln
Winkel, um unaufhaltsam zu weinen und zu schluchzen. Werfe Niemand einen Stein auf ihn, weil er schwach war; denn diese Schwäche
war nur der Gegenpol und die Kehrseite der Tiefe | und Kraft, mit
welcher er das Leben zu empfinden fähig wurde in diesem Hause,
und nur wer den heißen Sonnenschein, die leuchtende Trockenheit
des Glückes recht voll und anhaltend zu ertragen berufen ist, wird
solcher Schwäche theilhaftig, wenn die Sonne sich verhüllt. So saß
er eine gute halbe Stunde und es war ihm so elend zu Muthe, wie
noch gar nie in seinem Leben. Denn Alles ging ihm durch den Sinn,

was er wollte und hoffte, und formte sich sämmtlich in das Bild des einzigen Dortchens, dem zu Ehren und zu Lieb' er allein Alles thun und erleben mochte, was ihm irgend beschieden war.

Die Sakristei war der älteste Theil der ziemlich ansehnlichen Kirche und bestand aus einer uralten Kapelle, die zuerst auf diesem Platze gestanden. Es war ein dunkles romanisches Gewölbe, dessen Fenster zum großen Theil vermauert waren, und man hatte hier viele Gegenstände hingebracht und aufgestapelt, welche im Laufe der Zeit den Raum in der eigentlichen Kirche beengt.

Vorzüglich aber ragte ein großes Grabmal hervor von schwarzem Marmor, auf welchem, aus | dem gleichen Stein gehauen, ein langer Ritter ausgestreckt lag, die Hände auf der Brust gefaltet. An seiner linken Seite, auf dem Kranze des Sarkophags, stand eine verschlossene Büchse von Erz, reich gearbeitet und mittelst einer ehernen Kette an dem Marmor befestigt. Sie enthielt das vertrocknete Herz des Ritters, und sein Wappen war auf ihr eingegraben. Die Büchse und die feine Kette waren gänzlich oxydirt und schillerten schön grün im Zwielicht der Sakristei. Das Grabmal aber gehörte, laut den Hausberichten, einem französischen Ritter an, welcher von wilder und heftiger, aber ehrlicher und verliebter Natur gewesen und dessen Herz, als er vor allerhand Unstern und Frauenmißhandlung flüchtig herumzog, in dieser Gegend gewaltsam gebrochen war. Dies war zu Anfang des sechszehnten Jahrhunderts geschehen und seine Familie hatte hier, wo er in den letzten Tagen gepflegt worden, das Grabmal errichten lassen. Dasselbe vor Augen saß Heinrich nun da in seinem Winkel zwischen alten Tabernakeln und Processionsgeräthschaften, als er hörte, daß wieder Leute in die Kirche tra|ten. Es schienen zwei Frauenzimmer zu sein, und bald unterschied er Dortchens und Apollönchens Stimme, die mit einander leise sprachen. Sie schienen diesmal nicht zu lachen, sondern angelegentlich etwas zu berathen. Doch bald war ihnen der Ernst zu lang und sie kamen in die Sakristei hereingehuscht, indem Dortchen rief: „Komm', wir wollen den verliebten Ritter besehen!" Sie stellten sich dicht vor das Grabmal und gafften dem starren Rittersmann neugierig in das dunkle ehrliche Gesicht. „O Gott! ich fürchte mich!" flüsterte Apollönchen, „wir wollen hinausgehen!" — „Warum denn, Närrchen?" sagte Dortchen laut, „der thut Niemand was zu Leid! Sieh, wie es ein guter Kerl ist!" Sie nahm das erzene Gefäß in die Hand und wog es bedächtig; aber plötzlich schüttelte sie es, so stark sie konnte, auf und nieder, daß das arme todte Herz darin zu hören war und die Kette dazu erklang. Sie athmete heftig, war roth wie eine Rose im Gesicht und ihr schöner Mund lachte und zeigte die weißen Zähne. „Sieh die Klappernuß! Höre die Klappernuß!" rief sie, „da! klappre auch einmal!" | Sie drückte dem zitternden Apollönchen die Herzbüchse in die Hände; aber dieses schrie ängstlich auf, ließ die Büchse fallen, und Dortchen fing sie gewandt auf und klapperte abermals damit.

Heinrich, von dessen Gegenwart sie keine Ahnung hatten, sah ganz erstaunt zu. „Wart, du Teufel!" dachte er, „dich will ich schön erschrecken!" Er wischte sich die Augen trocken, stieß einen hohlen Seufzer aus und sprach mit trauriger Zitterstimme, welche er gar nicht zu verstellen brauchte, und in altem Französisch: „Dame, s'il vous plaist, laissez cestuy cueur en repos!" Erbleichend und mit einem Doppelschrei flohen die Mädchen aus der Sakristei und Kirche wie besessen, und zwar Dortchen voraus, welche mit einem elastischen Satz über Schwelle und Stufen der Kirchenthür hinaussprang, schneebleich, aber immer noch lachend, ihr Kleid zusammennahm und über den Kirchhof weg eilte, bis sie eine Gartenbank fand, auf welche sie sich warf. Bebend lief das erschreckte Apollönchen hinter ihr drein, und flüchtete sich an ihre Seite, sich kaum fassend. Dortchen, deren Gesicht fast so weiß war, wie | die Zähne, athmete hoch auf, lehnte sich zurück und hielt die Hände um die Kniee geschlungen. „O Gott, es hat gespukt! das ist mein

Tod!" rief Apollönchen, und Dortchen sagte: „Ja wohl, es spukt, es spukt!" und lachte wie eine Tolle. „Du Gottlose, fürchtest Du Dich nicht ein Bischen? Klopft Dein Herz nicht zehnmal stärker, als Du das Herz da drin gerüttelt hast?" — „Mein Herz?" erwiederte Dortchen, „ich sage Dir, es ist guter Dinge!" — „Was hat es denn gerufen," sagte Apollönchen und hielt sich beide Hände an die eigene pochende Herzseite, „was hat das französische Gespenst gesagt?" — „Fräulein! hat es gesagt, wenn es Euch gefällt, so macht dies Herz zu Eurem Nadelkissen! Geh wieder hin und sag, wir wollten uns bedenken, ob es uns gefiele!"

Eine Stunde später war Dortchen allein auf ihrem Zimmer, das sie abgeschlossen hatte, und war eifrig damit beschäftigt, ein Körbchen mit Naschwerk zurecht zu machen für den Nachtisch. Sie hatte nämlich die Gewohnheit, immer ein solches Körbchen unter ihrem Verschluß zu halten, das mit feinem Zuckerwerk angefüllt war | und das sie in buntes Papier wickelte, nachdem sie eine selbst geschriebene Devise dazu gelegt. Hierzu verwendete sie schöne und graziöse Verse aus allen Sprachen und alten und neuen Dichtern, am liebsten kleine gute Sinngedichte, welche geeignet waren, angenehme und witzige Vorstellungen zu erregen und eine heitere Fröhlichkeit zu verbreiten. Auch trieb sie allerhand Schwank damit, indem sie oft zwei verschiedene Zeilen aus verschiedenen Dichtern zu einem Distichon zusammenfügte, so daß man glaubte Bekanntes zu lesen und doch nicht klug daraus wurde, indessen die neue zierliche Wendung, der entgegengesetzte Sinn, welchen das Unbekannt-bekannte abgab, ergötzte und vielfältig in die Irre führte. Dortchen wickelte jetzt rasch und nachdenklich den ganzen Vorrath auf, warf die alten Zettelchen bei Seite, und schrieb auf neue Streifchen feinen Papieres zwanzig oder dreißig mal dasselbe Sinngedicht eines alten schlesischen Poeten. Dann wickelte sie diese Zettel mit dem Zuckerwerke wieder ein, wozu sie neues, nur weißes Papier nahm, schloß ihre Thüre wieder auf und trug ihr

Körb|chen nach dem hübschen Schränkchen, das sie im Familienzimmer ebenfalls unter ihrem Verschluß hatte.

Heinrich hatte unterdessen endlich ausgetobt, die Schluchzerei, deren er sich schämte, und der Scherz hatten ihn erleichtert und ruhiger gemacht und er nahm sich nun zum allerletzten Mal bestimmt vor, Dortchen gut zu sein, ohne an etwas Weiteres zu denken noch sich zu bekümmern und seine Gedanken nach anderen Dingen und nach seiner Zukunft zu richten. Desnahen war er ziemlich zufrieden am Abendtisch und weil er, als der Abreisende, der Gegenstand des Gespräches war, seine Zukunft mit Wohlwollen besprochen wurde und außerdem der Graf, als sich von selbst verstehend, erklärte, abermals mit ihm zu reisen nach der Hauptstadt, da Heinrich das nicht gehofft hatte, so befand er sich zuletzt so glücklich und lustig wie je und lachte Dortchen freundschaftlich an, als sie endlich mit ihrem Körbchen zu ihm trat.

„Heut bekommen Sie zum letzten Mal ein | Bonbon von mir!" sagte sie, „suchen Sie sich ein recht gutes aus!"

Heinrich suchte unbefangen einige Sekunden lang und nahm doch das erste beste, was ihm in die Hände kam, da er es vorzog, die Spenderin inzwischen anzusehen, da dies auch ein letztes Bonbon war. Als er das Ergriffene aufmachte und den Zettel las, erröthete er und vermochte nicht denselben laut zu lesen, denn es stand darauf:

> Hoffnung hintergehet zwar,
> Aber nur, was wankelmüthig;
> Hoffnung zeigt sich immerdar
> Treugesinnten Herzen gütig;
> Hoffnung senket ihren Grund
> In das Herz, nicht in den Mund!

03.234.12

Der Pfarrer nahm das Papier und las das Gedicht. „Allerliebst!" rief er, „sehr hübsch! Sie haben eine allerliebste Devise zum Abschied bekommen. Lassen Sie sehen, Fräulein Dortchen!

was ich zum Dableiben erhalten werde!" Er griff begierig nach dem Körbchen, denn es juckte ihn auf der Zunge, etwas Süßes darauf zu legen. Dortchen zog aber das Körbchen weg und sagte: | „Nächsten Sonntag bekommen Sie was zum Dableiben, Herr Pfarrer! Heute bekommt nur der, welcher geht!" Heinrich sah sie verwirrt und zweifelhaft an, die aufregenden Verse im Herzen; aber mit der unergründlichen Halbheit der Weiber stand sie da und verzog keine Miene. Rasch verschloß sie den Korb wieder in den Schrank und der arme Heinrich hatte keine Vermuthung, daß in allen dreißig Bonbons die gleichen Worte standen. |

Vierzehntes Kapitel.

Der Wagen stand in aller Frühe bepackt und bereit; Dortchen begleitete die Abreisenden bis an denselben, umgeben von den übrigen Leuten, sowie auch Apollönchen und der alte Gärtner herbeikamen. Heinrich gab den zutraulichen Dienstleuten allen die Hand und zuletzt auch der Dorothea, welche ihm freundlich die ihrige gab und nun sagte: „Adieu, Herr Lee!" Von Wiedersehen oder dergleichen sagte sie gar nichts; ebenso wenig als Heinrich, und so fuhren der Graf und er rasch von dannen.

Die Bilder kamen in zwei Tagen nach und waren bald zur öffentlichen Ausstellung hergerichtet. Der Graf beschäftigte sich so munter mit der Sache, als ob er selbst der Künstler wäre, | und hatte die größte Freude daran, überall dabei zu sein und seinen Schützling zu bevormunden. Wie er es gewünscht, so kam es auch, als die Bilder endlich in dem Saale hingen, wo die Künstler und die wohlhabenden Liebhaber ab und zu gingen. Sie sprangen ziemlich anspruchsvoll in die Augen, hielten aber die erregte Aufmerksamkeit tapfer aus; alte Bekannte wunderten sich über das plötzliche Auftauchen des verschollenen Heinrich, und drückten ihm mit Achtung und aufrichtigen Glückwünschen die Hand; der Graf unterließ nicht, vornehm aussehende Herren und Damen vor die Bilder zu führen, so daß sich der Beifall herumsprach, und immer ein Trüppchen elegantes Publikum davorstand, kurz Heinrich konnte nun doch noch mit Ehren und mit leichtem Sinne von dem Handwerk scheiden und dieser Abschied erhielt dadurch einen volleren und schwereren Gehalt. Als Heinrich endlich bei den Aufsehern der Säle den Preis der Bilder angeben wollte, drängte sich der Graf dazwischen und schrieb den betreffenden Zettel selbst auf. Aber er schrieb eine so ausgiebige Summe hin, daß Heinrich laut auflachte und rief: „Da | werden wir lange warten können, bis wir die Fahnen an den Mann bringen!" — „Das werden wir schon sehen," erwiederte der Graf, „nur nicht blöde, mein Freund!" Und in der That wurden die Bilder in einigen Tagen gekauft, aber vom Grafen selbst, ohne daß Heinrich es wußte; denn er ließ den Kauf unter fremdem Namen vor sich gehen und abschließen, und zwar nicht, um Heinrich eine Art Geschenk aufzudrängen, sondern weil er die zwei Landschaften, welche er veranlaßt und entstehen gesehen, selber besitzen wollte und schon ihren Platz in seinem Hause angeordnet hatte.

Nun hätte Heinrich endlich ohne Hinderniß nach seiner Heimath und zu seiner Mutter eilen können; allein wie er sich dazu anschickte, begegneten ihm noch zwei Abenteuer, die ihn ganz verschieden betrafen. Ein alter Bekannter aus der Zeit, da Heinrich mit Ferdinand Lys und Erikson umgegangen, welcher von seinem Wiederauftauchen gehört, suchte ihn auf und gab ihm einen Brief des Ferdinand, welcher schon vor Monaten aus Palermo gekommen war für Heinrich, und von Hand zu Hand ging, ohne bestellt werden | zu können. Zugleich theilte er ihm mit, daß neueren Nachrichten zufolge der Schreiber des Briefes seither gestorben sei, ohne jedoch etwas Näheres von den Verhältnissen zu wissen.

Heinrich erschrak und ahnte Schlimmes! er ließ daher den Ueberbringer erst fortgehen, ehe er den Brief öffnete; dann aber that er ihn auf und las:

„Lieber Heinrich! Nachdem ich mich die Jahre her leidlich herumgeschleppt, muß ich nächstens nun endlich doch noch sterben an dem Stich, den Du mir so tapfer versetzt. Ich thue Dir dies selbst noch kund, um Dir zugleich zu sagen, daß Du mir zwar ein freundliches Andenken bewahren, aber die Sache

Dich nicht etwa zu sehr angreifen lassen mögest. Es wäre mir eine Bitterkeit, zu denken, daß Du nur einen Tag lang deswegen unglücklich werden dürftest; denn was geschehen ist, ist sowohl meine Schuld, wie Deine, und da ich zufrieden und glücklich sterbe und mit mir im Reinen bin, so ist weiter gar nichts zu sagen, als noch | einmal: ich hoffe Du werdest so klug sein und Dich meinen Tod nicht anfechten lassen! Ich habe seither viel an Dich gedacht und bin ein förmlicher Philosoph geworden! Nach meiner Berechnung, die ich angestellt, mußt Du jetzt aus der Thorheit auch heraus sein, wozu ich Dir Glück wünsche! Lebe wohl, liebe die Welt, sie ist schön, und denke nur mit vollkommen ruhigem Sinn an Deinen treuen Freund! Der lange Erikson ist schon zweimal hier bei mir gewesen. Er hat einen großen Schacher und Handel angelegt und fährt auf einem eigenen Dampfschiffe, das er selber steuert, in der halben Welt herum und seine Frau geht ihm nicht von der Seite. Wenn dieser Brief Dich trifft, so schreibe mir, wie es Dir ergeht! Trifft er Dich nicht, so ist es auch gut, denn alsdann bleibt Dir hoffentlich die ganze Affaire unbekannt!"

Heinrich gab den Brief dem Grafen, ohne etwas zu sagen. Der Graf las ihn und beobachtete Heinrich aufmerksam während einer Stunde, ohne daß sie etwas über die Sache sprachen. | Endlich aber sagte der Graf: „Nun, wie ist Ihnen zu Muth? Wie nehmen Sie diesen Brief auf!" Ohne Verzug erwiederte Heinrich: „Ganz wie er geschrieben ist! Ich würde ihm eben so geschrieben haben, wenn Ferdinand mich getödtet hätte! Uebrigens vermuthe ich, daß bei dieser Gelegenheit der letzte Rest von Willkürlichkeit und Narrheit aus mir schwindet."

Noch am gleichen Tage wurde er durch eine gerichtliche Behörde, die schon lange nach ihm gefahndet, ausfindig gemacht und hinbeschieden. Als er dort war und sich als rechtmäßiges Ich ausgewiesen hatte, ward ihm eröffnet, wie jenes todte Trödelmännchen ihn zu seinem Erben eingesetzt habe. Verwundert hörte Heinrich die Vorlesung des Testamentes an, nach welchem der fahrende Kram des Verstorbenen gerichtlich verkauft, und erst dann dem eingesetzten Erben der letzte Wille bekannt gemacht und die vorhandene Baarschaft eingehändigt werden mußte. Man hatte aber in einem alten silbernen Becher von mächtiger Größe, der mit einem Deckel versehen war, einen ganzen Schatz in Gold und öffentli|chen Papieren vorgefunden, was ein ordentliches bürgerliches Vermögen ausmachte und kein Mensch hinter dem Alten gesucht hätte. Dieser sonderbare Becher stand jetzt auf dem grünen Tische des Gerichtszimmers, wurde umgestürzt und der Inhalt dem Erben vorgezählt. Außerdem händigte man ihm einen Brief des Verstorbenen ein, welcher mit kaum leserlicher Schrift auf grobes Papier geschrieben, folgendermaßen lautete:

„Du hast mich böslich verlassen, mein Söhnchen, und bist nie wieder zu mir gekommen, doch kenn' ich Dich wohl und vermache Dir mein Bischen Erspartes, weil ich keine Blutsverwandten habe. Hoffentlich wirst Du dasselbige richtig erhalten; es soll das Löhnchen sein für die Fahnenstecken, so Du angemalet; denn dazumal, wie ich Dich bei dieser Arbeit sahe, habe ich es mir vorgenommen und wünsche ich somit, daß es nicht zu spät komme, um Dir einen Beitrag und Anlaß zu geben, wie Du Dich im Kleinen als einen treulichen Verwalter gezeigt hast, es auch in beträchtlicheren | Dingen zu sein; Du kannst es wohl, wenn Du es willst und nicht eigensinnig bist. Das Geldchen ist nicht ohne alle Schlauheit, aber je dennoch auf ganz ehrlichem Weg erworben und ist Niemand Unrecht geschehen, so daß Du den Segen mit Anstand verwenden magst, wie Dir gut dünkt. Für den Fall, daß Du die Künstlerei etwa verabschiedet hättest, habe ich verordnet, daß mein Trödel verkauft wird, damit Du

Deine alten Sachen nicht wieder zu Gesicht bekommst. Dies bedünkte mich nämlich zweckmäßig und gut, und hiermit bin ich nun froh, mein Erspartes, was mir viel Spaß machte, da die Leute so verschlafen und spaßhaft sind, noch an den Mann gebracht zu haben, und wenn ich hierdurch mir das freundschaftliche Gedächtniß eines braven und geschickten Menschen erkauft habe, der Gott weiß in welcher Himmelsgegend lustig in die zukünftige Zeit hineinlebet, so habe ich noch ein gutes Geschäft gemacht und meinen Nutzen erreicht, und hiemit lebe wohl, mein Männchen."

Nachdem den gerichtlichen Anstalten Genüge | geschehen, zog Heinrich ab mit seinem Brief und Becher; in den Gängen des weitläufigen Gerichtshauses, wo eine Menge bekümmerter oder erboster Streitführender auf und niederging oder auf Bänken saß, Verklagte und Ankläger, Schuldner und Gläubiger, stellte er einen armen Kerl an, der sich melancholisch da umhertrieb, und gab ihm den schweren Becher zu tragen. Wie er durch die belebte Stadt vor dem Träger hereilte und oft durch mehrere Menschen von ihm getrennt war, lüftete dieser neugierig den Deckel und guckte, was darinnen wäre. Als er das Gold sah, beschloß er, mit dem Schatz zu entwischen, da seine armen verhungerten Gedanken nicht weiter gingen, als die eines Hundes, der einen Braten sieht. Er wollte nur warten, bis Heinrich ein- oder zweimal sich nach ihm umgesehen, wo er dann ein vergnügtes und biederes Gesicht machen wollte, rüstig einherschreitend, jedoch unmittelbar nach dem zweiten oder dritten Umsehen wollte er auf die Seite springen und sich im Wirrsal verlieren, da er dann auf mehrere Minuten sicher war. Da sich aber Heinrich gar nicht nach ihm | umsah und er immer darauf wartete, so wurde er an seiner That seltsam verhindert, immer nach dem Vorgänger hinstarrend, und er gerieth in einen wunderlichen Bann, daß er nichts unternehmen konnte und der Weg zurückgelegt war, eh' er das Mindeste ausgerichtet; denn plötzlich blieb Heinrich unter der Thür des Gasthofes stehen, wandte sich um und nahm ihm den Becher ab, indem er ihm eine Goldmünze aus demselben gab.

„Nun hab' ich ja Geld wie ein Kornhändler!" sagte Heinrich zu dem Grafen, der seiner harrte, setzte den Sparbecher des Alten vor ihn auf den Tisch, erzählte ihm die Geschichte und zeigte ihm auch den Brief.

„Seh' Einer an!" sagte der Graf, „ich hielt die alte Zipfelkappe immer für einen Kauz; daß er aber solche Ideen hinter den Ohren hätte, sah ich ihm doch nicht an!"

„Es ist aber doch eine sonderbare Sache," erwiederte Heinrich, „ein solches gefundenes Gut zu haben und zu thun, als ob es Einem von Recht- und Verdiensteswegen gehörte!" |

„Gefunden!" sagte der Graf, „wie kommen Sie nur dazu, sich wieder so zu zieren? Sie sind ein wesentlicher Mensch, und aus Ihrem Wesen heraus haben Sie die Stängelchen bemalt oder die Spirallinie gezogen, wie Sie sich ausdrücken. Hundert Andere hätten gerade das nicht gethan und nicht auf die Art gethan wie Sie, und dies hat der Alte sehr richtig bemerkt, so daß Ihr eigenes Wesen das Glück, wie wir es immerhin nennen wollen, anzog und bezwang. Glück aber ist nicht unanständig, Glück braucht jeder Geschäftsmann, auch der, welcher sein gutes Menschenwesen in den Verkehr setzt! Aber nun machen Sie, daß Sie fortkommen, sonst fangen Sie mir wieder an zu spintisiren und sich zu zieren! Diesen Becher, der ein altes tüchtiges Stück Geräth ist, geben Sie mir mit zum Andenken! Vorher aber wollen wir einen guten Abschied daraus trinken und auch den Alten leben lassen!"

Sie ließen ein paar Flaschen starken Weines kommen; Heinrich warf den Inhalt des Gefäßes heraus und schwenkte das Gefäß aus, der Graf | trocknete es mit frohem Sinn und einem frischen Handtuch sorgfältig ab, und nun gossen sie die erste Flasche in den Becher und tranken denselben zum Andenken an den todten Alten.

Beim zweiten Becher aber sagte der Graf: „Nun wollen wir auch Brüderschaft trinken und uns fortan mit Du anreden, denn wir wollen uns getreu bleiben und gute Freunde sein!"

Heinrich wurde ganz roth und sah tief in den Becher hinein, ohne es zu wagen, das edle Anerbieten seines Freundes anzunehmen, noch auch, es abzulehnen, da zum ersten Mal ein viel älterer und ganzer Mann, dessen Haare schon ergrauten, ihm solches anbot. Endlich aber gewann er durch den Werth, welcher durch des Mannes Vertrauen und Freundschaft in ihn gelegt wurde, einen guten Muth und er gab dem Grafen die Hand und sah ihn an; doch erst nach einem Weilchen des gleichmüthigen und ruhigen Gespräches brachte er auch endlich das Du über die Lippen, so gleichsam im Vorbeigehen brachte er es bescheiden doch tapfer an, daß der Graf lächelte und ihn beim Kopf kriegte. |

Der ältere Freund reiste noch am selben Tage auf sein Gut zurück und der jüngere machte sich endlich am nächsten Morgen auf den Heimweg. Es widerstrebte ihm, den alten geraden Weg, den er unter wechselndem Geschick schon so oft zur Hälfte zurückgelegt, abermals anzutreten, und reiste daher in einem Bogen durch Süddeutschland auf die Stadt Basel zu. Er war nun gerade sieben Jahre abwesend; dies dünkte ihn, so schnell sie auch vorübergeschwunden, jetzt eine Ewigkeit, da ihm mit einemmale, als er sich dem Vaterlande nähern sollte, Alles schwer auf's Herz fiel, was sich in demselben begeben, ohne daß er den allerkleinsten Theil daran hatte. Noch schwerer fiel ihm die Mutter auf's Gewissen, die er nun endlich wiedersehen sollte, und in die Freude und Hoffnung über das Wiedersehen mischte sich eine seltsame Beklemmung und Furcht, wenn er sich die Veränderung dachte, welche mit ihrem äußeren Aussehen vorgegangen sein mußte, und er fühlte die Flucht und das Gewicht dieser sieben Jahre tief mit für die alternde

Mutter. Seit seine erste Heimreise so romantisch unter|brochen worden und er in dem Hause des Gastfreundes gelebt, hatte er erst das Schreiben an sie immer aufgeschoben, weil er dachte, so bald als möglich selbst hinzukommen und mit seiner wohlhergestellten Person Ende gut Alles gut zu spielen. Dann, als er in die Liebeskrankheit verfiel, vergaß er sie zeitweise ganz, und wenn er an sie dachte, wäre es ihm nicht möglich gewesen, auch nur eine Zeile zu schreiben, so wenig als etwas Anderes zu beginnen, und am wenigsten hätte er gewußt, in welchem Tone er an die Mutter schreiben sollte, ohne sie zu täuschen, da er selbst nicht wußte, ob er den Tod oder das Leben im Herzen trage. Er ließ daher die Dinge gehen wie sie gingen, vertraute auf die gute Natur der Mutter und setzte ihre Ruhe mit seiner Ruhe auf die gleiche Karte. Jetzt aber befiel ihn, der noch vor Kurzem einen so großen Respekt und eine gewisse Furcht vor dem jungen schönen Weibe gehegt, das er liebte, jetzt befiel ihn dieses Gefühl, wie eine Art Scheu, in verdoppeltem Maße vor der alten schwachen, lange nicht gesehenen Mutter, und es war ihm zu Muthe, wie | wenn er einer strengen Richterin entgegenginge, die ihn um ihn und sein Leben zur Verantwortung zöge.

Zugleich bemerkte er, sobald er einen Tag lang wieder ganz allein gewesen, daß unversehens der heillose Druck von Dortchens Bild, der so lange er mit dem Grafen noch fröhlich beisammen war, sich nicht hatte verspüren lassen, wieder in seiner Brust saß, und er mußte nun fürchten, daß dies nie wieder wegginge, ohne daß er etwas dazu thun konnte.

Und zwar war es nun diesmal so, da er sonst ganz gefaßt und ruhig war, daß es ihm das Herz zusammenschnürte, ohne daß er besonders an sie dachte, und wenn er ganz beschäftigt mit anderen Dingen war, so wartete der verborgene Herzdrücker und harrte freundschaftlich aus, bis Heinrich sich an die Ursache erinnerte und über sie seufzte.

Um dieser Dinge willen war er froh, einen mäßigen Umweg zu

machen, um sich nur erst ein wenig zurechtzufinden, da ihm nun das Wiedersehen der Mutter wichtiger war, als wenn er vor | eine Königin hätte treten müssen, und er doch mit Ruhe und Unbefangenheit ankommen wollte.

So gelangte er an einem schönen Junimorgen in die alte schöne Stadt Basel und sah den Rhein wieder fließen, vorüber an dem alten Münster. Schon alle Straßen, die nach der Stadt führten, waren mit Tausenden von Fuhrwerken und Wagen bedeckt, welche eine unzählige Menschenmenge aus allen Gauen, sowie aus dem Französischen und Deutschen nach Basel trugen; die Stadt selbst aber war ganz mit Grün bedeckt und mit roth und weißen Tüchern, Flaggen und Fahnen, die von allen Thürmen wehten. Denn es wurde heute die vierhundertjährige Jubelfeier der Schlacht bei St. Jakob an der Birs begangen, wo tausend Eidgenossen zehntausend Feinde todtschlugen und deren vierzigtausend von den Landesgränzen abhielten durch den eigenen Opfertod, während im Schooße des Vaterlandes der Bürgerkrieg wüthete. Am gleichen Tage ward auch das große eidgenössische Schützenfest eröffnet, welches alle zwei Jahre wiederkehrt und dazumal in Basel den höchsten bishe|rigen Glanz und Gehalt erreichte, da es gegenüber der alten kraftlosen Tagsatzung das politische Rendez-vous des Volkslebens war in einer gährenden Umwandlungszeit.

So stieß Heinrich gleich beim Eintritt in's Land mitten auf seine rauschende und grollende Bewegung, und ohne auszuruhen ging er mit den hunderttausend Zuschauern auf das Schlachtfeld hinaus und wieder zurück in die reiche Stadt, welche mit ihren zahlreichen silbernen und goldenen Ehrengefäßen den Wirth machte. Doch mit dem Mittage räumte die geschichtliche Feier der Vergangenheit der treibenden Gegenwart den Platz ein, und unter der großen Speisehütte des Schießplatzes aßen schon an diesem ersten Mittag fünftausend waffenkundige Männer zusammen, indessen am andern Ende des Platzes auf eine unabsehbare Scheibenreihe ein Rottenfeuer eröffnet wurde, welches acht Tage lang anhielt, ohne einen Augenblick aufzuhören. Dies war kein blindes Knattern wie von einem Regiment Soldaten, sondern zu jedem Schusse gehörte ein wohlzielender Mann mit hellen Augen, der in | einem guten Rocke steckte, seiner Glieder mächtig war und wußte was er wollte.

Inmitten der hölzernen Feststadt, deren Ordnung, Gebrauch und Art trotz aller Luftigkeit herkömmlich und festgestellt war und ihre eigene Architektur erzeugt hatte, ragten drei monumentale Zeichen aus dem Wogen der Völkerschaft die das große Viereck ausfüllte. Ganz in der Mitte die ungeheure grüne Tanne, aus deren Stamm ein vielröhriger Brunnen sein lebendiges Wasser in eine weite Schale goß. In einiger Entfernung davon stand die Fahnenburg, auf welche die Fahnen der stündlich ankommenden Schützengesellschaften gesteckt, und unter deren Bogen dieselben begrüßt und verabschiedet und die letzten Handschläge, Vorsätze und Hoffnungen getauscht wurden. Auf der andern Seite der Tanne war der Gabensaal, welcher die Preise und Geschenke enthielt aus dem ganzen Lande, sowie von allen Orten diesseits und jenseits des Oceans, vom Gestade des Mittelmeeres, von überall wo nur eine kleine Zahl wanderlustiger, erwerbsfroher Schweizer sich aufhielt oder die Ju|gend auf fernen Schulen weilte. Der Gesammtwerth erreichte diesmal eine größere Höhe, als früher je, und das Silbergeräth, die Waffen und andere gute Dinge waren massenhaft aufgethürmt.

Während nun in den Stuben der Doctrinäre, in den Sälen der Staatsleute vom alten Metier und in der Halle des Bundes von Anno funfzehn das politische Fortgedeihen stockte und nichts anzufangen war, trieb und schoß dasselbe in mächtigen Keimen auf diesem brausenden tosenden Plan, über dem die vielen Fahnen rauschten. Das Land war mitten in dem Kampfe und in der Mauser begriffen, welche mit dem Umwandlungsprocesse eines Jahrhunderte alten

Staatenbundes in einen Bundesstaat abschloß und ein durchaus denkwürdiger, in sich selbst bedingter organischer Proceß war, der in seiner Mannigfaltigkeit, Vielseitigkeit, in seinen wohlproportionirten Verhältnissen und in seinem erschöpfenden Wesen die äußere Kleinheit des Landes vergessen ließ und sich schlechtweg lehrreich und erbaulich darstellte, da an sich nichts klein und nichts groß ist und ein zellenreicher summender und wohlbewaffneter Bienen-|korb bedeutsamer anzusehen ist, als ein mächtiger Sandhaufen.

Das erste Jahrzehend, welches Anno dreißig die Fortbildung zur freien Selbstbestimmung oder zu einem jederzeit berechtigten Dasein oder wie man solche Dinge benennen mag, wieder aufgenommen hatte, war unzureichend und flach verlaufen, weil die humanistischen Kräfte aus der Schule des vorigen Jahrhunderts, die den Anfang noch bewirkt, endlich verklungen waren, ehe ein ausreichendes Neues reif geworden, das für die ausdauernde Einzelarbeit zweckmäßig und rechtlich, in seinen Trägern frisch und anständig sich darstellte. In die Lücke, welche die Stockung hervorbrachte, trat sofort die vermeintliche Reaction, welche ihrer Art gemäß sich für höchst selbständig und ursprünglich hielt, in der That aber nur dazu diente, dem Fortschritt einen Schwung zu geben, und es ihm möglich machte, nach mehrjährigen Kämpfen endlich die sichere und bewußte Mehrheit zu finden für die neue Bundesverfassung. Es begann jene Reihe von blutigen oder trockenen Umwälzungen, Wahlbewegungen und Verfassungsrevisionen, die | man Putsche nannte und alles Schachzüge waren auf dem wunderlichen Schachbrett der Schweiz, wo jedes Feld eine kleinere oder größere Volks- und Staatssouveränetät war, die eine mit repräsentativer Einrichtung, die andere demokratisch, diese mit, jene ohne Veto, diese von städtischem Charakter, jene von ländlichem, und wieder eine andere wie eine Theokratie aussehend, und die Schweizer bezeigten bald eine große Uebung in diesem Schachspielen und Putschen.

Das Wort Putsch stammt aus der guten Stadt Zürich, wo man einen plötzlichen vorübergehenden Regenguß einen Putsch nennt und demgemäß die eifersüchtigen Nachbarstädte jede närrische Gemüthsbewegung, Begeisterung, Zornigkeit, Laune oder Mode der Züricher einen Zürichputsch nennen. Da nun die Züricher die Ersten waren, die geputscht, so blieb der Name für alle jene Bewegungen und bürgerte sich sogar in die weitere Sprache ein, wie Sonderbündelei, Freischärler und andere Ausdrücke, die alle aus dem politischen Laboratorium der Schweiz herrühren.

Der Zürichputsch war aber eine religiöse Be|wegung gewesen, da der müßige Fortschritt, eingedenk des Sprichwortes, daß Müßiggang aller Laster Anfang ist, etwas an der Religion machen wollte, wie die Bauern sich ausdrückten, und zwar auf dogmatischem Wege. Die Kirche läßt sich aber von unkirchlichen Leuten nicht schulmeistern und umgestalten, sondern nur ignoriren oder abschaffen, wenn die Mehrheit dafür da ist. Die Juristen waren sehr betrübt und entsetzt, zu sehen, daß die Religion dergestalt auf das Gemüth einwirken könne, daß selbst eine aufgeschriebene Verfassung damit zu brechen sei, und sie hielten über diesen Folgen ihrer müßigen That den Untergang der Welt nahe; die folgenden Putsche aber gewannen durch diesen Anfang ihr Losungswort, den Glauben, und in Folge dessen fanden sich denn richtig die Jesuiten ein als die vollendeten Lückenbüßer der Geschichte und wurden von den der weiteren zweckmäßigen Ausgestaltung des Landes widerstrebenden Dialektikern und Schachspielern als handliche Schachfiguren benutzt, während sie wähnten, um ihrer selbst willen und aus eigener Kraft da zu sein. Sie reichten gerade aus, durch | ihr Wesen und ihre Bestimmung einen kräftigen und höchst produktiven Haß und Groll zu erregen, welcher auf dem Fest zu Basel dermaßen gewaltig rauschte, daß davon die Rede war, in corpore aufzubrechen und in den Festkleidern, den Festwein im Blute hinzuziehen, um den Jesuiten das Loch zu verstopfen und ihre verrückte Theokratie zu zerstören.

Dies blieb zwar nur eine Rede, doch wurde der Keim gelegt zu jener seltsamen Erscheinung der Freischaarenzüge, wo seßhafte wohlgestellte Leute, die sämmtlich in der Armee eingereiht waren, sich in bürgerliche Kleidung steckten, sich zusammenthaten, durch fingirte Handstreiche unter den Augen ihrer Regierungen Stück und Wagen aneigneten und gutbewaffnet auszogen, um in eine benachbarte Souveränetät einzubrechen und die dortige gleichgesinnte Minderheit mit Gewalt zur Mehrheit zu machen. Diese vermummten Civilkrieger wollten für sich nichts, weder Beute, noch Kriegsruhm noch Beförderung holen, sondern zogen einzig für den reinen Gedanken aus; als sie daher allein an dem Fluche der Ungesetzlichkeit und offenen Vertragsbrüchigkeit untergingen, trat der noch seltsamere Fall ein, daß sie sich nicht ihrer That zu schämen brauchten und doch eingestehen durften, es sei gut, daß sie nicht gelungen, indem ohne den tragischen Verlauf der Freischaarenzüge der Sonderbund nicht jene energische Form gewonnen hätte, die den schließlichen Sieg der legalen und ruhigen Freisinnigen herausgefordert und ermöglicht hat. Dem wahrhaft freisinnigen Manne geziemt es, froh zu sein, wenn ihm das Ungehörige und Unüberlegte mißlungen, und er überläßt es den Despoten und wilden Bestien, einen blinden günstigen Zufall als Gnade Gottes und die Schärfe der Klauen als Recht auszukündigen.

Indessen hinderte der Zorn die Schweizer in Basel nicht, im größten Maßstabe zu zechen, und Zorn und Freude schillerten so blitzend durcheinander, wie der rothe und weiße Wein, von welchem an dem bewegtesten Tage der Woche gegen neunzigtausend Flaschen getrunken wurden allein in der großen Hütte, während die leidenschaftlichen Tischreden von der Tribüne tönten. | Als Heinrich, der drei Tage auf dem Platze blieb, diese Kraft und Fülle sah, schien ihm dies fast bedenklich; denn nach dem stillen und innerlichen Leben, das er in der letzten Zeit geführt, dröhnte ihm das gewaltige Getöse betäubend in das Gemüth; denn obgleich da durchaus kein wüstes oder kindisches Geschrei herrschte, sondern ein ausgedehntes Meer gehaltener Männerstimmen wogte, aus dem nur hie und da eine lautere Brandung oder ein fester feuriger Gesang aufstieg, so bildete doch diese handfeste Wirklichkeit und Rührigkeit einen grellen Gegensatz zu dem lautlosen entsagungsbereiten Liebesleiden Heinrich's von jüngst, aus dem nur etwa jener eintönige Staarenruf heraustönte. Doch erinnerte er sich, daß dies eine alte Weise seiner Landsleute und nicht etwa ein Zeichen des Verfalles sei, und daß die sogenannten alten frommen Schweizer, welche so andächtig niederknieten, ehe sie sich schlugen, mit ihren langen Bärten und schiefen Kerbhütchen zuweilen noch viel wilder thun, bankettiren und rumoren konnten als die jetzigen, und daß also deswegen kein | Verfall eingetreten und die Schweizerschützen immer noch die seien, deren Vorfahren vor Jahrhunderten die Straßburger besucht, wenn diese schossen. Auch jetzt rollten ganze Bahnzüge voll Schweizer nach Straßburg hinunter; aber es gab dort keine freien reichsstädtischen Straßburger mehr, sondern nur französische Elsässer und französisches Militair.

Heinrich versöhnte sich also mit dem Zechgetöse, und zwar ließ er dem Gewalthaufen der Trinker sein Recht der Majorität, ohne das Recht seiner Person aufzugeben und sich diesmal ganz ruhig und nüchtern zu erhalten, da ihm die neueste Vergangenheit mit Dortchen und die nächste Zukunft mit seiner Mutter alle Lust fern hielten, sich irgendwie hervorthun und jubiliren zu wollen. Dagegen kaufte er sich in der Stadt ein gutes Geschoß und mischte sich unter die Schießenden, nicht um irgend sein Glück zu versuchen, sondern um zu sehen, ob er für seinen Handgebrauch und für den Nothfall etwa im Ernste mitzugehen im Stande wäre. Er hatte früher, ehe er in die Fremde gegangen, nur wenig | geschossen bei zufälligen Gelegenheiten und bei dem Leichtsinn, mit welchem seine Jugend die Sache in die Hand nahm, nichts Sonderliches ausgerichtet. Jetzt erfuhr er, wie der Ernst des Lebens und die Zeit fähig machen, auch die einfachsten Dinge besonnener in die Hand zu nehmen, und während des Tages, an welchem er fleißig schoß, erlangte er die Gewißheit, bei fortgesetzter Uebung sich die Eigenschaft zu erwerben, nicht bloß ein Maulheld zu sein oder ein Bratenschütze, sondern in der Stunde der Gefahr etwa für seine Person und was ihm theuer war, einzustehen.

So wurde sein Heimweg gehemmt und aufgehalten, wie nur eine ängstliche Traumreise aufgehalten werden kann, und es war ihm fast gleich zu Muthe wie in jenen Träumen, in denen er heimreiste, und fühlte sich beklommen, so daß er sich losreißen mußte, um nur endlich weiter zu kommen. Da alle Posten und Fuhrwerke überfüllt waren, ließ er bloß seine Sachen mit der Post gehen und machte sich an einem krystallhellen Morgen zu Fuß auf den Weg, um endlich der Vaterstadt zuzueilen | von einer anderen Seite, als er sie vor sieben Jahren verlassen. Ueberall lag das Land im himmelblauen Duft, aus welchem der Silberschein der Gebirgszüge und der Seen und Ströme funkelte und die Sonne spielte auf dem bethauten Grün. Er sah die reichen Formen des Landes, in Ebenen und Gewässern ruhig und wagrecht, in den steilen Gebirgen gezackt und kühn, zu seinen Füßen fruchtreiche blühende Erde und in der Nähe des Himmels fabelhaftes Todtenreich und wilde Wüste, alles dies abwechselnd und überall die Thal- und Wahlschaften bergend, die zu Füßen der fernen Gebirgsriesen wohnten oder fern hinter denselben. Er selbst schritt rüstig durch katholische und reformirte Gebietstheile, durch aufgeweckte und eigensinnig verdunkelte, und wie er sich so das ganze große Sieb von Verfassungen, Confessionen, Parteien, Souveränetäten und Bürgerschaften dachte, durch welches die endliche sichere und klare Rechtsmehrheit gesiebt werden mußte, die zugleich die Mehrheit der Kraft, des Gemüthes und des Geistes war, der fortzuleben fähig ist, da wandelte ihn die feu|rige Lust an, sich als der einzelne Mann, als der wiederspiegelnde Theil vom Ganzen zu diesem Kampfe zu gesellen und mitten in demselben die letzte Hand an sich zu legen und sich mit regen Kräften zurecht zu schmieden zum tüchtigen und lebendigen Einzelmann, der mit rathet und mit thatet und rüstig darauf aus ist, das edle Wild der Mehrheit erjagen zu helfen, von der er selbst ein Theil ist, und die ihm deswegen doch nicht theurer ist, als die Minderheit, die er besiegt, weil diese von gleichem Fleisch und Blut ist hinwieder mit der Mehrheit.

„Aber die Mehrheit," rief er vor sich her, „ist die einzige wirkliche und nothwendige Macht im Lande, so greifbar und fühlbar, wie die körperliche Natur selbst, an die wir gefesselt sind. Sie ist der einzig untrügliche Halt, immer jung und immer gleich mächtig; daher gilt es, unvermerkt sie vernünftig und klar zu machen, wo sie es nicht ist. Dies ist das höchste und schönste Ziel. Weil sie nothwendig und unausweichlich ist, so kehren sich die übermüthigen und verkehrten Köpfe aller Extreme gegen sie in unvermögender Wuth, indessen sie stets ab|schließt und selbst den Unterlegenen sicher und beruhigt macht, während ihr ewig jugendlicher Reiz ihn zu neuem Ringen mit ihr lockt und so sein geistiges Leben erhält und nährt. Sie ist immer liebenswürdig und wünschbar, und selbst wenn sie irrt, hilft die gemeine Verantwortlichkeit den Schaden ertragen. Wenn sie den Irrthum erkennt, so ist das Erwachen aus demselben ein frischer Maimorgen und gleicht dem Schönsten und Anmuthigsten, was es giebt. Sie läßt es sich nicht einfallen, sich stark zu schämen, ja die allgemein verbreitete Heiterkeit läßt den begangenen Fehltritt kaum ungeschehen wünschen, da er ihre Erfahrung bereichert, diese Freude hervorgerufen hat und durch sein schwindendes Dunkel das Licht erst recht hell und fröhlich erscheinen läßt.

„Sie ist die reizende Aufgabe, an welcher sich ihr Einzelner messen kann, und indem er dies thut, wird er erst zum ganzen Mann und es tritt eine wundersame Wechselwirkung ein zwischen dem Ganzen und seinem lebendigen Theile. Mit großen Augen beschaut sich erst die Menge den | Einzelnen, der ihr etwas vorsagen will, und dieser, muthvoll ausharrend, kehrt sein bestes Wesen heraus, um zu siegen. Er denke aber nicht, ihr Meister zu sein; denn vor ihm sind Andere da gewesen, nach ihm werden Andere kommen, und Jeder wurde von der Menge geboren; er ist ein Theil von ihr, welchen sie sich gegenüber stellt, um mit ihm, ihrem Kind und Eigenthum, ein erbauliches Selbstgespräch zu führen. Jede wahre Volksrede ist nur ein Monolog, den das Volk selber hält. Glücklich aber, wer in seinem Lande ein Spiegel seines Volkes sein kann, der nichts widerspiegelt, als dies Volk, indessen dieses selbst nur ein kleiner heller Spiegel der weiten lebendigen Welt ist!" |

Funfzehntes Kapitel.

Jetzt war er auf dem Berge angekommen, der gegenüber der Stadt lag, und er sah plötzlich deren Linden hoch in den Himmel tauchen und die goldenen Kronen der Münsterthürme in der Abendsonne glänzen. Weithin lag der See gebreitet mit seinen blauen Wassern, der grüne Fluß strömte ruhig aus demselben durch die Stadt hin und Heinrich fand es in seiner Freude rührend und höchst zuverlässig, daß der Fluß während der sieben Jahre auch nicht einen Augenblick zu strömen aufgehört habe. Aber seine Augen hefteten sich sogleich wieder auf die goldene Abendstadt und entdeckten eine Menge neuer Häuser sowie eine viel erweiterte Ausdehnung am See und am Flusse hin. Nur das alte dunkle Gemäuer | mit dem Kirchhof dicht zu seinen Füßen diesseits des Flusses war noch dasselbe, und das Todtenglöcklein erklang traurig in demselben, während ein Sarg über die Brücke getragen wurde, welchem ein langer zahlreicher Trauerzug folgte, wie wenn ein Unbescholtener begraben wird, der lange an einem Orte gewohnt hat. Eine kleine Weile sah er dem langsam gehenden Zuge neugierig zu, bis derselbe an dem Berge emporzusteigen begann; dann stieg er aber den steilen Staffelberg hinab, von dem ihm geträumt, daß er eine Krystalltreppe wäre, und machte sich dem Kirchhof zu, der nun von den Leuten angefüllt war; denn er wollte, indem er im Vorbeigehen dem Begräbniß beiwohnte, gleich zum Gruße an die Vaterstadt eine gesellschaftliche Pflicht erfüllen und gedachte auch Dortchen's, welche die Todten so sehr bedauerte, die vergehen und für immer aus der Welt scheiden müssen.

Er trat mit den Leuten, die ihn nicht kannten, in das kleine

Kirchlein und hörte deutlich den Geistlichen, der das Gebet zu sprechen hatte, | den Namen seiner Mutter verkünden mit ihrem Geburts- und Todestage und die Zahl ihrer Jahre mit ihrem Herkommen und ihrem Stande.

Ohne weiter zu hören, ging er hinaus und suchte das Grab, an welchem der Sarg stand auf der Bahre. Eben nahm der altbekannte Todtengräber die obere schwarze Tuchdecke von demselben und legte sie bedächtig zusammen, dann die untere von weißer Leinwand, welche der Sitte gemäß eine Handbreit unter der schwarzen Decke hervorsehen muß, und endlich stand das bloße rosige Tannenholz da. Heinrich konnte nicht durch die Bretter hindurchsehen, er sah nur, wie jetzt der Sarg in die Erde gesenkt und mit derselben zugedeckt wurde, und er rührte sich nicht. Die Leute verliefen sich, unter denen Heinrich eine Menge sah und kannte, ohne sie doch zu sehen und zu kennen; der Kirchhof leerte sich, und ein Mann nahm ihn bei der Hand und führte ihn auch fort. Es war der brave Nachbar, welcher auf seiner Hochzeitsreise ihn erst aufgesucht und ihm Nachricht von der Mutter ge|bracht hatte. Heinrich ging mit ihm über die Brücke und in die Stadt hinauf. Er betrachtete wohl alle Dinge auf dem Wege und warf hierhin einen Blick und dorthin einen, und antwortete auch dem Nachbar ordentlich auf seine Fragen, die derselbe an ihn richtete, in der Meinung, ihn munter zu erhalten. Als sie in die Gasse gelangten, wo das alte Haus stand, wollte Heinrich, ohne etwas Anderes zu denken, hineintreten; aber fremde Leute sahen aus demselben und der Nachbar führte ihn hinweg und in sein eigenes Haus, so daß also Heinrich nicht wieder in die Thür treten konnte, durch welche seine Jugend aus- und eingegangen.

Als er bei dem Nachbar endlich in der Stube und von den guten glücklichen Leuten theilnehmend begrüßt war, erleichterte es ihr Benehmen gegen ihn, zu sehen, daß er in seinem Aeußeren in guten Umständen und in guter Ordnung erschien; er fragte sie, indem er sich setzte, nun um seine Mutter, und sie erzählten ihm, was sie wußten. |

Nachdem sie lange in Kummer und stummer Erwartung auf ihren Sohn oder ein Zeichen von ihm gewartet, wurde sie gerade um die Zeit, als Heinrich sich im Herbste auf den Heimweg begeben hatte und dann im Hause des Grafen haften blieb, aus ihrem Hause vertrieben, in welchem sie achtundzwanzig Jahre gewohnt; denn nachdem es ruchbar geworden, daß sie jenes Kapital für ihren Sohn aufgenommen, von welchem nichts weiter zu hören war, hielt man sie um dieser Handlung willen für leichtsinnig und unzuverlässig und kündigte ihr die Summe. Da sie trotz aller Mühen dieselbe nicht auf's Neue aufbringen konnte, indem Niemand sich in diesen Handel einlassen zu dürfen glaubte, mußte sie endlich den Verkauf des Hauses erdulden und mit ihrer eingewohnten Habe, von welcher jedes Stück seit so viel Jahren an selbem Platze unverrückt gestanden, in eine fremde ärmliche Wohnung ziehen, über welchem mühseligen und verwirrten Geschäft sie fast den Kopf verlor. Den Rest des Verkaufswerthes legte sie aber nicht etwa wieder an, um auf's Neue zu sparen und | das Unmögliche möglich zu machen, sondern sie legte ihn gleichgültig hin und nahm davon das Wenige, was sie brauchte, aber ohne zu rechnen. Uebrigens bemühten sich jetzt die Leute um sie, halfen ihr, wo sie konnten, und verrichteten ihr alle Dienste, welche sie sonst Anderen so bereitwillig geleistet. Sie ließ es geschehen und kümmerte sich nichts darum, sondern brütete unverwandt über dem Zweifel, ob sie Unrecht gethan, Alles an die Ausbildung und gemächliche Selbstbestimmung ihres Sohnes zu setzen, und dies Brüten wurde einzig unterbrochen von der zehrenden Sehnsucht, das Kind nur ein einziges Mal noch zu sehen. Sie setzte zuletzt eine bestimmte Hoffnung auf den Frühling, und als dieser verging und der Sommer anbrach, ohne daß er kam, starb sie.

Auf Heinrich's Frage, ob sie ihn angeklagt, verneinten das

die Nachbarsleute, sondern sie habe ihn immer vertheidigt, wenn
Jemand auf sein Verhalten angespielt; jedoch habe sie dabei geweint,
und auf eine Weise, daß ihre Thränen unwillkürlichen Vorwurfs
genug schienen gegen | den verschollenen Sohn. Dies verhehlten
ihm die guten Leute nicht, weil sie ein wenig Bitterkeit ihm für
zuträglich hielten und dachten, es könne ihm, da er nun in gutem
Gedeihen begriffen sei, nicht schaden, etwas gekränkt zu werden,
damit der Ernst um so länger vorhalte und er nun ein gründlich
guter Bürgersmann werde.

So war nun der schöne Spiegel, welcher sein Volk wiederspie- 03.260.16
geln wollte, zerschlagen und der Einzelne, welcher an der Mehrheit mitwachsen wollte, gebrochen. Denn da er die unmittelbare
Lebensquelle, welche ihn mit seinem Volke verband, vernichtet, so
hatte er kein Recht und keine Ehre, unter diesem Volke mitwirken
zu wollen, nach dem Worte: Wer die Welt will verbessern helfen,
kehre erst vor seiner Thür.

Ungeachtet des Widerspruches seiner Gastfreunde, suchte er 03.256.23
die Wohnung noch auf, in welcher die Mutter gestorben, ließ sich
dieselbe übergeben und brachte die Nacht darin zu, im Dunkeln
sitzend. Wenn ihr bloßer durch ihn verschuldeter Tod sein äuße-
res Leben und Wirken, auf das er nun alle Hoffnung gesetzt hatte,
fortan | unmöglich machte, so brach in dieser Nacht die Thatsache
sein innerstes Leben, daß sie endlich mußte geglaubt haben, ihn als
keinen guten Sohn zu durchschauen, und es fielen ihm ungerufen
jene furchtbaren Worte ein, welche Manfred von einem durch ihn
vernichteten blutsverwandten weiblichen Wesen spricht:

> Nicht meine Hand, mein Herz das brach das Ihre,
> Es welkte, mich durchschauend.

Es war ihm, als ob alle Mütter der Erde ihn durchschauten,
alle glücklichen ihn verachteten und alle unglücklichen ihn haßten,
als auch zur Rotte Korah gehörig. Da nun aber in Wirklichkeit

nichts an ihm zu durchschauen war, als das lauterste und reinste Wasser eines ehrlichen Wollens, wie er jetzt war, so erschien ihm dies Leben wie eine abscheuliche, tückische Hintergehung, wie eine niederträchtige und tödtliche Narrethei und Vexation, und er brauchte alle Mühen seiner ringenden Vernunft, um diese Vorstellung zu unterdrücken und der guten Meinung der Welt ihr Recht zu geben. |

Als das enge Gemach sich mit dem Morgengrauen ein wenig erhellte, sah er den alten bekannten Hausrath, der einst die bequemeren Räume erfüllt, unordentlich und ängstlich zusammengehäuft; er wagte nicht, einen Schrank zu öffnen, und that endlich nur einen altmodischen Koffer auf, der da zunächst stand. Er enthielt die alten Trachten von den Vorfahrinnen seiner Mutter, wie sie die Frauen gern aufzubewahren pflegen. Großblumige oder gestreifte seidene Röcke und Jäckchen, rothe Schuhe mit hohen Absätzen, silbergewirkte Bänder, Häubchen, mächtige weiße Halstücher mit reichen Stickereien, Fächer bemalt mit Schäferspielen, Fischern und Vogelstellern und eine Menge zerquetschter künstlicher Blumen, alles das lag vergilbt und zerknittert durcheinander und war doch mit einer gewissen unverwüstlichen Frische anzufühlen, da die weibliche Schonung und Sparsamkeit in der Aufregung diese Festkleider und Putzsachen wohl erhalten und so alt werden ließ. In früheren Jahren, da sie noch eine jüngere Wittwe war, hatte sich die Mutter alle Jahr einmal das bescheidene | Vergnügen gemacht, an fröhlichen Festtagen die Tracht ihrer Großmutter anzulegen und sich darin etwa zu einem kleinen Abendschmaus zu setzen, und der kleine Heinrich hatte sie alsdann höchlich bewundert und nicht genugsam betrachten können.

Er drückte den Deckel wieder zu und ging durch die Stadt, um hier und da altbefreundete Leute zu begrüßen; man sah ihn groß an, erwies ihm aber Ehre, und es hieß schon überall, er habe ein großes Glück in der Fremde gemacht. Dann begab er sich auf's Land, um seine Vettern und Basen zu sehen, die zerstreut waren. Alle hatten die Stuben voll Kinder, die Einen waren wohlhabend, die Anderen schienen bedrängt und klagten sehr; doch alle waren gleichmäßig beschäftigt und belastet mit ihren Zuständen, und schienen sich selbst nicht viel um einander zu kümmern. Die Frauen waren schon verblüht, rasch und gesalzen in ihrem Thun und Sprechen, und die Männer abwechselnd gleichmüthig und einsilbig oder jähzornig. Sie schienen Heinrich zu beneiden, daß er nun Alles noch vor sich habe, was sie schon durchgelebt zum Theil, und das | Einzige, worin sie ein herzliches Einverständniß mit ihm fanden, war die Klage um die Verstorbenen.

Heinrich trieb sich eine Zeitlang bei ihnen umher und gab sich meistens mit ihren Kindern ab, da ihm dieses unschuldige Zerstreuung war, welche auf Augenblicke wenigstens seinen harten Zustand in ein linderes Weh verwandelte.

Eines Abends streifte er in der Gegend umher und kam an den breiten Fluß. Ein großer siebzigjähriger Mann, den er noch nie gesehen, in einfacher aber sauberer Kleidung, beschäftigte sich am Ufer mit Fischerzeug und sang ein sonderbares Lied dazu vom Recht und vom Glück, von dem man nicht wußte, wie es in die Gegend gekommen. Er sang mit frischer Stimme, indem er seine glänzenden Netze zusammenraffte:

> Recht im Glücke! gold'nes Loos,
> Land und Leute machst du groß!
> Glück im Rechte! fröhlich Blut,
> Wer dich hat, der treibt es gut! |
>
> Recht im Unglück, herrlich Schau'n,
> Wie das Meer im Wettergrau'n!
> Göttlich grollt's am Klippenrand,
> Perlen wirft es auf den Sand!
>
> Einen Seemann grau von Jahren
> Sah ich auf den Wassern fahren,

War wie ein Medusenschild
Der versteinten Unruh' Bild.

Und er sang: Viel tausendmal
Schoß ich in das Wellenthal,
Fuhr ich auf zur Wogenhöh',
Ruht' ich auf der stillen See!

Und die Woge war mein Knecht,
Denn mein Kleinod war das Recht.
Gestern noch mit ihm ich schlief,
Ach! nun liegt's da unten tief!

In der dunklen Tiefe fern
Schimmert ein gefall'ner Stern,
Und schon dünkt mich's tausend Jahr,
Daß das Recht einst meines war.

Wenn die See nun wieder tobt,
Niemand mehr den Meister lobt.
Hab' ich Glück, verdien' ich's nicht,
Glück wie Unglück mich zerbricht. |

Heinrich stand vor ihm still und hörte zu. Der Alte sah ihn aufmerksam an und grüßte ihn. „Ihr scheint," sagte er, „ein Lee zu sein, den Augen und der Nase nach zu urtheilen?" „Ja," sagte Heinrich. „So so," erwiederte der Mann, „so seid Ihr vielleicht des Baumeisters Sohn aus der Stadt, der sich vor Jahren viel hier aufhielt? Habt Euch lange nicht sehen lassen!" „Ich habe aber Euch doch nie gesehen mit Wissen!" versetzte Heinrich, und der Mann sagte: „So geht es wohl! Ich meinerseits habe schon viel gesehen und sehe Alles. Habe auch Eure Mutter recht wohl gekannt, was macht sie, ist sie gesund und munter?" „Nein, sie ist todt!" antwortete Heinrich. „So so!" der Alte, „todt! ja, die Zeit vergeht! Es ist mir, als sei es heute, und sind es doch gerade funfzig Jahr her, daß ich an dieser Stelle hier als ein zwanzigjähriger Bursche die Leute über das Wasser führte. Es kam eine Kutsche voll Stadtleute von

Eurem Dorfe hergefahren, die lustig und guter Dinge waren und über den Fluß setzen wollten. Eure Mutter war als ein dreijähriges Kind dabei, und ich hob es aus der | Kutsche und setzte es zu den blühenden und fröhlichen Eltern in's Schiff. — Das Kind hatte ein närrisches rosenrothes Kleidchen an und lächelte so holdselig und gut, daß ich so dachte: dies ist einmal ein sauberes und freundliches Kind, das wird es gewiß immer gut haben. In dem schwankenden Schiff fing es aber an zu weinen, die hübsche junge Mutter schloß es in die Arme und beruhigte es, indeß die Anderen hellauf ein Lied sangen im Ueberfahren, und sich mit Wasser bespritzten. Dann sah ich sie wieder, als sie etwa sechszehn Jahr alt und ein sittsames liebliches Mädchendings war. Es fuhr wieder ein ganzer Haufen jungen Volkes hierüber, so daß ich wohl dreimal fahren mußte, und auf der Wiese drüben pflanzten sie sich auf und musicirten und tanzten. Eure Mutter beschied sich aber in ihrer Fröhlichkeit und tanzte nicht so viel, und als ein Paar Gelbschnäbel ihr zu eifrig den Hof machten, floh sie in das angebundene Schifflein und fing fleißig an zu stricken. Alles das ist lange her!"

Der Himmel jener Jahre schien dem zuhörenden Heinrich vorüberzuziehen in der blauen | wolkenreinen Höhe. Er vermochte aber den lachenden Himmel und das grüne Land nicht länger zu ertragen und wollte zur Stadt zurück, wo er sich in dem Sterbegemach der Mutter verbarg. Die Liebe und Sehnsucht zu Dortchen wachte auf's Neue mit verdoppelter Macht auf, seine Augen drangen den Sonnenstrahlen nach, welche über die Dächer in die dunkle Wohnung streiften, und seine Blicke glaubten auf dem goldenen Wege, der zu einem schmalen Stückchen blauer Luft führte, die Geliebte und das verlorene Glück finden zu müssen.

Er schrieb Alles an den Grafen; aber ehe eine Antwort da sein konnte, rieb es ihn auf, sein Leib und Leben brach und er starb in wenigen Tagen. Seine Leiche hielt jenes Zettelchen von Dortchen fest in der Hand, worauf das Liedchen von der Hoffnung geschrieben war. Er hatte es in der letzten Zeit nicht einen Augenblick aus der Hand gelassen, und selbst wenn er einen Teller Suppe, seine einzige Speise, gegessen, das Papierchen eifrig mit dem Löffel zusammen in der Hand gehalten oder es unterdessen in die andere Hand gesteckt. |

So ging denn der todte grüne Heinrich auch den Weg hinauf in den alten Kirchhof, wo sein Vater und seine Mutter lagen. Es war ein schöner freundlicher Sommerabend, als man ihn mit Verwunderung und Theilnahme begrub, und es ist auf seinem Grabe ein recht frisches und grünes Gras gewachsen.

EDITORISCHE NOTIZ

Band 11 und 12 enthalten die 1. Fassung von Kellers Roman Der grüne Heinrich. *Der edierte Text folgt dem Erstdruck von 1854/55. In den Text eingegriffen wurde nur bei Druckfehlern im engeren Sinn (fehlende Buchstaben u. ä.; vgl. das Verzeichnis der Herausgebereingriffe, S. 474). Der originale Seiten- und Zeilenumbruch wurde nicht beibehalten, Seitenwechsel sind durch | im Text markiert und die Originalpaginierung wird am unteren Rand angegeben. Aus satztechnischen Gründen vorhandene ungewöhnliche Durchschüsse wurden aufgelöst, die Positionierung von Gedichteinlagen normalisiert und die Querstriche nach Titeln und an Kapitelenden weggelassen. Die in E1 auf Mittelhöhe gesetzten Anführungszeichen (»...«) wurden entsprechend den übrigen Drucken durch („...") ersetzt.*

Um die parallele Handhabung der beiden Romanfassungen zu erleichtern, wird sowohl in HKKA 1–3 wie in HKKA 11/12 am rechten Rand auf Gegenstellen der jeweils anderen Fassung verwiesen (Band.Seite.Zeile). Diese Verweise sind lediglich Lesehilfen. Für die Jugendgeschichte (HKKA 1, S. 11 – HKKA 2, S. 92 bzw. HKKA 11, S. 64 – HKKA 12, S. 105) werden die Querverweise Seite für Seite angeführt (Seitenkonkordanz). Im übrigen Text, der eine tiefgreifende Umwandlung erfahren hat, ist eine solche Seitenkonkordanz weder hilfreich noch realisierbar. Die hier eingesetzten Verweise beziehen sich auf analoge Stellen der anderen Fassung, wobei nur der Einsatzpunkt, nicht aber das Ende der mehr oder weniger stark übereinstimmenden Passagen angegeben wird (Stellenkonkordanz).

In HKKA 11/12 werden außerdem jene Stellen der Jugendgeschichte durch einen vertikalen Strich am rechten Rand markiert, die Keller im Revisionsexemplar (e1) für E2 gestrichen oder geändert hat. Berücksichtigt wurden allerdings nur Korrekturen, die mindestens einen Teilsatz (oder in wichtigen Ausnahmefällen auch eine kleinere inhaltliche Sequenz) betreffen.

HERAUSGEBEREINGRIFFE

12.028.09	einem] einen
12.043.02	schlohweißes] schlo weißes
12.045.27	meinte,"] meinte,
12.048.27	Gegenwart] Gegegenwart
12.051.32	um Aeste] und Aeste
12.052.27	allerdings," sagte Römer, „eine] allerdings, „sagte Römer," eine
12.056.27	das] daß
12.083.06	mußten.] mußten
12.093.31	Geselle] Gefelle
12.099.21	unglücklich] unglückich
12.119.27	mahlen] malen
12.121.07	gutmüthig] guthmüthig
12.131.30	freundschaftlichen] frenudschaftlichen
12.138.04	Fest geben] Festgeben
12.145.16	schwarz-damastenem] schwarz- damastenem
12.154.13	vergittertem] vergitterten
12.166.03	blauen] blanen
12.190.23	einem] einen
12.193.04	lärmten.] lärmten
12.195.32	Gesicht.] Gesicht
12.200.20	leichtsinniger] leichsinniger
12.215.01	in] ich
12.217.22	meinen] meinem
12.233.11	menschlichen] menchslichen
12.233.26	Zweckmäßigkeit] Zweckmäßgkeit
12.241.03	Nachbar] Nachbar,
12.244.02	vernünftig] ver-\vernünftig
12.247.05	Geistesthaten] ein-\stesthaten
12.247.06	bei] be-
12.250.24	erreichen?] erreichen?"
12.273.18	desselben] derselben
12.279.14	welchen] welchem
12.291.08	hätte] hatte
12.296.10	„Richtet] Richtet
12.310.15	Stück,] Stück

12.326.16	zurückkehren.]	zurückkehren
12.327.31	nie gesehen]	niegesehen
12.330.26	zusammen gegessen]	zusammengegessen
12.331.10	vom]	von
12.343.29	und in]	rund in
12.344.11	Mensch."]	Mensch "
12.353.24	Die]	Dir
12.356.32	einen]	einem
12.357.20	dieser]	dieses
12.361.07	von diesem]	von diesen
12.361.14	zwingen]	zu zwingen
12.363.23	sie]	fie
12.372.27	ihn]	ihm
12.373.18	mir," sagte]	mir, „sagte
12.374.03	in dem]	in \in dem
12.378.07	Dorothea]	Dorethea
12.379.06	vibrirenden]	fibrirenden
12.381.07	ärmsten]	armsten
12.385.18	ein kleines]	eines kleines
12.389.10	„Larifari!"]	„Larifari!
12.390.22	ich]	ich ich
12.397.05	Eltern]	Etern
12.399.12	Wesen]	Wesen,
12.399.17	vornübergebeugt]	vorübergebeugt
12.402.02	ihn]	\ hn
12.404.24	wollen.]	wollen
12.407.23	sich gekümmert.]	sich gekümmert
12.411.06	Verheerendes]	Verherendes
12.414.07	so,"]	so;"
12.416.26	Vernunftmäßigkeit]	Vernuftmäßigkeit
12.423.17	hier."]	hier.
12.434.11	„So]	So
12.442.03	nicht zehnmal]	nichtzehnmal
12.443.12	zu reisen]	zu \zu reisen
12.446.07	daß]	das
12.453.02	Wiedersehen]	Widersehen
12.458.32	welchem]	welcher

KAPITELKONKORDANZ 1. / 2. FASSUNG

Der folgenden Konkordanz läßt sich entnehmen, in welchen Kapiteln der einen Fassung die Kapitel der andern Fassung ihre Entsprechung finden. Wo (in der linearen Textabfolge) keine Entsprechung vorhanden ist, steht ein Strich; wo eine Entsprechung sich über mehrere Kapitel erstreckt, bleiben Felder der Tabelle leer; und wo sich Kapitel nur unvollständig entsprechen, stehen Klammern.

DER GRÜNE HEINRICH I		DER GRÜNE HEINRICH II		
HKKA 11		HKKA 1		
Bd. 1	I.1		–	
	I.2		–	
	I.3		–	
	I.4		–	
		Jugendgeschichte		
	I.4	Bd. 1	I.1	Lob des Herkommens
			I.2	Vater und Mutter
	I.5		I.3	Kindheit. Erste Theologie. Schulbänklein
			I.4	Lob Gottes und der Mutter. Vom Beten
			I.5	Das Meretlein
	I.6		I.6	Weiteres vom lieben Gott. Frau Margret und ihre Leute
			I.7	Fortsetzung der Frau Margret
			I.8	Kinderverbrechen
	I.7		I.9	Schuldämmerung
			I.10	Das spielende Kind
			I.11	Theatergeschichten. Gretchen und die Meerkatze
	I.8		I.12	Die Leserfamilie. Lügenzeit
			I.13	Waffenfrühling. Frühes Verschulden
			I.14	Prahler, Schulden, Philister unter den Kindern
			I.15	Frieden in der Stille. Der erste Widersacher ...
	I.9		I.16	Ungeschickte Lehrer, schlimme Schüler
			I.17	Flucht zur Mutter Natur
Bd. 2	II.1		I.18	Die Sippschaft
			I.19	Neues Leben
	II.2		I.20	Berufsahnungen
			I.21	Sonntagsidylle. Der Schulmeister und sein Kind
	II.3	Bd. 2	II.1	Berufswahl. Die Mutter und die Ratgeber
			II.2	Judith und Anna
			II.3	Bohnenromanze
			II.4	Totentanz
	II.4		II.5	Beginn der Arbeit. Habersaat und seine Schule
	II.5		II.6	Schwindelhaber
			II.7	Fortsetzung des Schwindelhabers

	II.6		II.8	Wiederum Frühling
	II.7		II.9	Der Philosophen- und Mädchenkrieg
			II.10	Das Gericht in der Laube
			II.11	Die Glaubensmühen
			II.12	Das Konfirmationsfest
	II.8		II.13	Das Fastnachtsspiel
			II.14	Der Tell
			II.15	Tischgespräche
			II.16	Abendlandschaft. Bertha von Bruneck
			II.17	Die barmherzigen Brüder
			II.18	Judith
HKKA 12		HKKA 2		
Bd. 3	III.1	Bd. 3	III.1	Arbeit und Beschaulichkeit
			III.2	Ein Wunder und ein wirklicher Meister
			III.3	Anna
	III.2		III.4	Judith
			III.5	Thorheit des Meisters und des Schülers
			III.6	Leiden und Leben
	III.3		III.7	Annas Tod und Begräbnis
			III.8	Auch Judith geht
	Ende der Jugendgeschichte			
	–		III.9	Das Pergamentlein
	–		III.10	Der Schädel
	III.4		III.11	Die Maler
	(III.5)		III.12	Fremde Liebeshändel
	III.6		III.13	Wiederum Fastnacht
			III.14	Das Narrengefecht
	(IV.1)		III.15	Der Grillenfang
		HKKA 3		
Bd. 4	(IV.2)	Bd. 4	IV.1	Der borghesische Fechter
	(IV.3)		IV.2	Vom freien Willen
	IV.4/5		IV.3	Lebensarten
			IV.4	Das Flötenwunder
	IV.6		IV.5	Die Geheimnisse der Arbeit
	IV.7		IV.6	Heimatsträume
			IV.7	Weiterträumen
	(IV.8)		IV.8	Der wandernde Schädel
	IV.9		IV.9	Das Grafenschloß
	IV.10		IV.10	Glückswandel
	(IV.11)		IV.11	Dortchen Schönfund
	IV.12		IV.12	Der gefrorne Christ
	IV.13		IV.13	Das eiserne Bild
	IV.14		IV.14	Die Rückkehr und ein Ave Cäsar
	(IV.15)		IV.15	Der Lauf der Welt
	–		IV.16	Der Tisch Gottes

DETAILLIERTES INHALTSVERZEICHNIS

Inhalt 7

Der grüne Heinrich, *Band III* 11
    Erstes Kapitel 15
    Zweites Kapitel 42
    Drittes Kapitel 70
    Viertes Kapitel 106
    Fünftes Kapitel 126
    Sechstes Kapitel 138

Der grüne Heinrich, *Band IV* 207
    Erstes Kapitel 209
    Zweites Kapitel 230
    Drittes Kapitel 252
    Viertes Kapitel 264
    Fünftes Kapitel 284
    Sechstes Kapitel 298
    Siebentes Kapitel 316
    Achtes Kapitel 355
    Neuntes Kapitel 368
    Zehntes Kapitel 385
    Eilftes Kapitel 401
    Zwölftes Kapitel 408
    Dreizehntes Kapitel 424
    Vierzehntes Kapitel 445
    Funfzehntes Kapitel 462

Editorische Notiz 473
Herausgebereingriffe 474
Kapitelkonkordanz 1. / 2. Fassung 476